U0067406

# 溝通障礙

## 理論與實務

林寶貴 ● 策畫主編

# 策畫主編簡介

## 林寶貴

出生時地：一九三八年十二月二日，生於台北市

學　　歷：1. 國立臺灣師範大學英語系畢業

2. 日本國立東京教育大學特殊教育研究所碩士畢業

3. 美國 Clarke 聾校／Smith College 研究

4. 日本國立筑波大學特殊教育哲學博士學位

5. 日本國立東京學藝大學特殊教育博士後研究

曾　　任：1. 國立臺灣彰化師範大學特殊教育學系、特殊教育研究所教授兼特殊教育學系、特殊教育中心主任

2. 國立臺灣師範大學特殊教育學系、特殊教育研究所教授兼特殊教育學系、特殊教育研究所、特殊教育中心主任

3. 中華民國特殊教育學會理事長

4. 中華溝通障礙教育學會創會理事長

5. 國立臺北護理健康大學聽語障礙研究所兼任教授

6. 南京特殊教育職業技術學院客座教授

現　　任：1. 國立臺灣師範大學特殊教育學系退休教授

2. 臺北市教育局特殊教育諮詢委員

3. 中華溝通障礙教育學會榮譽理事長

4. 上海英華特殊教育師資培訓中心特聘教授

5. 中國教育學會特殊教育分會第六屆理事會顧問委員會委員

# 策畫主編序

　　各類身心障礙學生多少均有聽、說、讀、寫、作的溝通問題。溝通的方式很多，不限聽與說，還有唇語、手語、指語、筆談、圖畫、傳真、電腦、溝通板、綜合溝通等管道，但是我們的社會、學校、教師、家長都習慣只希望孩子會說話；啟聰班只教口語，醫院治療師也是只矯正構音或訓練說話，我們的社會剝奪了身心障礙者利用其他管道表達情意的權益。雅文基金會 Joanna 女士希望，未來二十年內台灣沒有不會說話的聽障者，我今天借用她的遺願，希望未來二十年內，台灣沒有語言與溝通障礙的身心障礙者。

　　雖然個人五十五年來教學、研究、服務的對象，大部分以聽、語溝通障礙者為主，可是仍然經常會碰到許多教師、家長表示不知道怎樣幫助他的孩子解決溝通問題。一九九三年至一九九八年，教育部、教育廳委託個人規劃在國立桃園啟智學校連續舉辦的六屆語言治療研討會，每場五天，場場爆滿，可見溝通障礙專業知能研習需求之殷切。

　　語言矯治、溝通訓練的最佳人選是家長與特教教師，溝通訓練最佳的場所是在家庭與學校，希望「中華溝通障礙教育學會」成立後，能多舉辦溝通障礙理論與實務研討會，出版溝通障礙相關圖書、刊物，以提供特教教師與家長更多進修、研習、溝通觀念的機會，以增進教師與家長溝通訓練的專業知能。

　　本書之出版，首先應該感謝國立台灣師範大學特殊教育研究所二○○三年暑期第一屆特教行政碩士班十五位研究生。雖然來自不同的教育背景，卻認同語言與溝通訓練的重要性，願將他們修習「特殊教育課程與教學

專題研究」的心得，訴諸於文字，與國內所有語言與溝通障礙的教師、家長、研究生等，分享他（她）們的研究報告，乃利用課餘及假期，分工合作，分別就個人興趣或專長領域，執筆為文。

其次，也應該感謝二○○二年及二○○三年修習「語言障礙與矯治」、「多重障礙溝通訓練」、「溝通障礙專題研究」等課程的特教系及特教研究所碩士班研究生，提供多篇的理論與實務論述；更感謝國立台北教育大學錡寶香教授共襄盛舉，惠賜鴻文；最後要感謝曾義舜老師、林昶菁老師等，熱心協助彙整、排版的辛勞。

本書出版之際，多承心理出版社林敬堯總編輯的支持與鼓勵，所有撰稿者同意將版稅或本書贈送中華溝通障礙教育學會，均此表達由衷的敬意與謝意。

身心障礙學生的溝通理論與實務包羅萬象，個人雖已投下不少時間與精力潤飾、補充、修改、校閱，然疏漏、錯誤之處，在所難免，尚祈學界、先進、夥伴，不吝惠賜指正。

中華溝通障礙教育學會

創會理事長及榮譽理事長　林寶貴　謹識

二○一一年七月七日

# 研　序

　　《溝通障礙：理論與實務》它的智慧在於「新世紀、新觀念、新人生」的動力、思想，要像一個行動的人；行動，要像一個思考的人。天下沒有「絕望之境」，所有的悲慟、挫敗、羞赧、折磨，都有「出口」，只要懂得「心念轉、觀念亦轉、信念起、善念就生、自我突破、勇於學習」，每個出口都是「新的路口」，也都是「新的起點」。

　　特教的孩子「是菩薩的分身、是天使的化身、是上帝的寶貝、是人間的快樂精靈」；人不能甘於「平凡」，必須努力突破追求「不凡」。只要有強烈的企圖心、積極向上的動力，鼓起勇氣、試試看、做做看、寫寫看，生命將揮灑得更豐盛、更多彩！我們堅信特殊教育的孩子在您的愛心指導下，他們可以更成器、更優秀、更有擔當，您也可以更傑出、更卓越、更超凡；而本書就是在這種因緣際會當中，集眾人之寶貴智慧而出爐的。

　　吳院長武典博士說：「人的成功，不是靠學歷，而是靠努力、靠毅力」。「態度、行動和不斷地堅持」，才是「讓自己起飛」的關鍵！有怎樣的環境，就有怎樣的小孩；有怎樣的人間，就有怎樣的空間；我們不能改變環境，但我們可以改變心境；我們不能改變人間，但我們可以改變空間。《溝通障礙：理論與實務》乙書將傳達一份人間濃濃的教育新觀念與教育新思維，相信對教育改革的列車，是注入一份崇高又優質的另類啟示與動能，同時，也對特殊教育的高價值觀，注入一份營養素，並提升特殊教育人文素養的真正關懷與實際行動研究。

　　《溝通障礙：理論與實務》的基本精神就是提供實際經驗，並啟發人類經驗智慧。專業的堅持就是做該做的事，絕不動搖、絕不氣餒。本書呈現給人的是一種「今天不做，明天就會後悔的事，就必須立即去做」，所提出的視野與觀點，是一群關心特殊教育又非常用心研究的教師們，大家共同撰述所成，集涓滴成洪流的結晶，期盼能為我們特殊教育的這群孩子與父母們及教師們，繼續開創「前瞻」、「深廣」與「務實」的遠景。

　　綜合言之，本書是踏實的務實主義者，我們深深確信，它是一本您個人前程與事業生涯規劃中，極具座標參考作用的羅盤與指南針，也將是「新世紀、新思維、新觀念、新人生」的明鏡。它能協助您「抓準航向」、「亂中求勝」、「鼓氣鬥志」、「承擔困頓」的正確人生新地圖。因為幸與不幸，全看您的一念之間；頂過風雨，才能看見彩虹；逆著強風，才能迎向人生挑戰。人生要有服務的觀念，教師要有舞台的概念，父母要有親子的愛念，特教人員更要有專業的信念與敬業的心念。

　　值此本書即將付梓之際，最想感謝的人就是老師的老師——林師寶貴教授，何其有幸的是在吾師即將退休之際，我們這群高中、國中的老師們，能成為她的末代學隸，同時能感染與傳承吾師積極進取、奉獻教育的大無畏精神，其宅心仁厚、意志堅強、謙沖為懷、勇敢無畏、不屈不撓的毅力與決心，讓我們後輩受業門生敬仰與尊崇，謹綴數語，鄭重推薦敬祈共享之。

國立台灣師範大學特殊教育研究所
二〇〇三年第一屆教育行政碩士班全體研究生謹識
二〇〇三年十二月二十四日

# 目次

## 理論篇

## 實務篇

# 理論篇

# 第一章

# 嬰幼兒及學前兒童
# 的溝通及語言障礙

王雅蘭

## 壹、前言

溝通障礙是兒童期早期出現率最高的障礙,約有 10%-15%的學齡兒童有說話、語言或聽覺障礙。學前兒童語言障礙與其之後是否出現學業、情緒問題,有很大關聯,所以,早期鑑定和療育可加強預防這些問題的發生。

本文將回顧兒童期早期的語言障礙,接著,再回顧兒童期早期語言障礙的性質,並介紹相關的服務模式,之後再討論評估方法及策略,最後探討當家庭中出現溝通、語言障礙嬰、幼兒或學前兒童時,應如何調整。

## 貳、語言障礙的性質

### 一、發展架構

過去二十年間,在語言病理學的領域中,出現了研究取向的轉變,此轉變同時也影響了提供給幼兒及家庭的服務內容。

第一階段的轉變是一九六〇年代到一九七〇年代時出現的語意革命,此轉變的理論根基,係受皮亞傑認知論的影響,包括語言學習的建構觀點,認為語言學習是兒童主動建構知識的歷程,奠基於與他人、環境互動的經驗。基於此

理論，語言服務的重點由注重文法轉移至著重語意、注重幼兒接受語言療育的環境，期使在協助幼兒獲得表達感情、想法及信念的語言系統。

　　第二階段的轉變是一九七○年代到一九八○年代時出現的語用革命，此轉變係採互動觀點（transactional perspective），認為照顧者對嬰兒所發出訊息的解釋和回應，對語言發展是很重要的。兒童早期的發展即反映了幼兒與照顧者之間動態互動的情形，另外，同時也受環境變數的影響，因此，若照顧者能正確解釋幼兒所發出的訊息，滿足其需求、提供社交互動的機會，將有利於幼兒的語言發展；反之，如果照顧者本身有情緒、經濟上的壓力，或是幼兒無法發出清晰的訊息，將對幼兒的語言發展不利。基於此觀點，服務的重點從過去的注重語意轉移至著重語用。

## 二、語言問題的性質：形式、內容、使用

　　根據美國聽語學會（ASHA, 1982）提出，語言障礙是下列能力的損傷，包括符號系統的接收與處理、概念或符號系統的表徵、傳遞或使用符號系統。語言障礙依成因分類，可分成原發性、次發性兩種。原發性的語言障礙係因發展損傷（impaired development），或中樞神經系統缺損造成語言障礙；次發性的語言障礙則是因神經、認知缺損，或環境不利所造成的。

　　IDEA（1991）所訂定接受特教的資格，其中學齡階段分類為智障（mental retardation）、聽能損傷或聾（hearing impaired and deafness）、說話／語言損傷（speech and language impaired）、視障或盲（visually handicapped and blindness）、嚴重情緒困擾（seriously emotionally disturbed）、肢體障礙（orthopedically impaired）、自閉症（autistic）、外傷性腦傷（traumatic brain injury）、身體病弱（health impaired）、特定學習障礙（specific learning disability）。學前階段（指三至五歲）則不分類，皆稱為發展遲緩（children with disability）。

　　醫界的分類則根據 DSMMD（1994），採多軸系統，系統中包括臨床缺陷部分，指溝通障礙包括表達性語言障礙、混合型（表達性與接收性）語言障礙、語音障礙、口吃、非特異性溝通障礙；人格問題或智能障礙（目前診斷已推至零到三歲，強調嬰、幼兒的特殊需求）；一般醫療狀況部分，但此部分有許多限制存在，有待突破，包括原因難以確定或有多種的原因，幼兒表現互

異，無法說明生理、環境之間互動對語言發展的影響，無法提供療育計畫有效的訊息等限制。因此，建議採整體功能評量，因為語障兒童的問題會出現在語言理解、語言產生及語用方面，且問題的嚴重程度也不同。因此，詳細描述表達及接收語言問題的性質，以及語言問題與其他領域發展之間的關係，是較完備妥當的。

值得注意的是，語言與其他領域的發展密切相關，一旦兒童認知、社會情緒、感覺或動作方面發展遲緩或有障礙，都可能會影響語言的發展。

## 三、導因（cause factors）

導致兒童陷入溝通障礙高危險群的原因，可分成生理與環境兩大因素。

生理因素可再細分成先天或後天所致。先天的生理因素是指問題發生在出生前或出生時，包括基因缺陷、新陳代謝異常、接觸毒素、感染、缺氧或窒息、出生體重不足等原因；後天的生理因素，則指問題是在出生後發生，包括腦外傷、攝取接觸毒素、缺氧或窒息、營養失調、長期反覆發作的中耳炎（此因素目前仍未有定論）等。環境因素則包括貧窮、環境不利、受到虐待或忽略、照顧者本身有互動上的障礙（如憂鬱症）。

生理及環境問題可能同時發生或彼此交互影響，所以，在推斷或決定兒童發展的結果，應同時考量數個危險因素，不可僅看單一因素就妄下斷語。而且要注意學前語言障礙與之後發生學業問題、情緒或行為障礙之間，有顯著關聯。

## 四、特定型接收／表達語言障礙兒童（children with specific receptive/expressive language disorders）

特定型語言障礙兒童是指其語言問題不能以認知、動作、感覺或社會情緒等領域的發展缺陷來解釋。換言之，若兒童的說話發展較遲緩，但其他領域發展是正常的，則可列為 SLI（specific language impairment）高危險群。

大部分的語言障礙需二歲以上才能判定，因此，SLI 的學生在三歲以下狀況較難確定，未來應努力提升二歲以下 SLI 兒童的臨床鑑定經驗。

在其他發展問題浮現以前，語彙發展遲緩或不會說話，可能是家長和專家

最先注意到的症狀警訊（一般而言，二歲大的兒童約能說五十個以上的單字，並且開始組合單字）。如何藉由這些警訊來區分真正有語言發展障礙的兒童，與大器晚成者（指目前發展雖較慢，但日後能自行趕上發展進度者）是必要的，區別的要訣有：語彙發展緩慢、同時伴隨有理解、音韻、溝通速度及遊戲技巧（play skills）發展緩慢者。

　　SLI 的特徵會出現在下列幾方面，包括：語意缺陷——兒童所擁有的單字及概念知識十分有限；文法缺陷——幼兒使用文法和造句的能力有限；語音特徵——兒童的語音特徵類似年紀很小的兒童；結合單字的技巧薄弱——一般兒童約學會二十到三十字時，就開始嘗試組合單字，時間約在十八個月大時，但是 SLI 兒童則一直要學會二百個單字以上，才開始組合單字；會話（discourses）能力的缺陷——會話是指連接句子的能力，會話能力的發展是兒童日後學業學習的準備，包括：參與對話、聆聽及遵守教學、說故事等能力；SLI 的兒童無法達到一般兒童發展應有的水準，甚至連說出句子都有困難；象徵性遊戲（symbolic play）的能力未受語言發展遲緩所影響，其表現會優於語言能力，但與一般正常兒童相較則偏低。

　　另外，SLI 兒童可能有腦功能失調的現象（brain dysfunction），腦中某部位功能失調或發展遲緩，因而導致不同的腦側化現象及二腦半球整合訊息失常。也有部分研究指出，SLI 兒童可能有遺傳基因上的缺陷。

## 五、心智功能缺損的兒童（children with mental disabilities）

　　心智障礙兒童的語言能力與其整體發展遲緩的嚴重程度相符應，可能會出現語音、語形、語意、語用等方面的問題，但整體的發展順序和一般兒童是一致的，其導因是以生理因素為主，但也不排除是環境因素所引起。

## 六、自閉症及廣泛性發展障礙兒童（children with autism and pervasive development disorders）

　　自閉症是廣泛性發展障礙（PDD）的一類。廣泛發展障礙則指有下列三種主要特徵的族群。特徵一，社會互動缺陷，使用非口語行為能力的缺陷，缺乏分享注意、興趣的能力，與同儕發展關係困難等；特徵二，口語、非口語行為

發展損傷，語言發展遲緩或缺乏語言，對話能力缺損、缺乏假裝遊戲（pretend play）的能力；特徵三，固著性、重複的行為、異常熱中於某事物、拒絕變化。

廣泛性發展障礙的分類，第一種 PDD：autistic disorder，兼具上述三種特徵。第二種PDD：not otherwise specified，則僅具有三種特徵中的某幾項。廣泛性發展障礙兒童因缺乏適當的溝通能力而累積了太多的壓力，容易出現攻擊、侵略的行為，因而需教導其適當、有效的溝通能力，以避免攻擊或自傷行為。

值得注意的是，不論是有口語或口語能力較差的自閉兒，語用的問題是其最顯著的缺陷，同時也會有語意的問題。仿說（echolalia）是自閉症兒童的語言特徵之一，也是自閉兒語言學習策略之一；仿說分成立即仿說、延宕仿說。隨著時間過去，許多兒童會打破仿說的串節，發展出有意義的詞彙，也發展出類似正常兒童的文法能力。代名詞反轉是仿說階段的副產品。

出現自閉症兒童的導因係起於神經組織的，可能包括邊緣系統（limbic system）、丘腦（thalamus）、基底神經節（basal ganglia）、小腦（cerebellum）的問題，自閉症兒童的情況是十分異質的，部分兒童伴隨有智能障礙。

## 七、外傷性腦傷（traumatic brain injury, TBI）

外傷性腦傷對兒童所造成的影響評估不易，腦傷若發生在二歲以下兒童的身上，其所造成的症狀雖類似於發生在學齡階段者，但其癒後情況較佳。

車禍或跌倒可能造成全腦廣泛性的傷害或僅限於受創部位的傷害；虐待也是造成兒童外傷性腦傷的常見原因。外傷性腦傷可能會造成兒童死亡，即使幸運存活下來的孩子，其語言發展和其他各方面的發展可能也都會受到影響。

如前所述，我們無法以成人失語症患者的神經模式來解釋兒童因外傷性腦傷造成的發展障礙。因為兩者的成熟度有差異，嬰兒與成人因腦傷所導致的後果也不相同。腦部功能的可塑性會因成熟度的提升而降低，因為腦中各個部位所負責的功能已經固化，較難取代或變更。因此，二歲之前的單側腦傷，通常會造成輕度智能障礙，較少出現特定的語言損傷或失語症。

兩個腦半球都有學習語言的能力，但其能力的高低，先天略有差異，且會隨著年齡的增長而減弱。初時，左半腦有學習語言上的優勢，而右半腦學習的

潛能會隨著皮質區的分化而減弱。二歲之後，二半球的學習能力都減弱了。二半球間或半球內的未定皮質區仍具有可塑性，有助於因腦傷而受損的功能復原。

### 八、環境不利的高危險群兒童（children at risk due to environmental factors）

語言學習環境對語言學習有重大的影響。兒童若於三十個月大前，處於一個虐待的、忽略的環境，將嚴重影響社交、溝通的功能。

有二個有助於語言發展的要素。第一要素，指幼兒能與少部分的成人建立起信任的關係。第二要素，指幼兒成長在有意義且安全的語言環境下，讓他能主動去引發互動、回應互動關係。

有三個不利於語言發展的因素。第一個因素是幼兒生長在社交功能失調的環境；第二個因素是因為母親（或照顧者）有心智功能缺損或障礙、憂鬱症等情形，或母親年紀很輕（如小媽媽）而缺乏照顧嬰幼兒各種需求的成熟度；最後一個因素是兒童生長的環境太過貧困，兒童未能有足夠的文化刺激，營養補給的情形也不佳。

掌握語言發展的時機是相當重要的，一般來說，針對三到四歲兒童的早期療育，時機已嫌太晚，因為兒童學習語言的空間已經固化了。所以未來政府應努力促使早期療育掌握先機，同時協助家庭，以增進有利的語言學習因素，減少不利的語言學習因素。

## 參、嬰幼兒及學前兒童的服務模式

美國 PL 94-142 公法於一九七五年指出，需提供五歲以上障礙兒童免費、適當的公立教育，且符合最少限制環境（LRE）的精神，更需提供誘因鼓勵將年齡向下延伸至三歲。

PL 99-457 於一九八六年將特教服務延伸至三歲，並須設計 IEP（包括語言矯治服務）。

三至五歲的服務從隔離到統合的環境都有。「從頭開始」（Head Start）是

聯邦贊助的方案。針對經濟不利兒童提供充實的方案，以提升入學的學業準備度，學生包括有10%的障礙兒童，是一統合的方案。PL 99-457中的Part H，則提供誘因，鼓勵州政府針對零歲至二歲十一個月大的嬰幼兒（對象包括口語和語言發展遲緩兒童）發展特教服務方案，即IFSP（Individualized Family Service Plan）。

　　早期療育的服務方案，包括提供以家庭為主（home-based）到以療育中心為主的（center-based）服務方案。其中，以家庭為主的療育方案，考慮家庭的優勢、弱點及可用資源，設計符合幼兒所需的服務方案；以療育中心為主的方案，則強調服務中心需提供障礙兒童、醫院臨床病童適當的服務。

　　團隊服務（Teaming）模式，以跨專業的方式，進行以兒童為中心的評估，及教育計畫，促使專業整合，並鼓勵家庭主動參與，不僅要加強兒童溝通語言能力，更強調家庭語言學習環境的提升。

# 肆、評估方法及策略

　　評估是評量幼兒的知識、能力及成就，可視為療育過程的重要步驟。評估有兩個目的，在於判定或排除語言或溝通問題的存在，及了解語言問題的性質，以作為療育方案的決策依據。

　　PL 99-457區分評估（evaluation）、評量（assessment）指出，評估包括篩選和診斷，指的是決定幼兒是否具有接受特教服務資格的過程；評量是一個持續的歷程，目的在於判定兒童特有的優勢，各個領域的發展情形及需求，還包括家庭關心的重點，優先考量的要素及資源，據之計畫療育方案。

　　評估、評量所用的工具略有差異。評估多採用標準化測驗，在短期內完成；評量採用多種策略，並蒐集多種來源的資料，是一個持續的歷程。

## 一、常模參照測驗（Norm-Referenced Measures）

　　常模參照測驗有標準化的施測及計分方式，並將評量所得的原始分數比對常模換算成標準分數，能得知兒童在團體中的表現地位。

　　幼兒所採用的年齡常模間隔大多為一至三或六個月，此差異視施測年齡範

圍及建立常模時的樣本大小而定。例如：測驗適用的年齡為零至六歲，則常模間隔定為六個月；適用年齡為零至三歲，則常模間隔定為三個月。

　　學前階段兒童常採用的常模參照測驗大多包括數個分測驗，分別評量接收、表達語言能力。接受性語言評量方式如操作物體、指物、依施測者指示做動作等；表達性語言評量方位如模仿施測者說話、回答問題、完成句子等。

　　常模參照測驗的心理計量特徵為提供適當的說明，解釋標準化的施測及計分方式，有良好的信度、效度。

　　幼兒施測時與較大兒童有所差別，應注意的事項包括施測的情境，應是熟悉、安全，幼兒與施測者之間的互動良好，需注意兒童是否順從、注意力是否集中、施測的動機是否足夠。

　　許多的常模參照測驗包括家長陳述量表，影響家長陳述量表信效度的因素包含下列幾點：量表中列出問題項目的效果較佳，詢問幼兒最近的技能，較回憶過去表現的信效度佳。常模參照測驗使用的時機：決定幼兒是否具有接受特教服務的資格，評估及監控療育方案的有效性。

　　決定療育計畫時，不應單獨使用常模參照測驗，應配合其他資料。

## 二、效標參照測驗（Criterion-Reference Measures）

　　效標參照測驗用在評量幼兒在某個特定領域的表現或精熟程度，通常以發展進程作為效標，較之常模參照測驗更適用於計畫療育方案，因其能提供有關幼兒在特定領域中的重要表現訊息，能指出兒童會做哪些事。一般效標參照測驗如學前兒童－課程本位評量，嬰幼兒－評量相關的符號、溝通技能，包括正式及非正式的評量。

## 三、幼兒評量工具的限制

　　目前評量工具仍局限於特定的內容和範圍內，大多數的評量仍僅測語言形式和內容（例如評量詞彙量），少有評量語用、社交溝通，將語言評量拉離有意義的溝通會話情境，而且分析語言前溝通能力的評量少之又少，僅評量出兒童不能做、能力缺乏的部分，未能評量兒童的長處和不同領域的需求。

　　另外，資料的蒐集方式也相當有限，過度依賴臨床直接反應，未能提供自

然情境下互動的機會。資料蒐集未能以家庭為中心，評量的過程未能與家庭充分協同合作，甚至有些評量過程不希望家長出現。

目前，許多新近發展的評量已針對這些限制加強改進。

## 四、操作性評量 (Performance Assessment)

採用操作性評量，可針對臨床上特定的需求加以設計，以配合兒童與家庭的需求。在過程中，讓幼兒表現出知識、能力、成就，以蒐集到必須的行為樣本。行為樣本是語言樣本的延伸，廣泛的使用於評量學齡階段兒童。行為樣本是在自然的情境下，針對特定行為所蒐集的一種樣本。樣本包括學前溝通能力、對話、說故事、遊戲、畫畫等方面的表現。

樣本蒐集的技巧，可能是非結構化的，類似觀察樣本，或是在預期情境下較有結構的對談。但重要的是，樣本資料需以錄影、錄音、畫圖、拍照、摘要等方式詳細記錄，方能有系統的探索情境對幼兒表現的影響，監控療育方案的有效性，提供方案決策。

## 五、評量的目的：鑑定 (assessment for identification)

評量可用來篩選三至五歲的幼兒，或針對因說話、語言、溝通等方面有問題而被轉介出的兒童進行能力評估。

通常利用常模參照測驗以提供一標準分數，顯示幼兒是否確實有顯著的語言問題、是否符合接受特教的資格。

發展緩慢是家長、專家最先發現的症狀（一般幼兒在十二至十八個月大時，開始使用單字說話，若到二十至二十四個月大時，仍不會說話才需轉介，但大多數兒童直到三十六個月大之後，才會被轉介出來），但僅評量語彙並無法區分大器晚成者，或確實會持續有語言問題的兒童。

評量語言前溝通能力，對於早期鑑定是相當重要的。因為兒童在開始說話前，會先發展出一套溝通技巧，這是語言發展的重要基石。

若家長發現幼兒的表現在下列指標中，出現一個或一個以上缺陷者，則應接受早期療育。第一，溝通頻率：兒童起始或回應命令的頻率；第二，溝通功能範圍：溝通原因的多樣性，例如：請求協助、抗議、叫喚、打招呼、表現、

評論等表現範圍；第三，對話的姿勢和技能：使用不同姿勢的能力，例如：給予、展示、指物、揮手、點頭、搖頭等表現能力；第四，音節的結構：能序列性的使用子音及母音發音，例如：mama、dada、baba等；第五，社交／情感的信號：利用眨眼及各種面部表情，來表示不同的意圖；第六，符號使用：能使用且了解詞彙、會假裝遊戲等。

## 六、評量目的：計畫方案（assessment for program planning）

評量需包括常模參照測驗、效標參照測驗及操作性評量；評量進行時需注意環境的安排，要讓幼兒覺得安全自在；評量資料來源應多元（例如：來自家庭成員的直接觀察，或特定領域的評估）；評估的過程需與家庭密切合作，確認幼兒目前的表現及能力，以了解未來可提供的最佳服務。

# 伍、早期療育的方法與策略

語言療育的性質及範圍、重點轉變，由語彙、句法規則，轉變至著重語言結構、內容；重視認知及社交對溝通的影響。受這些轉變影響所致，早期療育減少採用抽離（pull out）的治療方式，著重在自然的情境之下，學習語言以提升類化的效果。注重融合，強調與正常同儕互動的重要性。

早期療育目前新增的領域，包括：開始注重讀寫能力的啟蒙，認為應提供學前兒童接觸文字，及讀、寫技巧的經驗。

另外，療育方案的進行，十分強調以家庭為中心（family-centered），注重與家長的合作、協調。

## 一、語言療育的內容與情境

語言療育的內容，以兒童的特殊需求及學習上的障礙為首要考量目標。療育最終的目的，在於使兒童能成為一個較有效率的溝通者、學習者。對嬰幼兒而言，首要考量環境，是否能提供一個正向、積極的語言學習模式？是否能提供充足、多元的溝通互動經驗？

學前兒童的語言障礙程度差異大，決定療育目標時，應考量其語言可塑性

的不同：分成兩個不同階段，一為語言萌發階段；另一為會話啟蒙階段。

語言萌發階段（emerging language），時間約為零至十八個月，此階段的語言特徵為未開始使用單字，或習得的字未超過二十五至三十個字。此階段的發展重點，在於提升社交情感表達、互動、溝通功能、溝通的意義、象徵性語言及遊戲。

會話啟蒙階段（emerging discourses），時間約在十八個月以上，此階段的語言特徵為擁有核心的字詞庫，並開始嘗試組合字，參與對話。此階段的發展重點在於增加社交語用能力、詞彙、概念，事件知識、建立連結句子，陳述性及後設語言的知識。

一般而言，在設計療育方案時，有以下環節需密切注意：

## (一)課程計畫（curriculum planning）

從基礎開始，提供一個語言豐富的學習環境。語言治療師應提供符合發展順序的學習。如何使特教與臨床治療相互結合，對專家而言是一大挑戰，因某些原則截然不同，例如：臨床治療多採兒童導向，特教則採教師導向。

從一個適合發展的學習角度來看，特教教師應扮演的角色如下：營造正向的學習環境、計畫適當的經驗，以提供幼兒學習和互動的機會；有效的運用教材和活動，加強幼兒主動探索，並促進與成人及同儕的互動；以典型的生理、情緒、社交、語言發展進程（progressions）為計畫方案的架構；因應幼兒在學習風格、人格、文化背景方面的差異，來設計個別化的課程；應以兒童為主角，由幼兒主導學習，成人則扮演提供協助的角色。

課程設計原則，依據「The National Association for the Education of Young Children」提供的指引，設計以遊戲為基礎（play-based）的課程，採主題方式設計，主題應配合發展，彼此有關聯，符合經驗，且是幼兒感興趣的。下列主題即依幼兒發展順序，由初級至進階敘述：家庭中的例行活動、兒童經驗中較不熟悉的事件、兒童在真實生活或媒體觀察到但未曾親身經歷的事件、兒童從未見過或經歷過的事物。

設計主題時，應與兒童的生活有直接相關，且需建立於先前的舊經驗、舊知識上。設計應多元且著重內容的統整，注重學習過程；依兒童不同的發展階段來調整主題，設計時要與家庭一同討論，使主題能與家庭生活有密切的相

關，使學習更具意義。

全語言法（whole language），認為閱讀是兒童藉由使用語言提示系統，來發展出一套主動的建構歷程。整合語言的所有形式，包括：聽、說、讀、寫。採用全文法，認為學習是從整體到細節。

### ㈡融合的環境設置

融合的重要性，在於能達成 PL 94-142、99-457 的要求，同時融合也較隔離方案有效，並能建立友誼、提升自尊，使正常兒童對特殊兒童建立正向的態度，尊重相互的差異。

融合的時機，應於兒童早期即開始。融合的進行，要在正常的環境下發展語言，正常同儕能提供適當的語言示範和充分的回應，讓兒童透過彼此的遊戲及社交互動，發展語言和溝通技巧。需有系統的安排學習環境、活動空間的設計、善用材料及設備、注意特殊生與一般學生的比例（2：8）。

融合課程設計時應注意的重點，包括：依據普通課程加以調整，必要時，可進行工作分析，逐步調整輔導方向，以達最大的參與。

### ㈢促進語言學習的活動計畫

讓學生透過每日有意義的活動來學習說話，依學生的詞彙量及學習速度，來指引學習情境的安排。

在語言萌發階段，應讓兒童藉由事件與單字的連結，來獲得單字使用的能力。在會話啟蒙階段，則應採情境式的隨機教學，從遊戲及日常事件中學習概念，獲取知識。

一般而言，兒童能從可預測及有結構的活動中獲益，能發出命令並對於社交命令有更正確的反應，發展出更複雜的語言。常見的活動，如 joint action routine（JAR），即是一個重複的、輪替的遊戲或活動，目的在經由活動進行，幼兒與照顧者能相互注意、交換角色、預期即將發生的事。例如：玩 peek-a-boo（躲貓貓）。

### ㈣鷹架式的協助（scaffolding）

兒童需暴露在有意義的語言情境中，藉由大人提供鷹架，讓兒童在互動過

程中，能更成功地使用語言。

鷹架正如學習的輔助階梯，屬情境式的支持，經由成人提供，使嬰兒能更主動的參與溝通，包括提供語言示範及互動型態的調整。

在語言萌發階段時，談論的應是具體且身邊易見的事物及動作，另外，提供語言構圖（linguistic mapping），針對兒童所喜愛的事物命名。要依兒童的發展水準，調整語言學習模式。

綜上所述，在語言萌發階段，有助語言發展的互動模式為：藉由中斷句子的方式來引誘兒童主動啟始溝通，能正確的辨認及解釋兒童行為的溝通意義，依兒童的溝通程度，給予一致的回應，照顧者應配合兒童的發展程度、興趣及風格，來調整行為，成為配合的夥伴（matched partner）（也就是one foot on the child's step, and the other foot on the next step）。

至於在會話啟蒙階段，則應提供兒童啟始和維持一個會話主題的機會。

### ㈤書寫能力的啟蒙

學習閱讀及書寫，和學習理解及說話有密切關係，可視為一個啟始於嬰兒期的學習歷程，一個讀寫功能充分發揮的環境，有助兒童發展讀寫能力。

家長應提供鷹架以加強兒童參與，為兒童選擇一些符合其程度、興趣及經驗的童話書，也有助於兒童發展讀寫能力，因為兒童最初會試著記下書中的生字、片語，經由反覆的閱讀這些故事，可加強概念的獲取，並記憶一些常見的字。

塗鴉可視為書寫的早期形式，可鼓勵兒童以塗鴉的方式表達想法，並試著用口語談論他們自己的畫。特殊生發展讀寫能力的三個要素，要有獨立探索文字資料的機會，與成人有一同讀寫、互動的機會，以及提供讀寫示範的觀察機會。

## 二、特殊的語言療育方法

### ㈠直接教學（direct teaching）

系統化地提供刺激、教學，有預期的反應，採用一致的順序進行。但此教

學有其限制，因以此方式進行教學，兒童可能較不感興趣，與兒童關聯較低，較不具溝通價值。因為此方法較不強調在一個有意義的情境下學習。

## ㈡隨機教學（incidental teaching）

是較自然的教學。由兒童主控，視其所注意的焦點及互動情形而進行，可整天施行，但需要兒童能較主動啟始溝通。

## ㈢情境教學 （milieu intervention）

是一套在自然情境中教導功能性語言技能的方法，包括四個教學策略：示範模仿（modeling）、提示示範程序（mand-model procedure）、時間延宕（time delay procedure）、隨機教學程序 （incidental teaching procedure）。

## 三、與家庭成員合作

家庭成員扮演的角色不同於一般的專業人員，他們會伴隨障礙兒童較長久的時間，所以，療育應加強家庭的效能，並使其能成為兒童的支持者。

依下述原則實施家庭中心的療育：

㈠療育應以家庭為單位，而非個人。

㈡加強家庭的能力及獨立自主性。

㈢重視家庭的權利與責任，並據此來決定療育方案的進行。

㈣協助動員資源以促成協同及較正常化的服務方式。

㈤與家庭發展協同合作的關係。

應鼓勵家長遵循下列基本原則：

㈠傾聽孩子說話。

㈡與孩子說話。

㈢與孩子一同閱讀。

## 四、家有障礙兒童的調整及適應

家有障礙兒童家長將承受極大的壓力，並感到相當的沮喪、徬徨。其歷程正如個人面對親愛家人死亡，或重症時的經歷一樣，可能會出現悲傷、憤怒、

有罪惡感的情形，但應正視問題，主動的處理，使家庭能早日的脫離失落感。

## 陸、總結

溝通障礙是兒童期早期出現率最高的障礙，如何能早期發現，並提供適切的早期療育服務是眾所關切的議題。療育服務的重點也在研究取向轉變的影響下，從注重文法轉變至著重語用。另外，家庭在早期療育的過程中，扮演極重要的角色，如何促成語言臨床師與家庭間良好的互動，使療育成效發揮至最大程度，也是未來應努力的重點。

## 參考書目

Dunst, C. J., Trivette, C. M., Starnes, A. L., Hamby, D. W., & Gordon, N. J. (1993). *Building and evaluating family support initiatives: A national study of programs for persons with developmental disabilities.* Baltimore: Paul H. Brookes.

Hart, B., & Risley, T. R. (1995). *Meaningful differences in the everyday experience of young American children.* Baltimore: Paul H. Brookes.

Manolson, A. (1992). *It takes two to talk.* Toronto, Ontario: Hanen Centre Publication.

Owens, R. (1995). *Language disorders: A functional approach to assessment and intervention* (Second edition). Boston: Allyn & Bacon.

Shames, G. H., Wiig, E. H., & Secord, W. A. (1998). *Human communication disorders.* Macmillan Publishing Company.

# 第二章

# 幼兒的語言療育計畫

王雅蘭

## 壹、何謂語言療育？

### 一、早期語言障礙的人口統計

根據美國聽語學會 ASHA（1995）的調查，學前語言障礙的推估率為 2-3%，學齡階段為 1%，學前特定型語言障礙（SLI）為 5%；另外發現，語言障礙幼兒同時也是學習障礙幼兒的高危險群。最近十幾年，語言臨床師開始注重個案中的少數種族。Cole（1989）提出，未來臨床師需面對的挑戰如下：

㈠個案中少數種族人口增加。

㈡許多少數種族的幼兒一出生即為溝通障礙的高危險群。

㈢非歐裔美人的語言障礙之成因及發生率，與其他族群不相同。

㈣少數種族缺乏適用的常模資料。

㈤種族之間認定的健康及疾病的觀點不同。

㈥文化差異常導致療育計畫的衝突。

㈦對接受服務的喜好模式不同。

㈧不同種族之間，語言的差異很大。

許多語言治療師是道地的美國人，僅懂一種語言，如何能針對少數種族個

案設計適當的療育計畫，成為一大挑戰。專業人員在設計相關的療育計畫時，必須將多種文化融入課程設計考量中，方能為少數種族提供適切的療育方案及公平的教育機會。

## 二、為何需要語言療育呢？

許多幼兒在早期被鑑定為語言障礙之後，其語言問題並不會隨著成長而消失，始終存在於幼兒的社交溝通生活中，甚至成為幼兒本身、家人、學校人員、治療師及社會，長期需面對的問題。

語言使用能力在日常生活中扮演重要的角色，且影響層面相當廣，舉凡交友、同儕相處，愛人間溝通、職場交涉等，無一不涉及語言，因此，如何發展更有效的方法來提升語障幼兒學習語言的能力是相當重要的。

## 三、語言療育與療育人員的定義

語言療育的內涵為何？由誰來提供？在歷史上似乎多有爭論。最近有兩大轉變，影響角色的覺知與扮演：轉變一是協同諮詢模式：與教師合作；轉變二是跨專業團隊模式：角色釋放。

療育一詞在語言治療領域的運用一直未有普遍一致的概念。

Schiefelbusch（1983）提出，療育一詞係指任何可以為個案行為帶來改變的作法。所以，考慮幼兒的語言療育時，其意義旨在採取任何形式的方法協助幼兒發展社交及溝通能力的立即或長期的目標。

療育會依個案的能力及需求不同而有差異，此差異會影響參與療育計畫的成員人選、療育計畫進行的情境、療育計畫結構化的程度等。

任何療育方案的目的都在於排除問題，使療育服務能漸漸撤除，不再需要外在的介入。有兩種方法可以達到此目的：

方法一：透過正確自我監控能力的發展，使個案成為自己的治療師。

方法二：觀察到個案的語言能力已經與正常發展的情形相類似，即撤除療育，避免個案過度依賴療育服務。（但這方法目前缺乏合適的撤除效標可供參考，仍無法保證個案未來不再需要任何的協助。）

# 貳、語言臨床師在早期語言療育中所扮演的角色

## 一、早期療育的功效

　　無論是基因問題或是環境所造成的語言或溝通障礙，如能早期發現是最好的。Bricker（1986）指出，早期的學習能幫助幼兒面對未來更複雜的學習需求；早期的療育使臨床治療師有機會針對幼兒或家庭設定適當的支持系統，以避免次發性的問題或導致相關的障礙。語言障礙對幼兒會累積不當的影響，如果拖延療育開始的時間，無疑是加深問題的嚴重性。研究結果支持早期療育，語言前期的發展對於幼兒語言能力的獲得很重要，且與以往的預期相較發現，幼兒在出生後的第一年其實已經能學習許多的字。

## 二、在宅服務的相關法令

　　美國 The Education of the Handicapped Act Amendments（公法 99-457）（1986）中，針對零歲至五歲的幼兒提供特教服務；家庭也扮演服務傳送系統中的要角（IFSP），語言臨床師能得到雙親所提供的資料，家長同時也協助決定學習目標的優先順序。

　　Individuals with Disbilities Education Act（IDEA）（1990）中，增加兩個服務類別（包括外傷性腦傷及自閉症），而這兩個類別的學生，大多會伴隨有語言溝通的問題，也是語言臨床師的服務對象之一。

　　某些早期療育的課程會將重點集中在教導家長如何與障礙幼兒或高危險群幼兒互動、溝通；某些學前教室方案，也會協助家長設計最適當的家庭執行計畫，使學校學習能延伸至家庭。

## 三、語言困難的連續性

　　促使重視早期療育的另一個原因，可能是學前階段出現語言障礙的幼兒，通常在其學習生涯中也會出現語言學習的困難。最近的研究也指出，早期出現

語言遲緩的幼兒，未必能在未來趕上正常同儕的學習狀況；相反的，這群孩子可能需要花費比預期更長久的時間學習，才能有所進步。

語言困難對生活品質方面的影響，據研究結果顯示，語言障礙對客觀層面的生活品質有影響（例如：薪水所得、學業成就），但對主觀生活層面的影響較少（例如生活滿意情形、個人快樂程度……）。

語言遲緩之所以會對個人產生長期的影響，其原因在於口語與書寫技巧之習得兩者之間的連結。因為口語能力會影響書寫技巧的學習，而書寫技巧又會反過來影響口語表達的能力。所以，許多語言臨床師在進行早期療育時，只加強口語能力，這種療育是不完整的。

## 四、決定語言療育進行的地點及方法

語言療育的進行場所一直在改變，究竟要在哪一種情境下進行療育工作？下表提出不同語言療育模式的益處及缺點：

| 模式 | 益處 | 缺點 |
|---|---|---|
| Pull-out | 學生不會被原班的教學活動所干擾；學生有機會在較少威脅、較不具競爭性的環境下學習、練習。 | 是脫離情境的語言學習；讓兒童從班級中逐漸的退縮；兒童錯失一些重要的班級參與時機。 |
| Classroom | 讓兒童從臨床真實的經驗中學習。 | 因獲得額外的特殊服務而被視為班級中較「特異」的份子，可能因班級中的其他學生和教師所進行的活動而覺得錯亂。 |
| Consultation（general） | 臨床師可以指導教師相關的療育策略；教師是最初級的療育執行者。 | 教師可能會覺得臨床師是語言專家，需執行語言療育服務，但實際上，直接服務的時間很有限，教師會覺得自己太忙碌。 |
| Collaborative consultation | 教師和臨床師能分享雙向的觀點，並同時承擔療育方案。 | 教師可能會覺得臨床師是語言專家，需執行語言療育服務，但實際上，直接服務的時間很有限，教師會覺得自己太忙碌。 |
| Full inclusion model | 學生不受標記，不需被安置在隔離的教育情境；有機會與正常的同儕學習適當的社交、溝通與學業學習的技巧。 | 普通教師與特殊教師缺乏普通班真實情境下合作的訓練。 |

下圖為各種語言療育服務模式間的發展情況：

缺點　　　　　缺點　　　　　缺點

| 抽離模式 | — | 教室模式 | — | 諮商模式 | — | 協同諮商模式 |

導致出現　　　　導致出現　　　　導致出現

## 五、語言臨床師的責任

### (一)系統化評量療育的成果

語言臨床師的訓練及養成重點，包括了解一般正常的語言、認知、社會情緒及身體發展的狀況；學習有關語言療育方案、技術和原理原則；時時充實新知、提升自己的專業能力。另外，一個成功的語言臨床師的特質為有活力、創造力、彈性、生動活潑、主動、防衛心低、有自信、接納自我與他人、能尊重並接納文化差異及個別差異。

一般來說，語言臨床師如何決定進行療育的方式？大致有三種有效的方法。方法一，建立重要的個案資料檔案；方法二，動態評量，了解個案能從環境及外在線索獲益的程度；方法三，監控個案的學習歷程。檔案和動態評量可為決定介入的時機提供有效的線索；追蹤和監控，則可以評估療育方案是否適宜。

執行語言療育時應考慮的要項，包括了解幼兒的語言準備度及使用情形、決定參與療育過程的適當人選及參與程度。選擇建立語言療育計畫所需的資料如下：

1.幼兒是否能順從、合作地參與結構性學習？

2.幼兒能否與家長或照顧者分離，而與語言臨床師一同學習？

3.幼兒能看懂圖片嗎？或者必須利用三度空間的實物呢？

4.幼兒是否出現表達性或理解性的語言障礙呢？

5.幼兒的家庭成員中是否也有語言障礙者呢？

6.家長是否有興趣參與幼兒的語言療育計畫呢？

a.若是，願意參與的時間是多少呢？

b.若是，對家長語言發展的基石的認識有多少呢？

c.若是，與幼兒的典型互動情形如何？

7.幼兒對語言障礙的覺知情形為何？

8.幼兒是否曾表示在嘗試語言溝通時感到挫折？

9.療育活動能吸引幼兒注意力的時間是多少？5 分鐘？10 分鐘？15 分鐘？

10.幼兒是否參與學校的療育方案？

## ㈡臨床的專業判斷

除了相關重要訊息的蒐集了解外，語言臨床師的專業判斷是十分重要的。唯下專業判斷時，應小心避免偏見。避免偏見的方法為持續的蒐集客觀的資料，了解個案的進步情形，取得回饋、修正計畫。

## ㈢療育計畫決定圖

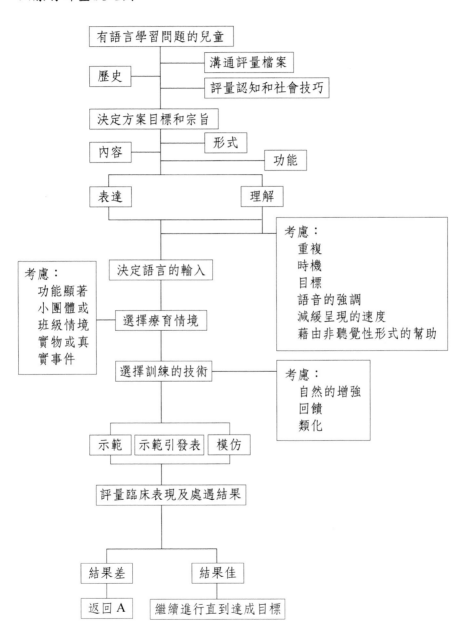

# 參、語言療育計畫中共同分擔責任的重要他人

生活中任何與幼兒有接觸的人都有責任參與語言療育；任何的互動都能提供幼兒語言的學習經驗。所以，語言情境、父母、其他照顧者、教師、手足及同儕在療育的過程中，都會因個案的需要、能力，而扮演不同的角色，提供或多或少的協助。

語言療育的歷程包含下列兩大重要的觀點。第一，促進類化，將刺激反應類化至未受過訓練的情境中。第二，自己有能力幫助語言的學習，與幼兒互動者要考慮提供的知識是否是幼兒已知道的，以創造一個較不需冒險的學習經驗，及提供鷹架幫助學生學習，類似動態評量的觀點。

## 一、父母的角色

在公法 94-457，家長經由專家的協助成為 IFSPs 中參與計畫及執行的重要角色。Crais（1991）指出，療育計畫中家長參與的定義已經改變，除了是加入計畫外，更強調療育服務的提供是以家庭為焦點或以家庭為中心的。此定義的基本假設是指：「家庭是療育服務中的一員，其重要性不亞於其他專業人員，且家庭應被鼓勵及允許決定其在決策和執行療育計畫過程中參與的程度，而基本的療育服務目標也在於提供家庭其認為有用的服務。」

語言臨床師與家長合作共同決策的歷程中，除賦予家長權力及使其了解家庭在服務中扮演的角色外，更應顧及文化的差異性。有些家長被邀請在參加決策的過程中提出意見並設定服務提供的優先順序時，反而會認為專業人員是無能的、不專業的。所以，語言臨床師在面對來自不同意義的個案時，應先了解這些潛在的誤會，Hanson 指這些誤解為文化衝突（culture clashes）。

Lynch（1992）指出，不同文化對訊息傳遞形式的喜好不同。有些文化喜歡藉由明確、直接的口頭會談來交換意見；某些文化則喜歡藉由情境線索來交換意見，此種關係掌握在參與者及非語言的線索裡。高情境文化型態，傾向在較正式的情況下作訊息的交換；反之，低情境文化型態，則喜歡在非正式的氣氛下討論。語言臨床師與家庭的文化型態若不相同，則可能導致較無效的溝通。

所以，語言臨床師應該儘早決定雙方的互動型態，選擇能讓家庭覺得較舒服的情境進行互動。

　　每一個家庭的家長花在與幼兒相處的時間不盡相同，但應該都比語言臨床師跟幼兒相處的時間長。所以，除了法定的療育決定者的角色之外，家長對幼兒語言學習的影響相當大。每個家長在其子女的療育中所扮演的角色互異，取決於家長的意願及其學習療育技巧、陳述幼兒在家使用語言的情形、在家使用治療技巧的有效性。另外，如果家庭與臨床語言治療情境越相近，則類化的效果越佳；與家長諮商即能使兩個情境更加相似，提高類化的效果。

　　語言臨床師應切記，每個家庭的狀況互異，有些家庭或許有經濟、健康上的其他問題，未必能將幼兒的語言療育視為一個重要的、需優先處理的事件。所以，療育計畫的目的不應為了一些高遠、不能達成的目標，而過度的要求家長參與。記住，對某些家庭而言，要求其特地花半個小時來參與療育，可能已經是一個相當沈重的負擔。克服此困難的最佳方法，即是讓療育可在自然的情境中發生，讓幼兒自然的學習語言，家長可協助營造這樣的機會，並善用機會讓幼兒學習。例如：藉由用餐的時間增進對話的能力，就是一個很好的方法。

　　Fay、Cleave、Long 及 Hushes（1993），比較家長導向及傳統臨床師導向的療育結果，發現兩者都有正向的效果，甚至以臨床師導向的療育方案呈現出更一致的正向效果。所以，如果是採取以家長導向的療育方案，臨床師仍應密切的監控個案的改變及進步，並適時的調整療育的進行。因為，雖然家長可能對其子女的療育計畫非常的感興趣，但卻較缺乏專業的語言治療訓練，他們仍無法取代語言臨床師的角色。

　　部分的調查指出，可將家長設定為一個提供語言學習經驗的角色。若家長表現出對療育的高度興趣，則可建議家長適度的提供幼兒書寫，及書寫之前應具備的經驗。

## 二、教師的角色

　　藉由了解幼兒的語言缺陷，並獲得語言臨床師的協助，教師能提供幼兒密集的語言學習經驗，並且將這些經驗與持續進行的課程相結合。教師可以提供語言臨床師極多珍貴的資源，他們能精確的指出幼兒在學校生活中所需要的語

言情境，其角色對於觀察幼兒在療育中技能的類化情形十分有利。教師同時具有專業的知識及技能，能協助幼兒在教室內會有良好的表現，例如：定期的調整學生的座位，讓學生與同儕有更多的互動機會；教師也最了解教室成員的社會動態，有助於規劃語言療育。

## 三、同學的角色

正常的幼兒傾向和能主動溝通的同儕接近、遊戲。因此，語言障礙幼兒往往變得較喜歡與成人溝通，因為在這種互動中，幼兒會覺得比較被接納。

語言能力較差的學生，與同儕的互動機會較少，缺少練習機會去發展建立友誼所需的語言能力。而且，當學生發現他在班級裡好像較不受歡迎，他發展必要語言技巧的動機也跟著降低了，如此惡性循環，即使學生回歸主流，與同學互動的情形也不一定能夠改善。

語言臨床師面對非主流文化的幼兒，必須同時考量語言及社會化兩方面的挑戰。因為語言學習與社交技巧有重要的關係，所以，語言臨床師必須學習著去協助不同文化的學生，使他們在社會或教育情境中不再是弱勢。

有效的語言學習互動並不僅限於教室之中的同儕互動，應同時著重在教室內、外，提供更多的互動機會。另外，不僅要讓學生及成人了解語言障礙幼兒的困難所在，更應教導他們如何與語障幼兒互動的策略，以避免語障幼兒只會利用成人來進行互動。

在教室的情境之下，即使採用某些語言模範也不能確保語障幼兒的互動成效。如 Wesis 和 Nakamura（1992）的研究以正常的孩子為模範與語障幼兒進行互動。結果發現三個示範學生中有二位學生與語障學生的互動十分少，根本無法達到回歸主流預期的良好互動學習效果。所以建議教師，應主動替學生分組增進互動的機會，因為讓學生自行分組，學生可能會出現語言能力相近的孩子形成一組的現象，不利語障幼兒與其他同儕的互動。Venn、Wolery、Fleming、Decesare、Morris 和 Cuffs（1993）進一步指出，教師應採行要求模式的程序教導正常學生與語障學生互動。

# 肆、協助語言轉變

## 一、治療與理論相結合

語言臨床師需要有效的方法，以利診斷及選擇語言療育方法的進行。Johnston（1983）主張在語言療育程序中，語言臨床師應決定相關的語言發展障礙理論，在設計療育方法時採行的信念都應與原先的理論是一致的、相結合的。若出現理論混淆或模糊不清的情況，治療計畫成功的可能性將會降低。發展療育計畫時，應同時考慮解釋語言習得的相關理論。

目前，沒有單一的理論可滿意的解釋所有觀察到的語言現象。但必須了解語言臨床師本身所認定的理論，將會影響其對自己在療育計畫中所扮演角色的看法。

不同的語言理論將影響臨床師的療育決定：

### ㈠天賦論者（nativist, innateness）的觀點

語言臨床師的角色是協助者而非訓練者，其職責在協助幼兒辨認語言結構中的系統及規則。

### ㈡認知論者（cognitivist）的觀點

專家可能會認為如果幼兒在認知能力與語言表現相符合，該幼兒就沒有資格獲得語言療育的服務。因為他們相信語言表現是不可能超越認知能力，但也有學者不贊同此資格評定的方法，Leonard（1983）認為，透過語言療育的協助，學童的語言表現將可能超過其本身的其他能力。

### ㈢社會互動論者（social-interactionist）的觀點

認為幼兒早在說出第一個字之前即開始學習語言，所以強調早期療育。有時因醫療（例如：早產或出生時的其他併發症）或社會問題，而干擾了幼兒與照顧者之間的自然互動。語言臨床師應分析幼兒的行為，並設立可行的方案教

導家庭成員，利用幼兒有限的能力來促成早期的溝通。這也是公法 94-457 將特教服務延伸至 3—5 歲的原因。

另外，將較傳統的抽離治療模式轉換成合作諮商模式，也可溯至此方法的推動。將學習對話從跳離家庭和教室的第三情境（治療室）搬回教室中，可提供立即的情境機會，讓幼兒能立刻實地使用所學到的新結構及策略。

## 二、啟始

語言臨床師的角色在於透過一連串的決定來協助語言的改變。第一個重要決定即預測治療究竟要從何開始是最適當的。這個決定參考標準化和非標準化的測驗及幼兒診斷評量的結果。另外，再加上父母親和其他照顧者的觀察，以了解幼兒使用語言的情形，並依幼兒的需求及優勢提供相關服務。除了決定問題是否存在之外，臨床師還需要決定問題的範圍及幼兒學習語言的最佳方法；通常這兩個部分，都要在診斷治療進行一段時間後才能進一步做決定。

在診斷治療期間，為了要仔細監控幼兒的表現，應採用各式各樣的材料並結合各項刺激的輸入。治療師需藉此決定問題的範圍及最有效的補救方法，以設計出一個成功機會較高的處遇計畫。藉由回答以下的問題可以補充治療計畫的執行：

㈠呈現何種型式的方法來幫助幼兒發展出所訂定的語言目標？臨床師是否要將目標蘊藏在故事重述或使用句子脈絡呢？如果提供幼兒機會在自然的對話情境中表現出標的結構，幼兒能否有所進步呢？

㈡需提供多少刺激以協助幼兒成功的表現呢？究竟是採用聽覺刺激有效？還是要併用聽覺和視覺刺激效果會比較好呢？幼兒能否從字母符號的輔助獲益或反而覺得更困惑呢？

㈢幼兒是否願意冒險嘗試錯誤呢？幼兒是否拒絕挑戰新的目標或形式，直到有模仿的對象才願意做呢？幼兒是否勇於挑戰新的目標？在什麼情況之下，幼兒較有勇氣嘗試新鮮的任務？

㈣什麼樣的動機可以促進幼兒的語言表現？幼兒能覺察到自己所面臨的困難嗎？在什麼樣的情境之下，幼兒會出現溝通不良的情況？此時，幼兒能了解發生了什麼事嗎？面對這種情況，幼兒會採取什麼策略？這些策略能改善溝通

不良的情形嗎？

　　除了要知道如何進行治療計畫，也應重視計畫的內容。在療育計畫確定之前，應先仔細的評估幼兒語言方面的基線表現，獲得穩定的基線表現之後，臨床師依此基礎，訂定適合的療育計畫；若基線表現的評估錯誤，則可能浪費時間去執行一些幼兒早已具備的能力訓練，而忽略了一些重要的目標；也可能錯將奇蹟似的進步歸功於治療的成效。

### ㈠選擇達成目標的策略（selecting goal attack strategies）

　　一旦設定了重要、有意義的目標後，臨床師需決定目標達成的策略，作為療育方案的架構。此處所指的目標達成策略並不僅只達成單一目標的策略，而是一組考慮目標進行順序及重點的策略。

　　Fey 於一九八六年指出，選擇目標達成策略是一個十分重大的決定，進行決定時，需考量以下的問題：語言學習者的特徵對策略使用的影響為何？能使策略更加有效或無效呢？如要為幼兒選擇特定的目標，是否同時會影響已選定的策略呢？臨床師該採信何種語言學習理論呢？Fey 於一九八六年，指出三種不同的目標達成策略：

#### 1.垂直式的目標達成策略

　　指針對單一的目標進行教學，直到個案達到預期的標準才停止，並開始下一個目標的教學。由臨床師來設定目標達成的標準，依臨床師認定幼兒能將所學類化或能成功地進入更難活動的學習為準，一般約指達到正確率百分之八十至百分之百。此策略的優點在於針對單一目標進行密集的訓練，目標之間的轉換明確，不致對幼兒造成困擾；此策略得認為對幼兒的認知能力要求較低，能確保幼兒學會此一能力之後，再學習下一個能力。此策略的缺點在於活動焦點很狹隘，幼兒易感到無聊；不同語言能力之間的類化、通則困難，因為此策略不利於類化。許多專家認為，這一個策略是三種策略中效果最差的。

#### 2.水平式的目標達成策略

　　此策略進行的方式係在一段時間內同時進行數個目標，這些目標可以是相似的、也可以是相差很大的。本策略能反應正常的語言學習經驗，因為一般正常的語言學習，幼兒會同時經驗到許多不同的語言形式和結構；除此之外，省時也是一大優點。幼兒從目標一所學到的能力，例如：正確地自我監控，同時

可以讓目標三的表現更進步。但此策略不適用於較易受干擾的幼兒，因為同時進行多個目標的學習，幼兒可能無法調適不同的期望，而且，因為投注在單一目標的時間減少了，所以單一目標無法達到過度學習，對某些有特殊需求的孩子來說，過度學習可能是成功的必要條件之一，對這些孩子而言，選擇垂直式的策略反而較恰當。

### 3.循環式的目標達成策略

此策略進行的方式是在同一個療育單位時間內，同時進行數個目標。但此策略不同於水平式策略，因為此策略進行時，每一個目標是單獨呈現、依序進行；每個循環結束後，進行一次「再評估」，依此評估結果修正目標或反覆再執行。本策略的理論基礎在於，認為幼兒大多數的學習其實是發生在臨床師不在場時。幼兒在治療情境下學習、確認，並在治療以外的時間練習，因此，太過密集的與臨床師作接觸，反而事倍功半，無法達到預期的效果。所以，真正的語言進步，是指幼兒能將新學到的語言能力內化成自己的語言。

## (二)選擇策略時應考慮下列變項

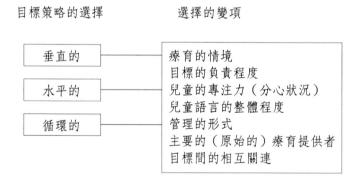

## 三、選擇療育的環境

開始進行療育之前，臨床師需先作一些假設性的決定。例如：療育在何處、由何人、何種型態進行。另外，也應同時考慮，一旦幼兒表現進步達到要求時，應如何增加困難度、挑戰性。Fey（1986）指出，考量這些決定時需考慮「自然連續性的概念」（naturalness continuum）。類化是選擇療育環境時重要

的考量，期能使幼兒將所學應用在日常生活中。有些治療師，在療育的最後階段時才加入特定的活動以促進類化；有些在療育的開始階段就已經安排了促進類化的活動。一般的語言病理師較支持後者。

Fey（1986）指出，自然連續性的三個向度：

㈠療育的結構：臨床師設計的活動。

㈡療育的地點：療育進行的物理環境。

㈢社交的境遇：療育發生的情境。

一般來說，選擇療育的情境時，應同時考量此三向度。例如：「日常活動」加上「家」再加上「家長」的療育選擇，就是十分自然的情境，正似一個非治療的情境，如果幼兒能在此方案表現良好，同時也將能順利的類化至一般情境中。

雖然最自然的情境對於類化最有利，但並非所有的方案都必須採取此種設計，仍須視個案的特質及其需求來作選擇。例如：一個剛開始接觸療育的幼兒，一個有結構的活動及不自然的情境設計，反而能確保個案習得新能力。但類化永遠是療育方案的重點，隨著幼兒的能力提升，可調整成更接近自然的情境。

## 四、選擇適當的安排模式

Shriberg 及 Kwiatkowski（1982）提出處遇的四個要項目錄：

㈠目標反應：包含臨床師希望個案表現的標的反應及個案的真實反應。

㈡訓練的刺激：被利用來引出個案反應的刺激。

㈢教學的活動：包含前導（antecedent）活動及提供回饋之後，依循個案表現而定的後續（subsequent）教學活動。

㈣引起動機活動：增進幼兒對學習的接納度以加速學習，可以搭配前導活動，也可搭配後續活動，此時稱為增強。

依上述四項要素安排的差異，作者提出四種安排模式：四種模式為連續性的模式。此四種模式從高結構到低結構，依次為反覆練習（drill）、反覆練習式遊戲（drill play）、結構化遊戲（structured play）、遊戲（play）。高結構的模式係以臨床師為主，低結構的模式則傾向以個案為主。另外，隨著結構性降

低，前導教學的重要性也隨之降低，因為治療中，採正式的方法針對目標進行教學已不再是重點了。

Shriberg 及 Kwiatkowski（1982）的研究發現，反覆練習和反覆練習式遊戲的效果，優於結構式遊戲和遊戲。但他們也指出，幼兒喜歡反覆練習式遊戲、結構式遊戲和遊戲多於單純的反覆練習。至於何種幼兒適合何種安排，目前的研究仍未有定論，但臨床師在設計療育方案時，應同時考慮四項要素的安排。

## 五、照顧者及幼兒之間互動訊息加入治療中

一旦決定了目標及施行策略，臨床師需進一步決定要採取何種互動模式來進行教學，以利目標達成。

以照顧者和幼兒之間互動基礎為模式的治療方法，稱之為經驗性語言療育法（experiential language intervention techniques）。研究發現，母子之間自發性的語言使用模式，對幼兒語言發展有重要影響，而且此種模式對於語言發展遲緩的幼兒同樣有效。一般親子間的自然互動方式都是低結構模式，例如：結構性遊戲、遊戲等。

另外，需特別注意的是，許多有關親子間互動模式的研究對象，是來自主流文化，但不同文化之間對待幼兒的方式可能會有差異，因此，這些研究所提供的結果可能和臨床上所得的經驗有些不符，例如：有些文化中並不鼓勵幼兒主動與成人對談，此時教導幼兒主動啟始會話可能就不太恰當。

部分臨床師反對此種經驗性語言療育法，因認為這些語障幼兒可能無法從自然的互動中獲益，需針對其不足之處提供直接教學。但經驗性語言療育法根植於自然的親子互動中，使治療不失自然性，因此，雖然有些臨床師反對，但一般臨床上仍建議採用一些較自然、非人為的會話形式。

療育方案中經常會採用下列所述各項方法。第一種方法是模仿，此處的模仿係指類似親子間互動、低結構的模仿，幼兒能藉由模仿臨床師而避免太多的錯誤所造成的挫折，且對自己說出的話更具信心。模仿又可分為逐字模仿、部分模仿、立即模仿、延宕模仿。

第二種方法是擴展，由成人為幼兒不成熟的表達潤色，使其能嘗試著去表達一個更接近成人的表達方式。例如：幼兒說：「kitty go」，成人則替其潤色

為：「the kitty goes」。此方法只提供一些回饋，不超過幼兒表達的範圍，也就是示範一個較可接受的語言版本，只改變語言的表面結構，不改變語言的溝通意圖，目的在於期望幼兒能認識語言的結構。使用本方法時，應留意情境中語言、非語言的訊息，避免誤解幼兒的原意，打斷原先想要表達的意圖。

第三種方法是詳述，成人所提供的回饋超過幼兒原本要表達的範圍。例如：幼兒說：「kitty go」，成人則提供回饋說：「the kitty goes in the car」。使用本方法時，也應留意情境中語言、非語言的訊息，避免誤解幼兒的原意，打斷原先想要表達的意圖。

第四種方法是示範，成人表現出一些可實行的語言表達方式，讓幼兒可以用在情境中，並不一定要求幼兒要說些什麼。臨床運用時有許多不同情況，例如：臨床師示範，幼兒模仿；提供幼兒可接納的目標架構，不要求幼兒反應；由第三者示範，臨床師詢問幼兒哪一種模式是可接受的，哪些是不被接受。廣義的來看，教師自說自話（self-talk）和提供平行語言說明（parallel talk）都屬於示範。

第五種方法是鷹架，Bruner（1985）指出，鷹架是類似親子間互動的模式。 Vygotsky 指出，鷹架是只提供幼兒適配其能力的協助，以促進學習。母親與幼兒間長期相處，十分了解幼兒的種種表現，可讓幼兒有機會練習、表現所學，並能適時的調整挑戰的難易程度，讓幼兒持續的參與學習、進步。例如：有些幼兒會一再地要求媽媽念同一本故事書，藉由讀同一本書母親提供幼兒最熟悉的對話方式，並適時的提問及調整問題的難易程度，讓幼兒不斷的成長。因此，臨床上，目標難易程度的設定也是重要的考量。

# 伍、新近的療育方法

## 一、Fey 的陳述反應基模

傳統的語障分類方法是以幼兒的句法、語形表現加以區分，Fey 則改以語言的使用情況為分類的依據。此方法強調語言的功能性，建議分類前應蒐集幼兒在自然情境下的所有表現，包括在家中及學校內的表現，以避免偏誤。

Fey 利用兩大特徵來分類：對話陳述，指幼兒主動引發對話的傾向；對話回應，指幼兒對對話的反應。再依此兩大特徵的有無，將幼兒分成四大類：主動對話者、被動對話者、口語型非溝通者、不溝通者。決定療育時考慮幼兒係屬四大類中的何種情形，再依幼兒個別特定需求加上其他目標。

## 二、採用對話結構式的治療

如前所述，療育計畫中不需將焦點放置在要求家長和幼兒之間的「working」，因為基本上，照顧者已經花費大量的時間和幼兒相處，提供幼兒許多語言學習機會。MacDonald 等人（1992）建議採取有系統的方法，教導家長如何有效地與幼兒互動，因為如果語障幼兒能與成人成功地溝通，將有助其各方面的發展。基於此理由提出增刪方法，強調要讓語言障礙幼兒參與日常對話，而且更重要的是提供包含各種關係及語言學習的自然支持，即提供鷹架，確保幼兒參與對話的品質。

教導幼兒如何扮演一個成功的對話啟始者，和適當的反應者一樣重要。教師應設法直接從教室互動的情境中，去改變幼兒總是以成人為導向的對話方式。

MacDonald 等人（1992）提出五個溝通的互動形式以協助幼兒成功的溝通者：

第一種互動形式是平衡，指成人與幼兒一同分擔對話的責任，同時也沒有任何一個人可以主導會話。

第二種互動形式是促進反應，指由成人提供協助，配合幼兒初步嘗試的對話，使之更具意義。

第三種互動形式是配對，指成人需配合幼兒目前的語言使用情況，以確保最大參與，同時不讓幼兒覺得有壓迫感。

第四種互動形式是不定向、非指導的，互動中由幼兒引導，成人依循著主題走，允許幼兒任意改變主題。

第五種互動形式是情感依附，互動過程中，參與者認為參與對話本身就是一種享受，一種獎賞，而不僅僅是一種方法而已。

### 三、新近療育研究的發現

新近的研究有兩大方向，方向一在比較兩種服務模式中，哪一個比較有效。方向二則在比較兩種或兩種以上的方法，何種較有效？成效為何？針對不同的幼兒，哪一種療育方法較適當？

### ㈠比較教室及個別療育成效

Wilcox 等人（1991）比較抽離式（個別療育）和教室教學，對學習詞彙的成效。發現幼兒在教室教學情境中學習，較能將語彙類化應用在家庭環境中，所以認為教室是一個可行、又有效的療育地點。

Roberts 等人（1995）觀察臨床師－幼兒間互動情形，發現幼兒在教室外進行療育時，其表現比在教室內表現順從；臨床師在教室外療育時也提供更多的會話輪替機會，所以建議臨床師在決定療育地點時，應考慮此種溝通動態。

### ㈡比較療育功效：在兩種療育方法中抉擇

Weismer 等人（1994）研究單純示範和示範加上喚起表達二種程序的教學效果。結果發現，三名受試者中，有二名受試者能分別從此二種教學程序中獲益，但學習的效果並不好。

Gamarata 等人（1994）研究模仿角色輪替對話法對 SLI 幼兒語言結構的效果，發現二者都有效，但低結構的角色輪替對話法在立即及類化的效果，都比模仿法好。

Yoder 等人（1995）發現，口語提示及擴展二種教學，對治療語言發展早期的幼兒較佳。

### ㈢音韻和語言治療的特定成效

Fey 等人（1994）發現，採用文法為焦點的語言療育方案，只能加強受試的文法表現，對於音韻技巧並無效果，因此，建議仍須提供學齡前幼兒直接音韻教學。

Tyler 等人（1994）發現，若進行音韻教學，受試在語言及音韻二方面都會

進步；進行語言教學，受試者在語言方面有進步，在音韻方面則無較好表現；採行組合教學，受試者在語言及音韻二方面都會明顯進步。建議在選擇教學方法時，以組合式優先，音韻次之，語言法最後。

## 四、其他種族幼兒的療育

面對不同文化的個案，臨床師最重要的任務在決定其學習風格上的差異，並思考如何能善加利用以達學習目標。另外，臨床師要尊重、欣賞幼兒的母語及文化，設計方案時要參酌家長的意見，了解家庭文化及信念，將有助於臨床師與家庭間的互動。

如果這些來自不同文化的幼兒在使用母語上並無困難，只是英語還不夠流利，其實並不需要進行治療。若幼兒的確在母語的使用上出現困難，其療育方案也應針對母語來設計；如果臨床師不熟悉該種語言，可以和其他熟悉該語言的人員一起合作，這些人員可能是治療團隊的成員（例如：資源教室專家）或其他半專業人員，這種工作關係類似前述的合作諮商。

## 五、幫助類化

類化是語言療育方案成效的保證書，一個經驗豐富的臨床師在療育過程中，會一直謹記類化的原則，不會將類化放在過程後段才進行。如果類化無法出現，療育的歷程就必須進行一段很長久的時間，因為我們必須設法教會所有與目標相關的事件，才能確保幼兒獲得該能力。類化指的是利用訓練所得的反應應用於其他訓練的情境中，這些反應可能超越臨床師原本預期的。

## 六、類化的類型：有兩種基本的類型

第一種類化類型為刺激類化，指使用訓練反應於新環境、新的人、新材料。

第二種類化類型為反應類化，指個案所學優於原訂的語言難度水準；或難度水準相同，但其表現已擴展至未訓練的範例。除上述兩種基本類型之外，也可能結合刺激類化及反應類化。

## 七、為何嘗試教導類化會失敗？

致使類化結果無法出現的原因，可能是臨床師所預定的療育重要事項，並未傳遞給語障者。療育計畫連結了成人語言使用者的邏輯，但未必符合語障幼兒的邏輯。

在反應類化部分，我們期望教導幼兒一些語言的普通規則後，幼兒能將之運用在許多實例上。為達此目標，臨床師會利用許多實例進行教學，但這些例子很可能根本無法代表目標規則，稱之為「training deep」，這讓幼兒無法從少數的實例中歸納出共同性，而無法達到類化。但舉太多實例也不恰當，使幼兒覺得更困惑，因此，如何拿捏實例的數目多寡，也是臨床師的一大挑戰。Elbert 等人（1991）研究指出，59%的受試者至少需三個實例才能達到類化；而 14% 的個案則需呈現十個實例，才可能達到類化的效果。

## 八、反應組型：預期反應

反應組型是語言規則合理的預期表現。造成類化失敗的原因，很可能是因為療育中提及的實例，並未能教導幼兒適當的反應組型。例如：教導 V-ing，卻希望幼兒在名詞及受格的使用上也能有正確反應。臨床師應格外小心，勿一昧的追求類化，而忽略了應設定合理的期望，以幼兒的觀點來思考、設計類化活動，避免出現過度的期望。類化失敗的原因在於療育中所使用的實例不具代表性，使用了太多或太少的實例，沒有足夠的練習時間等。

## 九、計畫類化

類化策略應從療育初期就開始執行。應選擇適當的場所進行療育，使幼兒有高頻率的機會運用所學，即使臨床師不出現，幼兒也能有良好的溝通，所以，臨床師要仔細觀察環境中重要的練習機會，提供適當時機讓幼兒練習。

Hughes 的書 *Language Treatment and Generalization* 提出兩個重要的建議：讓治療在較自然的情境中進行，讓自然情境具有治療的效果。

另外，臨床師以較寬廣的角度教導幼兒運用新習得的語言技能，避免幼兒

將語言功能限定在治療情境，所以，應花費一段時間，舉出反證，釐清幼兒的觀念。依據所設定的目標的功能、性質來分類，將較易達到類化的目標優先教導，讓幼兒能儘快掌握類化的竅門。例如：「請求」先於「最高級形容詞」。當幼兒掌握較多的語言能力，應逐步調整、改變教學情境，Hughes（1985）指此為「teaching loosely」。例如：加入新的人，改變增強方式（如拍拍背），擴展教學進行空間等。

## 陸、未來仍應繼續努力的方向

未來有兩大問題仍懸而未決，問題一，專業人員應預測幼兒的語言學習結果（例如：可否依早期的表現來推斷幼兒是否屬高危險群？未來可能會出現何種問題？這些問題的嚴重程度如何？）；問題二，如何依幼兒的不同特質、優勢、劣勢，選擇有功效、有效率的療育方法？上述兩大問題值得研究者繼續努力尋求解答，以提供幼兒及家長最好的服務。

## 參考書目

American Speech-Language-Hearing Association (1995). *Prevalence of communication disorders in the United States.* Rockville, MD: ASHA Science and Research Department.

Bernstein, D. A., & Tiegerman-Farber, E. (1994). *Language and communication disorders in children.* Macmillan Publishing Company.

Elbert, M., Powell, T., & Swartzlander, P. (1991). Toward a technology of generalization. How many exemplars are sufficient? *Journal of Speech and Hearing Research,* 34(1), 81-87.

Fey, M. (1986). *Language intervention with young children*. Needham Heights, MA: Allyn & Bacon.

Fey, M., Cleave, P., Ravida, A., Long, S., Dejmal, A., & Easton. D. (1994). Effects of grammar facilitation on the phonological performance of children with speech and language impairments. *Journal of Speech and Hearing Research*, 57, 594-607.

Shriberg, L., & Kwiatkowski, J. (1982). Phonological disorders II: A conceptual framework for management, *Journal of Speech and Hearing Disorder*, 47, 242-256.

# 第三章

# 溝通與管理實務的語文訓練

王阿勉

## 壹、前言

　　「語言和語文」在人類溝通情意，傳達思想上，交換經驗裡，長久扮演著極重要的角色，但是人類從嬰兒、幼兒至青年、成人的語言發展過程中，由於健康、環境、智能等因素，可能會導致說話或語言及語文實力的障礙，造成溝通上的困難和不良，甚至在學習生活、社會適應、情緒發展、人際互動等方面，也可能受到極大的影響。在我國特殊教育領域中，語言障礙的教育雖已經起步，但相關專業訓練、教學單位與機構仍然明顯不足，是尚待擴展的領域（林寶貴，1992）。本文特就溝通與管理的語文訓練切入，主要目的是期盼能傳達與指引相關特殊需求的人，能在二十一世紀中，新紀元、新思維的大前題下，有其協助與改善的空間，更是建立新世紀、新思維與「親、師、生」引導式成長的最大目標。

# 貳、溝通與說話及語言之意義

## 一、溝通之意義

大家都清楚溝通（communication）之意義，是在利用各種傳達工具（不限於口語）與各種媒介（例如：符號、姿勢、表情、動作、手勢、文字、標誌、圖畫、音樂、動畫等信號），以期達到相互交換訊息的過程。

一個人若不能適當的利用各種行為模式，以達到與他人交換訊息的目的時，就會產生溝通的問題（林寶貴，1992）。因此，溝通著重在「雙贏」的目標，而「語言訓練」便是雙方溝通的最佳互動模式。

## 二、語言之意涵

同時，語言（language）的意涵，不僅是溝通的工具，也可以說是人類生命之基礎模式。凡是「有組織、有系統」的語音性符號，用來作為人類交談的工具皆稱為語言，包括：「口述的語言、書寫的語言及符號的語言」。廣義的語言是指人類思想與感情的「符號化」，用以與他人傳達情意或溝通行為的工具，舉凡「言語、文字、手語、旗語、布列斯符號（Bliss Symbols）、音樂、圖畫、雕刻、簡訊」等都是；狹義的語言是指口述的語言（說話）。此外，語言也是傳統收訊經驗所使用的語音、語法、語意上的規則（林寶貴，1988）。而語文是語言的理解能力與表達能力的延伸，符號化、流暢化、資訊化，是語文的優勢能力所需。

## 三、說話之用意

其次，說話（speech）是語言運作的聲帶運動，又稱為言語或口語，包括，正確的發聲、構音及合乎文法規則的言語，因此，說話可說是表達語言的一種溝通方式（林寶貴，1983）。語言能力較強的人，說起話來大致上是「言之有物、擲地有聲」，而且「語句明確、語辭通暢、能說清楚、又能講明白、

有內涵又有見地」。說起話不含糊、不瞎扯，也極易被人接受，如此則具備好溝通、會說話的藝術手腕。

由上述溝通、語言及說話的意義來看，語言和溝通二者相輔相成密不可分，的確是相當值得我們在與人溝通及深省之時的關鍵力，所以，語言除了是一種有結構化屬性的特徵，同時，也產生規則和理解句子的意念；而溝通則是接收或提供的資訊、感情與態度的過程，語言和語文在溝通的過程中被認為是一種手段，也是一種學習的工具。因此，說話是當語言的規則被應用於口語時所發生的，而說話更是連接聽覺輸出的語言符號（林寶貴，1989）；所以，語言和語文是人與人溝通的工具，要能夠達到溝通，必須具備以下三大條件，才能代表一個人的溝通能力（劉麗容，1991）。第一，是語言的條件，要能夠說話，而且能夠講得通；其次，才是要有認知的能力，要能了解周遭的環境；最後，才是要有文化、社交、實用性、功能性的一些基本社會知識。

# 參、語言和語文障礙的矯治與輔導

語言治療和語文訓練應兼顧語言系統中的認知、語言學、溝通等層面，並針對個別的治療需要和語文與訓練技巧，都應該儘可能的落實在平常的生活學習環境裡、學習策略上和學習技能中自然進行。

## 一、透過感覺動作的經驗發展語言能力

幼兒從出生開始，透過各種感覺動作的經驗，發展了認知能力與學習動機，也逐漸發展其語言能力。也就是說，認知是由於感覺動作行為的內在化，而語言是認知的一種象徵系統，語文是表達內涵所在，所以，必須有足夠的活動或遊戲經驗，才能促進象徵性思考的產生語言應用（林寶貴，1994）和語文表達空間。同時，根據皮亞傑的認知發展理論，兒童感官動作期的認知基礎，對語言和語文間的學習尤為重要。語言治療和語文訓練的重點應該加強有關「物體、行動、關係之間」的分類與標名等活動，加強兒童或學習者參與各種活動，從與事物有關的活動中，發現其語言行為和語文實力；前運思期的兒童則應該加強知覺、圖畫及符號的表徵、分類技巧、基本概念等學習，利用示

範、延宕的處理方式引導語言的發展（王振德，1985）；而青少年階段的學生，更該直接或間接的強化及培養語文、智能的成長實力與內化本能。

## 二、語言和語文系統的治療策略

語言系統主要包括語言的形式（語音、語形、語法）與內容（語意、語彙）。茲將語言學系統的治療策略分語音（構音）和語詞表達（包括構詞、構句、語意）兩方面加以說明：

### (一)語音矯治方法

1.語音位置法：最傳統的構音治療法，就是教導兒童正確的發音部位及方法，以教導兒童發出正確的語音，由單音而字、詞、語、句，到自然的對話。通常可以用壓舌板、棉籤，或直接以手指操弄、口頭詳述構音部位，或是利用手感覺呼氣在鏡中觀察發音情形等，讓兒童對該音的正確，舌唇顎的位置有所了解，當發生正確的語音之後，再立刻重複加強。

2.聽能辨別訓練：如果兒童無法區分正誤音，他將無法學習正確的語音，所以進行語音治療時，應該要設計一些正確與錯誤音的分辨活動，讓兒童指正或反應，另一方面也可以訓練其注意力。

3.構音器官運動訓練：為增加兒童的構音器官靈活度，使構音時能達到良好的協調而發正確的語音，可利用構音器官的運動及呼吸訓練活動，加強口語的靈活度與清晰度。

4.多重感官統合刺激訓練：利用聽覺、視覺、觸覺或肌動感覺可以幫助兒童說出正確語音，例如：鏡子可以看到嘴形；手或薄紙放在嘴巴前，可以感覺氣流的強弱；觸摸鼻子或臉頰、下顎骨可以知道語音振動的情形，這些具體的方法都可以使語音的學習更容易。

5.音韻歷程分析訓練：這種觀點強調兒童正常的發音錯誤是有規律的，由於學習音韻系統時出現問題，所以，常反應出簡單化構音、或多種音共同使用某種發音歷程的情況，因此，訓練語音不是要針對某個音，而是針對該音的基本歷程，以消除發生錯誤的簡化歷程，建立或增加兒童語音學上的對比學習。

構音治療的方法很多，上述較常用的方法中，究竟選擇哪一種應用在兒童

或學生的發音矯正，除應考慮兒童及學生的個別差異外，尚牽涉到教師的教育理念與教學經驗；不論應用何種方法，教學時語音矯正的歷程卻是一致的（鍾玉梅，1994），也容易被忽視，必須遵守下列原則：

1.減輕始因：例如：聽障者配戴助聽器，有耳疾者先治療疾病，唇顎裂者先施整型手術等，有最佳的身體狀況才有良好的學習效果。

2.聽辨力訓練：認識正確音及分辨錯誤音對聽障兒童相當重要。

3.獲得正確語音：利用各種方法引發正確語音使聽障生學習正確語音。

4.轉移或類化：正確音出現後，必須由音→字→詞→短句→短文→對話式語音練習，使語音能穩定下來，持之以恆的訓練。

5.維持或習慣化：加強各種情境的練習，並著重兒童周遭的人互相配合，養成正確的構音習慣。

## ㈡語詞表達的訓練

在語言治療上有一些技巧，可以幫助教師更活潑、更多樣化、更豐富整個過程，使兒童有更多嘗試學習語言的機會，其技巧如下（王振德，1985；余玻莉，1992）：

1.矯正（correction）：當兒童表達不正確時，立即予以矯正與引導正確訓練。

2.擴充（expansion）：當兒童表達不完整時，加以擴充並輔助其過程正確引導。

3.簡單的解說（simple expatiation）：以說明的方式增加語言的功能，重點在溝通並簡單明瞭。

4.複雜詳述（complex expatiation）：以說明的方式增加語句結構的複雜度。

5.變化方式（alternatives）：用邏輯、抽象的方式表達，例如：「為什麼……？」、「怎麼樣……？」、「怎麼說……？」以促進兒童及學生肯表達較有思考性的語言和語文修辭。

6.完成（completion）：提示句子的一部分讓兒童表達與開口說出來。

7.交換的替代（alternative replacement）：兒童在替換同一句型時，可以把握詞性的規則及一些限制，並能了解語意、文句的意義和用意所在。

8.複合（combination）：讓兒童自由連結各種文句，增進說話的複雜性與

結構性，也促進兒童及學生對語言和語文特性的探索。

9.修改（revision）：在說話練習中，要兒童換句話說，而不改變原來文句的意義。

10.拿熟悉的東西做媒介：讓兒童從熟悉的實物、模型、玩具、圖片等增進學習更多的語言模式。

## 三、溝通系統中語言和語文的治療策略

### (一)發展異常的語文訓練

發展異常的語言和語文訓練內容，包括：認知、語彙、句法、語言、語文的運用及表達等方面，每個項目都要包括聽覺的理解與口語的表達（林寶貴，1994）。語文是人與人之間溝通、交談、對話及談心的主要元素，因此，將內心世界想表達的話說出來，才是人與人之間互動與溝通的要領之一，也是達到基本的溝通目的（Schiefelbusch, 1978）。溝通更是一種雙向的、動態的交互作用，在語言行為中功能往往比形式更為重要。因此，製造機會讓學生都來學習溝通能力的提升是相當重要的。為促進互動的溝通技巧與能力，它需要家長、教師、語言治療師及其相關的人員共同執行及計畫目標。一般策略如下（劉麗容，1991）：

1.人際間的交互作用：教師能使用系列圖片，讓學生輪流看圖說話，也能提升同學看圖說故事的能力，或培養學生能養成聽老師講故事，進而可一起和老師重說故事，平時設計故事接龍、角色扮演等活動。

2.示範、練習原則：當學生看到別人在相同的情境下表達他所意向的語言行為或語文句子時，應了解這是一個最佳示範。因此，也藉由角色扮演或提供各種不同的情境與練習管道或機會教育，不斷地給予適當的描述機會及說明與示範等，提供學生時常練習與使用各種語言溝通技巧的良機。

3.「聽」與「說」整合：同意在安排語言溝通技巧的訓練課程中，要兼顧同儕間互動中的語言接受度與表達性；時時叮嚀與鼓勵學生，養成傾聽、雙眼接觸、回應問題等運用技巧。

4.符合個別需要：每次在語言訓練或溝通練習時，教材與活動設計必須符

合個別的需要與學生同儕的興趣；訓練及治療的目的都是在幫助學生快樂學習，且能巧妙與獨立運用自如，所以學習的情境應具彈性與合理化，並以學生為中心主體。

　　5.回饋原則：溝通過程中，及時的提供回饋，可幫助學生改進溝通的能力；當學生使用新語詞時，應予以鼓勵、嘉許，並適當地擴展之，使學生有機會學習更高的語言層次和語文技巧運用。

## ㈡中重度兒童常用的語言溝通技巧

　　以下提出三種在自然情境中常用的溝通技巧：第一要求模式，第二時間延宕，第三隨機教學。三者均有連貫及共同性，即是需要較少的時間，彼此有連續性，強調功能性，在學生有興趣的時候進行。

　　1.要求模式：這是一個師生的交互模式，學生對於有興趣的事物會產生注意，於是教師便使用正確的社交語言，來增進學生語言與語文的應用能力，並給予無形中的漸進加深、加廣；同時在使用此模式時，教師可用一連串的暗示或提示語。首先，教師要鼓勵學生啟始的行為，接著教師提出要求，學生接受口頭暗示或明示等，然後試著形容或說出想要的東西，及個人想要表達的語句。

　　2.時間延宕：這可以讓教師識別學生所提出的刺激，教師在時間的延緩中應接近學生，並注視學生（約五至十五秒），但要將回答保留住，直到學生談到溝通訓練的主題。在停留期間，教師可以給學生口頭上的暗示或提示等協助。

　　3.隨機教學：在自然情境中使用隨機教學，可提升語言和溝通的精緻及會話技巧等。隨機教學應當與前述的要求模式、時間延宕相配合。教師給學生明確的要求，而後延宕對學生的答覆，直到學生用較複雜的語言、語文的形式溝通為止。學生會因為想獲得增強物，而一開始便以口語溝通，如此即達到我們要求的最終目的與訓練效能。

## ㈢無口語能力障礙者之溝通教學

　　重度及多重障礙者，最嚴重的便是溝通上的困難，他們往往需要特別的教育工具來輔助。有些無口語能力障礙學生，可以教以類似聽障者的手語、指

語、表情、姿勢、動作、符號等非口語溝通方式，但有些學生有嚴重的運動障礙，而無法使用手語。近年來在不斷研究下，增加了不少科技設備，可用以幫助這類學生的非口語溝通能力，例如：溝通卡、溝通板、視覺轉換機、賽伯打字機、庫茲威爾閱讀機、助聽器、人工電子耳、電腦輔助教學等溝通輔具系統。經由這些技巧，即使是最重度的障礙者，亦可以利用某種方式達成溝通，並成為社會上的一份子（林寶貴，1998）。

# 肆、語文訓練技巧

　　首先，應該選擇適合兒童和學生程度的教材與教具，依兒童及學生的能力或特有的言語型態，來設定學習者的行為目標，並進行工作分析，實施編序或進階式的教學或治療。

　　其次，選擇容易引發兒童學習動機的教材，多選擇兒童感到興趣，或其生活中與平日課程上較常遇到的實物，例如：玩具、圖片、照片、字卡、剪報、卡通、動畫等，吸引兒童和學生的注意力，增加學習者的學習動機。

　　同時，注意教材呈現的時間適當性，因為語言的治療進度是個別化的、有彈性的，必須依兒童及學生間的學習狀況、生理與心理的反應，而彈性調整訓練計畫。

　　進而增進兒童的實際生活經驗，多利用實際操作、角色扮演、遊戲、戲劇、參觀、訪問、旅行、健行等學習活動，讓兒童和學生在生活中親身經驗與學習，並有助於理解、記憶、提高學習興趣，主動參與語言活動。

　　再來，學習情境要自然、活潑生動，過程要容易學習，配合兒童及學生目前的生理發展階段、知覺動作能力，依據發展程序設計適當的學習情境，順著語言自然的先後來安排治療計畫，不要給兒童和學生個別的壓力或承受太多的挫折感，而影響了說話、溝通的意願。

　　另一方面，要時時鼓勵兒童溝通，並給予適當的回饋，不斷給予關心、鼓勵與回饋，回饋可依兒童和學生之喜好與能力，選擇食物、代幣、獎卡或口頭性的鼓勵，提高其學習及溝通意願。

　　最後，更應加強親職教育，使父母成為最佳的協助者，父母是兒童平日最親近的人，如果了解如何幫助自己的孩子，如何與教師密切配合，提供良好的

語言示範，可以使學習效果更佳、更優質。

# 伍、語文訓練的方法

有了語文教學的目標、教學的內容，著實要好好運用語文訓練的方法，以及語文教學的指導原則：

一、應簡化指導語：任何教材之編寫原則都要把握要領，讓學習者一學就懂、易明瞭，所以，編寫教材在使用文字時，最好能修改成口語化或容易上口的詩歌、短文，以利兒童或學生學習。同時，在設計教學方案時，除應考慮「溝通」的需要之外，最好也能考慮語言發展的心理程序，用字遣詞要使兒童和學生容易了解，不艱澀或超過學生的學習程度。必要時，可將指導語簡化成符號式的方式（如布列斯符號），或最基本的關鍵語。說話時也要與學生保持目光的接觸，儘量不使用不明確的語詞，說話速度減低，或用動作、手勢幫助說明。說話前摸摸學生的頭或肩膀，以引起注意。切記，勿太文言或太長，且最好避免使用否定的句子。態度需溫柔又親切、和藹可親、不做作、不怒目相向、不口是心非等。

二、運用學習理論加強訓練效果：心理學家、教育學家、社會學家等對智能障礙者學習語言的「刺激─反應」、「記憶」、「回憶」、「遷移」、「類化」、「選擇」、「組織」、「儲存」、「操作」、「回饋」等心路歷程，提出很多理論模式與補救策略，我們成人更應該多多利用這些學習理論（例如：學習材料的組織方法、複習的策略、注意保留理論、行為分析技巧、操作制約增強效果等），以加強各種語言訓練的效果。

三、掌握多重感覺：利用實物（尤以活生生的人物、動物、玩具等）增進聽覺、視覺、味覺、嗅覺、觸覺、運動覺、身體動作、手指運動等各種感覺機能的刺激，以提高對輸入訊息的印象。製作卡片（例如：注音符號卡、生字卡、生詞卡、長短牌、圖卡、卡通人物、受歡迎明星臉、字條等教具），加強字音、字義、字形的認識與記憶。

四、利用詞句歸類：如將全班的學生姓名或衣、物等寫在卡片上，配合照片讓學生互相認識對方姓名。其他的名詞、動詞、副詞、形容詞等，均可以此類推，利用歸屬認法，達到語文訓練之目的。

五、利用換字原則練習句型：如上述以卡片寫上姓名、貼上照片，再寫上「你是」、「我是」、「他是」等語，將各卡片之照片蓋上，即成為「你是某某某」、「他是某某某」、「我是某某某」等句，讓學生由具體到抽象，認識代名詞的作用。其他尚可以此類推或延伸，以增進句型練習。

六、語言訓練教材之編選：語文訓練教材之編選應考慮實用性、相關性、簡易性、趣味性、連貫性、偶發性、廣泛性、教育性、創造性、變化性、彈性等原則。

七、設計各種活動，鼓勵學生加以敘述，以增進學習者對「聽話」的注意力，以及「行動」的表達能力及反思的「內省」能力。

八、運用各種實物、圖片、玩具、照片、畫冊、標本、模型、動畫光碟、DVD、錄影帶、角色扮演等，以增進對課文或故事的了解，提高學習動機。

九、在教學告一段落時，利用默讀、朗讀、仿說、歌詠的方法加以複習，或安排一些選擇字詞的異同（例如：填空、選擇字詞），詞句的簡短問答，時間、語態等的練習作業，以加深學習者的學習印象。

十、在教室中布置、陳列各種閱讀資料，教學資源（例如：沙箱、玩偶劇台、絨布板、積木、黏土、顏料、益智、玩具、讀書角、創意角、電腦角等），亦有助於兒童之閱讀與發表能力。

十一、常舉行遠足、健行、旅行、訪問親友、參觀社區內公共設施（例如：動物園、博物館、科學館、文物館、天文資料館、美術館、溫泉會館、郵局、市場、車站、畫展、捷運站及轉乘站等），以擴展其學習領域與相關生活經驗。

十二、利用錄音機、語言學習機、電腦教學平台、網路教學資源、遠距教學分享、V8 拍攝、配合語文領域教學策略，以積極實務功能性的充實教學型態，來增進學習者的聽、說、讀、寫的能力與學習動力和學習效能。

十三、重複的講述故事、課文、生活經驗的重點，並提出各種啟發性的問題，以澄清兒童的觀念，促進其學習興趣並強化其記憶廣度。

總之，智商雖與語言發展、語言理解能力、表達能力有關，但可透過早期的診斷、早期的介入、文化刺激、改善學習語言的環境等方法，加以改進。而學前階段的早期教育中，父母親應該扮演孩童語言發展的主要角色。換言之，加強親職教育、早期教育，可以增進兒童語言的發展，以及語言的理解能力與

表達能力。

　　目前由於大眾傳播媒介及視聽教育工學非常發達，可借重傳播或教學的媒體，來增進兒童或學習者的文化刺激。父母及教師也應該隨時把握機會，在生活教育當中，特別加強學生與子女的語言訓練。因為語言能力影響「親、師、生」三者間的人際關係與互動的成長功能，所以，加強語文能力，即等於促進親子間與同儕間或師生間的人際關係、人格發展、情緒發展、學業發展與社會適應的能力。期許在語文訓練時，教學者能不斷「強化與增能」，並使學習者的優勢潛能找到適當的「出口」，同時也加強學習者的學業發展實力，並不斷地幫助與培養學生，獲得改善與提升務實的學習效能與效果。

## 陸、結語

　　語言和語文是人與人之間溝通表達的工具，如果語言和語文程度的理解與表達發生困難，會影響兒童和學生的生理、心理、人格、學校、社會、職業生活與人際互動成長間的發展；語言和語文的發展、障礙的診斷評量，以及治療訓練過程，都是非常繁複而且重要的。

　　因此，宜結合醫師、護士、語言治療師、聽力師、心理學者、社會工作人員、特殊教育教師、家長等醫療、教育、社會等三方面的力量，共同評量、輔導與訓練，互相密切配合、交流或整合，才能增進兒童及學生或學習者的語言和語文表達能力和溝通實力，並漸進的協助障礙兒童（學生）與正常兒童（學生）一樣過著快樂、幸福的成長生活（林寶貴、錡寶香，2000）。同時，在溝通與管理實務的語文訓練中，真正落實直接治療與間接訓練的教學健檢增能，不僅可傳遞教與學的型態，也可帶動「語文訓練」技巧的新潮流。

## 參考書目

王振德（1985）。語言系統的評量及治療原則。載於特殊教育季刊，16，4-10。

余玻莉（1992）。兒童語言及構音異常的評估及治療策略。載於中華民國聽語學會會刊，29-35。

林寶貴（1983）。身心障礙兒童語言治療教育。台北：台灣書店。

林寶貴（1988）。特殊教育新論。台北：幼獅。

林寶貴（1989）。語言發展與矯治專題研究。彰化：復文書店。

林寶貴（1992）。語言障礙兒童輔導手冊。國立台灣師範大學特殊教育研究所。

林寶貴（1994）。語言障礙與矯治。台北：五南。

林寶貴（1998）。智能障礙者的語言問題與矯治。載於中華啟智工作人員協會會刊，5，3-15。

林寶貴、錡寶香（2000）。語言障礙兒童教育輔導手冊。台北：教育部特殊教育工作小組。

劉麗容（1991）。如何克服溝通障礙。台北：遠流。

# 第四章

# 語言與閱讀之關係：閱讀困難學童的語言能力

錡寶香

## 壹、前言

人類語言能力的發展乃是依循聽、說、讀、寫的順序發展而成的，因此，閱讀的處理歷程也就與個體的聽覺語言能力有密切的關係。而閱讀困難的產生雖然可能肇因於視知覺、語言、注意／記憶力、自動化速度等因素，但過去二十幾年來，歐美很多研究者卻特別強調：閱讀障礙是一種語言缺陷的問題（Catts & Kamhi, 1999）。他們認為閱讀理解乃是識字（word recognition）與語言理解或聽覺理解的產物（Gough & Tunmer, 1986），書面語言的閱讀最後仍需植基於口語所建立的語言系統之運作，也因此語言能力的不足，必然會影響閱讀能力的發展。事實上，研究已發現很多閱讀困難學童亦有語言問題（Hallahan, Kauffman, & Lloyd, 1999）；而一些長期追蹤研究則顯示，學齡前階段被鑑定為語言發展遲緩幼兒或特定型語言障礙兒童，在學齡階段成為閱讀障礙者的比例亦相當高（Bishop & Adams, 1990; Catts, 1993）。然而，雖然語言能力是影響個體閱讀發展的主要因素，而閱讀能力亦是兒童習得更高深、更複雜、更進階語意、語法知識與技能的主要管道，但是其中的關係並不只是將書面語言（即文字）轉換成口語的運作而已。也因此，在探討語言與閱讀困難之間的關係時，有必要釐清其中所涉及的語言認知運作處理歷程，包括：語言障礙與閱讀障礙的相隨關係，音韻處理歷程或是聲韻／音韻覺識能力與閱讀之間的關

係，語意提取及語法解析與閱讀之關係，篇章／敘事能力與閱讀之關係等。

# 貳、語言與閱讀

閱讀是一種意義建構的認知運作處理歷程，包含兩個主要的成分：識字與理解。在識字部分，讀者需要將文字轉換、對應成口語形式的詞彙，以理解其義，或是經由整字的字型激發、觸接（access）其義，或者同時使用此兩種管道觸接詞義（字彙意義）。而在理解部分，除了詞彙、短語、語句、篇章的語意解釋之外，尚包括使用語言進行不同類型的思考、評鑑、判斷、想像、推理與問題解決等處理歷程（Catts & Kamhi, 1999）。

雖然閱讀包含多個相互關聯、交互運作的認知歷程（例如：知覺、語言、認知及動作協調），不只是單純將書面語言（文字），轉換成口語即可達到理解，但在意義的建構過程中，卻一定需要使用語言提取意義、解析、比較、整合文本訊息。也因此，Vellutino（1987）乃指出，閱讀是一種使用語言的高層次認知活動。

在閱讀的認知處理歷程中，為了能建構命題，讀者需要先認知字彙的意義（即詞彙觸接——lexical access），並能理解字彙與字彙串聯形成命題之義。因此，個體首先需認明不同的字母（如：英語系拼音語言）或筆畫線條、部件（如：中文），並將文字的字形與該字彙的語音形式聯結，以觸接其義。也因此，個體所習得的字彙之義，常常需經由音韻形式的管道激發（activated）。而這也正是聽覺語言與書面語言之間的啟動、聯結關係；亦即識字或字義的啟動會涉及音韻轉錄（phonological recording）的認知運作（林寶貴、錡寶香，2000）。

另外，在高層次的語言處理方面，則需使用語法結構與語意關係方面的語言知識，引領讀者去解釋句子之義，並由解析之後所產生的句子組成要素中，抽取一個或一個以上的命題，再與其他命題聯結形成整合的命題網路，建構文本的基本意義（Kintsch, 1974; Norman & Rumelhart, 1975）。也因此，在句子、段落及篇章層次的閱讀，乃會涉及下列的相關語言技能：一、理解詞彙之間的相容關係；二、理解成語、諺語、抽象語言在句子中的非字面意義（non-literal meaning）；三、理解由構詞結構及詞序所標示的詞類類別；四、理解由篇章凝

聚設計（cohesive device）所宣示的句子之間的關係，如：省略、替代、連接詞、前後關係照應等；五、根據語境決定字彙意義；六、進行推論；七、決定主要重點大意；八、做出適當預測等（Kamhi & Catts, 1989; Roth & Spekman, 1989）。

　　因為語言與閱讀的關係如此密切，因此很多研究都嘗試釐清其彼此之間的關係。Catts、Fey、Zhang 與 Tomblin（1999）的研究指出，口語能力可以解釋二年級學童閱讀理解表現 13.8%的變異量，識字能力 19.7%的變異量。Roth、Speece 與 Cooper（2002）以回歸方式，分析學前階段的語言能力，對小一、小二學童閱讀成就的預測效果，結果顯示語意能力（即詞彙定義、詞彙提取），而非音韻覺識，可以預測二年級學生的閱讀理解，但音韻覺識可以預測一及二年級學童的單詞唸讀能力。Torgesen 與 Davis（1996）的研究則顯示，語意在閱讀習得的過程中扮演著間接的角色，亦即詞彙知識可以預測語音切割與混音等音韻覺識／處理技能。然而，Vellutino 與 Scanlon（1987）、Vellutino 等（1991）檢驗語意與語法能力在預測學童閱讀理解的解釋量時，則發現詞彙能力是閱讀理解的最佳預測因素，而語法能力則不具預測效應。雖然語法能力似乎與閱讀發展無顯著相關存在，但 Vellutino 等（1991）的研究卻又指出，語意、語法能力對閱讀的影響作用，是隨年級的變化而有不同的影響程度；他們發現詞彙及語法能力無法鑑別二、三年級高／低閱讀能力學童，但可以鑑別六、七年級的高／低閱讀能力學童。最後，過去研究則已發現閱讀困難兒童，在構詞規則的理解、複句理解、複句造句、由心理詞彙庫提取詞彙、抽象詞彙的理解與應用等方面，有較大之問題（Denckla & Rudel, 1976; German, 1984; Vogel, 1974, 1977; Wiig, LaPointe, & Semel, 1977）。

　　另外，因為國外研究不斷顯示音韻覺識與閱讀理解之間，具有一定程度之相關，而音韻覺識亦是屬於後設語言（metalinguistic/language awareness）中的一種，因此研究者乃探討其他後設語言技能（例如：後設語意、後設語法），與閱讀之間的關係。後設語言技能主要是指有意識地操弄語言結構，或意義（例如：詞序、構詞、詞彙、短語）的能力。過去的研究發現，學齡語言障礙、閱讀障礙與學習障礙兒童，在需要使用後設語言作答測試題目時，有較大之困難（Lutzer, 1988; Nippold & Fey, 1993; Seidenberg & Bernstein, 1986）。

　　此外，口語敘事（oral narrative）與書面文本（written text）有很多共通的

特徵／特質。兩者都是獨白的語言形式，也都是抽離情境的語言形式（decon-textualized language forms），並非立即情境的真實對話。兩者都會使用到較精準／複雜的語法結構，以及高階、少見的詞彙或是象徵性詞彙（Dickinson & Snow, 1987; Westby, 1991）。由口語的發展過程來看，兒童會將其已習得的口語敘事知識應用在閱讀理解上，也因此如果口語敘事方面出現問題，有可能就會影響閱讀成就（Roth, Speece, & Cooper, 2002）。Snyder 與 Downey（1991）即發現口語敘事可以預測十一至十四歲學童的閱讀成就，但對八至十一歲學童閱讀成就的解釋量則較低。另外，口語敘事在閱讀所扮演的角色，也可由語言障礙及閱讀障礙兒童在故事記憶、故事理解與故事敘事的表現較差獲得印證（Gillam & Johnston, 1992; Graybeal, 1981）。再者，研究也發現敘事技能是閱讀成就與學科成就的預測因素（Bishop & Edmundson, 1987; Feagans & Applebaum, 1986; Paul & Smith, 1993; Stephens, 1988）。

　　綜合上述，在閱讀的歷程中涉及：一、詞彙意義的提取或觸接；二、語意、語法交互作用促發句子的解釋、理解；三、並進而形成整合的命題網路，以建構前後連貫完整的篇章表徵。而在這些處理歷程中，語言符號的運作都扮演著關鍵性的角色。簡而言之，閱讀乃是植基於語言的一種技能（language-based skill）（Menyuk et al., 1991; Shankweiler, Crain, Brady, & Macarruso, 1992），音韻轉錄或是音韻處理／覺識能力，是詞彙意義提取主要執行的重要認知處理歷程，語意與語法知識是建構文本意義的線索（Liberman, 1983; Vellutino, Scanlon, Small, & Tanzman, 1991）。因此，由聽覺管道所發展的語言知識與技能，會讓兒童可以將文字觸接意義，使用語法訊息預測詞類（例如：名詞前面不認識的某個詞彙應該是形容詞），與詞彙結合順序。事實上，過去的研究已證實音韻覺識、語意能力、語法能力、後設語言能力以及口語敘事能力，皆與閱讀成就有密切之關係。然而，語言能力的影響作用似乎是隨不同閱讀發展的階段而有所不同；在低年級時，音韻覺識技能對兒童的識字發展較具影響作用，但是在中高年級時，因閱讀時文本意義建構的負荷較大，乃以語意、語法能力較具影響作用。

# 參、語言障礙與閱讀障礙

　　語言障礙與閱讀障礙之關係，可以由不同的角度來說明。第一，長期追蹤語言發展遲緩幼童，在進入學齡階段時的閱讀表現。第二，探究被鑑定為閱讀障礙的學童是否同時並存語言障礙的問題。

　　國外一些長期追蹤的研究顯示，學前階段被鑑定為語言發展遲緩幼兒，或特定型語言障礙兒童者，在學齡階段成為閱讀障礙者的比例相當高（Bishop & Adams, 1990; Catts, 1993）。Scarborough（1990）的研究報告即指出，其所追蹤的說話語言障礙兒童，在三十個月大時曾出現語法及音韻缺陷者，到了小學階段也都成為低閱讀能力學童。Aram 與 Hall（1989）分析一九六五至一九八七年間，所刊登的一些追蹤學前說話語言障礙兒童後續發展的研究，發現高達50%-75%的人出現閱讀及其他學科學習的困難。Tallal、Allard、Miller 與 Curtiss（1997）持續評量一百位語言障礙兒童，由四至九歲期間的各項表現，結果顯示，語言障礙兒童在數學、拼字、字彙解碼、識字與閱讀理解的表現皆極差。而 Stothard、Snowling、Bishop、Chipchase 與 Kaplan（1998）的研究，則指出在五歲前口語問題經治療後趕上同儕的兒童，到青少年階段時的讀寫能力發展，仍然出現極大的問題。另外，那些在五歲時口語能力仍然未趕上同儕者，則同時會出現口語與書面語言缺陷。綜合而言，學齡前階段口語的缺陷會成為學齡階段讀寫發展的危險因子（Aram & Nation, 1980；Catts, 1993; Wilson & Risucci, 1988）。

　　而探究閱讀障礙兒童是否同時出現語言障礙的研究，則計有下面幾篇：一、Catts 等（1999）的研究發現，有很高比例的二年級低閱讀能力學童，在幼稚園時都曾經出現詞彙、語法及口語敘事方面的問題。二、Gallagher 等（2000），以一等親親屬中是閱讀障礙者的兒童為研究對象，探討其語言及讀寫能力的發展，結果顯示在四十五個月大時，這些兒童無論是在接收性、表達性詞彙／語言，或是假詞複述、數字廣度記憶、字母知識都比同齡兒童差；到了六歲時，其讀寫能力表現，也都是低於平均數負一個標準差以上。三、在McArthur、Hogben、Edwards、Heath 與 Mengler（2000）的研究裡，一百一十個被鑑定為閱讀障礙的兒童中，有 51%也同時並存語言問題；而一百零二個被

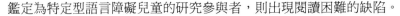

鑑定為特定型語言障礙兒童的研究參與者，則出現閱讀困難的缺陷。

　　歸納上面所述，語言障礙與閱讀障礙可能有某些共通的問題。事實上，國外研究者即將閱讀障礙並存語言障礙的學童，稱之為語言學習障礙者（Catts & Kamhi, 1999）。另外，研究者甚至更大膽指出閱讀障礙或失讀症（dyslexia），可以被視為一種發展性語言障礙（developmental language disorders），因為其缺陷的根本原因，是來自語言問題，例如：音韻處理問題或語言知識的問題（Catts, 1996）。然而，不管閱讀障礙、語言障礙是相同或相異的缺陷，其問題很可能都是源自於一相同的語言符號運作問題。也因此，閱讀障礙並存語言障礙，或是語言發展問題造成閱讀障礙的比例才會那麼高。

## 肆、音韻處理與閱讀

　　音韻是語言要素中形式（form）的一種，是語言最基本的單位之一，涉及語音，語音結合形成詞彙的規則，語音排列與組合的規則，其習得是語言內容（意義或語意）發展的一部分，亦即兒童在發展詞彙時，需要使用正確的音韻形式將該詞彙表達出來，也因此，音韻發展是與詞彙或語意同時發展的。幼兒在語言學習的過程中，會覺察語言中音韻的特徵或相似與相異性，隨著其語言能力發展得愈來愈好，其音韻系統會建立得更有組織與穩定，成為口語與書面語言發展的基礎。

　　學習拼音語言的兒童，在最初識字階段需要發展字母－語音對應的規則，並覺知文字的音韻形式與意義之間的關係。簡而言之，此種認知歷程即為音韻覺識，乃是學習閱讀的必要基礎（Larrivee & Catts, 1999; Lyon, 1999; Snowling & Stackhouse, 1996）。音韻覺識乃指對語言中的音韻形式覺察與操弄的能力（Blachman, 1994; Torgesen, 1996），亦即可以將書面或口說語言中的音韻表徵，當作一種類似具體的物品去思考與操弄的能力。例如：在「Allen 愛吃黑輪（台語發音）」、「Jeff 是姐夫」的例子中，即是覺察英文與中文或台語音韻特徵的相似性，而造出之句子。

　　過去二十幾年來，英美的研究者在探討閱讀障礙議題時，非常強調音韻覺識能力在習拼音文字兒童識字／閱讀處理歷程的影響作用（Catts & Kamhi, 1999）。研究者（Stanovich, 1991; Torgesen, Wagner, & Rahotte, 1994）認為，音

韻覺識能力與閱讀之間的相關，乃在於閱讀拼音文字時，需要將文字解碼成音韻形式以觸接字義。據此，當兒童在建立字母－語音連配關係時，他們需要在心智表徵系統中操弄音韻結構。而很多研究亦證實，音韻覺識能力較佳的兒童，較能正確與快速地建立語音－字母的對應知識，並使用此知識解碼、識字（Torgesen, Wagner, Rashotte, Burgess, & Hecht, 1997）。另外，很多研究亦發現閱讀障礙兒童都有音韻覺識缺陷（Bradley & Bryant, 1983; Olson, Wise, Conners, Rack, & Fulker, 1989）。音韻覺識的問題似乎是造成閱讀障礙兒童閱讀困難的因素之一（Morais, 1991; Torgesen, 1996）。

　　Perfetti 與 Sandak（2000）甚至提出 Universal Phonological Principle（UPP）的理論，強調閱讀時音韻處理歷程，是人類以語言處理訊息的認知產物。換言之，閱讀是植基於語言系統之上，所有的讀者皆會使用音韻處理歷程。

　　雖然以習拼音文字兒童為對象的研究，已證實音韻處理能力與閱讀理解能力的強弱有密切的關聯，但是此種關係是否適用於解釋並無拼音文字中的「字形－音素對應規則」（grapheme-phoneme correspondence rules, GPCs）的中文表象文字（或意符文字——logograph）之閱讀，則有待更進一步之驗證。國內過去幾年來已有多位研究者著手探討此議題，例如：黃秀霜、柯華葳、曾世杰等人。Huang 與 Hanley（1994）的研究發現，學童在國小一年級上學期的音韻覺識能力是其認字能力的重要預測變項，可是當兒童剛入學時所測得的認字能力也一起進入多元迴歸分析中後，音韻覺識卻不再具有預測力。黃秀霜（1997）的一項三年縱貫性研究則發現，早期的音韻覺識能力與兒童三年後之認字能力，並未有顯著之相關，然而此項能力卻與當時的認字能力有高度相關。而柯華葳、李俊仁（1996）的研究結果與黃秀霜的發現稍有不同，這些研究者發現，一年級剛入學時，兒童的拼音能力與其兩年後的認字能力呈現顯著的相關；然而，雖然在小學的前兩年，兒童去音首與認字的同時相關性很高，但是其相關性卻隨年級的增加而逐漸消退，而且其一年級剛入學時去音首能力，並沒有與兩年後的認字能力呈現顯著的相關。江政如（1999）的研究也一樣出現相同的發展趨勢，該研究發現聲韻覺識能力，對中文認字的影響會隨年齡的增加而減弱，幼稚園、小一、小二兒童的聲韻覺識能力與認字能力有顯著相關，但到了五年級時相關即消失。柯華葳、李俊仁（1996）、江政如（1999）的研究結果都呼應了國外的發現，即音韻覺識能力對低年級學童的識

字能力較具影響作用（Torgesen, Wagner, & Rashotte, 1994）。另外，曾志朗等人（1991）以新加坡的雙語兒童為研究對象，探討音韻覺識能力與閱讀成績之間的關係，結果發現，以英文為主要語言的兒童聲韻覺識能力與中文及英文的成績有高相關；然而，以中文為主要語言的學童的音韻覺識能力，和閱讀成績的相關卻降到邊緣程度。這些研究者推論，以英文為主要語言的學童，可能是在習得語音結構的分析能力之後，再把此項能力應用在中文的閱讀歷程中（引自曾世杰，1996）。

而在閱讀障礙方面的研究，洪慧芳（1993）的研究結果顯示，閱讀障礙兒童音韻覺識能力顯著低於同齡的閱讀正常兒童。相同的研究結果亦出現在曾世杰（1996）的研究中，在他的研究裡，弱讀兒童的聲韻能力顯著低於配對組的一般兒童；而且聲韻變項可以預測弱讀兒童的閱讀理解分數，但卻與配對兒童的閱讀理解無相關。黃秀霜、詹欣蓉（1997）的研究，一樣發現聲韻覺識、聲調覺識能力對閱讀障礙兒童的國語文成就具有預測力。

綜合上述，音韻處理能力或音韻覺識能力，似乎與國小低年級學童的認字能力有關係，然而這種關係又似乎會受其他因素影響。究其原因，可能因認字或聲韻覺識作業的不同而造成，因此，後續研究可進一步探討此議題（柯華葳、李俊仁，1996）。而音韻覺識能力則與閱讀障礙或弱讀兒童的閱讀理解有相關，但卻與閱讀正常兒童無相關，此項議題一樣有待進一步驗證。另外，由於音韻處理能力包含：一、在長期記憶中音韻訊息的編碼；二、由長期記憶提取音韻訊息；三、在工作記憶中使用口語語音訊息；四、音韻結構的覺識；五、口語語音序列的表達，因此後續研究在探討音韻處理能力與閱讀歷程或閱讀理解之間的關係時，應不要只局限在語音或聲調的覺識上面。

## 伍、閱讀障礙／低閱讀能力學童的語意能力：詞彙能力的分析

閱讀是一種意義建構的歷程，因此語意能力必然會與閱讀理解有密切之關係。此外，在閱讀歷程中，先前知識或一般知識常可引導讀者去理解其所閱讀的內容；而一般知識乃是以語意或語言符號編碼、儲存的概念，因此語意能力的低落，必然也會造成閱讀的困難。

語意能力主要乃指個別詞彙的意義、詞彙與詞彙結合所擴展的意義，以及語意覺識能力等。很多探討閱讀障礙學童語意能力的研究都是使用詞彙測驗去了解其詞彙理解、表達的能力。例如：Perfetti（1985）即發現，閱讀障礙或低閱讀能力學生所認識的詞彙意義，比一般兒童或閱讀能力佳的學生還少，而且其詞彙的語意、概念表徵亦較不詳盡。Beck、Perfetti 與 Mckeown（1982）則發現，當閱讀的內容中，有較多讀者不熟悉的字彙時，其回憶的內容會比較不完整，可是當研究者先教這些讀者不熟悉字彙的意義時，其回憶的內容則會較完整。此外，很多研究亦發現閱讀障礙兒童在理解與空間、時間、方位、數量等有關的關係詞彙（Kavale, 1982）、定義詞彙（Hoskins, 1983）、多意義詞彙（Roth & Spekman, 1986）方面的表現比一般兒童差，而且，他們也常出現詞彙尋取的困難（Wiig, Semel & Nystrom, 1982），或是在理解象徵性語言方面有困難，例如：隱喻、明喻（Seidenberg & Bernstein, 1986）、成語或慣用語（Strand, 1982）等。而在 Ben-Dror、Bentin 與 Frost（1995）的研究中，閱讀困難學童在語意類別（semantic category）辨識、語意類別聯想、構詞規則應用與判斷的表現，皆較同齡一般學童差。另外，長期追蹤閱讀障礙兒童的研究亦發現，幼稚園階段所測得的接收性及表達性詞彙能力，與小一及小二的閱讀表現有顯著之關係（Vellutino & Scanlon, 1987）。再者，研究亦發現語意能力與其他閱讀相關技能（例如：非語文智商、上下文脈絡線索的應用能力、假字解碼等）相較，同樣會在眾多變項中，突顯出其與閱讀理解能力之間的高相關，例如：Singer 與 Crouse（1981）探討非語文智商、詞彙、字母辨識、使用語境線索（context cues）等能力，對六年級學生閱讀理解能力的預測力，結果顯示詞彙能單獨解釋或預測這些學生理解能力 51%的變異量。同樣的結果亦在 De Soto 與 De Soto（1983）的研究中複製，對高閱讀成就的四年級學生而言，其口語運作能力（即語意知識與語意聯結能力），最能有效預測閱讀理解能力。相同的，Vellutino、Scanlon 與 Tanzman（1994）的研究，一樣支持上述的研究結果，他們發現語意能力與年紀較大的讀者之閱讀理解有較高之相關。而在表達性語言方面的研究，Scott 與 Windsor（2000）以十項語言指標，分析學齡階段語言學習障礙學童（即同時並存閱讀障礙與語言障礙者）的口語述說能力，發現這些學生在總 T 單位數、總詞彙數、每分鐘說出的詞彙數，都顯著低於同齡學童。

　　國內方面的研究，柯華葳、李俊仁（1999）的研究發現，畢保德圖畫詞彙測驗所測得的心理詞彙，對低閱讀能力及一般學童的閱讀理解具有解釋力。錡寶香（2000）發現，低閱讀能力學童的語意能力（即詞彙定義、語意判斷），皆遠低於高閱讀能力學童。而與上述 Vellutino、Scanlon 與 Tanzman 的研究一樣，錡寶香亦發現，語意能力與閱讀理解的相關，會隨不同年級而有差異，三年級低閱讀能力學童的語意能力，與其閱讀理解並無顯著之相關，但五年級低閱讀能力學童的語意能力，則與其閱讀理解有一定程度之相關。此外，劉信雄、曾世杰（1996）、陳美芳（1997），也發現低閱讀能力或低國語文程度兒童的聽覺詞彙能力，顯著低於一般兒童。至於在詞彙表達方面，錡寶香（2001）比較低閱讀能力學童，與一般學童的口語敘事能力，發現低閱讀能力學童在故事重述敘事樣本中，所使用的總詞彙數、相異詞彙數、校正後相異詞出現率（CTTR）、前一百個詞彙中的相異詞彙數、成語數皆顯著低於一般學童。同樣的結果一樣在吳淑娟（2001）的研究出現，閱讀理解困難學生的表達性詞彙比一般學生少。

　　最後，雖然上述大部分研究都傾向支持閱讀困難學童的詞彙、語意能力較差的論點，而語意能力與閱讀理解之間的相關，也已在很多研究中被證實，但亦有其他研究並未發現閱讀障礙兒童在語意方面有缺陷。Vellutino、Scanlon 與 Spearing（1995）以詞彙定義、畢保德圖畫詞彙測驗、語意概念、假字解碼等測驗，探討語意及音韻編碼能力與閱讀障礙之關係，發現二年級低閱讀能力學童在語意能力測驗的表現，與正常閱讀能力者並未有差異，但是六年級組則有顯著差異。研究者指出，六年級閱讀障礙學童的語意缺陷，是其持續的閱讀困難所造成之結果，並非是閱讀障礙之成因。同樣的，曾世杰（1996）以聲韻變項、聽覺詞彙、工作記憶等變項，探討閱讀低成就學童與一般學童的閱讀歷程成分，卻發現聽覺詞彙與一般學童的閱讀理解分數有相關，與低閱讀能力兒童的閱讀理解能力無相關。

　　綜合上述，無論是在國外或台灣的閱讀研究皆發現，語意能力是閱讀理解能力發展的一項重要預測因素，而且至少有一些低閱讀能力學生，可能因語意能力的缺陷而妨害其閱讀技能的發展（Bjorklund & Bernholtz, 1986）。另外，過去研究亦指出，語意能力與閱讀之間的關係，可能是隨不同閱讀發展階段而有所差異；在中低年級時，閱讀困難學童與一般學童的語意能力之間的差異較

不明顯，但到中高年級時，其之間的差距則會加大。究其原因，可能是因由四年級開始，兒童會步入由閱讀中學習（reading for learning）的階段，課程內容開始出現很多複雜的訊息、抽象的概念（例如：自然科、社會科），而用以說明這些訊息、概念的文字或句子也愈來愈難、愈來愈長、愈來愈複雜，因此他們需要認識更多生字的意義、理解課程內容，並在認知系統中建構、組織概念。在此階段，他們由閱讀中習得很多新訊息，並習得更多新字彙之義（Anglin, 1993; Nippold, 1995），也因此被稱之為透過閱讀活動而學習的階段。如果閱讀能力不足，自然會影響到由閱讀管道學習更多詞彙的語意發展。事實上，兒童的識字能力約在國小三年級時就已自動化，此後其在閱讀時的認知處理資源，會以片語、句子或段落篇章的層次為主，也因此詞彙能力較佳的學童，其閱讀理解能力亦會相對的較高，因為他們有較強的語言基礎用來了解複雜、抽象的概念。這也是為什麼在美國有極高比例（約 50%）的閱讀障礙兒童，具有語言問題（Catts , 1993），而很多學童在此階段才開始出現閱讀的問題。

## 陸、閱讀障礙／低閱讀能力學童的象徵性語言能力

象徵性（或比喻性）語言（figurative language），乃指使用詞彙、語句所表達的抽象概念，是無法只按表面或字面之意解釋；亦即不使用直接相對應的用語表達想法，卻使用需要再進一步思考的話語，來說明某個想法（Lane & Molyneaux, 1992; Owens, 1996）。例如：「企業瘦身」意指「解僱」；又例如：使用「女人心海底針」的話語，來說明「女人的想法真難捉摸」。象徵性語言包括：一、明喻（similes）：使用「像」、「如同」、「宛如」等詞彙，比較兩種不相似的概念。例如：「他跑得像羚羊」、「哇！妳烤的餅乾好像鉛球一樣」、「看到妳笑得這麼高興，就如同得到頭獎」。二、隱喻（metaphors）：使用語句比較兩種不相似的概念，但未使用「像」、「如同」、「宛如」等詞彙。例如：「他是運動場上飛躍的羚羊」、「哇！妳烤的餅乾是鉛球牌啊！」、「律師是叫兩個人脫掉衣服打架，自己拿走兩個人衣服跑開的人」。三、成語（idiom）：乃指社會上習用的古語以及流行的詞語，或是短短的象徵性描述，例如：「hit the roof」、「kick the bucket」、「暴跳如雷」、「鬼斧神工」等。四、諺語（proverbs）：乃指具有草根智慧或是忠告意味流傳

的話語。例如：「One man's meat is another man's poison」、「失敗為成功之母」。五、誇張（hyperbole）：乃指將人事物的特徵誇大描述。例如：「媽媽氣得心臟都要爆開來了」、「交通警察對超速的司機說：你飛得太低了吧！」。

　　在兒童的語言發展過程中，九至十二歲之間是象徵性語言能力（figurative language）開始急速發展的階段（Nippold, Allen, & Kirsch, 2000），十二至十四歲之間則是成語／諺語兩種象徵性語言類型進展最快的時期（Nippold et al., 1998）。另外，大部分象徵性語言主要都是由閱讀中習得，其理解也是閱讀發展的一部分，這是一體兩面的歷程。因此，閱讀與象徵性語言的學習必然會有一定之關係。Nippold、Maron 與 Schwartz（2001）調查，紐西蘭十二歲學童的成語／慣用語的理解能力，發現閱讀能力愈強的學童，愈能正確地解釋成語／慣用語的涵義。此項發現與 Nippold 與 Martin（1989）、Kerbel 與 Grunwell（1997）的研究結果一致。

　　此外，如同前述，很多探討語言與閱讀障礙關係的研究，已發現閱讀障礙兒童，並存語言缺陷的比例很高，因此語言能力的低落，必然會影響閱讀的發展，而象徵性語言的學習，又非常依賴閱讀的管道，因此，綜合來看，閱讀的問題必然也會影響這些學童象徵性語言的學習。過去的研究亦發現，低閱讀能力學童在理解象徵性語言方面有比較大之困難，例如：隱喻、明喻（Seidenberg & Bernstein, 1986）、成語或諺語（Strand, 1982）。另外，象徵性語言的理解與個人的語言能力亦有一定之關係。Nippold、Allen 與 Kirsch（2000）的研究即發現，諺語的理解與學生的詞彙能力有密切關係。

　　另外，由於象徵性語言的呈現方式並非具體、明確地去說明某個概念，因此其理解亦涉及推理的認知運作成分在內。個體需要認明其中詞彙之義，並由字面所傳達之義去推敲深層之義。例如：以「哇！妳烤的餅乾是鉛球牌啊！」來說，其中即需要由鉛球的意義去推敲餅乾可能又硬又黑。Nippold、Allen 與 Kirsch（2001）比較低閱讀能力，與高閱讀能力學童的諺語理解與圖形推理能力（由 Lorge-Thorndike Intelligence Tests 測得），發現十二歲學童的諺語理解能力與其閱讀表現、詞彙知識與圖形推理能力有密切之關係。而高閱讀能力學童無論是在諺語的理解，或是非語文推理的表現都遠優於低閱讀能力學童。

　　國內探討有關閱讀困難學童象徵性語言能力的研究，至目前為止只有錡寶

香（2003d），比較六年級閱讀理解困難學童與一般學童的象徵性語言、口語類推能力。該研究發現閱讀理解困難學童在明喻、隱喻、成語、諺語、誇張陳述、非字面意義用詞等象徵性語言的理解，皆遠低於一般學童。另外，相關分析顯示，象徵性語言、口語類推能力與非語文推理能力，具有顯著之相關。

　　綜上所述，學習正確解釋及適當使用象徵性語言，對學童的人際社會互動與學習是相當重要的，因為在其學習的教材中，常會使用象徵性語言，而同儕之間的話語溝通，也常涉及象徵性語言。雖然象徵性語言對高年級學童來說，是非常重要的，然而研究卻發現，閱讀理解困難兒童在象徵性語言的學習，有極大的問題，他們在明喻、隱喻、成語、俚語的理解與應用上，常出現困難。

## 柒、閱讀障礙／低閱讀能力學童的語法能力

　　語法乃指句子的組織，或是句子中詞彙順序排列的規則。在閱讀理解的過程中，讀者雖然不會有意識地刻意去分析句子中的語法結構，或詞彙排列順序，但是閱讀理論常常仍假設語法分析（syntactic parsing），是其中不可或缺的一部分（Perfetti, 1990），在訊息的解釋上或是命題的整合上，讀者都需要處理語法或語意訊息（Singer, 1990），也因此語法能力與閱讀理解必然有某種程度的相關。例如：我們如果對英文中的關係代名詞結構不是很清楚的話，在閱讀放置很多關係代名詞的短文時，可能會搞不清楚誰做了什麼事，誰又影響了誰，自然會影響閱讀理解。

　　胡志偉等（1991）比較讀者在閱讀按照語法結構切割的文章，與不按照語法結構切割的文章時所需的時間，發現前者的閱讀速度快於後者，顯示中文的文法結構會影響閱讀的進行，閱讀中文時文法分析的處理歷程，有其心理的真實性（引自胡志偉、顏乃欣，1992），此項結果也證實了中文文章的閱讀，與語法層面有其關聯性。

　　除了閱讀心理歷程的研究之外，有關閱讀障礙方面的研究亦顯示，語法技能與閱讀理解有相關。例如：Vellutino與Scanlon（1982）的研究即發現，幼稚園階段的構詞能力（morphology）是學童在一年級時，閱讀表現的有效預測因素。Bishop與Adams（1990）則進一步指出，學前階段的MLU（口語表達平均句長）與接收性語法能力，是八歲閱讀障礙學童閱讀成就的最佳預測變項。同

樣的結果亦在 Tallal 等（1989）的研究出現。

　　另外，過去的研究亦發現，閱讀困難學童對構詞關係與語法結構（morpho-logic relations）、構詞規則（morphologic rules）的理解較差（Goswami & Bryant, 1990; Leong, 1989）。他們的閱讀理解能力，與其構詞規則的應用能力，有密切之關係（Vogel, 1983）。此外，研究亦發現閱讀障礙學童或低閱讀能力學童，在口語述說語言樣本中，出現較高比例的語法錯誤或構詞錯誤（Bentin, Deutsch, & Liberman, 1990; Roth & Spekman, 1986; Scott & Windsor, 2000）。

　　而當同時比較閱讀障礙與高閱讀能力學童，在詞彙測驗、語言理解（魏氏智力測驗中之分測驗）、畢保德圖畫測驗、口語記憶能力測驗、語法理解及語句完成測驗之表現時，有的研究卻發現閱讀障礙與高閱讀能力學生之間，只在語法能力上有顯著差異存在（Badian, Duffy, Als, & McAnulty, 1991）。

　　國內有關閱讀困難學童語法能力的研究，至目前為止只有錡寶香（2000、2001）曾觸及這個議題。錡寶香（2000）的研究顯示，三、五年級低閱讀能力學童的語法能力，顯著低於同年級高閱讀能力學童；但語法能力則只與五年級低閱讀能力學童的閱讀理解有顯著之相關。另外，錡寶香（2001）比較低閱讀能力學童與一般學童的口語敘事能力，發現低閱讀能力學童，在故事重述敘事樣本中所使用的總共句子、連接詞，皆低於一般學童。再者，在錯誤語句分析方面，低閱讀能力學童在語言樣本中出現的總共錯誤語句數，以及平均錯誤語句數，皆顯著高於一般學童。這些錯誤語句包括：一、詞序顛倒或子句顛倒語句；二、前後子句關係混淆不清語句；三、量詞錯用語句；四、代名詞應用錯誤語句。

　　綜合上述，在閱讀的過程中，語法分析已被證實具有心理真實性，而在閱讀障礙方面的研究亦顯示，閱讀困難的學生，在語法理解或語法表達上的能力，皆顯著低於一般學生（錡寶香，2000、2001；Glass & Perna, 1986; Scarbor-ough, 1991）。然而，因為語意與語法之間的交互運作作用，再加上中文語言是屬於主題－評論的語言，詞序非常有彈性，非常側重語法與語意的結合（何寶璋，1994），因此，雖然本章節是以語法分析為主，但在了解學童的語言能力對其閱讀理解所造成的影響時，還是應考慮語意及語法線索的交互作用。

# 捌、閱讀障礙／低閱讀能力學童的後設語言能力

　　雖然語言的最大功能是用於人際之間的溝通，但在使用的過程中，卻不可避免地會涉及對所使用的音韻、語意、語法或語用層面的覺知。例如：某個小三男生問他的阿姨：「有一個女生名字叫柯淑芬，所以她考試只考了 10 分。她的姊姊叫柯玲芬，結果就考了 0 分。她弟弟叫柯吉霸，妳猜他考試考幾分？哈哈！是 100 分啦。」（註：小學生由 Yahoo 網站得知並互傳之笑話）。在上面例子中，我們即可知道該學童已可思考其所聽到詞彙的音韻特徵，並將其與台語詞彙的音韻形式做一比較，發現兩者音韻形式的相似性，並執行意義的轉換。這種覺知音韻之間的相似性，並變化其詞義的能力，或是可將組成詞彙的音節或詞素切割，並作為自創新詞依據的能力，即是後設語言能力（metalinguistic abilities）。此種能力乃是使用語言思考語言中的形式、內容、使用的技能，亦即將語言當作一個具體物品來表徵、思考，並能覺識其規則、結構的認知處理運作（Owens, 1996）。

　　而除了日常生活中對語言結構，或是使用規則及情境適當性，做有意識地抽離思考或操弄之外，兒童在語言學習或是學校學習的過程中，亦常面對必須使用後設語言能力學習的要求，例如：定義詞彙之意，舉出相似／相反／同音異義詞，找出錯字，找出語法錯誤之句，選出多義詞在句子中所代表的恰當意義，上課時監控自己聽講的理解程度等等。事實上，很多學科的考試除了在測試學童的記憶、知識、組織與整合能力之外，亦涉及後設語言能力的應用。也因此，學齡階段兒童，如果無法發展出適當的後設語言能力，常常都會面臨學習成就低落的窘境。

　　此外，如同前述，口語與閱讀之間的橋樑連結，會涉及後設語言的認知處理。習拼音文字兒童在最初識字階段需要覺察字彙之間的界線，發展字母—語音對應的規則，並覺知文字的音韻形式與意義之間的關係。簡而言之，此種認知歷程即為音韻或聲韻覺識，乃是學習閱讀的必要基礎（Larrivee & Catts, 1999; Lyon, 1999; Snowling & Stackhouse, 1996）。當兒童開始閱讀句子時，則需要覺識語意、語法交互運作的關係；而到了閱讀篇章時，因文章中的訊息呈現並非鉅細靡遺，將每個相關細節都詳加敘述，因此，在理解文章中句子之間上下文

的意義或關係時，常常就需要覺察前後文中的主詞、代名詞或是主詞省略之處，並思考其關係，如此方能理解整篇文章之義。

由上所述，可知不管是音韻覺識、語意、語法覺識，或是前後文連貫的覺察，都與閱讀理解有密切之關係。然而，對閱讀障礙或語言學習障礙的學童而言，他們可能因語言能力的不足，或是較無法積極思考印刷文字與口語之間的關係，因此，會出現後設語言的困難，影響閱讀。

國外過去二十幾年來閱讀障礙的研究即發現，閱讀困難學童的語言問題，主要來自於後設語言或語言覺識（metalinguistic/language awareness）的缺陷（Menyuk & Flood, 1981）。亦即這些學童在有意識地使用語言思考語言結構、內容的能力有問題。歸納這些研究結果，包括：一、很多閱讀障礙兒童都有嚴重的音韻覺識缺陷，音韻覺識已成為習拼音文字兒童閱讀發展的重要預測指標之一（Adams, 1990; Bradley & Bryant, 1983）。二、低閱讀能力兒童在需要有意識地操弄音韻單位的測試上表現較差（Mann & Liberman, 1984）。三、當上下文提供的訊息不足或不一致時，低閱讀能力學生在理解語言類推、抽象語言、俚語或諺語、語言訊息的荒謬、幽默處，以及前後文代名詞指稱等方面，會出現很大的困難，顯示其語意覺識能力亦有不足之處（Seidenberg & Bernstein, 1988）。四、低閱讀能力兒童在偵測詞素是否遺漏（例如：正確使用應為play-ed，但測試題目為 play），或是句子中是否少了必要詞彙的測試中的表現亦較差（Fletcher, Satz, & Scholes, 1981）。五、閱讀困難學童較無法有效偵測與矯正語法錯誤的句子（Bowey, 1986）。六、低閱讀能力學童較無法覺知自己的理解問題，也較不會使用理解監控的策略（Wong & Jones, 1982）。綜合而言，兒童的閱讀表現與其音韻、語意、語法、語用關係的覺識有關（Catts & Kamhi, 1999; Chall, 1983; Flood & Menyuk, 1983; Hakes, 1982; Kamhi & Koenig, 1985; Vellutino, Scanlon, & Tanzman, 1990）。

相對於國外對後設語言廣泛的研究，國內目前也有很多研究者探討這方面的議題，然而，大部分的研究主要都是以聲韻覺識或聲調覺識（柯華葳、李俊仁，1996；張漢宜，1996；陳淑麗，1996；傅淳鈴，1998；黃秀霜，1997；黃秀霜、詹欣蓉，1997），或是中文文字結構／意義覺識（方金雅，1996）為主題，較少研究觸及語意與語法覺識的層面。至目前為止，只有錡寶香（2003c）研究低閱讀能力學童的語意覺識、語法覺識、中文文字結構覺識、音韻覺識技

能，並發現低閱讀能力學童的語意覺識、語法覺識、中文文字結構覺識、音韻覺識等後設語言技能，皆遠低於一般學童。另外，該研究亦發現語意覺識、語法覺識、中文文字結構覺識、音韻覺識技能彼此之間，皆具有顯著之相關，並且也與閱讀理解之間出現顯著之相關。

　　歸納上述國內外後設語言方面的研究，可發現閱讀困難學童的音韻或聲韻覺識、語意、語法、字彙覺識技能皆遠低於一般學童，但這些後設語言技能大致應與閱讀有一定程度之相關。如同前述，很高比例的閱讀困難學童，都同時亦存有語言缺陷，因此其後設語言問題，可能是源自於音韻、構詞、語法、語意知識的不足。他們在語言學習的過程中，並未建立穩定的語言表徵，而當他們在提取使用時，也可能較無法使用有組織、有效能的策略觸接相關的訊息，也因此才會造成無法注意、區辨、操弄相關的語言結構或內容的問題。另外，國外過去的研究已發現，學習障礙學生並未發展出，或是無法發展出有效學習所需的後設認知技能（Kavale & Forness, 1986）。也因此，與學習障礙有密切關係的閱讀障礙學童的後設語言缺陷，也有可能只是其廣大的後設認知技能缺陷的一部分。

## 玖、聽覺理解與閱讀障礙

　　口語理解的認知處理歷程在某些層面上與閱讀是極為類似的（Sticht & James, 1984）。Gough 與 Tunmer（1986）即主張：閱讀理解是識字與語言理解的產物。據此，Hoover 與 Gough（1990）乃以研究證實學童的閱讀理解分數，可以由識字（假字的唸讀）與聽覺理解來預測。同樣的，其他研究亦發現有一些閱讀困難學童只有理解問題，並未有解碼或識字問題（Dermody & Speaker, 1995; Lysynchuk, Pressley, & Vye, 1990; Snider, 1989）。Rupley（1995）甚至還更進一步釐清，聽覺理解對不同閱讀發展階段學童閱讀理解的影響作用。在其研究中，與識字有關的語音知識對初學閱讀者（六至七歲）最具影響作用，但對十至十二歲學童的影響作用卻極低；相反的，聽覺理解則是對六至七歲學童的影響作用只占 6%，但對十至十二歲學童的影響作用卻占 60%。

　　此外，在閱讀障礙定義中，除了以傳統 IQ－閱讀成就差距作為鑑定標準之外，亦有研究者建議使用聽覺理解能力作為鑑定標準（Aaron, 1991; Badian,

1999; Lyon, 1995; Stanovich, 1993），因為使用此種方式可以更確定學童的閱讀問題是因解碼、識字問題，或是純粹只是理解問題所引起。若聽覺理解無問題則可確定解碼、識字問題是閱讀困難之因（Aaron, 1991; Badian, 1999; Stanovich, 1993）。Badian（1999）就曾使用聽覺理解低於平均數負 1.5 個標準差的標準與回歸公式，界定閱讀障礙學童，並發現聽覺理解－閱讀理解差距的鑑定方式，可有效預估閱讀障礙的出現率。

　　另外，Aaron、Joshi 與 Williams（1999）亦指出，在美國有一些閱讀障礙學童，在解碼方面並沒有問題，但卻無法理解其閱讀的內容，而這一類的學童卻較少被提及。而 Carr、Brown、Vavrus 與 Evans（1990）的報告一樣發現，25%低閱讀能力的小學學童，其識字能力很好，但閱讀理解能力卻極差。此外，因閱讀障礙是一異質性極高的群體，因此，亦有研究者發現，有很高比例的低閱讀能力學生，其解碼及閱讀理解能力都同樣差（Gough & Tunmer, 1986）。

　　最後，在探討閱讀障礙亞型的研究中，已有愈來愈多研究者，也將聽覺理解含括其中。Aaron、Joshi 與 Williams（1999）的研究即發現，低閱讀能力者的類型計有：一、只出現解碼問題者；二、只出現理解問題者；三、解碼及理解問題皆出現者；四、文字處理與文字閱讀速度皆有問題者。

　　在國內方面，邱上真、洪碧霞（1997）亦開始探討閱讀障礙的亞型。在其研究中，聽覺能力與閱讀皆差的「均衡型」學童，是占其閱讀障礙組型中最多的一類。陳美芳（1997、1998、1999）持續針對聽覺理解與閱讀理解之間的關係進行探討，亦已證實低國語文成就學童的聽覺理解與閱讀理解之間，具有一定程度之顯著相關。另外，錡寶香（2000）的研究則發現，與常模資料相較，約有 50%的低閱讀能力學童的聽覺理解能力或口語理解能力，低於平均數負一個標準差以上。而聽覺理解能力亦與五年級低閱讀能力學童的閱讀理解，具有顯著之關係。最後，李月娥（2003）比較閱讀障礙、同齡配對與同閱讀能力配對學童的聽覺詞彙、聽覺記憶、工作記憶、聽覺理解能力，發現閱讀障礙學童的表現，皆不如同齡學童，但與同閱讀能力配對學童，則未出現顯著差異。另外，該研究亦發現，上述四項能力與閱讀障礙學童的認字與閱讀理解能力，皆未具有相關。雖然李月娥的研究使用同閱讀能力配對的安排，可進一步說明與釐清聽覺語言或口語能力是否為閱讀障礙的可能致因，但其研究發現聽覺語言能力，對閱讀障礙學童的閱讀理解能力不具預測力，卻與上述國內外研究發現

相左，因此，後續研究可就此議題再做深入探討。

　　綜合上述，口語的發展與閱讀能力有密切之關係；聽說能力的發展是閱讀的重要基礎。而由閱讀的認知處理歷程來看，文字意義的提取、命題意義的建構、文義的整合，皆需依賴由口語所建立的語言知識之運作處理。因此，整體來看，兒童的聽覺能力與其閱讀之間的關係，可釐清其閱讀困難的原因，是源自於識字方面的問題，或是口語理解能力的不足。而在國內外大部分的研究皆已證實，聽覺理解與閱讀障礙之間具有密切之關係。

# 拾、閱讀障礙／低閱讀能力學童的敘事能力

　　在人際溝通互動中，為了清楚表達自己的想法與意見，個體必須從已建立的語言知識系統中找到適當的詞彙，再依據語法規則結合它們形成句子說出來。然而，語言的使用不只是在詞彙、句子的層面上運作而已，在很多情境中，說話者必須使用一句以上的話，方能清楚地表達個人的想法或事物的狀態、關係（例如：告訴同學昨天發生什麼事或電視節目內容）。因此，為了將敘說內容清晰呈現，說話者也就必須注意句子與句子之間意義的聯結，以及整體訊息表達上的組織與序列安排，使得每一句話所傳達出來的概念要與前面那句話有合乎邏輯的關係，而後一句話的意義則是建立在前一句話上面，建構成一前後凝聚的述文（text），而這也正是敘事能力（narratives）。

　　敘事是一種運用語言的複雜認知活動，說話者必須：一、由記憶系統中啟動與述說主題相關的知識；二、選擇適當的詞彙編碼（encoding）或表達概念；三、將詞彙依照語法規則結合在一起形成句子，也需考慮述說內容的組織、架構（例如：有條不紊地安排述說的內容、交代清楚角色、事件背景或前因後果等），因此對語言認知處理上普遍不利的學障或閱讀困難學生而言，可能就會成為必須面對的困難之一（錡寶香，2003a）。此外，如同前述，口語敘事與書面文本在本質上是共通的，兩者都是較長篇幅的獨白形式。在認知處理歷程上，閱讀或是敘說故事時，同樣需要使用相同的語言知識，進行符號的提取、組織、連結等認知運作。再者，兒童亦會將其已習得的口語敘事知識，應用在閱讀理解上，而閱讀故事的經驗，亦會反映在其故事敘事中。也因此，若口語發展有問題，則有可能影響閱讀；而當閱讀能力低落或閱讀出現障礙，亦

有可能影響敘事的表現。茲將探討閱讀困難或語言學習障礙學童敘事能力的研究綜合整理如下：

## 一、閱讀困難學童敘事的故事文法分析

故事文法結構（story grammar）是敘事內容常被分析的向度。故事文法是一種認知結構，也是敘事的架構，主要是指：每一篇故事都是可以用一組能定義故事內在結構的規則述說出來，而這些規則就是故事文法。因為它與語言中的句子語法一樣，具有結合的規則，而且一樣有衍生的功能（例如：generative grammar），故使用 grammar 這個用詞（Stein & Glenn, 1979）。

根據 Stein 與 Glenn（1979）的定義，「故事背景」主要是介紹敘事內容中的人、事、物、時間、地點，以利讀者或聽者了解接下去故事發展的情境。「引發事件」則指引起主角會做某些行為、內心變化，或自然發生的事情；「內在感受／反應」乃指主角情意上的反應或認知；「計畫」則指未達成嘗試所擬定之策略；「嘗試」則指主角為達成某目標或解決某問題所做的一些行為或採取的行動；「結果」則為主角是否已解決問題或達成目標的情形或自然發生的事；「回應」則是主角對「結果」的反應狀況，例如：情感上的反應、認知上的狀態。

一般而言，隨著年齡的增長，兒童會由過去聽故事、讀故事與說故事的經驗，慢慢發展出故事文法結構的概念。故事文法結構可幫助兒童知認故事中的要素，例如：人物角色、事件發生的時間／地點、主角的行動等。此外，故事文法結構知識，亦可引導讀者理解故事內容，幫助兒童預測與推論故事的發展（Laughton & Morris, 1989）。

如上所述，故事文法結構可用來細分故事中每一環環相扣的部分，以及組織事件發生的順序與因果關係，因此善用已建立的故事文法知識，自然能促發學童的閱讀理解表現。然而，一些閱讀困難或語言學習障礙學生，卻因為無法覺察或深入進一步思考因果關係，例如：㈠環境（背景）對人或事件的影響作用；㈡不同類型人物的影響作用（好人或壞人）；㈢事件對人的情意／情緒的影響作用，或是情緒／情意對事件的影響作用，使其較無法自動化地使用或依循故事文法結構的知識去理解故事中的情節發展（Montague & Graves, 1993），

或是無法將故事的前因後果，主角的心裡想法、計畫、反應等做適當的描述（Roth, 2000）。

　　事實上，國外的研究已發現：㈠閱讀能力佳者比閱讀能力差的學生更能認知故事文法結構（Golden, 1981; Hansen, 1978; Laughton & Morris, 1989）；㈡學習障礙學生比一般學童，較晚發展出故事文法結構的知識，或是發展得較差，也影響其閱讀理解的表現（Cain, 1996; Dimino, Taylor, & Gersten, 1995; Lerner, 1993）。另外，故事文法結構知識的不足，也一樣反映在這些學童口語與書面語言的敘事中。研究者甚至指出，學習障礙學生所寫的故事較不像故事，暗示其故事基模發展得較差（Barenbaum, Newcomer, & Nodine, 1987; Nodine, Barenbaum, & Newcomer, 1985）。

　　在故事寫作的研究部分，Scardamalia 與 Bereiter（1984）發現學習障礙學生，對主要想法、次要想法，或是篇章組織較無概念；他們的書面敘事樣本缺乏目標導向的計畫，只注意怎樣將想法表達出來，或是下一句要寫什麼，而非怎樣將想表達的概念組織聯結在一起。MacArthur 與 Graham（1987）、Montague、Maddux 與 Dereshiwsky（1988），以及 Vallecorsa 與 Garriss（1990）的研究則發現，學障學生所寫出的故事內容，已包括很多必要的故事文法成分（例如：主角、時間、事件背景、行動與結果），但有些重要的要素卻遺漏掉，例如：引發事件、主角的目標、內在反應。

　　而在口語敘事的研究方面，Graybeal（1981）比較語言學習障礙學生與一般學生，在聽完故事之後重述的能力，結果發現語言學習障礙學生述說故事內容之正確性、組織，或事件發生的前後序列安排，與一般學生並無顯著差異存在。然而後續的幾個研究卻發現不同的結果。Levi、Mussatti、Piredda 與 Sechi（1984）即發現，即使讓學習障礙學生看圖聽故事之後，再看圖說出相同的故事，他們仍然也只是描述圖片的內容而已，而不是建構一前後凝聚、連貫、有組織的故事。

　　Ripich 與 Griffith（1988）使用重述故事的方式，蒐集二十四位七至十二歲學習障礙兒童與一般兒童的故事敘事樣本，並分析兩組學童在故事文法結構上的差異，結果顯示學習障礙學生的故事內容中，遺漏較多的故事文法結構要素。Roth 與 Spekman（1989）比較學習障礙學生與發展正常學生在自創故事的內容中，所包含的插曲情節與聯結事件，結果顯示，學習障礙學生所說出來的

故事，包括較少的小插曲情節或聯結事件；而且在小插曲情節中，他們常會省略重要的角色、背景、動機及行動的描述，只簡單介紹角色、事件目的以及事件的結束。

另外，Merritt 與 Liles（1987）比較九至十一歲語言學習障礙與語言發展正常兒童所說的故事中，故事文法的結構，發現兩組兒童都使用故事階層的架構重述故事，但是語言學習障礙兒童所使用的故事文法成分較少，而且在故事呈現的順序上亦較不合乎邏輯。此外，他們的故事中亦包含較少的插曲情節，以及較多不完整的插曲情節。同樣的結果一樣出現在最近的幾篇研究中，Copman 與 Griffith（1994）、Gillam 與 Carlile（1997）、Ward-Lonergan、Liles 與 Anderson（1999）都發現，語言障礙或是學習障礙兒童在重述的敘事內容中，會省略一些事件或插曲情節，重述的內容較少，故事文法結構成分較少、較不完整、較多混淆部分。再者，Wright 與 Newhoff（2001）以 Stein 與 Glenn（1979）的故事文法架構，分析語言學習障礙與同齡一般學童的敘事內容，發現語言學習障礙學童的敘事中，故事文法結構要素較少，但兩組學童的敘事中出現最多的，同樣為背景部分。

最後，很多研究者亦發現學習障礙或語言學習障礙學生，對故事中主角的嘗試、計畫，與內心反應的著墨都比較少（Gillam, 1989; Gillam & Johnston, 1992; Griffith, Ripich & Dastol, 1986; Roth & Spekman, 1986），而且，他們亦較少使用開場白或介紹詞引導聽者注意故事的開始，或是在故事結束時做一個總結（Sleight & Prinz, 1985）。

而在國內方面，錡寶香（2003b）分析低閱讀能力學童，故事重述敘事樣本中的故事文法結構特徵，發現低閱讀能力學童對故事文法結構的掌控能力，遠低於一般閱讀能力學童，其故事敘事中「故事背景」、「引發事件」、「內在反應」、「結果」、「嘗試」、「回應」出現的次數，皆遠低於同年級一般學童。另外，表達性詞彙、語句、C 單位、篇章凝聚，與學童的故事文法結構能力，皆有顯著的相關。

## 二、閱讀困難學童的篇章或述文凝聚（text coherence）安排能力

一般而言，敘事內容（故事或事件）常常含括相互關聯的插曲情節，而它

們之間，也存在有一定的階層關係（例如：前述故事文法中的引發事件、嘗試、目標、結果等），這些插曲情節之間常以因果、時間或累進添加的關係使彼此之間具有相關凝聚性，此種插曲情節之間的組織常被視為認知結構。但是，在述說或寫作中，除了以上述合乎邏輯的一些關係網路，連結不同的插曲情節之外，有時候述說者或寫作者也會使用一些語言結構，連結不同段落的內容，例如：使用「總而言之」或是使用語法結構連結上下段文章（例如：除了上述……），這些常被稱為述文的整體連貫性或凝聚性（global coherence）（McCulley, 1985）。而在局部的連貫性或凝聚性方面，研究者則從小段落內語句彼此之間，或小插曲情節之間的連貫，以及語言的觀點來討論或分析。Halliday與Hasan（1976, 1989）發展出至目前為止，仍然算是最詳盡的篇章凝聚性理論。根據他們的理論，凝聚性（coherence）可被視為一種語意關係（有別於上述之因果關係），在述文或篇章中某一部分意義的解釋或理解，只能由參照其他部分而獲得，因此，經由語言的使用可以連結句子之間的意義。為達到述文或篇章凝聚的功能，述說者或寫作者可以使用一些語法結構或是詞彙，連結句子與句子之間的意義。而一對有凝聚關係的意義單位，則稱為凝聚結（cohesive tie）或凝聚設計（cohesion devices）。Halliday與Hasan曾詳列五種凝聚結，包括：前後關係照應（例如：使用代名詞、字詞重複、重新說一次）、連接詞（例如：不但、而且、假如等）、詞彙凝聚（例如：我的腳踏車被偷了，我們得另外再找交通工具。）、省略與替代（例如：妹妹想去狄斯奈樂園玩，我也是。姊姊請我去買東西，但是我不想答應。）。這些凝聚結可幫助述說者建構一前後連貫、凝聚的述文或篇章，不當的使用或缺乏則會造成聽者的誤解或不理解。

　　國外過去的研究發現：㈠閱讀能力較差的兒童在篇章凝聚的應用上，常常省略，或是使用較多曖昧不清的參照前後指稱；㈡閱讀障礙兒童比一般兒童，使用更多不具前後參照功能的代名詞；㈢閱讀障礙兒童使用較少的人稱代名詞連結述文中前後之關係；㈣閱讀障礙學童較難以正確、邏輯的順序將故事複述，而且也出現較多前後人、物指稱不一致的問題；㈤閱障兒童出現較高比例不凝聚，或是混淆凝聚的問題（Feagans & Short, 1984; Nodine, Barenbaum, & Newcomer, 1985; Norris & Brunning, 1988）。

　　在國內方面的研究，錡寶香（2003a）以看圖複述故事方式，蒐集六十一位

低閱讀能力與六十三位一般閱讀能力學童的敘事樣本，並以「前後關係照應」、「篇章局部凝聚」、「篇章整體凝聚」之向度，分析其敘事產品中篇章凝聚設計與安排之能力，以了解低閱讀能力與一般閱讀能力學童的敘事篇章凝聚能力，是否有差異存在。研究結果顯示，低閱讀能力學童對敘文篇章凝聚的掌控能力，遠低於一般閱讀能力學童，他們所使用的代名詞少於一般學童，但錯誤使用的代名詞則遠高於一般學童。另外，在低閱讀能力學童的敘事中所出現的完整凝聚，遠低於一般閱讀能力學童，但不完整凝聚、錯誤凝聚，卻遠高於一般學童。而由整篇敘文來看，低閱讀能力學童，較無法顧及前後文人物、事件、插曲情節、因果關係的連貫，他們的敘事較混亂，缺乏組織。最後，該研究亦發現，語言能力的優劣與敘事篇章凝聚之間，具有一定之關係。

綜合上述研究，閱讀困難兒童與語言學習障礙兒童在口語敘事能力上的缺陷包括：㈠提供的訊息常常不足或是不正確；㈡比較無法分辨哪些是比較重要的概念，應該將其呈現；哪些是比較不重要的概念，不需要大力著墨；㈢在故事內容或事件陳述內容中，無法適當地使用篇章凝聚連貫前後文，包括連接詞及代名詞的不當使用等；㈣述說的故事長度較短，使用的子句較少；㈤對事件發生的前後順序以及因果關係的陳述，常常出現不恰當的現象；㈥對故事文法結構的掌控能力，遠低於一般閱讀能力學童。究其原因，閱讀障礙兒童與語言學習障礙兒童在口語敘事能力發展上的困難，可能肇因於：㈠語言知識的不足，包括：語意、語法、語用能力上的缺陷；㈡語言處理歷程效能較低，包括：詞彙尋取的困難，使用的詞彙不恰當、延遲反應，以及常常需要線索提示；㈢組織能力的不足，因此會出現缺乏主題，以及情節發展、因果關係描述不正確的現象（Westby, 1984）。另外，也有可能是因閱讀能力的不足，使得這些學童較缺乏閱讀的興趣與動機，而缺乏閱讀的經驗，進而造成其無法經由閱讀管道學習敘事的形式，並將敘事的知識應用在口試敘事中。

# 拾壹、結語

閱讀的最終目的即是理解，然而對閱讀障礙／低閱讀能力學童而言，閱讀理解卻是他們需要常面對的挫折之一。識字能力或是解碼能力不足，常是造成閱讀理解問題的主要因素之一，由於將書面文字唸讀出來有極大困難，使得這

些兒童無法提取詞義，也使得閱讀的流暢性與速度跟著降低，並進而影響閱讀理解，造成學業學習成就低落。雖然識字解碼問題會直接影響閱讀理解，但有些身心障礙學童，卻在識字解碼方面並未出現問題的狀況下，仍然一樣顯現嚴重的閱讀理解困難。究其原因，可能是因在語言的學習與認知處理歷程上，出現問題所致。Vellutino（1998）綜合三十年來的相關研究，即指出識字是兒童閱讀發展早期階段最具決定性的關鍵因素，但是語言能力則是閱讀發展後期階段，最具影響力的因素。

　　在識字方面的研究，其結果顯現，這是一種與口語相關的能力，也就是與音韻處理有關的能力。以拼音文字系統的閱讀學習過程來看，兒童需建構「字形－音素對應規則」（grapheme-phoneme correspondence rules），也因此很多研究皆致力於探討音韻處理能力或音韻／聲韻覺識能力與兒童識字、解碼或閱讀能力之關係。過去二、三十年來，美國閱讀障礙的研究已不斷證實，閱讀障礙或低閱讀成就學生在處理音韻訊息或是聲韻覺識的測試上面有嚴重的問題。然而，中文是一種表象或意符文字系統，其學習或閱讀歷程需學習記憶字形－語音聯結、構詞特徵（例如：和平、和氣、和善、和解等），以及中文部首、偏旁等組字知識，也因此習中文閱讀困難學童，是否一樣會出現音韻覺識問題，常是台灣的研究者所感興趣的議題。過去幾年來的研究已顯示，與一般學童相比，習中文閱讀困難學童的聲韻覺識能力較差。另外，大部分的研究亦顯示音韻覺識與兒童的閱讀成就具有一定程度之相關。

　　而在語言方面的研究，國內外研究皆顯示，閱讀困難學童的語言知識較為不足（例如：語意、語法能力缺陷），語言處理歷程效能較低（例如：詞彙尋取的困難，使用的詞彙不恰當、延遲反應，以及常常需要線索提示），後設語言以及組織能力不足，口語敘事有較大困難。另外，閱讀困難學童的詞彙能力、象徵性語言能力、後設語言能力、語法能力、聽覺理解或是口語理解能力、口語敘事能力，也都與其閱讀成就具有一定程度之正相關。

　　此外，國外一些長期追蹤研究顯示，學前階段被鑑定為語言發展遲緩幼兒，或特定型語言障礙兒童者，在學齡階段成為閱讀障礙學童的比例亦相當高。而一些在學齡階段被鑑定為閱讀障礙的學童，同時並存語言缺陷的比例亦極高。上述結果反映出，語言在建構文本意義的處理歷程中，所扮演的意義提取、解析、比較、整合等的媒介角色。另外，語言的發展與閱讀之間亦存有雙

向關係，語言能力的不足，必然會影響閱讀發展，而閱讀的困難亦會影響兒童發展更複雜、更高階、更精緻的詞彙、成語、象徵性／比喻性語言、複句、嵌入句、及語意與語法結構能力。國內過去幾年來的研究，亦已發現習中文閱讀困難學童的語意、語法、後設語言、口語敘事能力皆較差。

綜合前述，很多探討語言與閱讀障礙之關係的研究，都發現閱讀障礙兒童常出現音韻處理、聲韻覺識、語意、語法、後設語言、聽覺理解、口語敘事的問題，他們並存語言缺陷的比例很高。另外，閱讀理解能力的低落，必然也會影響這些學童由閱讀中學習的成效，因此了解其語言問題，並提供適當的評量與教學，有其必要性。

# 參考書目

方金雅（1996）。國小學生一般字彙知識、認字能力與國語文學業成就之相關研究。國立高雄師範大學教育研究所碩士論文。未出版。

江政如（1999）。聲韻覺識與中文認字能力的相關研究。國立台東師範學院國民教育研究所碩士論文。未出版。

李月娥（2003）。閱讀障礙學生與一般學生在聽覺語言處理能力上之比較研究。國立台東師範學院國民教育研究所碩士論文。未出版。

何寶璋（1994）。談漢語語法的一些特點。華文世界，71，50-57。

吳淑娟（2004）。國小閱讀理解困難學童之詞彙能力分析研究。國立台灣師範大學院特殊教育研究所碩士論文。未出版。

林寶貴、錡寶香（2000）。中文閱讀理解測驗之編製。特殊教育研究學刊，19，79-104。

邱上真、洪碧霞（1997）。國語文低成就學生閱讀表現之追蹤研究（Ⅱ）——國民小學國語文低成就學童篩選工具系列發展之研究（Ⅱ）。國科會專案研究報告（編號：NSC86-2413-H-017-002-F5）。

柯華葳、李俊仁（1996）。國小低年級學生語音覺識能力與認字能力的發展：一個縱貫的研究。國立中正大學學報。7 (1)，49-66。

柯華葳、李俊仁（1999）。以認知成分分析區辨學童閱讀困難的效能。載於學童閱讀困難的鑑定與診斷研討會論文集（頁130-142）。教育部特殊教育工

作小組。

洪慧芳（1993）。文字組合規則與漢語閱讀障礙對漢語閱讀障礙學童的一項追蹤研究。國立中正大學心理研究所碩士論文。未出版。

胡志偉、顏乃欣（1992）。閱讀中文的心理歷程：80 年代研究的回顧與展望。載於曾志朗編，中國語文心理學研究第一年度結案報告（頁 77-124）。中正大學認知科學研究中心。

張漢宜（1996）。兒童音韻、聲調覺識、視覺技巧、短期記憶與閱讀能力之關係。台南師院國民教育研究所碩士論文。

陳美芳（1997）。國小學童聽覺理解與聽覺記憶能力之研究──不同國語文程度學生的比較。特殊教育研究學刊，15，293-305。

陳美芳（1998）。國小學童口語語言理解與閱讀理解能力之關係。特殊教育研究學刊，16，171-184。

陳美芳（1999）。國語文低成就學童口語理解能力的發展。特殊教育研究學刊，17，189-204。

陳淑麗（1996）。閱讀障礙學童聲韻能力發展之研究。台東師範學院國民教育研究所碩士論文。

傅淳鈴（1998）。國小學童後設語言覺知之測量及其實驗教學成效分析。台南師院國民教育研究所碩士論文。

曾世杰（1996）。閱讀低成就學童及一般學童的閱讀歷程成份分析研究。載於八十五學年度師範學院教育學術論文發表會（頁 17-30）。教育部。

黃秀霜（1997）。兒童早期音韻覺識對其三年後中文認字能力關係之縱貫性研究。台南師院學報，263-288。

黃秀霜、詹欣蓉（1997）。閱讀障礙兒童之音韻覺識、字覺識及聲調覺識之分析。特殊教育與復健學報，5，125-138。

劉信雄、曾世杰（1996）。閱讀低成就學童及一般學童的閱讀成分分析研究。行政院國科會專題研究成果報告（編號：NSC83-0301-H-024-009）。

錡寶香（2000）。國小低閱讀能力學童語言能力之研究。特殊教育研究學刊，20，69-96。

錡寶香（2001）。國小低閱讀成就學生的口語述說能力：語言層面的分析。特殊教育學報，15，129-175。

錡寶香（2003a）。國小低閱讀能力學童與一般閱讀能力學童的敘事能力：篇章凝聚之分析。特殊教育研究學刊，24，63-48。

錡寶香（2003b）。國小低閱讀能力學童與一般學童的敘事能力：故事文法之分析。未出版論文。

錡寶香（2003c）。國小低閱讀能力學童的後設語言能力之研究。載於2004年手語暨溝通障礙研討會論文集（頁251-265）。台北：國立台灣師範大學。

錡寶香（2003d）：國小閱讀理解困難學童的象徵性語言與口語類推能力。未出版論文。

Aaron, P. G.（1991）. Can reading disabilities be diagnosed without using intelligence tests? *Journal of Learning Disabilities, 24,* 178-186.

Aaron, P. G., & Joshi, M., & Williams, K. A.（1999）. Not all reading disabilities are alike. *Journal of Learning Disabilities, 32* (2), 120-137.

Adams, M.（1990）. *Beginning to read.* Cambridge, MA: MIT Press.

Anglin, J. M.（1993）. Vocabulary development: A morphological analysis, with commentary by G. A. Miller & P. C. Wakefield and a reply by J. M. Anglin. *Monographs of the Society for Research in Child Development, 58（10, Serial No. 238）.*

Aram, D. M., & Hall, N. E.（1989）. Longitudinal follow-up of children with preschool communication disorders: Treatment implications. *School Psychology Review, 18,* 487-501.

Aram, D., & Nation, J.（1980）. Preschool language disorders and subsequent language and academic difficulties. *Journal of Communication Disorders, 13,* 158-170.

Badian, N. A.（1999）. Reading disability defined as a discrepancy between listening and reading comprehension: A longitudinal study of stability, gender, differences, and prevalence. *Journal of Learning Disabilities, 32* (2), 138-148.

Badian, N. A., Duffy, F. H., Als, H., & McAnulty, G. B.（1991）. Linguistic profiles of dyslexic and good readers. *Annals of Dyslexia, 41,* 221-245.

Barenbaum, E., Newcomer, P., & Nodine, B.（1987）. Children's ability to write stories as a function of variation in task, age, and developmental level. *Learning Disability Quarterly, 10* (3), 175-188.

Beck, I., Perfetti, C., & McKeown, M.（1982）. Effects of long-term vocabulary Instruction on lexical access and reading comprehension. *Journal of Educational Psychology, 74*, 506-521.

Ben-Dror, I., Bentin, S., & Frost, R.（1995）. Semantic, phonologic, and morphologic skills in reading disabled and normal children: Evidence from perception and production of spoken Hebrew. *Reading Research Quarterly, 30* (4), 876-893.

Bentin, S., Deutsch, A., & Liberman, I.（1990）. Syntactic competence and reading ability in children. *Journal of Experimental Child Psychology, 48*, 147-172.

Bishop, D. V. M., & Adams, C.（1990）. A prospective study of the relationship between specific language impairment, phonological disorders, and reading retardation. *Journal of Child Psychology & Psychiatry, 31*, 1027-1050.

Bishop, D. V. M., & Edmundson, A.（1987）. Language-impaired 4-year-olds: Distinguishing transient from persistent impairment. *Journal of Speech and Hearing Disorders, 52*, 156-173.

Bjorklund, D. F., & Bernholtz, J. E.（1986）. The role of knowledge base in the memory performance of good and poor readers. *Journal of Experimental Child Psychology, 41*, 367-393.

Blachman, B. A.（1994）. Early literacy acquisition: The role of phonological awareness. In G. P. Wallach & K. G. Butler（Eds.）, *Language learning disabilities in school-age children and adolescents*（pp. 253-274）. New York: Macmillan.

Bowey, J. A.（1986）. Syntactic awareness and verbal performance from preschool to fifth grade. *Journal of Psycholinguistic Research, 15*, 285-308.

Bradley, L., & Bryant, P.（1983）. Categorizing sounds and learning to read: A causal connection. *Nature, 301*, 419-421.

Cain, K.（1996）. Story knowledge and comprehension skill. In C. Cornoldi & J. Oakhill（Eds.）, *Reading comprehension difficulties: Processes and intervention*（pp. 167-192）. Hillsdale, NJ: Erlbaum.

Carr, T. H., Brown, T. L., Vavrus, L. G., & Evans, M. A.（1990）. Cognitive skill maps and cognitive skill profiles: Componential analysis of individual differences in children's reading efficiency. In T. H. Carr & B. A. Levy（Eds.）, *Reading and its development*（pp. 90-110）. New York: Academic Press.

Catts, H.（1993）. The relationship between speech-language impairments and reading disabilities. *Journal of Speech and Hearing Research, 36*, 948-958.

Catts, H. W.（1996）. Defining dyslexia as a developmental language disorder: An expanded view. *Topics in Language Disorders, 16*, 14.

Catts, H. W., & Kamhi, A. G.（1999）. *Language and reading disabilities.* Boston, MA: Allyn & Bacon.

Catts, H. W., Fey, M. E., Zhang, X., & Tomblin, J. B.（1999）. Language basis of reading and reading disabilities: Evidence from a longitudinal investigation. *Scientific Studies of Reading, 3*, 331-361.

Chall, J. S.（1983）. *Stages of reading development.* New York: McGraw-Hill.

Copman, K. S. P., & Griffith, P. L.（1994）. Event and story structure recall by children with specific learning disabilities, language impairments, and normally achieving children. *Journal of Psycholinguistic Research, 23*, 231-248.

De Soto, J. L., & De Soto, C. B.（1983）. Reading achievement and automatic recognition of words and pseudowords. *Journal of Reading Behavior, 17* (2), 115-127.

Denckla, M. B., & Rudel, R.（1976）. Naming of object drawings by dyslexic and other learning disabled children. *Brain and Language, 3*, 1-15.

Dermody, M., & Speaker, R.（1995）. Effects of reciprocal strategy training in prediction, clarification, question generating, and summarization on fourth graders' reading comprehension. In K. A. Hinchman, D. J. Leu, & C. K. Kinzer（Eds.）, *Forty-fourth yearbook of the National Reading Conference*（pp. 190-196）.

Dickinson, D. K., & Snow, C. E.（1987）. Interrelationships among prereading and oral language skills in kindergarteners from two social classes. *Early Childhood Quarterly, 2*, 1-25.

Dimino, J. A., Taylor, R. M., & Gersten, R. M.（1995）. Synthesis of the research on story grammar as a means to increase comprehension. *Reading & Writing Quarterly: Overcoming Learning Difficulties, 11* (1), 53-72.

Feagans, L., & Applebaum, M.（1986）. Validation of language subtypes in learning disabled children. *Jouranl of Educational Psychology, 78*, 358-364.

Feagans, L., & Short, E. J.（1984）. Developmental differences in the comprehension and production of narratives by reading-disabled and normally achieving children. *Child Development, 55*, 1727-1736.

Fletcher, J. M., Satz, P., & Scholes, R.（1981）. Developmental changes in the linguistic performance correlates of reading achievement. *Brain and Language, 13*, 78-90.

Flood, J., & Menyuk, P.（1983）. The development of metalinguistic awareness and its relation to reading achievement. *Journal of Applied Developmental Psychology, 4*, 65-80.

German, D.（1984）. Diagnosis of word-finding disorders in children with learning disabilities. *Journal of Learning Disabilities, 17*, 353-359.

Gallagher, A., Frith, U., & Snowling, M. J.（2000）. Precursors of literacy delay among children at genetic risk of dyslexia. *Journal of Child Psychology and Psychiatry, 41*, 203-213.

Gillam, R.（1989）. *An investigation of interrelationships between spoken and written language in language/learning-impaired and normally achieving school-age children*. Doctoral dissertation. Indiana University, Bloomington.

Gillam, R., & Carlile, R. M.（1997）. Oral reading and story retelling of students with specific language impairment. *Language, Speech, and Hearing Services in Schools, 28*, 30-42.

Gillam, R., & Johnston, J. R.（1992）. Spoken and written language relationship in language/learning-impaired and normally achieving school-age children. *Journal of Speech and Hearing Research, 35*, 1303-1315.

Glass, A. L., & Perna, J.（1986）. The role of syntax in reading disability. *Journal of Learning Disabilities, 19*, 354-359.

Golden, J.（1981）. Children's concept of story in reading and writing. *The Reading Teacher, 37*, 578-593.

Goswami, U., & Bryant, P.（1990）. *Phonologic skills and learning to read*. East Sussex, UK: Erlbaum.

Gough, P., & Tunmer, W.（1986）. Decoding, reading, and reading disability. *Remedial and Special Education, 7*, 6-10.

Graybeal, C.（1981）. Memory for stories in language impaired children. *Applied Psycholinguistics, 2*, 269-283.

Griffith, P., Ripich, D., & Dastoli, S.（1986）. Story structure, cohesion, and propositions in story recalls by learning-disabled and nondisabled children. *Journal of Psycholinguistic Research, 15* (6), 539-555.

Hakes, D.（1982）. The development of metalinguistic abilities: what develops? In S. Kuczaj（Ed.）, *Language, cognition, and culture*（pp. 163-210）. Hillsdale, NJ: Erlbaum.

Hallahan, D. P., Kauffman, J. M., & Lloyd, J. W.（1999）. *Introduction to learning disabilities*. Boston, MA: Allyn & Bacon.

Halliday, M. A. K., & Hasan, R.（1976）. *Cohesion in English*. London: Longman.

Halliday, M. A. K., & Hasan, R.（1989）. *Language, context, and text: Aspects of language in a social-semiotic perspective*. New York: Oxford University Press.

Hansen, C. L.（1978）. Story retelling used with average and learning disabled readers as a measure of reading comprehension. *Learning Disability Quarterly, 1*, 62-69.

Hoover, W., & Gough, P.（1990）. The simple view of reading. *Reading & Writing, 2*, 127-160.

Hoskins, B.（1983）. Semantics. In C. Wren（Ed.）, *Language learning disabilities*（pp. 85-111）. Rockville, MD: Aspen.

Huang, H., & Hanley, J. R.（1994）. Phonological awareness, visual skills and Chinese reading acquisition in first graders: A longitudinal study in Taiwan. In H. W. Chang（Ed.）, *Advances in the study of Chinese language processing, Vol. 1*. Taipei: National Taiwan University.

Kamhi, A. G., & Catts, H. W.（1989）. Language and reading: Convergences, divergences, and development. In A. G. Kamhi & H. W. Catts（Eds.）, *Reading disabilities: A developmental language perspective*（pp. 1-34）. Newton, MA: Allyn & Bacon.

Kamhi, A. G., & Koenig, L.（1985）. Metalinguistic awareness in normal and language-disordered children. *Language, Speech, and Hearing Services in Schools, 16*, 199-210.

Kavale, K. A.（1982）. A comparison of learning disabled and normal children on the Boehm Test of Linguistic Concepts. *Journal of Learning Disabilities, 15, 160-164.*

Kavale, K. A., & Forness, S. R.（1986）. School learning, time and learning disabilities: The disassociated learner. *Journal of Learning Disabilities, 19,* 130-138.

Kerbel, D., & Grunwell, P.（1997）. Idioms in the classroom: An investigation of language unit and mainstream teachers' use of idioms. *Child Language Teaching and Therapy, 13*, 113-123.

Kintsch, W.（1974）. *The representation of meaning in memory.* Hillsdale, NJ: Lawrence Erlbaum.

Lane, V. W., & Molyneaux, D.（1992）. *The dynamics of communicative development.* Englewood Cliffs, NJ: Prentice Hall.

Larrivee, L., & Catts, H.（1999）. Early reading achievement in children with expressive phonological disorders. *American Journal of Speech-Language Pathology, 8*, 118-128.

Laughton, J., & Morris, N. T.（1989）. Story grammar knowledge of learning disabled students. *Learning Disabilities Research, 4* (2), 87-95.

Leong, C. K.（1989）. Productive knowledge of derivational rules in poor readers. *Annals of Dyslexia, 39*, 94-115.

Lerner, J. W.（1993）. *Learning disabilities: Theories, diagnosis, and teaching strategies*（6th Ed.）. Boston, MA: Houghton & Mifflin.

Levi, G., Mussatti, L., Piredda, M. L., & Sechi, E.（1984）. Cognitive and linguistic in children with reading disabilities in an oral storytelling test. *Journal of Learning Disabilities, 7*, 406-410.

Liberman, I.（1983）. A language-oriented view of reading and its disabilities. In H. Myklebust（Ed.）, *Progress in learning disabilities*（pp. 81-101）. New York: Grune and Stratton.

Lutzer, V. D.（1988）. Comprehension of proverbs by average children and children with learning disorders. *Journal of Learning Disabilities, 21*, 104-108.

Lyon, G. R.（1995）. Toward a definition of dyslexia. *Annals of Dyslexia, 45*, 3-27.

Lyon, G. R.（1999）. Reading development, reading disorders, and reading instruction. *Language, Learning, and Education Newsletter, 6* (1), 8-17.

Lysynchuk, L., Pressley, M., & Vye, N. J.（1990）. Reciprocal teaching improves standardized reading comprehension performance in poor comprehenders. *The Elementary School Journal, 90*, 469-484.

MacArthur, C. A., & Graham, S.（1987）. Learning disabled students' composing under three methods of text production: Handwriting, word processing, and dictation. *The Journal of Special Education, 21* (3), 22-42.

Mann, V., & Liberman, I.（1984）. Phonological awareness and verbal short-term memory. *Journal of Learning Disabilities, 17*, 592-599.

McArthur, G. M., Hogben, J. H., Edwards, V. T., Heath, S. M., & Mengler, E. D.（2000）. On the "specifics" of specific language impairment and specific reading impairment. *Journal of Child Psychology and Psychiatry, 41*, 869-874.

McCulley, G. A.（1985）. Writing quality, coherence, and cohesion. *Research in the Teaching of English, 19* (3), 269-282.

Menyuk, P., & Flood, H.（1981）. Linguistic competence, reading, writing problems and remediation. *Bulletin of the Orton Society, 31*, 13-28.

Menyuk, P., Chesnick, M., Liebergott, J. W., Korngold, B., D'Agostino, R., & Belanger, A.（1991）. Predicting reading problems in at-risk children. *Journal of Speech and Hearing Research, 34*, 893-903.

Merritt, D. D., & Liles, B. Z.（1987）. Story grammar ability in children with and without language disorder: Story generation, story retelling, and story comprehension. *Journal of Speech and Hearing Researcg, 30,* 539-551.

Montague, M., & Graves, A.（1993）. Improving students' story writing. *TEACHING Exceptional Children, 25* (4), 36-37.

Montague, M., Maddux, C. D., & Dereshiwsky, M.（1988）. *Story grammar and learning dsiabled student's comprehension and production of narrative prose.* Paper presented at the annual meeting of the American Educational Research Association, New Orleans.

Morais, J.（1991）. Phonological awareness: A bridge between language and literacy. In D. Sawyer & B. Fox（Eds.）, *Phonological awareness and reading acquisition*（pp. 31-71）. New York: Springer-Verlag.

Nippold, M. A.（1995）. School-age children and adolescents: norms for word definitions. *Language, Speech, and Hearing Services in Schools, 26,* 320-325.

Nippold, M. A., & Fey, S. H.（1993）. Metaphoric understanding in preadolescents having a history of language acquisition difficulties. *Language, Speech, and Hearing Services in Schools, 14,* 171-180.

Nippold, M. A., & Martin, S. T.（1989）. Idiom interpretation in isolation versus context: A developmental study of children and adolescents. *Journal of Speech and Hearing Research, 32,* 59-66.

Nippold, M. A., Allen, M. M., & Kirsch, D. I.（2000）. How adolescents comprehend unfamiliar proverbs: The role of top-down and bottom-up processes. *Journal of Speech and Hearing Research, 43,* 621-630.

Nippold, M. A., Allen, M. M., & Kirsch, D. I.（2001）. Proverb comprehension as a function of reading proficiency in preadolescents. *Language, Speech, and Hearing Services in Schools, 32,* 90-100.

Nippold, M. A., Maron, C., & Schwartz, L. E.（2001）. Idiom understanding in preadolescents: Synergy in action. *American Journal of Speech-Language Pathology, 10* (2), 169-179.

Nippold, M. A., Hegel, S. L., Uhden, L. D., & Bustamante, S.（1998）. Development of proverb comprehension in adolescents: Implications for instruction. *Journal of Children's Communication Development, 19,* 49-55.

Nodine, B. F., Barenbaum, E., & Newcomer, P.（1985）. Story composition by learning disabled, reading disabled, and normal children. *Learning Disability Quarterly, 8,* 167-179.

Norman, D. A., & Rumelhart, D. E.（1975）. *Explorations in cognition.* San Francisco, CA: W. H. Freeman.

Norris, J. A., & Brunning, R. H. (1988). Cohesion in the narratives of good and poor readers. *Journal of Speech and Hearing Disorders, 55,* 416-424.

Olson, R. K., Wise, B., Conners, F., Rack, J., & Fulker, D. (1989). Specific deficits in component reading and language skills: Genetic and environmental influences. *Journal of Learning Disabilities, 22,* 339-348.

Owens, R. (1996). *Language development: An introduction (4th ed).* Boston, MA: Allyn & Bacon.

Paul, R., & Smith, R. L. (1993). Narrative skills in 4-year-olds with normal, impaired and late-developing language. *Journal of Speech and Hearing Research, 39,* 592-598.

Perfetti, C. A. (1985). *Reading ability.* New York: Oxford University Press.

Perfetti, C. A. (1990). The cooperative language processors: Semantic influences in an autonomous syntax. In D. A. Balota, G. G. Flores d'Arcais & K. Rayner (Eds.), *Comprehension processes in reading* (pp. 205-230). Hillsdale, NJ: Lawrence Erlbaum.

Perfetti, C. A., & Sandak, R. (2000). Reading optimally build on spoken language: Implications for deaf readers. *Journal of Deaf Studies and Deaf Education, 5* (1), 32-50.

Ripich, D. N., & Griffith, P. L. (1988). Narrative abilities of children with learning disabilities and nondisabled children: Story structure, cohesion, and propositions. *Journal of Learning Disabilities, 21,* 165-173.

Roth, F. P. (2000). Narratives writing: Development and teaching children with writing difficulties. *Topics in Language Disorders, 20* (4), 15-28.

Roth, F. P., & Spekman, N. J. (1986). Narrative discourse: Spontaneously generated stories of learning disabled and normally achieving students. *Journal of Speech and Hearing Disorders, 51,* 8-23.

Roth, F. P., & Spekman, N. J. (1989). Oral syntactic proficiency of learning disabled students: A spontaneous speech sampling analysis. *Journal of Speech and Hearing Research, 32,* 67-77.

Roth, F. P., Speece, D. L., & Cooper, D. H. (2002). A longitudinal analysis of the connection between oral language and early reading. *The Journal of Educational Research, 95* (5), 259-272.

Rupley, W. H.（1995）. Contributions of phonemic knowledge, prior knowledge, and listening comprehension to elementary-age children's reading comprehension. *ERIC ED409548.*

Scarborough, H. S.（1990）. Very early language deficits in dyslexic children. *Child Development, 61,* 1728-1743.

Scarborough, H. S.（1991）. Early syntactic development of dyslexic children. *Annals of Dyslexia, 41,* 207-220.

Scardamalia, M., & Bereiter, C.（1984）. Development of strategies in text processing. In H. Mandl, N. L. Stein, & T. Trabasso（Eds.）, *Learning and comprehension of text*（pp. 379-406）. Hillsdale, NJ: Lawrence Erlbaum.

Scott, C., & Windsor, J.（2000）. General language performance measures in spoken and written narrative and expository discourse of school-age children with language learning disabilities. *Journal of Speech, Language,and Hearing Research, 43,* 324-339.

Seidenberg, P. L., & Bernstein, D. K.（1986）. The comprehension of similes and metaphors by learning disabled and non-learning disabled children. *Language, Speech, and Hearing Services in Schools, 17,* 219-229.

Seidenberg, P. L., & Bernstein, D. K.（1988）. Metaphor comprehension and performance on metaphor-related language tasks: A comparison of good and poor readers. *Remedial and Special Education, 9,* 39-45.

Shankweiler, D., Crain, S., Brady, S., & Macarruso, P.（1992）. Identifying the causes of reading disabilities. In D. S. Gough, L. C. Ehri, & R. Treiman（Eds.）, *Reading Acquisition*（pp. 275-305）. Hillsdale, NJ: Erlbaum.

Singer, M. H.（1990）. *Psychology of language: An introduction to sentence and discourse processes*. Hillsdale, NJ: Lawrence Erlbaum.

Singer, M. H., & Crouse, J.（1981）. The relationship of context-use skills to reading: A case for an alternative experimental logic. *Child Development, 52,* 1326-1329.

Sleight, C. C., & Prinz, P. M.（1985）. Use of abstracts, orientations, and codas in narration by language-disordered and nondisordered children. *Journal of Speech and Hearing Disorders, 50,* 361-371.

Snider, V. E.（1989）. Reading comprehension performance of adolescents with reading disabilities. *Learning Disability Quarterly, 12,* 87-96.

Snowling, M., & Stackhouse, J.（1996）. *Dyslexia, speech, and language: A practitioner's handbook.* London: Whurr Publishers.

Snyder, L. S., & Downey, D. M.（1991）. The language-reading relationship in normal and reading-disabled children. *Journal of Speech and Hearing Research, 34,* 129-140.

Stanovich , K. E.（1991）. Changing models of reading and reading acquisition. In L. Rieben & C. A. Perfetti（Eds.）, *Learning to read: Basic research and its implications*（pp. 19-32）. Hillsdale, NJ: Lawrence Erlbaum.

Stanovich, K. E.（1993）. The construct validity of discrepancy definitions of reading disability. In G. R. Lyon, D. B. Gray, J. F. Kavanagh, & N. A. Krasnegor（Eds.）, *Better understanding of learning disabilities: New views from research and their implications for education and public policies*（pp. 273-307）. Baltimore, MD: Brookes.

Stein, N. L., & Glenn, C. G.（1979）. An analysis of story comprehension in elementary school children. In R. L. Freedle（Ed.）, *New directions in discourse processing Vol. 2*（pp. 53-120）. Norwood, NJ: Ablex.

Stephens, I. M.（1988）. Pragmatics. In M. A. Nippold（Ed.）, *Later language development*（pp. 247-262）. Boston, MA: Little Brown.

Sticht, T. G., & James, J. H.（1984）. Listening and reading. In D. Pearson（Ed.）, *Handbook of reading research, Vol. 1*（pp. 293-317）. New York: Longman.

Stothard, S. E., Snowling, M. J., Bishop, D. V. M., Chipchase, B. B., & Kaplan, C. A.（1998）. Language-impaired preschoolers: A follow-up into adolescence. *Journal of Speech, Language, and Hearing Research, 41,* 407-418.

Strand, K.（1982）. The development of idiom comprehension in language disordered children. *Paper presented at the Symposium on Research in Child Language Disorders, Madison, WI.*

Tallal, P., Allard, L., Miller, S., & Curtiss, S. （1997）. Academic outcomes of language impaired children. In C. Hulme & M. Snowling （Eds.）, *Dysl exia: Biology, cognition and intervention* （pp. 167-181）. London: Whurr.

Tallal, P., Curtiss, S., & Kaplan, R. （1989）. *The San Diego longitudinal study: Evaluating the outcomes of preschool impairment in language development.* Final report, National Institute of Neurological Communication Disorders.

Torgesen, J. K. （1996）. *Phonological awareness: A critical factor in dyslexia.* Baltimore, MD: Orton Dyslexia Society.

Torgesen, J. K., & Davis, C. （1996）. Individual difference variables that predict response to training in phonological awareness. *Journal of Experimental Child Psychology, 63,* 1-21.

Torgesen, J. K., Wagner, R. K., & Rashotte, C. A. （1994）. Longitudinal studies of phonological processing and reading. *Journal of Learning Disabilities, 27,* 276-286.

Torgesen, J. K., Wagner, R. K., Rashotte, C. A., Burgess, S., & Hecht, S. （1997）. Contributions of phonological awareness and rapid automatic naming to the growth of word-reading skill in second-to-fifth grade children. *Scientific Studies of Reading, 1,* 161-185.

Vallecorsa, A. L., & Garriss, E. （1990）. Story composition skills of middle-grade students with learning disabilities. *Exceptional Children, 57* (1), 48-54.

Vellutino, F. R. （1987）. Dyslexia. *Scientific American, 256,* 34-41.

Vellutino, F. R. （1998）. Research in the study of reading disability: What have we learned in the past four decades? *ERIC ED419347.*

Vellutino, F. R., & Scanlon, D. M. （1982）. Verbal processing in poor and normal readers. In C. J. Brainerd & M. Pressley （Eds.）, *Verbal processes in children: Progress in cognitive development research* （pp. 59-93）. New York: Springer Verlag.

Vellutino, F. R., & Scanlon, D. M. （1987）. Phonological coding, phonological awareness, and reading ability: Evidence from longitudinal and experimental study. *Merrill Palmer Quarterly, 33,* 321-363.

Vellutino, F. R., Scanlon, D. M., & Spearing, D.（1995）. Semantic and phonological coding in poor and normal readers. *Journal of Experimental Child Psychology, 59,* 76-123.

Vellutino, F. R., Scanlon, D M., & Tanzman, M. S.（1990）. Differential sensitivity to the meaning and structural attributes of printed words in poor and normal readers. *Learning and Individual Differences, 2,* 19-43.

Vellutino, F. R., Scanlon, D. M., & Tanzman, M. S.（1994）. Components of reading ability: Issues and problems in operationalizing word identification, phonological coding, and orthographic coding. In G. R. Lyon（Ed.）, *Frames of reference for the assessment of learning disabilities: New views on measurement issues*（pp. 279-324）. Baltimore, MD: Paul H. Brookes.

Vellutino, F. R., Scanlon, D. M., Small, S. G., & Tanzman, M. S.（1991）. The linguistic bases of reading ability: Converting written to oral language. *Text, 11,* 99-133.

Vogel, S. A.（1974）. Syntactic abilities in normal and dyslexic children. *Journal of Learning Disabilities, 7,* 103-109.

Vogel, S. A.（1977）. Morphological abilities in normal and dyslexic children. *Journal of Learning Disabilities, 10,* 35-43.

Vogel, S. A.（1983）. A qualitative analysis of morphologic development in learning disabled and achieving children. *Journal of Learning Disabilities, 6,* 457-465.

Ward-Lonergan, J., Liles, B. Z., & Anderson, A. M.（1999）. Verbal retelling abilities in adolescents with and without language-learning disabilities for social studies lectures. *Journal of Learning Disabilities, 32* (3), 213-223.

Westby, C.（1984）, Development of narrative langauge abilities. In G. Wallach and K. Butler（Eds.）, *Language learning disabilities in school-age children*（pp. 103-127）. Baltimore, MD: Williams and Wilkins.

Westby. C. E.（1991）. Learning to talk-talking to learn: Oral-literate language differences. In C. Simon（Ed.）, *Communication skills and classroom success: Therapy methodologies for language learning disabled students*（pp. 181-218）. San Diego, CA: College-Hill Press.

Wiig, E. H., LaPointe, C., & Semel, E. M.（1977）. Relationships among language processing and production abilities of learning disabled adolescents. *Journal of Learning Disabilities, 10,* 292-299.

Wiig, E., Semel, E., & Nystrom, L.（1982）. Comparison of rapid naming abilities in language learning disabled and academically achieving eight-year-olds. *Language, Speech, and Hearing Services in Schools, 13*, 11-23.

Wilson, B., & Risucci, D.（1988）. The early identification of developmental language disorders and the prediction of the acquisition of reading skills. In R. Masland & M. Masland（Eds.）, *Preschool prevention of reading failure*（pp. 187-203）. Parkton, MD: York Press.

Wong, B. Y. L., & Jones, W.（1982）. Increasing metacomprehension in learning disabled and normally achieving students through self-questioning training. *Learning Disability Quarterly, 5*, 228-246.

Wright, H. H., & Newhoff, M.（2001）. Narration abilities of children with language-learning disabilities in response to oral and written stimuli. *American Journal of Speech-Language Pathology, 10*（3）, 308-319.

## 第五章

# 閱讀障礙學生的
# 閱讀理解策略

林昶菁

## 壹、前言

　　現代知識的增加非常迅速，而知識的傳遞又大多仰賴文字，如果閱讀發生困難，可能就相對地剝奪了個人獲得知識的機會，甚而影響其生活適應，所以，在學校課程中，「閱讀」占了非常重要的角色，也是所有科目中知識獲得的重要技能，基本的閱讀能力可說是現代人必備的能力。

　　根據 Kaluger 與 Kolson（1978）估計，學習障礙兒童中 85%-90% 有閱讀的問題，閱讀缺陷幾乎是許多學障兒童共同的問題（引自 Mercer, 1987）。而學習上的挫敗常影響兒童的情緒或行為表現，例如：自我概念較一般兒童低。因此，閱讀困難不單是學業問題，也可能影響其情緒或行為表現，而波及人格發展，實不容忽視。

　　一九六〇年代認知心理學興起後，認知心理學已成為當代心理學的主流。根據認知心理學的研究發現，認知歷程對學習的影響很大，促使許多教育學者開始重視學習者的認知歷程，例如：注意、編碼、檢索，並強調在教學歷程中教導學生學習策略，使學生能主動控制自己的學習歷程，增進學習效果。閱讀牽涉到文字辨認（decoding）及理解（comprehension）兩種基本過程，對於許多學習障礙兒童來說，閱讀理解才是主要的缺陷（Lerner, 1988）。理解的過程相當複雜，且牽涉多種因素的相互影響。早期的研究將學習障礙兒童理解失敗

的原因歸諸於概念混淆、口語、視覺符號化的困難、語音轉錄的困難等屬於心理過程能力缺陷的文獻為數不少（Paris & Oka, 1989），但是這種過於窄化問題發生可能原因的推論卻遭致一些學者的批評，認為無助於教育補救計畫的實施。因此，最近的研究趨勢顯示，學者試圖從後設認知的觀點來解決學習障礙兒童理解的問題，並認為是一重要貢獻。

　　閱讀理解的過程需要策略的介入，以達到隨時修正理解過程中的假設、預測而致理解成功。對於學習障礙兒童來說，閱讀理解失敗的原因，將其歸因於不當的策略使用或沒有策略來監控理解過程的進行，是很多研究者研究的結論。自一九七六年以來，公開發表的研究論文中，至少四十篇的研究主題探討學習障礙兒童處理訊息的策略運用情形。研究者幾乎一致指出學習障礙兒童在理解材料完成作業目標的工作上，是一個策略使用的缺陷者。因此，現代的教學應強調教導學生主動處理資訊的學習方法，亦即教導學習策略的應用。運用在閱讀教學上的學習策略很多，例如：心像法、聯想法、關鍵字法、引伸法、舉例法、推論法、類推法、自述法、摘要法、問答法、建構法等（邱上真，1990）。另外，也有將數個策略組織成一個較完整且具規模的閱讀訓練方法，例如：Palincsar 和 Brown（1984）的相互教學法（reciprocal teaching）；Langer（1984）的三階段閱讀計畫（three-phase prereading plan, PReP）；Paris、Cross 和 Lipson（1984）的告知學習策略（Inform Strategies for Learning, ISL）。 所以，從了解學習障礙兒童使用理解策略促進理解能力的進步，是最近學習障礙專家一致努力的方向。

## 貳、閱讀障礙

### 一、閱讀障礙的定義

　　閱讀障礙是學習障礙中最早被研究的領域。在十九世紀末期便已開始，一八七七年Kussmaul最先創用字盲（word-blindness）一詞，用以稱呼沒有視覺、說話或智力損傷證據，但卻無法閱讀的成人（林俊銘，1989）。蘇格蘭的眼科醫生Hinshelwood也於一八九五年間應用先天字盲（congenital word-blindness）

一詞來稱呼這類個案，並發現一些字盲兒童的案例，之後，Hinshelwood 將其研究結果於一九七一年出版《先天字盲》一書，他把字盲的現象歸諸於大腦視覺記憶對字或字母之習得及保留有困難所致。美國神經生理學家 Orton 亦於一九二五年開始有系統化地研究兒童閱讀困難、鏡形倒寫（mirror writing）與反轉倒寫（reverse writing）等現象，他認為，此等閱讀缺陷主要是先天性的，可能是大腦的顯勢發展不全所致。這種假說早已遭到反駁，但其影響力至今猶存。雖說閱讀障礙的研究已有一百多年的歷史，但至目前為止，對其定義、成因及處理方式也有無數的爭論，甚至對這類問題使用的診斷名稱也不一致，例如：閱讀障礙（dyslexia 或 reading disability）、特殊學習障礙（specific learning disability）、發展性閱讀障礙（developmental reading disorder）、閱讀遲緩（reading retardation）、輕微腦傷（minimal brain damage）等，至今未有定論。茲歸納學者專家的定義如下所述：

㈠定義中最為眾人所採納者，當屬一九六八年世界神經學聯盟（World Federation of Neurology）所提出的定義：「具有適當智能程度及社會文化學習機會，運用一般的教學方法，仍有學習閱讀上的困難，稱之為閱讀障礙；其困難多是由於體質因素造成的基本認知缺陷所致。」

㈡閱讀困難綜合學科委員會於一九六九年出版的典籍上，解釋閱讀障礙係指雖具正常智力，然在學習上卻有閱讀、書寫和拼字等語文技能不佳的現象者。

㈢Lyle 和 Goyen（1969）則視閱讀障礙為一種學習障礙的症狀，此類兒童雖有足夠智力與正常學習環境，然其學業成就卻顯著低落者。

㈣Roswell 和 Natchez（1977）咸信：「當兒童的閱讀能力與其經由標準化測驗所得智力潛能之間，有顯著差距時，該兒童便具閱讀障礙」。

㈤Lynn（1979）認為：閱讀障礙的一般特徵是智力正常而有讀、寫上極端的困難，其困難不是由感官上或情緒上的因素所直接造成的。

㈥Valett（1980）和 Huston（1992）對閱讀障礙的定義是極重度的閱讀能力缺陷，是由於神經生理方面的不成熟或功能失常所導致的。

㈦Gaddes（1980）認為閱讀障礙是由於中樞神經系統功能不良，而導致閱讀能力的缺陷，功能不良的原因可能來自於外傷或先天的缺陷。

㈧精神疾病統計診斷手冊第三版（DSM-III, 1979，引自何瑞齡、葉翠蘋編

譯，1991）列出「發展性閱讀障礙」的診斷標準：「在標準化的個別閱讀技巧測驗中的表現明顯地低於該有的程度，此乃依該人所受的教育、生理年齡和心理年齡（由個別智力測驗測出）而言。此外，在學校，該兒童對需要閱讀技巧的工作表現未達其智力能力。」在第三版的修訂版（DSM-III-R, 1987，引自孔繁鐘編譯，1991）略修正為三項準則：1.在標準化之個人成就測驗中，閱讀表現顯著低於預期應有的程度，此預期乃依據該人之教育及心智能力（由個人智力測驗決定）而判定。2.⑴項之障礙顯著妨害其學業成就，或日常生活需閱讀能力之活動。3.非因視力或聽力缺陷，或一種神經學疾患而造成。

　　㈨ White 和 Miller（1983）二人統計，一九七一年至一九八〇年十年間，所有在學習障礙期刊上與閱讀障礙定義有關的研究或報告，結果發現四十五篇中有三十九篇（占 87%）研究指出：「在標準化測驗中，凡是閱讀、拼字等能力有缺陷者，即具有閱讀障礙。」不過，其中有八篇報告，卻又表示無法自測驗中決定閱讀或拼字能力的等級。此外，有六篇研究並非根據測驗的結果來定義閱讀障礙，其中有三篇將閱讀障礙定義為「某些特殊團體之成員」，例如「臨床補救性閱讀」、「閱讀能力低下群體」、「班級中之教育障礙者」。另外，三篇報告的定義則分別為「閱讀能力低於年級」、「重度閱讀問題」及「非正式認字測驗」之表現不佳等。

　　㈩ Gearheart（1985）則認為，具有下列情形者始為閱讀障礙：1.智力中上；2.無生理缺陷；3.有充分智力與適當教育機會，然閱讀能力卻顯著低落者。

　　㈦國內學者郭為藩（1978）亦曾研究並定義閱讀障礙為「智力正常或在一般水準以上，且沒有任何顯著的感官缺陷，但在閱讀或書寫方面的表現卻比一般學生落後很多，在語文學習方面比其他學科有顯著落後的情形。」另外，國內數篇研究報告（林國花，1990；陳美芳，1985；蘇淑貞等，1984）亦與郭為藩的說法相近，但並未將「語文學習方面比其他學科有顯著落後」的條件列入考慮。

　　㈫許天威（1990）的定義為：「閱讀能力缺陷者被稱為字盲。字盲乃是腦神經功能失常所引起的難認字的一種學習障礙，他跟那些因智能障礙、感官損傷、情緒困擾、失學等因素而產生的閱讀障礙不一樣，字盲的正式名稱是發展性閱讀能力障礙或一般所謂的閱讀能力障礙。」

　　綜合上述，諸多閱讀障礙定義之共通處為：智力中等或中等以上，而閱讀

或書寫方面的表現卻與其潛在能力（此按該人所受的教育、生理年齡和心理年齡決定之）有顯著差距存在。且其障礙非直接導源於感官缺陷、情緒困擾、文化環境不利或不當的教學等因素所致。

## 二、閱讀障礙的特徵

閱讀障礙是學習障礙中研究最多也最為常見的一種，其一般特徵是智力正常而有讀、寫上極端的困難，其困難不是由感官上或情緒、環境上所直接造成的，隨著研究的增加，學者發現，閱讀障礙的一般特徵雖然類似，卻仍然有異質性存在，所以，即使研究閱讀障礙已有百年的歷史，至今尚無統一的症狀描述，以下列舉一些相關的文獻，以進一步了解閱讀障礙兒童的人格及學習行為上的特徵。

㈠Pavlidis 和 Miles（1981）提出閱讀障礙會有左右混淆與左右偏用、語言發展遲緩、動作笨拙、活動過多、易分心、容忍度較低、無法集中注意力，及拼字能力較差等現象。

㈡Mautner（1984）曾提出閱讀障礙的十二種特徵：

1.智力中上。

2.在閱讀、拼字或說話上有顛倒、替代和省略等現象。

3.閱讀能力不佳：例如：⑴閱讀時會插入字；⑵朗讀不流暢；⑶認字與收訊能力差；⑷與其智力相比較閱讀的速度甚慢。

4.拼字能力不佳。

5.語彙貧乏。

6.無法迅速、流暢且精確記得字母的順序。

7.寫字慢且笨拙。

8.說話不流暢。

9.表達困難。

10.對回憶熟悉的人名和地名有困難。

11.分不清左右。

12.雖有良好教育機會，仍有語文技能障礙。

㈢Mercer（1987）研究學障學生並歸納出八項特徵為：

1.差距因素：當兒童的潛能顯著不同於學科實際表現者便存在著差距。

2.學科學習困難：如基本閱讀技能、閱讀理解和書寫表達方面的困難。

3.語言障礙：例如：口頭表達和傾聽理解的困難。

4.知覺障礙（指辨識、區別和詮釋感覺能力不佳）：視知覺、視覺辨別、視覺記憶、聽覺辨別、聽覺記憶及感覺統合等困難。

5.動作障礙：活動過多或過少、精細動作與粗大動作協調能力不佳，動作發展遲緩或笨拙。

6.社會情緒問題：不良自我概念、衝動、退縮、依賴、固執和干擾行為等。

7.記憶困難：對視聽刺激的回憶有困難。

8.注意問題：無法避免無關的刺激、記憶廣度小、注意力不集中，或無目的動作過多（例如：離座、手腳輕打拍子、不停地發問並常重複相同的問題、無法安靜坐或站著）。

綜合以上資料，有關閱讀障礙的特徵，大略可歸納為如下數種情形：

1.說話表達能力不佳。

2.閱讀時會有增減字句、替代、顛倒、念錯字、閱讀遲緩、閱讀理解不佳等現象。

3.寫字潦草、笨拙且無法完整、正確地寫出句子來。

4.知覺上則有視、聽覺辨別困難與觸覺不佳。

5.動作統合能力不良，或活動過多或活動過少等。

6.社會適應能力差，有不良自我概念。

7.情緒上大多表現衝動、依賴、攻擊、退縮、固執、挫折、焦慮、緊張等情形。

8.會有左右混淆、左右偏用、組織能力不佳等情形。

9.注意廣度較小、易分心、固執或易被無關刺激吸引。

10.對視覺或聽覺記憶有困難，長期或短期記憶不佳，對熟悉且簡單的人、事、物、地名等，不易記得。

# 參、閱讀理解策略

## 一、閱讀理解的定義

理解是閱讀的主要目的。當讀者面對一篇閱讀材料時，運用具有的字再認技巧以辨認這些符號，繼而轉譯成有意義的形式便是理解的產生。所以，理解是一種行為，也是一種能力。基本上，對於閱讀理解的定義可分為傳統的觀點和心理語言學的觀點二方面說明。

傳統的觀點認為理解就是技能的表現，具備應有的技能，理解便自動發生。這些技能有程度之別，因而產生不同層次的理解。

心理語言學的觀點認為，理解是已知事物和未知事物間的橋樑。他們以閱讀理解需要具備的條件和過程來說明閱讀理解的概念，這些概念包括：閱讀理解必須依靠讀者具備的知識和經驗、閱讀理解是語言的過程、閱讀理解是思考的過程、閱讀理解需要讀者主動投入文章中。

綜合上述兩方面的觀點得知，閱讀理解是一複雜的心智運作過程，有思考、語言的活動在內，與讀者本身的先前知識、基模密切相關。理解的產生更需要運用某些相關的技能，而達到不同程度的理解狀態。

## 二、閱讀理解的理論

閱讀時會因文章結構、個人目的、先備知識，以及環境的不同而有相異的理解歷程。然而，雖然理解歷程因人而異，但是心理學家們還是不斷異中求同，企圖提出一套能解釋大部分閱讀理解歷程的模式。

### (一) Lea 和 Kiner（1995）將閱讀模式分為五種

1.由下到上模式：強調理解狀態的發生必須建構於讀者對於字意了解的基礎上。將閱讀視為逐步的過程，由字母的覺知到音素的認知，然後單字、句子、段落和段落的意義。成功地精熟每一個閱讀技能，是達成閱讀能力的方法。特別重視從刺激感覺到內在表徵的知覺歷程。這種模式的解釋方式無法說

明如推論式的理解發生的可能，以致備受批評。

　　2.由上到下模式：將閱讀視為搜尋意義，認為理解狀態的產生依賴於讀者所具備的資訊來源，多於文章本身所傳遞的訊息。也就是閱讀是一種由內向外的過程，當閱讀進行時，特別重視使用個人現存知識將新進的感官資料加以組織的認知歷程，讀者主要依靠自己擁有的先前知識和語言能力對文章內容進行預測性假設，最後獲得理解。

　　3.交互模式：交互指不同訊息的相互影響（主要的訊息包括：正確的拼字、語意、語法、經驗），假設理解過程中文章、讀者的重要性是一致的。閱讀時文章附帶的訊息刺激讀者使用文字辨認的策略，以獲得字面上的意義，然後運用其語言技能、整體知識以獲得意義。重視由下而上對視覺刺激的知覺歷程，和由上而下加上結構的認知歷程，因為此二種處理方式是同時且交互發生的。

　　4.交互補償模式：閱讀障礙學生藉由閱讀方面的優點補償其閱讀缺陷。當閱讀者有認字缺陷時，可依賴較高次序之知識結構來幫助了解字意，例如：利用文章的前後文關係、圖文、先前知識、預測。

　　5.Hayes的非交互模式：主張閱讀不是複雜的過程，而是一種符號的事物。閱讀只是一種將符號表現在文章的過程。

## (二) Spear-Sternberg 的閱讀障礙模式

　　此模式是以閱讀技能發展為描述重點，兼具普通學生及閱讀障礙學生的閱讀發展，因此，在教學上頗有參考價值。

　　在此模式中認為，普通學生與閱讀障礙學生的技能發展階段是一致的，而會導致閱讀障礙是因為他們在某些階段的技能可能因某些因素而未能發展完全，因此導致了下一技能無法發展，故偏離了原來朝往「純熟閱讀」的發展方向。

　　一般閱讀技能的發展首先是從「視覺性識字」開始，讀者在此層次只有靠視覺的線索認字，而無具備任何「拼音」的技能，因此，如果讀者的閱讀技能僅發展至此，則稱為「無拼音的讀者」，其閱讀表現是在識字及閱讀理解方面都有很大阻礙，而如果讀者在歷經此階段後繼續學習到了一些拼音的技能，則其閱讀表現將邁入下一階段「語音線索識字」，在此階段的讀者特徵是，他們

已習得一些字彙，並具有基本的拼音技能，然而閱讀時，其識字及閱讀理解都還是有相當的困難。

如果此階段讀者繼續學到一些組字知識，例如：字根字首、拼法型態等知識，則讀者就到達了「受控制的識字」階段，此階段的讀者稱為「非自動化的讀者」，他們閱讀時，大多能正確的識字，但識字速度仍不夠迅速，因此，閱讀理解還是遭受困難。

如果讀者能不斷的進行大量的閱讀練習，則將進入「自動化的識字」階段，此階段的讀者被稱為「緩慢的讀者」，其特徵是他們在閱讀時已能快速的識字，但由於不能藉由理解策略來促進理解的效率，因此閱讀時還是緩慢、不能有效的進行理解。如果此階段的讀者再獲取一些理解策略技能及更高層次的語音知識的話，則其將進入「策略的閱讀」階段，此階段的讀者特徵是，他們已多能無礙的進行閱讀，對於資訊的獲取毫無困難，但對於知識的聯結與統整仍不如最純熟的閱讀者，因此，如果此階段的讀者再習得一些高層次的閱讀理解能力，例如：融合、統整各類知識的能力，洞察知識深度內涵的能力，則讀者邁入了「高度純熟的閱讀」階段，此為閱讀理解技能的最高發展。

此模式認為，在「視覺性的識字」、「語音線索識字」、「受控制的識字」及「自動化識字」等階段的讀者，皆為閱讀障礙者，他們的技能發展階段雖各有不同，所呈現的閱讀問題也不盡一樣，但無疑的是，其閱讀理解都具有相當程度的困難。

此模式是藉由一般閱讀技能的發展來闡述閱讀障礙者產生理解困難的原因，及對照其技能發展及在閱讀上的各種表現，因此，在實際教學及診斷上的應用價值應頗高。

## 三、影響閱讀理解之因素

閱讀理解是極度複雜且包含多種變項交互影響的心智運作過程。綜合幾位學者的研究，歸納出讀者、文章、作業及情境四個變項。茲逐一說明如下：

㈠讀者相關變項：所囊括的範圍相當廣泛，例如：智力、年齡、字彙量、注意力、視知覺能力、口語表達或接受的能力、閱讀動機、後設認知能力、閱讀策略等。在訊息處理中屬於硬體部分的智力及生理年齡，掌管訊息接收大門

的注意力、視知覺能力及閱讀動機，負責訊息轉換的語言能力及先前背景知識，和運作過程中扮演監控與回饋角色的後設認知。

㈡文章相關變項：包括文章組織、文章結構、可讀性、使用語言的清晰度、陳述內容與文化背景的關係、與讀者背景知識的關係、趣味性等。

㈢作業相關變項：包括作業的型態及讀者是否明白作業的目的二大部分。例如在清楚作業目的下，閱讀理解的成績較好。

㈣情境相關變項：包括教師的講述方式、目標的掌握、秩序的管理、練習的時間和次數、回饋和校正的方式、教學的步調、師生的互動、教師的期望、教學的氣氛等。

## 四、閱讀理解策略

閱讀是一種建構文章意義的過程，獲得理解是其最終目的。Wixon 和 Peters（1987）談到理解過程中，依賴最有效的策略運用，比獨立的閱讀技能及流暢的辨字能力來得更重要些，所以使用理解策略是獲得理解不可或缺的一環。

### ㈠閱讀理解策略的理論

1.後設理解：理解過程中特別注重策略的角色，必須從後設認知的觀點來解釋，也就是「後設理解」。後設理解是以後設認知的觀念解釋理解的過程，指對於個體理解狀態的覺知包括：知道已經了解了什麼，還有哪一部分不了解，並使用適當的除錯計畫，找出理解困難的原因。以後設認知觀點闡述理解的特性，特別著重策略的主導性角色。策略與技巧之別，就在於策略的使用包含了後設認知的成分，也就是知道何時、何地、如何使用。而策略的重要性不僅在於努力追求文章意義時，達成讀者獲得理解的目的。當理解失敗時，更需要策略的介入，以了解失敗的原因重新運作。

2.理解策略：因應不同的閱讀目的，了解訊息間的不同難度、意義性，以採取變通的閱讀技巧來引出文章訊息的意義，並採取更合適更有效的方法來保持成功的閱讀理解狀況。綜合而言，能成功達到理解狀況的策略必須是一種整體性包含認知、後設認知的策略。使用理解策略，最主要的目的是可以增進理解能力。策略的使用程序並非一成不變，策略內容也沒有一定模式可循，實際

運作情形端賴讀者面臨待執行任務時的整體覺知來決定策略的性質。

## (二)閱讀理解策略

### 1.SQ3R、SQ4R 技術

Robinson（1941）曾提出閱讀文章的五步驟（俗稱 SQ3R 技術）：

(1)瀏覽（survey）：是指在詳讀文章之前，先概覽文章一番，以控制閱讀的目的、方向和注意力。

(2)提問（question）：指讀者在瀏覽後產生一些問題。

(3)閱讀（read）：是指專注於找出發問問題的答案。

(4)背誦（recite）：在閱讀時做重點畫線、口頭複誦或筆記摘要以幫助記憶。

(5)複習（review）：回憶所記憶的重點。

SQ3R 技術已經獲得廣泛的報導，但只可惜缺乏實際的研究。Pauk（1984）針對 SQ3R 技術的不足，而提出 SQ4R 技術，前三步驟和 SQ3R 技術的不足並無不同，第四步驟至第六步驟為：

(4)記錄（recording）：閱讀時做筆記摘要。

(5)背誦（reciting）：閱讀時做口頭複誦以幫助記憶。

(6)反應（reflecting）：針對瀏覽時所提出的問題加以回答。

### 2.REAP 技術

Eanet（1978）主張訓練讀者以自己的話重述文章的內容，他所提出來的閱讀步驟俗稱 REAP 技術，介紹如下：

(1)閱讀（read）：讀文章。

(2)編碼（encoding）：用自己的話重述文章內容。

(3)註解（annotate）：用自己的話作摘要。

(4)審思（ponder）：包括複習和思考摘要的內容。

Eanet 的實驗研究並未支持此法對於閱讀記憶保持的效果。

### 3.DRTA 技術

Stauffer（1975）提出閱讀三步驟為：預測、閱讀、驗證。閱讀前先依題目、圖片、文章開頭的一些字預測文章的內容，接著，默讀文句，並為先前的預測找尋證明，最後，驗證先前的預測是否獲得支持。雖然 Stauffer 已提供一些

資料證實 DRTA 的有效性，但仍有待實驗研究的證明。

### 4.KWL 技術

Ogle（1986）提出 KWL 技術以幫助讀者提取先備知識（prior knowledge）的方法，尤其對於說明體文章更有幫助。包括四個步驟：

⑴已經知道（what we know）：經由腦力激盪和分類引出已經知道的知識。

⑵想要知道（what we want to find out）：經由討論和分類而了解自己想要知道的知識。

⑶已經學習和需要學習（what we learn and still need to learn）：在學習之後，寫下自己所學到的內容，並和前一步驟比較，以了解自己不懂而需要再學習的部分。

⑷文章結構分析和摘要：為 Carr 和 Ogle（1987）所增加。

### 5.PSRT 策略

PSRT 策略是 Simon（1984）所提出，參考了在閱讀前所使用的 PReP 策略和閱讀後所使用的 GRP 策略，是一種兼顧閱讀前和閱讀後所使用的策略，偏重互動的教學方式。包括的步驟有：

⑴找出學生的先備知識：

　‧確定文章的主旨何在。

　‧利用腦力激盪的方式找出學生的先備知識。

　‧提供必備的訊息引出學生的先備知識。

⑵幫助學生了解文章的組織：

　‧準備文章結構分析圖。

　‧給學生空白表格。

　‧在黑板上畫個空白表格，與第一步驟結合，幫助學生完成部分的表格。

⑶閱讀文章內容：

　‧指出閱讀的目的。

　‧讓學生自己閱讀文章內容。

　‧讓學生完成表格。

⑷討論文章的內容：

　‧請學生完成黑板上的表格。

‧請學生摘要文章的內容。

‧提出問題請學生想想文章的內容。

Simons（1984）、Morris（1986）的研究皆指出，PSRT策略可以增加國中學生對於說明文的理解能力，而且 Simons 也提到，使用過 PSRT 教學的老師，都認為此種策略，對於增加學生的理解能力和組織能力有幫助，只可惜尚無相關研究指出 PSRT 策略對於閱讀障礙學生的效果如何。

### 6.SCROL 策略

所謂 SCROL 策略包括：

(1)瀏覽（survey）主標題和次標題。

(2)標題的連結（connect）：找出每一段落之間的關係。

(3)劃線（outline）：將重要的觀念劃線，並試著找出和每一段落標題相輝映的內容，之後並將標題寫下，在不看文章的情形下寫下段落內容。

(4)回頭看（lookback）：確定第四步驟所寫的內容正確與否。

### 7.Dole 等的閱讀策略

Dole、Duffy、Roehler 和 Pearson（1991）認為，閱讀理解策略應強調教導學生一套理解文章所用的策略，這一套策略適用於閱讀任何的文章，包括有五步驟：

(1)找出重點：決定文章的要旨、主題、主題句、鉅觀結構、超結構、關鍵字、論提、話題和說明。高閱讀能力者較能依閱讀的目的決定文中的重要訊息，他們判斷文章重點的方式為：使用一般知識和特定領域知識，閱讀並評估文章內容。使用對作者寫作文章的傾向、意向和目標的知識，決定文章的重點。使用文章結構的知識、確認和組織訊息。文章結構包括故事體文章的文法知識，和文章頂層結構組織的知識。

(2)摘要訊息：閱讀者能夠辨別出文章中重要與不重要的訊息之後，綜合這些重要的訊息創造出一些新的、連貫的、濃縮的文章來代表原來的內容。摘要的過程如下：a.選擇重要的訊息，刪除不重要的訊息。b.以較高層的概念來替代細節的訊息、濃縮材料。c.把訊息統整為一連貫的、正確的、可理解的內容，以代表原來的材料。

(3)引出推論：推論是理解過程的核心，當閱讀者在閱讀文章，建構他們的意義模式時，廣泛的使用推論的方法，去詳細的填補文章中所省略或遺漏的部

分，及推敲所閱讀的內容。

　　(4)產生問題：傳統的閱讀教學，常是由教師發問問題，很少由學生自己問問題，然而，讓學生自己產生問題，可以導致較高層次的文章處理水準，促進文章的理解。Singer 和 Donlan（1982）曾比較由學生自己產生問題和回答教師發問問題的學生對於故事理解的影響，結果發現，自己產生問題的學生較回答老師所問問題的學生，更能改進其故事理解能力。Brown 和 Palincsar（1985）的研究也證實：「產生問題」是閱讀理解不可或缺的部分。

　　(5)監控理解：指閱讀者在閱讀時，可能由於其先備知識不夠，妨礙其理解；或由於所閱讀的內容和其存在的知識不一致，此時，就必須採取一些補救策略，例如：重讀、回顧、調整花費的時間和精力等。

## 8.不同閱讀階段的閱讀理解策略

　　另有依閱讀階段之不同而提出之不同閱讀理解策略，如依訊息處理階段來分，包括解碼階段、文義理解階段、推敲理解階段、理解監控階段四個階段；依閱讀的前後階段來分：包括閱讀前、閱讀中及閱讀後三個階段，簡介如下：

　　(1)依訊息處理階段來分：Pressley 和 Gillies（1985）指出，閱讀時可依不同階段的需求採取各種增進理解的策略——

　　　　a.解碼階段：無法辨認出單字時，可使用的策略如查字典、詢問他人、對照上下文猜測字義、跳過不管等。

　　　　b.文義理解階段：不了解字句的意義時，可使用的方法包括在難字難句下劃線、分析句子結構、統整各單字組合後的意義、對照上下文推敲字句的意義、跳過不管等；當個體不了解文章的意義時，可採用的策略包括重新瀏覽全文、劃重點、分段閱讀、自我問答、做筆記、做摘要、文章結構分析等。

　　　　c.推敲理解階段：可採用的策略包括運用舊經驗及知識以促進理解、檢討文章理論的正確性及一貫性、批判文章的內涵、做新的聯想及推論等。

　　　　d.理解監控階段：在此階段，為了解自己是否理解文章意義時可採用的方式包括評鑑自己的理解正確率及根據結果自我調整。

　　(2)依閱讀的前後階段來分：Heilman、Blair 和 Rupley（1990）曾就閱讀前、閱讀中及閱讀後三個階段，提出閱讀策略如下：

a. 閱讀前：複習與主題有關的背景知識，連結新章節與舊章節的經驗，將新材料與個人經驗聯結，討論主要的單字與概念，閱讀文章提要以發展整體概念、瀏覽文中插圖、預測文章內容、建立閱讀目標、瀏覽文章形式。

b. 閱讀中：運用標題引導學習，在每一段落結束後問自己一個問題，重讀文中不熟的部分，找到作者的型態。

c. 閱讀後：運用文後的問題檢視理解的程度，評估所得的訊息及預測後來，重點摘要，重讀某些特殊的觀點。

Dana（1989）也曾根據閱讀前、閱讀中及閱讀後三個階段提出適合閱讀低能力學生學習的閱讀理解策略，其中包括：

a. 閱讀前：RAM策略——幫助學生做好閱讀前的準備工作。消除學生對於閱讀的恐懼，找出閱讀目的及專心，找出背景知識，激勵自己閱讀。

b. 閱讀中：SIP策略——提升閱讀時的專注力。摘要大意（以增加學生的專注力）、想像（在腦海裡產生視覺影像，增加對於文章的了解）、預測（在讀完一段落或一頁之後暫停閱讀，預測下一段落或下一頁的內容）。

　　　　　RIPS 策略——使用過 SIP 策略後仍無法理解時，使用此策略，幫助解決閱讀時所遭遇的問題。重讀（將整篇文章或前三段重讀一遍）、想像、提出問題、加速、減慢或尋求幫助。

c. 閱讀後：EEEZ 策略——增加閱讀內容的記憶力。解釋（為先前之閱讀目的提出解釋）、探討（尋找他人所寫的相關文章）、擴展（閱讀其他相關的資訊，增加此一議題的背景知識）。

無論是哪一種閱讀策略，至少都包括二、三種策略以上，由此可見，閱讀任何文章只用一種策略是不夠的，綜合二、三種策略的效果也比只用一種策略來得好，因此在教學時，應教導學生一套完整的閱讀理解策略，尤其以階段式閱讀理解策略的分類更為清楚而容易依循。

# 肆、閱讀理解策略相關研究

　　閱讀障礙的研究早在十九世紀末期便已開始，當時的研究偏醫學取向，以探討生理缺陷與閱讀障礙之關係為主流。直至一九六三年Kirk以「學習障礙」一詞涵蓋那些「能看能聽，又無顯著一般智力缺陷，然而在行為與心理發展上卻表現出相當的偏差」的兒童，閱讀障礙才漸為教育界重視。學習障礙兒童是一群異質性的團體，在很多學習領域上都可能發生困難，但這些學業問題80%導因於不佳的閱讀能力，連帶影響他在其他學科的表現，終至成為一個學習失敗者。閱讀的最終目的是獲得理解，學習障礙兒童的理解缺陷正是導致閱讀困難的主因，因此，了解學障兒童閱讀理解的問題，是解決其學業問題的重要條件。不過，教育上的補救教學仍採用許多生理學的觀點，例如：知動訓練、感覺統合訓練。國內外均有一些針對閱讀理解策略之相關研究，有的實驗組接受策略教學後，學習能力有顯著提升，但亦有一些未見成效。以下將提供一些研究結果供參考。

## 一、一般性閱讀理解策略相關研究

　　Pressley、Gaskins、Cunicelli、Burdick、Schaub-Matt、Lee和Powell（1991）所做的一項問卷調查發現，大部分的教師認為造成學生閱讀失敗最主要的原因，是他們不知道使用策略或不知道什麼時候、什麼地方該用策略。自一九七〇年後，很多論述將焦點放在了解學生的策略知識，探究他們使用策略的情形，或指導學生學習某方面的策略等主題上，並且比較學生年齡間以及能力間策略的差異，以了解策略的發展情形。

　　Brown和Smiley（1978）的研究是比較年長與年幼讀者使用理解策略的差異情形，發現七年級以下的學生喜歡使用「再讀一遍」、「讀慢一點」等策略，加強全篇文章的理解，而七年級以上的學生偏好「劃重點」、「做筆記」等策略，並且專注於某些重要的地方。

　　一些研究者指出閱讀能力差及年幼者認為閱讀最主要的目的是辨識文字，而非獲得文章的意義。不正確的閱讀目的對於理解策略的評價有沒有差別呢？

Myers 和 Paris（1978）的研究，是比較二年級與六年級學生的表現，發現六年級學生對於閱讀目的較有正確的認識，並認為理解策略有很大的幫助，反觀二年級的學生對於閱讀目的不甚了解，認為理解策略對於解決理解失敗沒有助益。Snider（1987）認為，正由於這種錯誤的閱讀目的認知，導致他們在策略知識及使用情形上一致的缺陷表現。

　　Forrest-Pressly 和 Waller（1984）以三年級、六年級的學生為研究對象，學生的閱讀能力有三個等級，各分成四組，每組被告知的閱讀目的都不同，分別有「娛樂」、「定義主題」、「略讀」、「研究」等四組。閱讀材料是一些難度不等的文章，理解測驗的題目分成二種形式，一些是文章內的重要訊息，另一些是較不重要的訊息。除了理解測驗的題目之外，學生還要接受結構式問卷的訪問，以了解有關策略使用的情形。研究結果顯示：在理解能力的表現上，隨著年級及閱讀能力的增加，理解分數隨著增加；難度較高的文章裡，理解分數較低，而其中重要句子的理解分數比不重要句子的理解分數還要低；而四組實驗情境的表現，普遍來說研究組都較其他三組為優，而略讀組的表現最差。在策略使用覺知的反應上，閱讀能力好及年長的學生會因不同的閱讀目的改變策略，但閱讀能力差及年幼者使用的策略不因目的不同而有所變更。綜合而言，本研究發現讀者的閱讀目的會影響他的理解成績，而理解策略的知識及進行理解督導活動均有助於理解的表現，閱讀能力好的讀者在策略知識及理解督導方面的表現都較閱讀能力差的讀者為優。

　　國內研究方面，胥彥華（1990）探討理解策略對於國小六年級學生閱讀效果的影響，發現使用「辨認文章結構」、「自問自答」、「自我監視」三種策略教學後的實驗組，其閱讀成績優於控制組，在立即效果、遷移效果方面有不錯的成效，而肯定教導學生使用策略，可以增進學生對文章的深層處理，進而有助於文章的理解與回憶，但在保留效果方面，並沒有顯著的成效。曾陳密桃（1990）採摘要、自問自答、預測後果、澄清疑慮等四種策略並配合「相互教學法」的原則，對國中、小學生進行後設認知閱讀策略教學，結果顯示：後設認知閱讀策略的教學有助於學生的閱讀理解。

　　以上研究結果提示，我們策略知識的發展有其年齡上的限制；策略的效益也有積極、消極之別。閱讀能力的不同，在策略知識及使用策略的種類更有所區別，而不同的閱讀目的對於理解策略的評價也有不同的反應，有沒有使用策

略對學生的閱讀效果也有影響。綜合而言，閱讀能力好的學生有理解督導的行為，較正確的策略知識，會因不同的目的改變使用的策略；閱讀能力差的讀者，欠缺理解督導的行為，對於策略的價值沒有正確的概念，甚至認為理解策略沒有什麼幫助。

## 二、閱讀障礙生之閱讀問題研究

　　Brown 和 Smiley（1978）與 Myers 和 Paris（1978）的研究發現，學習障礙兒童並不會花太多精力去理解或記憶文章內容，不會區別文章內的重要部分，找出重點，甚至無法察覺文章內不一致的地方、找出錯誤出處。理解是隨時需要讀者自己督導進行的過程，學習障礙兒童散漫的理解督導狀態使他們缺乏線上作業的策略，而致理解失敗。

　　Winograd（1984）的研究更發現，這些閱讀能力差的兒童，對於策略使用的一些錯誤觀念包括：摘要就是將記得的事全部記下來、文章最主要的概念在第一個句子、略讀就是儘快地唸完，甚至好的閱讀者根本不需要再唸一次文章。

　　Baker（1982）綜合多位研究者的研究結果指出，學習障礙兒童在策略知識和運用的情形是：

　　㈠不同目的的閱讀活動其採用的策略沒有什麼差別。

　　㈡再讀幾遍、使用上下文線索等簡單的策略，他們也興趣缺缺。

　　㈢較同年齡非學障兒童，其策略知識發展較晚。

　　不了解閱讀目的、不會使用理解監控策略、甚至不知道策略使用的真正價值，以及對於使用策略的錯誤認知，都是促使學障兒童出現理解問題的一些原因。綜合最近研究學障兒童閱讀理解的文獻看出，這些學者們都贊成學障兒童除了需要加強有關理解的認知性策略外，以扮演監控這些認知策略適時、適地介入的後設認知，也是學障兒童所欠缺的。

　　根據藍慧君（1991）研究結果指出，學習障礙兒童的閱讀理解成績比普通兒童差的原因，除了表現的衝動性態度之外，他們不能覺知文章的難易度及自己的作答是否正確，且沒有運用適當的理解策略幫助理解或監控自己的理解狀態。

### 三、有關閱讀障礙生之理解策略研究

　　學習障礙兒童是一群策略使用的缺陷者，他們在這方面的表現較普通兒童來得差，發展也較晚。有愈來愈多幫助低閱讀能力或學障學生增進閱讀理解的策略出現，茲簡介國內外的相關研究如下：

#### 在國外的研究部分——

　　Wong（1979, 1980）比較學習障礙兒童與正常兒童，使用做推論及定義主要概念兩項理解策略的情形發現，學習障礙兒童與正常兒童比較下，較不會使用這些策略，而其理解成績也較差。

　　Paris 和 Oka（1986）認為要了解學習障礙兒童的閱讀問題，除了與普通兒童之比較性研究外，指導策略的教學效果也是重要方向。Wong 和 Jones（1982）、Palincsar 和 Brown（1984）、Idol（1985）、Schewl 和 Weddell（1986）、Rottman 和 Cross（1990）等的研究，就以指導學習障礙兒童學習使用理解策略為目的，研究結果並提出積極的教學效果。以下列述他們的研究結果：Wong 和 Jones（1982）使用自問自答策略，訓練一百二十位八年級和九年級的學習障礙兒童及六年級的正常兒童。訓練結果顯示經由自問自答策略的學習後，三組兒童的理解成績均顯著提高。Nolan（1991）也指出，使用自問自答策略，可以使學生專心致力於文章的內容，因此可以增進閱讀的理解。由此可知使用理解策略有助於增進學生的理解能力。

　　Palincsar 和 Brown（1984）以交互教學法教導七年級的學習障礙學生，發現這種方法能達到促進理解與偵測錯誤的目的。交互教學法運用了綜合理解策略與督導的四種方法即：(1)摘錄重點；(2)自問自答；(3)澄清疑慮；(4)預測後果，而以師生互相對話的方式進行。交互教學法的主要特色，在於以老師本身的閱讀理解進行過程當作學生的示範，並由學生依序反應。而整個活動是循環式的，教師可以清楚知道學生的理解狀況，並提供適當的回饋。學習障礙學生也經由扮演老師的角色，了解策略運用的時機以及程序上的知識。交互教學法避免了一般策略教學中抽象、不實際的缺點，而以實際的介入活動進行是此策略成功之處。

Idol（1985）使用故事圖示策略教導三、四年級的學習障礙兒童，研究結果指出他們的理解測驗成績和正常兒童一樣。故事圖示策略的教學活動主要讓學生了解故事類文章主要的構成要素，並摘要各要素的重點。活動進行之初由老師解釋和示範，而後逐漸由學生自己學習。故事圖示策略的優點是透過圖示方式的展現，學生可以清楚知道文章內容的主要概念及各段內容的銜接關係，可提升學生對於文義、推論方面的理解能力。

　　Schewl 和 Weddell（1986）則以四種策略指導學習障礙學生，以促進他們的理解表現。四種策略分別是：⑴自問自答；⑵回頭看策略；⑶使用記號；⑷推論模式。此四種策略的練習效果不但增進學生的理解能力，更可以使他們從被動的角色轉變為主動的讀者。

　　Rottman 和 Cross（1990）使用 ISL 模式教導三、四年級的學習障礙兒童，以促進兒童的閱讀理解表現及對於閱讀活動的覺知為目的。模式的內容包含使用五種理解策略分別是：⑴評價閱讀活動；⑵定義文章的主要概念；⑶摘要文章的要素；⑷做推論；⑸使用先前知識等，再配合策略使用的陳述性、程序性、條件性知識。實驗結果發現這種包含認知、後設認知策略的閱讀方案有效地促進學習障礙兒童的閱讀理解表現及使用策略的覺知反應。由此可知，適當的理解策略教學有助於提升學習障礙兒童的理解表現，並且建立正確的策略使用知識。

　　學習障礙兒童沒有主動使用策略的習慣，其相關的策略知識也相當欠缺。Paris Myers（1981）認為，學習障礙兒童使用理解策略的問題，並非由於他們不知道策略的存在，而是不知道如何使用或是不知道策略的助益，而成為策略使用的缺陷者。

　　摘要策略是閱讀理解策略中常被提起的策略之一，許多學者提出摘要策略的有效性，例如：Sharp（1989）認為，鼓勵學生使用摘要策略可以幫助學生學習。Reynold等人（1982）也指出，使用摘要策略學習提供學生一個經驗提取，並用自己的意思寫下他們所吸收內容的機會，而透過這種方式，將對學生的學習有所幫助。關於摘要策略的實驗研究不少，例如：Gajria 和 Salvia（1992）針對國小一年級至國中三年級學障生實驗，證實摘要教學能促進閱讀缺陷之閱讀能力，而且具有保留及類化效果。

### 在國內的研究部分——

　　國內近幾年來，關於閱讀策略相關因素的探討及策略訓練成效之研究愈來愈多，例如：蘇宜芬（1991）以國小低閱讀能力學生為對象進行後設認知訓練課程教學實驗，結果發現後設認知訓練課程對於學生之閱讀理解未具有立即與保留效果；劉玲吟（1994）以國中一年級低閱讀能力學生為對象，進行後設認知閱讀策略的教學，結果發現，後設認知閱讀策略教學在立即閱讀效果和保留閱讀方面並沒有一致的後果；林建平（1994）以整合學習策略與動機訓練的方式，對國小五年級閱讀理解困難的學生進行教學研究，結果發現，在閱讀理解方面有部分的成效；證實摘要策略能夠增進閱讀理解困難兒童「故事體文章字面理解」的成績，但是對於「說明體文章閱讀理解」並不具有遷移效果。詹文宏（1995）對國小五年級閱讀障礙兒童進行後設認知閱讀策略教學研究，結果發現，閱讀障礙兒童在接受後設認知自問自答策略和劃重點策略教學後，閱讀理解測驗分數有明顯增加，並且有保留效果。

　　國內藍慧君（1991）透過文獻與十名學生的訪談發展「理解策略使用問卷」，再讓學習障礙與普通兒童閱讀完故事、說明體文章後進行調查，發現學生對於二類文章常用的策略並沒有因為文章難度的不同而有較大的變更。在故事體方面，學習障礙兒童使用策略的人數與種類均較普通兒童少，且種類較集中；在說明體方面，學習障礙兒童使用策略的人數與種類均較普通兒童少，但種類均呈分散情形。「反覆讀好幾遍文章」、「把重要的部分記起來」、「多讀幾次不懂的地方」是學生閱讀二類文章常用的策略。「問自己懂不懂文章的意思」、「推想文章的意思」是學生較少使用的策略。此研究中學障兒童與普通兒童閱讀二類文章常使用的策略是比較簡單、容易使用的策略，而較少使用的策略是比較複雜，需要較多認知活動的策略。

　　林宜真（1998）透過對不同能力學生閱讀理解方式及理解策略之相關研究探討，歸納出低閱讀能力學生的理解方式包括：⑴低閱讀能力學生或閱讀障礙學生較無法監控自己的理解狀況；⑵低閱讀能力學生或閱讀障礙學生較無法監控自己使用策略的有效性；⑶低閱讀能力學生或閱讀障礙學生使用理解策略次數較普通或高閱讀能力者少，類別數則需視文章難度、結構而定；⑷低閱讀能力學生或閱讀障礙學生依賴較多由下往上閱讀模式，較常以片段文句為處理單

位，較難以整合全文意涵；⑸低閱讀能力學生或閱讀障礙學生較會堅持既有假設，即使假設與後文衝突也不修改。

　　吳芳香（1998）則在比較優讀者與弱讀者策略使用與覺識差異中提到：⑴年幼者與弱讀者的閱讀目的是把文章中的文字正確唸出而非文章的閱讀，而優讀者則會利用文章作預測而非認字。⑵優讀者比弱讀者知道較多的閱讀理解策略，對於文章內容回憶也較好。⑶研究指出弱讀者在閱讀策略上的發展與使用有困難，除了策略知識缺乏外，也不知何時與如何使用。⑷對策略無法覺識與監控導致策略失敗。

# 伍、結語

　　理解是閱讀的最終目的，也是相當複雜的認知歷程，許多下游的閱讀活動如：識字、認詞等，都是為了達成「理解」的目標而進行。雖然「識字」、「認詞」是閱讀的基礎，識字之於閱讀理解也被認為有其一定的重要性，然而，當個人的識字、識詞量累積到某一定數量時，並不一定代表就能成功的理解，二位學童的識字、識詞量完全一樣時，也不能表示他們對同一篇文章的理解成果都一樣。在獲致理解的歷程中，文字與文字之間所代表的「意義」似乎更是理解過程的關鍵。相同文字、不同排列組合或不同個體，對於文字意義的詮釋常得到不同的認知成果，閱讀理解是一種讀者與閱讀材料、環境的交互過程，因此，成功的理解除了受到基礎的識字能力外，還包括一些影響理解的重要因素，例如：讀者的先備知識、文章結構或甚至動機等。

　　由於「閱讀理解」有個人可操控的部分，因此，當閱讀障礙學生在閱讀理解上發生問題時，學者便會質問，怎樣的理解方式是導致閱讀理解表現不佳的原因？怎樣的方式可以促進閱讀的理解？透過對於閱讀障礙學生的了解、國內外對於閱讀理解策略之相關研究，粗略地了解閱讀障礙學生之閱讀理解策略，雖至今仍無定論，但在各方學者專家之努力研究下，閱讀障礙學生之學習方式、學習效果必會因為理解能力之改善，在各領域有均衡的發展及進步。

# 參考書目

王英君（1990）。國小閱讀障礙學生閱讀理解策略之研究。國立彰化師範大學特殊教育研究所碩士論文。

王瓊珠（1992）。國小六年級閱讀障礙兒童與普通兒童閱讀認知能力之比較研究。國立台灣師範大學特殊教育研究所碩士論文。

林玟慧（1995）。閱讀理解策略教學對國中閱讀障礙學生閱讀效果之研究。國立台灣師範大學特殊教育研究所碩士論文。

林宜真（1998）。閱讀障礙學生與普通學生閱讀理解方式之比較研究。國立彰化師範大學特殊教育研究所碩士論文。

林國花（1990）。國小閱讀障礙兒童成就與能力差距鑑定方式之研究。國立彰化師範大學特殊教育研究所碩士論文。

吳金花（1997）。國民小學閱讀障礙學生閱讀錯誤類型之研究。國立彰化師範大學特殊教育研究所碩士論文。

吳麗寬（2000）。合作學習對國小學習障礙學生閱讀理解效果與同儕社會關係之研究。國立彰化師範大學特殊教育研究所碩士論文。

信世昌（2001）。華語文閱讀策略之教程發展與研究。台北：師大書苑。

洪儷瑜（1997）。國語文低成就學生在閱讀歷程的視知覺和聽覺理解能力之研究（二）。行政院國家科學委員會專題研究成果報告。

陳淑麗（1996）。閱讀障礙學童聲韻能力發展之研究。國立台東師院國民教育研究所碩士論文。

溫詩麗（1996）。北市國小閱讀障礙資源班學生認知能力組型之研究。國立台灣師範大學特殊教育研究所碩士論文。

盧羨文編（1998）。閱讀理解。台北：書林。

藍慧君（1991）。學習障礙兒童與普通兒童閱讀不同結構之閱讀理解與理解策略的比較研究。國立台灣師範大學特殊教育研究所碩士論文。

# 第六章

# 學習障礙學生的
# 閱讀訓練

徐錫穎

## 壹、關於學習障礙

### 一、學習障礙的意義

#### ㈠美國的定義

根據美國一九七五年 94-142 公法，學習障礙的定義如下：「指兒童在理解或運用語文的心理歷程中有一種或一種以上的異常，以至於在聽講、思考、說話、閱讀、書寫、拼字或演算等方面，顯現能力不足的現象。這些異常包括：知覺障礙、腦傷、輕微腦功能失調、閱讀障礙和發展性失語症等情形。此一詞並不包括：以視覺、聽覺、動作障礙、智能不足，或環境、文化、經濟等不利因素為主要原因所造成之學習問題。」

#### ㈡我國的定義

根據一九九二年，教育部正式提出國內第一個法定的學習障礙定義，內容如下：「學習障礙，指在聽、說、讀、寫、算等能力的習得與運用上有顯著的困難者。學習障礙可能伴隨其他障礙，例如：感覺障礙、智能不足、情緒困

擾；或由環境因素所引起，例如：文化刺激不足、教學不當所產生的障礙，但不是由前述狀況所直接引起的結果。學習障礙通常包括：發展性的學習障礙與學業性的學習障礙。前者如注意力缺陷、知覺缺陷、視動協調能力缺陷和記憶力缺陷；後者如閱讀能力障礙、書寫能力障礙和數學障礙。」

又根據一九九八年十月公布之「身心障礙及資賦優異學生鑑定原則、鑑定基準」條文第十條之定義：「學習障礙係指因神經心理功能異常，導致學生在聽、說、讀、寫、算之學習，表現出注意力、知覺辨識、記憶、理解、推理或表達等能力有顯著困難者。學習障礙為統稱一群不同心理歷程異常之類型，如閱讀障礙、書寫障礙、數學障礙、知動協調異常、注意力缺陷或記憶力缺陷等。學習障礙並非因感官障礙、情緒障礙等障礙因素，或文化刺激不足、教學不當等環境因素直接造成之結果。」

綜合而言，學習障礙指統稱因神經心理功能異常而顯現出注意、記憶、理解、推理、表達、知覺或知覺動作協調等能力有顯著問題，以致在聽、說、讀、寫、算等學習上有顯著困難者；其障礙並非因感官、智能、情緒等障礙因素或文化刺激不足、教學不當等環境因素所直接造成之結果；其鑑定基準如下：

　‧智力正常或在正常程度以上者。

　‧個人內在能力有顯著差異者。

　‧注意、記憶、聽覺理解、口語表達、基本閱讀技巧、閱讀理解、書寫、數學運算、推理或知覺動作協調等任一能力表現有顯著困難，且經評估後確定一般教育所提供之學習輔導無顯著成效者。

## 二、學習障礙的類型

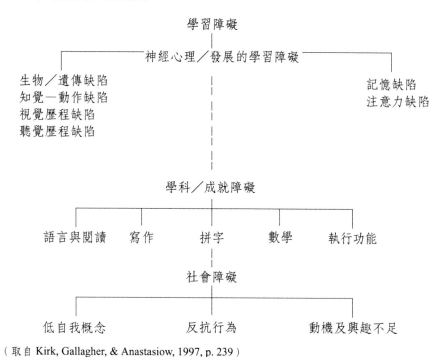

學習障礙

神經心理／發展的學習障礙

生物／遺傳缺陷
知覺－動作缺陷
視覺歷程缺陷
聽覺歷程缺陷

記憶缺陷
注意力缺陷

學科／成就障礙

語言與閱讀　　寫作　　拼字　　數學　　執行功能

社會障礙

低自我概念　　　　反抗行為　　　動機及興趣不足

（取自 Kirk, Gallagher, & Anastasiow, 1997, p. 239）

## 三、學習障礙學生之特徵（洪儷瑜，2001）

學習障礙的五個重要特徵：

(一)學習障礙是一個異質性團體。

(二)其困難多發生在聽、讀、寫、推理、數學等能力的學習與運用。

(三)此障礙的成因為個人中樞神經問題所致。

(四)學習障礙的問題會持續到各個年齡。

(五)其學習問題主因不是智力、感官、生理病弱、情緒問題等個人內在因素，或文化環境、教學等外在環境因素所造成。

學習障礙學生常易和低成就或學習動機不佳的學生混淆不清，因為學習障礙學生常常學業成就低落（比其就讀年級低落兩個年級以上），而且對學習沒有自信心和興趣。然而，除此之外，學習障礙學生在學習上也常表現下列困

難：

(一)接收訊息困難：學障學生在接收視覺或聽覺的訊息有困難，例如：無判斷大小、遠近、深淺，或物體排列的相關位置。

(二)處理訊息困難：學習障礙學生常不能找出事物的細節，而區分出主客關係，或不能將具有共同特性的事物歸類，因此，學習時常顯得混亂而無頭緒。

(三)儲藏訊息困難：學障學生可能在某部分的訊息記憶有困難，無法將某部分長期儲藏，例如：字和音的連結，因而無法記憶學習。

(四)表達困難：學障學生可能在口語或文字表達自己的所思或所見之內容上有困難，他們能夠了解，但卻無法將了解的內容以語言來表達，所以，學障學生在口語或文字表達上可能會有不知所云之感。

雖然學習障礙學生和低成就學生很類似，但上述表現在學習口語、閱讀、書寫或計算等方面學習的困難，在低成就學生身上卻不多見。另外，學障學生在學習時也常出現下列特徵：

(一)思考衝動：學障學生常見未經思考即衝動作答或採取行動，所以，其作答時常在未聽（或看）完題目即將答案說（或寫）出，以致常犯錯。

(二)注意力缺陷：學障學生常出現注意力的問題，有注意力不能持續，注意力不能集中，或不能注意該注意的重點（像抓錯重點似的），影響最大的即是注意力不能持續。

(三)學習動機低落：學障學生的學習動機低落，屬於外控和被動歸因的成就動機，他們普遍認為一切成就完全由外界所控，自己完全沒有權利也不必負責任。因此，學障學生對自己低劣的學業成就常顯得無能為力，而且不積極設法改善。

(四)自我概念差：學障學生常由於長期學習的失敗及自己的障礙，在自信心和自我價值方面顯得較差。

(五)社交技能不佳：很多學障學生在同儕團體中常被孤立、排斥，造成人際關係的適應困難，這些困難主要是由於學障學生也常伴有社交技巧缺陷的問題，例如：他們無法適當的察覺在人際交往情境下的複雜訊息及適當反應，而常被誤解。

另外，根據詹森（Johnson, 1981）學習障礙兒童的特質整理如下表：

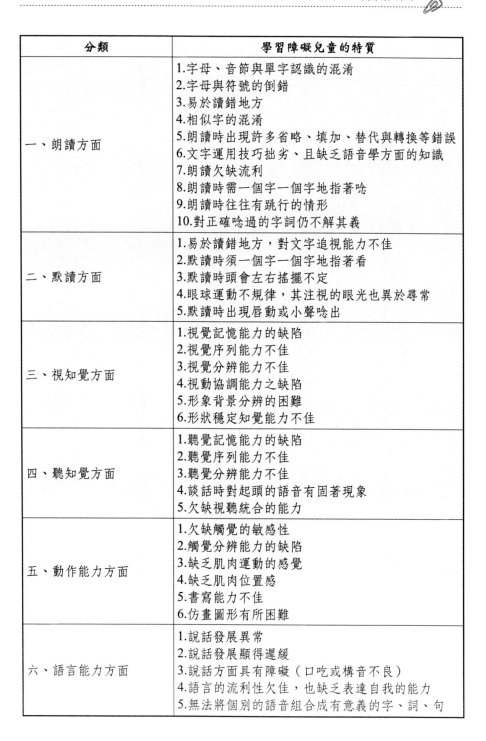

| 分類 | 學習障礙兒童的特質 |
|---|---|
| 一、朗讀方面 | 1.字母、音節與單字認識的混淆<br>2.字母與符號的倒錯<br>3.易於讀錯地方<br>4.相似字的混淆<br>5.朗讀時出現許多省略、填加、替代與轉換等錯誤<br>6.文字運用技巧拙劣、且缺乏語音學方面的知識<br>7.朗讀欠缺流利<br>8.朗讀時需一個字一個字地指著唸<br>9.朗讀時往往有跳行的情形<br>10.對正確唸過的字詞仍不解其義 |
| 二、默讀方面 | 1.易於讀錯地方，對文字追視能力不佳<br>2.默讀時須一個字一個字地指著看<br>3.默讀時頭會左右搖擺不定<br>4.眼球運動不規律，其注視的眼光也異於尋常<br>5.默讀時出現唇動或小聲唸出 |
| 三、視知覺方面 | 1.視覺記憶能力的缺陷<br>2.視覺序列能力不佳<br>3.視覺分辨能力不佳<br>4.視動協調能力之缺陷<br>5.形象背景分辨的困難<br>6.形狀穩定知覺能力不佳 |
| 四、聽知覺方面 | 1.聽覺記憶能力的缺陷<br>2.聽覺序列能力不佳<br>3.聽覺分辨能力不佳<br>4.談話時對起頭的語音有固著現象<br>5.欠缺視聽統合的能力 |
| 五、動作能力方面 | 1.欠缺觸覺的敏感性<br>2.觸覺分辨能力的缺陷<br>3.缺乏肌肉運動的感覺<br>4.缺乏肌肉位置感<br>5.書寫能力不佳<br>6.仿畫圖形有所困難 |
| 六、語言能力方面 | 1.說話發展異常<br>2.說話發展顯得遲緩<br>3.說話方面具有障礙（口吃或構音不良）<br>4.語言的流利性欠佳，也缺乏表達自我的能力<br>5.無法將個別的語音組合成有意義的字、詞、句 |

（續表）

| 七、空間關係能力方面 | 1.缺乏空間位置感<br>2.掌握物件空間關係的能力欠佳<br>3.缺乏方向感 |
|---|---|
| 八、時間關係能力方面 | 1.缺乏律動<br>2.缺乏同步感<br>3.缺乏時刻、日期、季節等定向 |
| 九、社會與情緒行為方面 | 1.挫折容受水準較低<br>2.人際關係不良<br>3.情緒容易激動<br>4.動機不高<br>5.退縮<br>6.易於氣餒<br>7.緊張、無法靜靜地坐著 |
| 十、生理與動作行為 | 1.平衡能力較差<br>2.身體姿勢較差<br>3.行動與精細動作的協調能力較差<br>4.書寫與精細動作的協調能力較差<br>5.動作過分笨拙<br>6.寫鏡體字<br>7.身體形象知覺的混淆 |
| 十一、認知行為方面 | 1.記憶力較差，對符號意象<br>2.對符號與其意義的結合能力較差<br>3.具有獨特的概念化之組型，且缺乏抽象化之能力 |
| 十二、注意力方面 | 1.專注的能力較差，且注意的廣度狹窄<br>2.動機貧弱<br>3.顯得多動，無法靜靜地坐著 |

# 貳、關於閱讀障礙

## 一、閱讀障礙的意義

### (一)閱讀障礙之缺陷性質的不同觀點

　　胡永崇（1996）指出，閱讀障礙是學習障礙的類別之一，也是各類學習障礙中，占最大比例的障礙類別。所謂閱讀障礙，即是由印刷或書面文字獲取意義之困難。由於閱讀對日常學習及生活之重要性、閱讀障礙之高出現率，及閱讀歷程所涉及能力之多樣化，此一障礙類別也是學習障礙各缺陷中最受學者重視者。

　　閱讀包含字彙辨識與文意理解二個主要部分。因此不同觀點的學者即可分別由閱讀的不同歷程，看待閱讀障礙者。基礎研究者，多由閱讀的基本歷程或字彙辨識歷程，看待閱讀障礙的現象；教學研究者，則多由閱讀的自我控制、自我調適歷程或文意理解歷程，看待閱讀障礙現象。基本歷程的研究觀點者，認為閱讀障礙者的主要困難在於音韻處理、基本心理能力的限制，其研究重點亦多著重於字彙辨識歷程之研究，而高層認知歷程研究者，則認為缺乏適當的知識背景及缺乏適當的自我調適功能，才是導致閱讀障礙的最主要原因，其研究重點則大都是著重於整體文章的文意理解能力。不過，幾乎不同觀點的研究者皆同意，閱讀涉及基本能力與高層運思二個歷程。而最大的爭執點，仍在於何者才是導致閱讀障礙的最關鍵因素。基本能力觀點者，認為基本能力若有缺陷，則如何作高層之認知運作？而高層認知運作觀點者，卻認為即使基本能力之運作，仍受制於高層之認知控制，因此，高層之認知控制與執行功能，才是導致閱讀障礙者的最重要原因。

### (二)閱讀障礙者特定性的閱讀能力缺陷

　　閱讀包含許多特定性的能力或技巧，欲確定閱讀障礙者的缺陷能力，則可藉由分析或檢核特定性的閱讀能力著手。Mercer將特定的閱讀能力缺陷，分為

幾個領域來加以檢核：

1.朗讀方面：包括：逐字閱讀、斷句錯誤、語音（或拼音）能力不足、漏讀文字、同一字的重複閱讀、文字順序錯誤、字詞贅加、字詞替代、基本的視覺全形字彙（例如介係詞）不足、一般的視覺全形語彙不足、母音或子音的困難、拼音困難、構詞分析的困難、語脈線索確認的困難、文意摘述的困難等。

2.朗讀或默讀方面：包括：文意理解不當，及語彙理解不當。

3.學習技巧方面：包括：未予提示即難以回憶文章內容、缺乏有組織的行為反應、無法確定文章特定訊息或文章重點、無法略讀、無法根據自己理解狀況調整閱讀速度、閱讀速度太慢、閱讀速度太快，以致影響理解程度。

4.其他能力：包括：發音的準確性、字母或注音符號的認識、由於拼音能力的限制，影響對文章內容的書寫回憶、缺乏適當的字典使用能力等。

### (三)由整體認知能力看待閱讀障礙

閱讀障礙的現象，除可如上所述針對特定性的閱讀能力加以分析外，事實上，由於閱讀亦是整體認知歷程的運作。Berninger 及 Abbott（1994）曾指出，學習障礙者的界定，不應以傳統智力測驗為主要依據，應著重於影響學習的各項能力之評量。她們並認為，學習或閱讀至少包含以下能力的綜合運作：

1.注意力：包括：注意力的持續度（在有干擾或無干擾的情況）、選擇性注意、注意力的分配、注意力的應變或調適。

2.記憶力：包括：短期記憶、操作記憶、長期記憶、知識或概念基模、刺激－反應的連結。

3.精細動作：包括：有時限與無時限等不同條件下的精細動作操作。

4.口語能力：包括：因素分析、語調與抑揚分析、音節分析、語法或語序分析、語音與語意的結合、會話能力。

5.文字綴音：包括：語音編碼與形象編碼二項歷程。

6.執行功能：包括：對學習歷程的計畫、監控、組織、調適，及整體的後設認知運作能力。

7.社會／情緒：包括：情意、社會認知、人際互動技巧、班級系統與組織氣氛、家庭氣氛與組織氣氛。

8.動機：包括：成敗歸因方式、設定目標或期望水準、積極的動機策略、

成就經驗等。

　　9.認知：包括：概念抽象化的能力、推理與問題解決能力、認知建構歷程。

　　此外，Berninger 及 Abbott（1994）亦認為，閱讀障礙可由字彙辨識與文意理解等二個層面探討。字彙辨識又分為正確性障礙（包括：文字與假字、非字的辨識）及速率障礙（包括：獨立文字與文脈中之文字的辨識）；理解層面的障礙，包括：明確陳述之文意的理解、文脈發展的預測、文句評估、針對文章內容，提出適當問題、文章內容的記憶等。

# 參、閱讀教學的模式

## 一、閱讀的成分

　　根據胡永崇（1996）閱讀包括字彙辨識與文意理解等二個成分。分述如下：

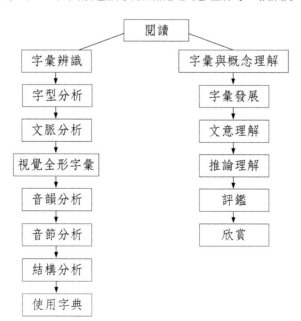

## ㈠字彙辨識

即對文章所含字彙的辨識能力，涉及較多語言學的閱讀模式，它可包含七項技巧：

1.字形分析：即對字彙所含筆劃、形體等文字之一般形式的確認。

2.文脈分析：即由前後文句關係的線索，推論或猜測字彙的意義。

3.視覺全形字彙：即對於熟識字能不經音韻的轉譯，而於字彙觸接時「形義直映」，直接確認其意義。熟練的讀者必須有足夠的視覺全形字彙。

4.音韻分析：即藉由字彙所含音素的分析與綜合之解碼處理，確認字義。

5.音節分析：即藉由音節分析，幫助字義的了解。

6.結構分析：即藉由字根、時態、單複數的分析等歷程，確認大意。

7.使用字典：以查字典的方式，了解字彙的讀音及意義。

## ㈡文意理解

字彙與概念理解及對整體文章或段落之意義的了解，它又包含五項技巧：

1.字彙發展：字彙的理解能力。知識、經驗背景及上下文的關係線索，有助於字彙意義的理解。

2.文意理解：對文句已明確敘述之文意的理解，能理解文章的重要訊息或主要概念。

3.推論理解或解釋性理解：即根據文章所陳述的訊息，加上自己的經驗、判斷，而做出適當的推論或假設，而此項推論或假設並非文章所明白陳述者。例如掌握因果關係、預測故事結局、形成自己的見解等，皆為推論性理解。

4.評鑑或批判性理解：即根據文章所陳述的訊息，加上自己的經驗、知識與價值信念，做出適當的評判。

5.欣賞性理解：根據個人的情感或審美觀，表達對文章的情意感受。

此外，閱讀尚可分為展性閱讀與功能性閱讀二個層次（林清山，1990；Mercer, 1992）：㈠發展性閱讀：強調如何將印刷文字轉換成有意義的形式，此種歷程屬於學習閱讀，重視字彙辨識能力或基本語言學能力的培養。養成此種語意轉譯歷程的自動化，乃是幼稚園至小學三年級閱讀教學的主要重點；㈡功能性閱讀：強調以閱讀作為獲取某項學科領域之特定知識的工具，此種歷程在於

經由閱讀而學習，有時也被稱為學習技巧，因為它涉及整體閱讀情境的計畫與掌握。此項歷程是四年級以上學生閱讀教學的主要重點。

## 二、閱讀的基本模式

閱讀包含解碼與理解二項基本歷程。胡永崇（1996）解碼歷程涉及對「因素－詞素（或字母）」之關係的了解，乃將文字形式轉譯為與口語一致的音韻，中文字則涉及「形－音」關係及詞之字序的確認；理解歷程則涉及閱讀者應用相關線索對字（詞）義的正確了解。因此就閱讀者處理文章的歷程而言，閱讀模式可分為重於解碼歷程的「由下而上的模式」、著重於理解歷程的「由上而下模式」及著重於二項歷程的「交互模式」、「循環模式」等四種（林清山，1990；柯華葳，1993）。

### ㈠由下而上模式

特別重視從刺激感覺到內在表徵的知覺與字義觸接歷程。其重點自於字彙或文句本身的處理，而飛躍讀者所擁有的既有知識或經驗。語言學的模式，行為學派的刺激與反映連結理論，及基本認知歷程等，皆為由下而上模式的理論基礎。語言學著重於基本字彙的音韻、語形、語序分析，以及字意與文句理解的基本歷程。行為學派著重於字意學得的刺激反應之制約歷程；基本認知歷程則重視閱讀的知覺。

### ㈡由上而下的模式

特別重視閱讀者以其既有知識或經驗，將閱讀材料賦予意義或加以組織的歷程。其重點在於閱讀者背景與其對閱讀行為監控，而非閱讀材料本身。強調閱讀者的既有知識與確認文章架構對文章理解的影響之基模理論，及對閱讀策略與後設認知對文意理解的影響等高層認知歷程，皆為由上而下的模式理論基礎。

### ㈢交互模式

交互模式重視由下而上模式及由上而下歷程的同時交互發生歷程。閱讀時

同時涉及閱讀者的基本歷程與高層認知歷程的交互作用。只是若閱讀材料的字彙與文句為閱讀者所熟視，則可能較偏向由上而下的模式，若為閱讀者所不熟識，則可能較偏向由下而上的模式。交互模式亦強調由下而上模式及由上而下等二項歷程的互補，閱讀者若認字較少或較慢，但他對於文章已有一些概念，則由上而下的模式可以幫助他理解；若閱讀者沒有一些既有知識，則屬於認知能力的由下而上模式，可以幫助他了解這篇文章。

## ㈣循環模式

強調閱讀理解是一個循環的過程，閱讀者每看到文章中的一個字，即對此字產生解釋，此項解釋會對下一個字有期望，而期望則又與下一個自相結合且產生命題，然後再統整整個段落的所有命題進而理解文意。若期望與下一個進入的字意不能相配合，或與前面的命題不合，閱讀者會回頭再找另一個解釋，因此，解字－形成命題－統整，三者不斷地循環直到閱讀者覺得自己已理解文意為止，即為閱讀的循環歷程。

採「由上而下」及「由下而上」教學取向時，教學中所面對的狀況及因應方式列表說明如下（胡永崇，1996）：

| 所會面對的狀況 | 因應方式 |
|---|---|
| 「由上而下」教學取向（先備知識、建構意義、策略使用為主） ||
| 1. 有些文化不利及聽障學生缺少閱讀的先備知識：如一般日常會話及聽故事的經驗。 | 1. 每天都要唸故事給練習閱讀的兒童聽。開始教導對環境中標示、招牌的認識。 |
| 2. 兒童需要利用語言來表達他們所讀的內容（會聽別人讀的），並藉此練習層次較高的思考技巧。 | 2. 善用參與、預測、理解和評量等閱讀教學、評量技巧，經常以問題的方式檢核兒童的理解程度。 |
| 3. 當按教師或家長分享所讀的內容時，兒童必須敢於嘗試在語言和認知領域中「冒險」。 | 3. 同一個故事最好唸一次以上；教師最好以兒童最能了解的方式說一個孩子喜歡的故事。安排「休閒閱讀」的時段，帶孩子上圖書館或書店，選他想看的書，鼓勵兒童「猜猜看」等一下情節會怎麼變化。 |
| 4. 兒童需要有多重的文化接觸經驗，以解讀所遇的文字篇章。 | 4. 介紹自己家庭歷史、關於各種不同文化的故事，簡單的押韻短詩、最常聽到兒童歌謠的歌詞。 |

（續表）

| | |
|---|---|
| 5. 兒童必須知道他們的經驗（說的、感覺、思考）是可以被記錄下來的。 | 5. 使用「語言經驗」導向的教學法，記下兒童所說的「非標準」版及訂正後的「標準版」中文。 |
| 6. 兒童需要把其他的溝通活動與閱讀活動整合在一起。 | 6. 背誦某些書上常用的句型，及特定的詞句，並用在日常生活中。 |
| 7. 不同的閱讀策略可帶來較佳的閱讀成效。 | 7. 教導「五到」等閱讀策略。 |
| 8. 各種文章都有其文章結構。 | 8. 進行文章結構的分析。 |
| 「由下而上」教學取向 | |
| 1. 注意起點認知能力，兒童對於書本、文字應該有適度的覺知，對注音符號的認識及掌握。<br>2. 對中文方塊字的認識，字與詞關係的掌握、詞界限的掌握。<br>3. 字形、詞意的辨別與應用。<br>4. 語法句型的應用。<br>5. 字彙部件的認識。<br>6. 能分析出字、詞、句子、段落、篇章。<br>7.能造詞、造句、寫短文。 | 1. 應用各種正式與非正式的評量工具。<br>2. 參照「閱讀覺知檢核表」的結果教學。<br>3. 教導認識注音符號，及所表徵的聲韻系統作抄寫、改錯（同音或形似）的練習了、們、就、於是、然後、而且等語法相關的語句與連接詞，及固定的句型練習<br>4. 為兒童分析字彙的部件，並將之意義化。 |

## 三、閱讀所涉及的相關知識

　　胡永崇（1996）指出，閱讀歷程涉及由下而上及由上而下的二個模式的交互作用。Englert 及 Palincsar 提出較為重視整體文章之意義理解的閱讀交互模式。他們認為：一個熟練的閱讀者從事閱讀時，至少涉及四項相關知識以建構文意：

　　㈠字彙知識：即對文章所含字彙的辨識或字義的理解能力。字彙知識亦即閱讀時的解碼技巧，包含字形與語音等二方面的知識。閱讀者必須能辨識字形、字的結構及讀出字音，才能了解字意。

　　㈡文脈知識：即由前後文句、段落的脈絡關係，推測未熟識之字彙或概念的意義。

　　㈢語意或背景知識：閱讀者所擁有與閱讀材料有關的既有知識背景。此項

知識背景除有助於閱讀者對文章所明確陳述之語意的理解外，更有助於閱讀者對文章所未明確陳述之文意加以推論或預測。有效的閱讀時，除需要擁有與學習內容有關知識外，尚需要於閱讀時能即時引發此項相關知識。閱讀理解即背景知識與閱讀材料之間的互動歷程。

㈣文章結構的知識：藉由文章架構的確認，以幫助理解文意或記憶文章內容的能力。例如：一般的故事，大約包含五個主要成分：1.情景：人物、時間、地點；2.問題事件；3.人物對事件的內在反映與解決問題的方法；4.解決的結果；5.結局。閱讀者若能掌握此一故事結構，則有助於對故事文章的理解與記憶。

此外，Lerner（1989）亦認為閱讀理解有三個具有互動關係的變項：㈠閱讀者：包含閱讀者的背景知識、字彙辨識能力、後設認知能力，及閱讀動機等；㈡閱讀材料：包含文章的架構、句型句法的完整性、內容的前後一致性等；㈢閱讀情境：包含閱讀情境的氣氛、閱讀目的、師生互動等。其並認為閱讀具有以下幾個性質：

㈠閱讀理解取決於閱讀者對閱讀材料所擁有的既有之知識與經驗。閱讀及閱讀者面對文字材料時，根據自己的相關知識與經驗基礎，對文章做主動的意義建構歷程。

㈡熟練的閱讀者亦同時是閱讀材料所含字彙的熟練辨識者。

㈢閱讀理解的歷程是一種有策略的思考歷程。

㈣閱讀理解必須有適當的動機，閱讀者需對閱讀材料做主動的介入。

㈤閱讀理解是自然語言發展的擴充，口語經驗、閱讀經驗與練習機會、生活與文化經驗等皆為影響閱讀理解的重要因素。

## 四、閱讀歷程的探索（張芝萱，2000）

Carver（1973）分析閱讀的歷程，提出四個層次的閱讀心理運作（引自Mayer, R. E.著，林清山譯，1990）：

㈠將字解碼，並決定這些字在特殊句子中的意義。

㈡將個別的字義組合起來，以完全了解句子。

㈢了解段落間所隱含的主旨，以及原因與結果、假設、證明、含意、未明

白說出的結論，甚至與段落主旨有關但暫時離題的觀念。

㈣評價各種觀點，包括邏輯、證明、真實性與價值判斷等問題。

上述四個層次，前兩者代表基本的閱讀技巧，閱讀者在這方面會逐漸達到自動化的程度，此部分包含解碼、字義觸接和語句整合等重點。後兩個層次則與推理及閱讀理解有關，此過程涉及先前知識的角色、文章的結構、進行推理的策略知識，以及對閱讀理解的監控等重點。教師在思考如何進行閱讀教學時，應就學生的程度考量提供什麼層次的指導，「學習閱讀」與「經閱讀而學習」，兩者在層次上是有區別的。

基本閱讀技巧的學習應是幼稚園至小學三年級閱讀教學的重點，提供文字解碼的自動化訓練，有助於閱讀者將注意力轉移到文章理解與推理等方面，這對於有效閱讀來說可謂一必要的先備條件。但如何能提升兒童自動化辨識字彙的能力呢？教師可透過指導兒童「重複閱讀」以促進閱讀流暢力，或訓練兒童將視覺注意力集中在文字上，減少對文章脈絡（例如：圖片或句子）的依賴，以加強字彙的辨識能力。此外，在學習閱讀的過程中，指導兒童適當的停頓是必須的，這樣可使讀者在閱讀時進行推論、接觸不常見字彙的意義，進而將語句資料整合成一完整的訊息。因為，閱讀絕不僅是精確的辨識字彙的過程，如果閱讀者只是將注意力集中在單字層面，閱讀時可能會產生短路的現象，全篇讀完卻不知所云，只有當讀者將注意力放在意義的追求上，整個閱讀的歷程才會正常運作。

學習從閱讀中獲得特定知識，則是小學四年級及其後閱讀教學的重點。已有許多研究探討過閱讀者的閱讀動機、先前知識、做重點的判斷、推論、運用學習策略，以及後設認知自我監控等心理運作在閱讀過程中所扮演的角色（Mayer, R. E.著，林清山譯，1990；郭靜姿，1993）。基本上，閱讀者在閱讀時會主動的進行文章意義的追尋，運用自己的先前知識來引導閱讀。先前知識可以幫助個體對於抽象概念和新事物的學習理解和記憶，不過，同樣的，如果所提供的文章內容與閱讀者所具備的先前知識間有太多不一致的情況，那麼讀者在閱讀過程中便可能產生錯誤的推論，或者造成閱讀理解上的困難。

事先提供清楚的文章脈絡訊息，有助於激起閱讀者適當的認知基模，對於閱讀理解有莫大的功效。有技巧的閱讀者知道文章的巨觀結構，亦即知道文章大致包含了哪些重要的觀念，並且知道這些觀念在大綱中的階層關係，對於教

學者來說，發展閱讀者對文章結構的理解實有必要，這種結構本位的閱讀策略也有潛在的可訓練性。

在閱讀推論這部分，是大多數基礎閱讀方案之主要特色，有些學生閱讀的解碼能力不錯，但縱使看過許多書，推理能力卻不見得因此而有所增進，所以許多閱讀方案設計的重點就集中在提升學生偵測錯誤推論的能力上。這方面的訓練確實有其價值，正所謂「盡信書不如無書」，閱讀者應培養正確的推論能力，方能避免迷失在紛雜眾多的訊息世界裡。

最後關於後設認知的部分，牽涉到閱讀者是否了解自己正在閱讀什麼的覺察，基本上具有良好理解監控技能的閱讀者，會常常不斷的自問：「這是不是有意義的？」甚至敏銳的發現文章中矛盾之處，自動更正自己的錯誤，並且懂得根據自己閱讀的目的來調節閱讀的技巧，透過自我檢核了解閱讀策略運用的成效。

## 五、閱讀認知歷程模式

李俊仁（1997）指出閱讀是一項重要的基本技能，人類大多靠閱讀來獲得知識和訊息。Gagné 等人（1993）認為成功的閱讀理解關係三種專門知識和技巧：㈠「概念的了解」（conceptual understanding），包含正在閱讀的主題知識、文章基模（schemas）和辭彙。㈡「自動化基本技巧」（automated basic skills），包含字詞的解碼（decoding）技巧、從字詞串建構命題（propositions）的能力。㈢「策略」（strategies），包含依據個人的目標和監控個人的理解，改變閱讀的取向。前者屬於陳述性知識（declarative knowledge），後兩者屬於程序性知識（procedual knowledge）。有技巧的閱讀是一種包含許多構成歷程，和廣泛的陳述性知識的高度複雜能力，所以許多人在學習閱讀時會產生困難。因此了解人們如何閱讀的歷程，和可能產生問題的原因，是很重要的。本文先探討 Gagné 等人提出的閱讀認知歷程理論，再比較有技巧的讀者在閱讀歷程的差異，最後說明此理論對閱讀教學的啟示。提供教師閱讀教學之參考。

Gagné 等人（1993）在一九八五年把閱讀的歷程分成四個階段：㈠解碼（decoding）；㈡文字上的理解（literal comprehension）；㈢推論上的理解（inferential comprehension）；四理解的監控（comprehension monitoring）。茲詳加說明如下：

### (一)解碼

是指解開一個密碼，解碼歷程的功能是解開印刷物的編碼，而獲得它的意義。Ehri（1982）又把此歷程分成兩個主要的次歷程：一是匹配（matching），另一個是補碼（recoding）。

#### 1.匹配

所有的讀者需要視覺辭彙（sight vocabulary）他們很快確認印刷物的一組字詞。在匹配的次歷程中，讀者以已知的字詞型態和看到的書面字詞相匹配，激活長期記憶中字詞的意義，很快確認所看到的字詞，不需要唸出來或猜測。初學閱讀者還沒有視覺辭彙，因此匹配可能發生在字母層次，隨著技巧的獲得，將發生在整個字詞。匹配使用組塊（chunks），相當於讀者所知道的最大概念的型態。

#### 2.補碼

在匹配的次歷程外在印刷物直接激活意義，而在補碼的次歷程中，當讀者看到書面字詞時，首先讀出字詞的聲音，然後再檢索出字詞的意義。Taylar 和 Taylar（1983）認為，兒童早期藉著大聲朗讀，透過字音來取得文字的意義，而後逐漸習得默讀文字來取得意義（引自陳李綢，1992）。曾陳密桃（1990）也指出，兒童初學閱讀時，多半用注意來輔助學習，因此兒童較常也容易使用補碼的解碼歷程。

### (二)文字上的理解

在解碼歷程中，書面字詞或字音的型態被確認，輸入的部分刺激文字上的理解歷程。文字上的理解歷程，其功能是從書面字詞得到文字的意義。它是由兩個次歷程組成的：一是字義觸接（lexical access），另一是語法解析（parsing）。

#### 1.字義觸接

字義觸接自人有心理詞典（mental lexicon）的觀念，一般的說法，我們的陳述性知識包括心理詞典。解碼歷程激活陳述性記憶中字詞的知覺對象，而字

義觸接則是從所有被激活的知識中，選擇字詞的正確解釋。鄭昭明（1994）提出，字義觸接的可能途徑一是直接觸接，即文字刺激不經由任何媒介，直接觸及字彙產生字義，另一是間接觸接，即文字必須轉錄成語音，然後藉語音才觸接到字義。

### 2.語法解析

在閱讀時，個別的字詞組合成較大的意義單位，例如一個片語、子句或簡單句。字詞意義的組合是既定的，依照一組已知的語法解析歷程，語法解析歷程使用造句法和語言的規則，把字詞放在一起，形成有意義的觀念。

## (三)推論上的理解

這個歷程使讀者獲得對於閱讀觀念更深入和更廣泛的了解。在推論上的理解包括：統整（integration）、摘要（summarization）和精緻化（elaboration）。

### 1.統整

統整歷程使文章中觀念的陳述性表徵更連貫，一般說來，統整歷程連接兩個或更多的命題（propositions）在一起，它可能在複雜的句子內，句子之間，甚至段落之間。例如：當讀者看到「熊走向小明。」、「他跑了。」這兩個句子，可能運用先前的知識進行推論，而變成「小明跑了，因為熊正走向他。」

### 2.摘要

摘要歷程的功能是為了產生在讀者陳述性記憶中，表達主要觀念的整體結構。一般的摘要策略是使用段落中的第一句，當作主題的陳述。也可以尋找文章基礎的訊號，如「總而言之」、「一般而言」。或依不同類型的文章結構來形成摘要。

### 3.精緻化

統整和摘要藉由建立連貫的意義表徵組織新訊息，精緻化歷程則藉提供先前知識，來增加意義的表徵。當讀者的目標在記憶或重新建構新訊息時，精緻化歷程是特別有用的。藉由連接新訊息到一些熟悉的事物，我們日後能更容易檢索新訊息時。精緻化歷程也增加知識遷移的可能性。

## (四)理解的監控

理解監控的功能在確保讀者有效面對目標，這個歷程包括：1.目標設定

（goal-setting）；2.策略選擇（strategy selection）；3.目標檢核（goal-checking）；4.補救（remediation）。這組更廣泛的技巧已經被稱為「後設認知」（meta-cognition）（Baker & Brown, 1984; Flavell, 1979）。

### 1.目標設定和策略選擇

有技巧的讀者，理解監控發生在每次閱讀的開始，並持續在整個閱讀期間。在閱讀開始，讀者設定一個目標，選擇一個閱讀策略用在面對這個目標。如果目標是發現其中特別的部分，適當的策略可能是略讀和想要訊息有關聯的關鍵字；如果目標是要獲得一個章節的大概，適當的策略可能是略讀章節的標題。

### 2.目標檢核和補救

目標檢核的目的在確保讀者真正達到他的目標。例如：假如一個目標是發現美國南北戰爭何時開始，目標檢核將是讀者能否回答「美國南北戰爭何時開始？」這個問題。假如讀者的目標是通過一個美國南北戰爭的論文式測驗，目標的檢核將是讀者回答可能的論文式問題的能力。當閱讀進行時，目標檢核歷程可能中斷正常的閱讀流程。補救歷程將被激活處理理解中斷的原因。

## 六、閱讀的教學策略簡介（吳宜貞，1999）

### (一)合作統整閱讀寫作法

合作統整閱讀寫作法（Cooperative Intergrated Reading and Composition, CIRC）。同時注重個人績效和團體目標，並結合同質教學小組和異質的工作小組，以統整學生讀、寫、說三方面的能力。CIRC依照學生能力，將學生分成二至三組的閱讀組（同質小組），再從各閱讀組中抽出二至三人，組成另一異質團體的配對組，以下簡介 CIRC 的活動簡介和教學過程：

### 1.活動簡介

(1)追蹤探索：CIRC讓學生在閱讀組中，對問題進行探索，藉此教導學生如何進行閱讀，對文章中的問題進行深入的追蹤探索，以達到閱讀理解、字彙、解釋及寫字等學習目標並適度地引用獎勵結構引起學生合作的動機。

(2)朗讀：CIRC的目的在提供學生大聲朗讀的機會，讀者可以從聽者處得到

回饋，同時也訓練聽者如何對朗讀者做出適當的回饋。

　　⑶閱讀理解技巧：CIRC以合作小組方式幫助學生學習更廣泛的閱讀技巧，如在追蹤探索活動時，學生與配對組同學進行的重點學習中，包括了故事中的主角、情境、問題、可能的結果及最後的結論，綜合故事要點和解決問題情境對閱讀理解而言是相當重要的，因此在 CIRC 中教師也直接教導學生理解及認知策略技巧。

　　⑷寫作練習：CIRC發展的目標在於設計、實施和評鑑寫作的過程。在小組活動中，學生共同計畫、擬草稿、撰寫文章。

**2.教學過程**

　　在 CIRC 的教學活動中包含讀本的相關活動、閱讀理解的直接教學以及語文／寫作的統整三個重要的活動。這些活動都是在異質小組中進行，所有的活動都包括下列一系列的流程：教師授課、小組練習、獨立練習、同儕前測、課外練習和測驗。以下簡述這三個教學活動：

　　⑴讀本的相關活動：教師介紹教材內的故事並引導學生學習，在小組中從事下列的活動流程：

　　a.配對閱讀：學生先行默讀，再和同伴輪流朗讀，聽者要給予回饋。

　　b.故事結構和寫作練習：在進行閱讀時，要求學生一邊閱讀、一邊做預測，讀完後，再做統整，並利用一些相關主題寫下短句。

　　c.生字新詞朗讀：教師列出生字新詞，讓學生反覆朗誦直至熟練為止。

　　d.字義了解：教師列出生字新詞，讓學生查字典，以了解字詞義，並練習造句。

　　e.故事重述：讓學生練習做摘要。

　　f.生字練習。

　　g.同伴檢查。

　　h.測驗：測驗進行時是獨立作答。

　　⑵閱讀理解的直接教學：教師每週利用一天指導學生特殊的閱讀理解技巧，例如：摘要、歸納、推論……等等。

　　⑶語文／寫作的統整：學生與組內同學完成計畫後，及做出自己的結論進行草稿習寫，並和組內同學交換並修正自己的文章，而後小組一起進行編輯工作，將之發表出來。

## ㈡交互教學

在交互教學（reciprocal teaching）中，學生和教師互相對話，討論文章的意義，並在結構化的對話中，實施不同的策略。在這對話結構中使用了四個策略：摘要、提問、澄清和預測，每一個策略都可以幫助學生監控自己的閱讀理解（Palincsar, 1986）。適用於七至八人的小組，教師根據不同的學生在理解文章時的需要，適時地調整對話的內容，當學生較能理解文章內容時，教師提供的支持愈少。一開始是由教師和學生進行對話，後來才將小組的領導地位轉給學生，Palincsar、Brown、Martin（1987）將這種責任轉移視為鷹架教學的方式。以下簡述這四個策略：

1.摘要：能確認並解釋文章的主旨。

2.提問：對於文章的相關內容提出問題（自我提問）。

3.澄清：領悟在閱讀過程中，閱讀理解出了問題，採取一些行動來幫助校正這些意義（例如：閱讀標題、重讀、尋求幫忙）。

4.預測：針對文章內容和架構，對文章後來的內容提出假設。

## ㈢直接解釋

直接解釋（direct explanation）強調教師在解釋閱讀歷程給學生中的角色，教師使用這個方式告訴學生如何使用策略、討論使用策略產生的效果，並告訴學生何時何地可以使用策略，幫助學生變成有策略的讀者，需要明確地解釋心理運作的歷程。

這種教學法的缺點就是對於如何使用這些策略的解釋，教師很難明確地提供給學生，而且教師必須能明確地知道學生欠缺的能力是什麼，亦即妨礙學生理解的問題是什麼？是字義？還是先備知識不夠？唯有明確地知道，才能正確地給予學生回饋，除此之外，每個學生的程度不一，所以，教師必須適性而教，對教師而言，需具備相當敏銳的觀察力和知識，因此，是一相當有挑戰性的方法。

## ㈣直接教學法

直接教學法（direct instruction）依賴教師進行教學。這依類型的教學法在

高結構的學科內容中是較成功的，因為在這些領域中需要學習一些特定的知識。Rosenshine（1986）提出直接教學法的六個主要教學功能，如下：1.瀏覽；2.呈現新材料；3.引導練習；4.回饋和校正；5.獨立練習；6.複習。

## ㈤ Reading Recovery

在 Clay（1985）的 Reading Recovery 計畫中，教師必須每天記錄學生的朗讀情形（引自 Hiebert & Calfee, 1992）。這個教學法的目的是為了幫助學生趕上同儕的學習，每天一個教師、一個學生，持續進行十到二十個星期，每次約三十至四十分鐘。一開始的假設是學生擁有過少的策略或無法彈性地運用策略來幫助閱讀。

### 1.教導的策略

在 Reading Recovery 中所教導的策略如下：

⑴監控在閱讀時，所閱讀到的內容是否合理？

⑵使用不同的策略來檢核意義化的歷程。例如：使用 A 策略來推測字義，用 B 策略加以檢核。這個歷程會導致自我校正或是對矛盾的覺察。

⑶從圖片、語言結構、視覺線索中尋找意義化的線索。

⑷當意義不清楚時，重新閱讀。

⑸自我校正，而非等待教師給予校正錯誤。

### 2.活動流程

在教 Reading Recovery 時，有一個一般性的架構，簡述如下：

⑴孩子重讀兩篇或是更多篇短且熟悉的書。

⑵孩子閱讀曾經介紹過的書，教師找出犯錯的地方，目標是要達成 90% 的正確率。

⑶教學生解碼策略。

⑷孩子能寫出短文。

⑸教師將文章分解成部分後，學生能將其組合成一篇文章。

⑹介紹新書給學生，並讓學生閱讀。

## ㈥ PUNS（Palmatier's Unified Notetaking System）

很多學生認為筆記是愈多愈好，其實不然，PUNS 是一個教學生如何做筆記

的方法，它主張學生應該在課後立即瀏覽上課筆記，以及在文章訊息中補充這些筆記。步驟如下：

### 1.記錄

使用筆記紙，在左邊留下三英吋的頁緣，右邊記錄上課重點，使用自己形成的大綱形式以形成獨立的主題，對於記下的重點，每一頁都要標號。

### 2.組織

在上課後，儘可能增加兩個部分到筆記中：

⑴在左邊加上標籤，以便能更簡短地描述筆記中所記錄下來的訊息。

⑵將文章中重要的訊息直接加到筆記中，如果你需要更多的空間，你可以使用筆記本的後面空白處。

### 3.研讀

在研讀時，從活頁夾中取出筆記，如此一來，左邊的標籤是顯而易見的，當你在回想時，可以將這些標籤當作記憶的線索來背誦右邊的訊息。

## 七、閱讀理解策略教學

閱讀是兒童學習的最基本技巧，任何學科的學習均需用到它，以下特別介紹幾項閱讀理解策略（林建平，1999）：

## ㈠閱讀理解方案及其策略

1.SQ3R 技術：Mayer（1987）建議閱讀文章的五個步驟如下：瀏覽（survey）、提問（question）、閱讀（read）、背誦（recite）、複習（review），俗稱 SQ3R 技術。瀏覽乃在詳讀文章之前，先概覽文章一番，以控制閱讀的目的、方向及注意力；提問是讀者瀏覽後產生一些問題，引發好奇心，提升閱讀的動機，有助益於閱讀時的專注；閱讀是專注於找出發問問題的答案；再閱讀時作重點畫線口頭複誦或筆記摘要以幫助記憶；最後是回憶所記憶的重點。

2.REAP 技術：Eanet（1978）主張訓練讀者以自己的話重述文章的內容。REAP 的四步驟如下：閱讀（read）、編碼（encoding）、註解（annotate）、審思（ponder）。閱讀是去閱讀文章；編碼是用自己的話去重述文章內容；註解是用自己的話對文章做摘要；審思包括複習及對摘要加以思考。

3.DRTA 技術：Stauffer（1975）提出閱讀三步驟：預測（predict）、閱讀（read）、驗證（prove）。閱讀前先依題目、圖片、文章開頭的一些字預測文章的內容；接著默讀文句，並為先前的預測找尋證明；最後驗證先前的預測是否獲支持。

4.ReQuest：Manzo（1969）提出 ReQuest 的步驟為：師生合讀一篇文章，然後輪流相互提問及回答，此法使學生學習從文章中提問問題及找出答案。

5.芝加哥精熟學習閱讀方案：教材包括幼稚園至八年級，分為幾個學習單元，每單元均有一個或多個學習目標，這些學習目標如辨認文章結構、推論題義、提問……等特定的學習策略，學習中在進入下單元前，必須通過精熟測驗，否則須矯正、再施測。

## (二) Staton 的讀書五步驟

Staton 的 PQRST 五步驟讀書法，即預覽（preview）、發問（question）、閱讀（read）、重述（state）、考測（test）。預覽乃在閱讀之前，預先瀏覽課業中的章節、標題或首末段的主題句，以獲得書中的概略，掌握其中的大局和全盤輪廓；發問在預覽後，提出一些你認為可藉精讀來解答的問題，提問藉精讀中找答案，故可提升學習動機。

## (三)文章結構策略分析

文章結構策略一直被認為是閱讀理解的要素。Mayer（1987）將典型文章結構分成描述型（description）、聚集型（collection）和比較型（comparison）。訓練受試確認文章的結構，可幫助閱讀者組織資料，使更有效的記憶。文章可分為敘事性文章（narrative prose）和說明式文章（expository prose）。前者如故事體，後者如解釋事件或事物的文章。一班學生對故事體文章較熟悉，但對說明式文章則較欠缺經驗。若給予訓練，可協助學生建立文章內主要觀念的內在聯結，其結果可增進學生的記憶力和問題解決能力。

有三種有效的摘要大綱的策略，可訓練學生對文章的了解：

1.建立網狀組織。

2.摘要上層結構。

3.基模訓練。

Cook 和 Mayer（1988）認為，教導學生文章結構的學習策略有以下幾點：

1.辨認文章結構。

2.確認文中所表達的適當觀念。

3.在文章結構中建立觀念與觀念間的適當聯結。

Cook 和 Mayer 所提出的文章結構訓練的方式包括：

1.非正式的團體演講、討論，針對不同形式的說明式文章的架構做列舉、說明、舉例並加以討論。

2.工作單的練習。

3.給予工作單回饋，評估工作單的正確性。

4.口頭詢問文章內容：教導學生了解文章結構，可以幫助學生建立文章資料的心理表徵。在閱讀理解的過程中，包括：

⑴從文中選擇適當的資料。

⑵處理適當存在的知識。

⑶建立文章內觀念間的內在聯結。

⑷建立文章新知識與既存舊知識間的外在聯結。

當閱讀者能辨認一篇說明文的內在結構形式，他較能選擇適當的資料及建立內在的聯結。一個曾受過與未受過結構辨認訓練的學生相較之下，在「回憶方面」，所記憶「概念的資料」表現特別的好。此乃因結構策略包含指導讀者去注意辨認文章結構適當的資料。在「回答問題方面」，在問題解決等需要引用推論的問題的表現上特別的好。此乃因結構策略包括了聯絡資料進入一個促進邏輯推論的連貫凝聚的架構中。

Ruddell 和 Boyle（1989）探討閱讀者對文章結構與其對文章理解之間的關係，並已建立了一個閱讀歷程的互動模式。此理論是當讀者在閱讀文章的過程中，伴隨著文章閱讀過程的心理紀錄，會形成文章意義的心理表徵。此心理表徵的形成乃讀者依個人儲存於記憶中的先備知識，找出文中資料間的相關和組織，利用此有組織和統整的資料，建立一代表文章意義的心理表徵，此心理表徵可用摘要圖示等方式表現出來。

許多研究者已使用描繪或空間的地圖來看文章的結構、閱讀者的理解及回憶。圖示法是用繪圖的方式描繪文章的表徵。此圖示能提供閱讀者及寫作者確認重要的概念和關係。下圖即是一位學生在接受圖示法（mapping）的教學後所

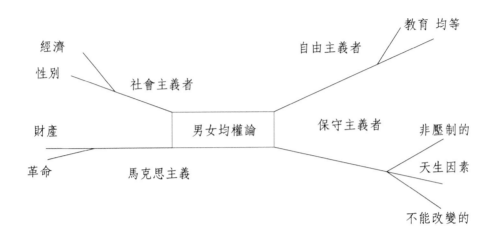

畫的一個典型的認知圖示。這種策略是用來提供一個工作的大綱，來發展解釋、定義、分類、舉例、敘述和比較。

　　Saperstein和Joseph（1987）認為，閱讀文章後，對文章結構筆記成大綱，將特別會增加文章的回憶。此種方式是使用一些簡要的、重要觀點的字來代表文章廣泛的意義。它若作成圖形化、表格化，則更具有視覺性及創造性。此外，此種筆記的方式亦可以地圖的方式來表達。「心理地圖」把記憶的內容表現出來，以幫助主要觀念的聯想。畫心理地圖時，把文章最主要的字或句子放在最中央，然後將所有支持的事實或思想、觀念放在中央的分支部分。「心理地圖」是相當個別性的，不同圖形除了反應個人風格外，重要的關鍵字也可能對畫的人才具有意義。

## ㈣自詢策略

　　King（1989）提出自詢式（self-questioning）的理解監控策略。自詢能達成閱讀的理解主要是其過程中後設認知的效果，自詢時自我考驗的方式協助學習者去監控教材的了解。學習者使用自詢策略，把學習焦點集中在重要的學習教材上，它們分析內容和先備知識相連結、評估教材。透過此理解監控歷程，學習者覺知到何處尚未了解，並能採取重讀或其他補救之道。

　　King以直接教學的方式，教導大學生自詢的技巧及後設認知的原則。自詢

技巧教他們寫各種形式的問題類型，包括事實和高層問題。簡要的教導他們後設認知的意義及其監控理解的功能。教導之後，再提供教材讓他們練習使用自詢策略。若學生在提問問題上有困難，教師可提供給學生題幹，使學生依提幹來產生問題，以便自詢自測。例如：甲和乙有何相關？舉一個例子？解釋為什麼？

### ㈤ Ross 的閱讀理解策略

1.引導式閱讀－思考活動（The Directed Reading-Thinking Activity, DRTA）：係一種團體理解的活動，如閱讀－故事，在閱讀前，先做故事事件的預測，然後進行閱讀及摘要，以證實或修正預測。其活動過程如下：

⑴請學生從題目去預測故事可能的內容。

⑵教師大略記下學生所預測的內容。

⑶教師引導學生默讀故事中的第一段並作摘要，且考驗自己所做的預測是否獲得驗證。

⑷去除不可能的預測，修正及建立新的觀念。此預測→閱讀→摘要→證實的過程一直循環至文章的結束。在引導閱讀時，文章可依一段落為一循環，故一篇文章若有三或四段，其就有三或四個循環過程。此方式鼓勵學生用其故事結構的知識作預測，對故事可能的方向作擴散性思考、邏輯思考及歸納，他促進學生主動參與討論，並引發學生的好奇心。

2.問－答關係（Question-Answer Relationships, QAR）：協助學生分析存在於問題、文章和閱讀者的知識三者間的關係，以加強學生回答理解問題的能力。問題依閱讀者回答問題時所需的訊息資源分為「明示的問題」、「搜尋的問題」及融會貫通後的「心得與感想的問題」三種類型。

「明示的問題」是學生在文句中很容易即能找到答案的問題；「搜尋的問題」需要學生從許多命題或好幾段的文章去找尋答案的問題；融會貫通後的「心得與感想的問題」需要閱讀者融會其先前知識始能找到答案的問題。

3.故事圖（Story Maps）：用圖示故事要素之間的關係來發展理解，培養對故事結構及順序的精通及感受性。選擇一篇具有足夠長度及連貫的故事體文章，引導學生討論故事的一般組織，包括：開始、中間及結束。開始的部分是介紹故事的背景及角色；中間的部分是描述主角所面對的一些問題和解決方法

的事件；結束部分描述故事最後主角如何解決問題。教師示範圖示出此故事的組織，接著提供閱讀的故事，並指導學生完成故事圖，最後，學生即可在閱讀故事後，自己完成故事圖，此方式提供故事體文章邏輯結構的視覺表徵，使學生知覺到故事要素間的關係，對不同故事做比較，對文章有更深入的了解。

4.相互教學（Reciprocal Teaching）：用在說明式文章，教師和學生輪流帶領對話活動，此對話活動包括四個技術：

(1)預測：以文章的題目或標題來預測此段文章將討論什麼。

(2)發問：對閱讀的內容產生一些問題。

(3)摘要：找出及摘要文章的主題句，找出及摘要文章的主要觀念和支持細節。

(4)澄清：找出文中困難的部分，加以澄清。

## (六) Dole 等文章閱讀五策略

Dole、Duffy、Roehler 和 Pearson（1991）認為，閱讀理解教學應強調教導學生一套理解文章所可用的策略，分述如下：

1.找出重點：即決定文章的要旨、主題、主題句、超結構、關鍵字、論題、話題和說明。高閱讀能力者較能依閱讀的目的決定文中的重要訊息，判斷文章重點的方式如下：

(1)使用其一般世界知識和特定領域知識，閱讀文章及評估文中的內容。

(2)使用其對作者寫作文章的傾向、意向和目標的知識，決定文章的重點。

(3)使用其文章結構的知識，確認和組織訊息。

2.摘要訊息：此策略需閱讀者從閱讀的文章中，區辨出重要與不重要的訊息，然後，綜合這些重要的訊息創造出一新的、連貫的、濃縮的文章，來代表原來的內容。摘要的過程如下：

(1)選擇重要的訊息，刪除不重要的訊息。

(2)以較高層的概念來替代細節的訊息，可濃縮一些材料。

(3)把訊息統整為一連貫的、正確的、可理解的內容，以代表原來的材料。

3.引出推論：為理解過程中最基本的部分。推論是理解過程的核心，當閱讀者在閱讀文章，建構他們的意義模式時，廣泛的使用推論的方式，去詳細的填補文章中所省略或遺漏的部分，去推敲所閱讀的內容。

4.產生問題：讓學生自己產生問題，可導致較高層次的文章處理水準，促進文章的理解。

5.監控理解：此策略及後設認知策略；高閱讀能力者在閱讀時較能監控、控制和調整他們的策略；相反的，低閱讀能力者較少覺知存在的問題，縱使知道問題的存在，亦較不能解決問題。此策略包括兩部分：

⑴覺知個人理解的品質和程度。

⑵當理解失敗時，知道做什麼及如何做。

監控理解是指閱讀者在閱讀時，可能由於先備知識不夠，妨礙其理解；或由於所閱讀的內容和其存在的知識不一致。當覺知其欠缺理解，此時，就得採取一些補救策略，如重讀、回顧、調整花費的時間和精力……等。在補救策略方面，Tregaskes 和 Daines（1989）在其研究中，所訓練的後設認知策略包括：

⑴視覺心像：教師使用詢問和批評來引導學生對文章形成心像。教師朗讀文章，請學生視覺化心像，然後以說明和圖畫分享給大家。

⑵摘要句子：教導學生確定主要觀念，忽略瑣碎和多餘的訊息，然後使用一般語詞分類及摘要此適當訊息。

⑶網狀化：以圖示表示章節中的關係，把主要觀點放在圖的中間，主要支持點放在其旁邊，不重要的支持點則放在最外圍，形成一個網狀結構。

⑷自詢：教學生自問自答。

⑸建構一組提供監控系統的卡片，協助學生檢核對文章的了解，當未清楚理解，即進行重新理解。

## ㈦不同閱讀階段的閱讀策略

Pressley 和 Gillies（1985）指出，閱讀時可依不同階段的需要採取各種增進理解的策略（郭靜姿，1992）：

1.解碼階段：當個人不能辨認出單字時，可使用的策略包括：查字典、詢問他人、對照上下文猜測文意、跳過不管等。

2.文義理解階段：當個人不能了解字句的意義時，可使用的方法包括：在難字難句下畫線、分析句子結構、統整各單字組合後的意義、對照上下推敲字句的意義等；當個體不了解文章的意義時，可採用的策略包括：重新瀏覽全文、畫重點、分段閱讀、自我問答、作筆記、摘要、文章架構分析等。

3.推論理解階段：可採用的策略包括運用舊經驗與知識促進理解、檢討文章立論的正確性及一貫性、批判文章的內涵、作新的聯想及推論等。

4.理解監控階段：當個人要了解自己是否理解文章意義時，採用的方式包括：評鑑自己的理解正確度多少，以及根據評鑑的結果採取自我調整的方式。

Heilman、Blair 和 Rupley（1990）亦分別就閱讀前、閱讀中及閱讀後三個階段提出下述學習的策略（郭靜姿，1992）：

### 1.閱讀前

(1)複習與主體有關的背景知識。

(2)連結新章節與舊章節的經驗。

(3)將新材料與個人經驗聯結。

(4)討論主要的單字與概念。

(5)閱讀文章提要以發展整體概念。

(6)瀏覽文中插圖。

(7)預測文章內容。

(8)建立閱讀目標。

(9)瀏覽文章形式。

### 2.閱讀中

(1)運用標題引導學習。

(2)在每一個段落結束後問自己一個問題。

(3)重讀文中不熟的部分。

(4)找到作者的型態。

### 3.閱讀後

(1)運用文後的問題檢視理解的程度。

(2)評估所得的訊息及預測後來。

(3)重點摘要。

(4)重讀某些觀點的部分。

根據孟瑛如（2002）指出，學習障礙學生在理解及表達方面可能表現以下之行為特徵，並依據該行為特徵給予教學策略之建議，表列如下：

| 行為特徵 | 教學策略 |
|---|---|
| 閱讀時容易皺眉、慌張或咬唇 | ・適時在閱讀活動時給予鼓勵與讚美<br>・教學生運用自我指導方式，學會安定自我的情緒<br>・教孩子用記錄的方式，寫下或畫下令他緊張的原因<br>・不要給學生時間限制，任他在沒有時間壓力的情況下做完自己的工作<br>・教導孩子各種閱讀技巧，而非僅是閱讀內容知識 |
| 閱讀時不知起點位置 | ・讓孩子邊看文章邊畫線<br>・教孩子練習用尺或筆指示所看到的部位，並大聲朗讀<br>・指導孩子用墊板或遮板遮住上面唸到的文章部分，以便於孩子辨別每個閱讀的起點 |
| 辨識相似字形困難，如「莫名其妙」看成「莫名其『沙』」；「中央」看成「中共」 | ・教學生熟悉字的寫法及各部首的意義<br>・同時呈現相近的字，請學生指出期間的差異所在<br>・將字拆開，請學生拼字並讀出字來 |
| 無法回答文章中基本事實的問題，例如課文中的小貓叫什麼 | ・讓學生從閱讀簡單內容的故事開始<br>・教師帶領學生劃重點或採故事結構法教學<br>・可提醒孩子將文章中重要的人、地點、物、時間名稱圈出來，最後再重讀一遍<br>・以圖片幫助學生對課文中的內容更加深印象，並將問題改為選擇題、配合題或連連看 |
| 無法了解所閱讀文章內容的前後關係 | ・用圖表或樹狀圖呈現文章內容的前後關係<br>・以引導問答的方式教學<br>・以連環圖畫幫助學生了解文章內容的前後關係<br>・透過句子重組，訓練學生基本的前後相對的邏輯概念<br>・提醒關鍵字或相關的人事物聯想點<br>・師生共同討論文章內容後，由教師提出問題，學生輪流回答自己所觀察到的前後關係<br>・訓練學生閱讀預測能力，以增進學生的閱讀理解能力 |
| 閱讀速度緩慢 | ・先講解文章大意，讓學生對文章重點有所了解後再閱讀<br>・先讓學生熟悉閱讀內容，指導較困難的辭彙後再開始閱讀<br>・採過度學習者，要求學生對於唸得緩慢的課文多唸幾遍，直到已經熟悉每個字彙，而能唸得有連貫性為止 |
| 閱讀時有跳行、增加或遺漏字句的現象 | ・教學生在每行行首依序標上號碼，每看完一行即做上標記<br>・如果是跳字和漏字的問題，可以句法學的「句子分析法」來補救 |

（續表）

| | |
|---|---|
| 閱讀時會在不適當的地方斷詞或斷句 | ・教學生對標點符號的認識，並說明符號在此處的意義<br>・多讓學生聽有聲書，學習別人的斷句，強化句子的概念<br>・了解學生是否因對於文意無法了解而造成不當斷詞及斷句，應再次加強學生對於文意的了解<br>・教學過程中強調「詞組」的使用 |
| 閱讀時會唸錯字 | ・若學生的問題是建立在對文章的不熟悉，則依「學習步驟分析法」，先熟悉文章中的生字、字詞、句子，再採用「過度學習法」，加深學生對句中詞彙的敏感度<br>・將唸錯的字挑出，加強學習與辨認的練習<br>・將文章中易認錯的字以其他顏色標明，讓學生加以注意 |
| 無法了解所閱讀文章的主題或重點 | ・指導學生將他覺得重要的部分，劃線作記號<br>・以提問題的引導方式，讓學生去思考文章的主題或重點<br>・將一篇文章的架構與章法分成人、事、時、地、物加以分析<br>・教師可先示範一次，告知學生一步步找出主題或重點的技巧<br>・先講一次重點，再讓她去讀課本，再要求孩子講一遍重點學習自問自答的方式，找出主要概念或相關細節，以及學習如何做摘要或筆記<br>・讓學生寫下讀後感，再由自己對文章的感覺，進而去推想文章所要表達的意思<br>・請學生每讀一段即回想文章的大意，採分隊學習的方法逐步增進閱讀能力<br>・給予學生提示語以協助其回想閱讀文意的主題重點<br>・要求學生以朗讀方式唸出文章，找出是否有字詞上的不認識或不確定，再予以指導和說明<br>・教導學生閱讀的五部曲：瀏覽、閱讀、劃線、筆記、自我檢查，使其有一閱讀規則和目標可遵循<br>・給予主題故事，講解過程中不斷重複該主題，教師採放聲思考的教學方式帶著學生，讓學生能模仿正確的思考流程<br>・教師可事先提示文章中學生應該搜尋的資料，再由學生在文章閱讀過程中，找尋教師的問題答案<br>・指導學生文章閱讀的技巧，先閱讀大標題、小標題、章節目標、總結等，了解文章結構，再依標題了解該段的重點所在 |

（續表）

| | |
|---|---|
| 閱讀呈現不流暢，需指著文章一字一字閱讀 | • 要求學生第一次閱讀先把整篇文章瀏覽過，第二遍再仔細地由不清楚的地方再讀一次<br>• 先從詞彙做練習<br>• 在文章中將辭彙部分用粗體字呈現，或用色筆劃出不流暢的部分，讓學生加強練習<br>• 給予明確的示範，再試著讓學生跟著說一次 |
| 有聲調錯誤的現象，即國語的四聲運用錯誤 | • 教師示範正確的發音後請學生複誦，記下學生錯誤特點進行改正<br>• 將閱讀部分錄音下來，給學生自己聽，再針對聲調錯誤處進行改進<br>• 教師在講述時放慢速度，重要字辭應口形清楚，引導學生唸正確的發音 |
| 詞彙理解力差，無法知道一詞多義或不同詞彙相似詞義的詞句 | • 在教字音的時候，配合圖畫、動作，使意義更清楚<br>• 引用生活實例來解釋或造句，以加深學生記憶<br>• 字彙配合句子教學<br>• 以圖卡配字詞的方式說明不同情境下該字詞的應用練習對辭彙不同定義來造句，以加深區別<br>• 試著了解學生的生長背景及家庭狀況，判斷其語言理解與表達的困難，是否起源於語言發展期間所受刺激不足，再加以幫助 |

# 肆、結語

　　學習障礙是異質性極高的障礙類別，又閱讀理解之過程牽涉到繁複之認知歷程，所以對於閱讀障礙的教學，也需「對症教學」，而非一套教法，一視同仁的施用在全部的閱讀障礙學童上。例如（許瑛珍，2003）：對注意缺陷型或忽視症閱障，其所需要的，將是偏重於如何使其注意到每個字的每個成分，利用手指或提示，教導其從左而右，逐字不漏地閱讀的視覺輔助方式（若是忽視症，還可儘量以直行呈現文章），也許會變有效。然而，對於深層閱障者，視覺圖片的配合與發揮想像以幫助理解、記憶，可能較有用。至於表層閱障者，上述的方法都是多餘的，輔以聲音的閱讀，再從聽覺理解的路徑接觸語意系統的學習方式，可能效果較好。事實上，一般教育所強調的「因材施教」，對於閱障者的教學更是貼切，需要我們更深層的體會和引用。

# 參考書目

毛連塭（1991）。學習障礙學生的成長與教育。台北：心理。

王昭月、江慧齡、邱紹春（1999）。學習障礙兒童的學習與發展。台北：心理。

李翠玲（2001）。特殊教育教學設計。台北：心理。

呂美娟、施青豐、李玉錦（2002）。特殊教育課程與教學。台北：學富。

孟瑛如（2002）。學習障礙與補救教學——教師及家長實用手冊。五南。

胡永崇（1996）。設認知策略教學對國小閱讀障礙學童閱讀理解成效之研究。國立屏東師範學院特殊教育叢書（26）。

柯華葳、李俊仁（1999）。閱讀困難的理論架構及驗證。學童閱讀困難的鑑定與診斷研討會文集。國立中正大學心理學系。

陳淑麗（1996）。閱讀障礙學童聲韻能力發展之研究。國立台東師範學院國民教育研究所碩士論文。

陳英三、李凡娟（1994）。特殊教育教材教法。台北：五南。

黃裕惠、余曉珍譯（2001）。特殊教育概論。台北：雙葉書廊。

蔡韻晴（2002）。雙缺陷假說在中文閱讀障礙之檢驗——各亞型認知成分之比較。國立台東師範學院國民教育研究所碩士論文。

鄭英敏編印（1995）。學習障礙與資源教學。台北市教師研習中心研習叢書（74）。

# 第七章

# 聽力損失者的語言障礙

吳姵華

　　如果問人類如何溝通，說話將是人類最常用來溝通的方式。說話、語言的概念及聽力都和溝通有關係。在溝通異常中最常被提及的就是說話異常，因聽力在溝通的歷程中扮演重要的角色，因此，有必要了解聽力以及和聽力有關的異常。為清楚地說明聽力損失的相關議題，本文將依序說明溝通的系統，聲音的特性，聽力損失的原因、類型、程度和影響，聽力的評量，補救，及教育。

## 壹、溝通的系統

　　溝通是維持生命非常基本的技能，所有生物均與訊息傳遞有關，它是一種過程。對人類而言，舉凡在家中、課堂上、職場上都會涉及訊息的接收與傳送或是意見的交流。根據 Heward（1995）的定義，溝通包括訊息的編碼、傳遞與解碼。語言是溝通時用以編碼與解碼的符號，它是一個有意義的認知系統。說話則是適當的使用不同的發聲、發音類型將語言表達出來的一種方式。

　　Denes 和 Pinson（1963）提出「說話鏈」（speech chain）這個名詞。他們認為整個溝通的歷程，在輸出部分的第一個步驟，先始於溝通者心中有一個想法或概念。想法要變成訊息需要語言的編碼，語詞、文法、語法的運用等等。而語言編碼涉及腦部特定中心的運用，才能作抽取和符號的表現。第二個步驟涉及選定語音的構音和發音。因為沒有專為說話而設計的特定器官，人類就使用咀嚼、吞嚥，和呼吸的器官來說話。這些器官的振動以及位置的調整會攪動

周遭的空氣，產生聲波，使聲波從音源傳向各個方向。假如想法的傳送、語言符號的表達，或音素的構音、發音產生中斷，都會對溝通的輸出部分有不利的影響。

當聲波到達人耳時就開始溝通的輸入歷程。聲波的接收需要周邊聽覺構造，但實際上我們是用腦而非耳朵來聽聲音。聽覺機制是一種運用四周的聲波將訊息傳給大腦解碼的系統，解碼者必須想出和編碼者原來訊息一樣的訊息，才是有效、成功的溝通。

從說話者嘴唇到聽者耳朵的聲波傳送有任何的阻礙時，都會導致響度（音量）的降低和訊息的歪曲，周邊聽覺系統的異常，也會導致音量或聽覺訊息真實性的降低，而這樣的情形需要臨床聽力學家和耳科醫師的合作，來矯治這樣的異常。當大腦用來解讀聽覺訊息的特殊區域出現疾病或損傷時，則要結合說話語言病理學家和聽力學家的技能，來處理這樣的患者。

# 貳、聲音的特性

聲音的傳播要有介質存在，此介質可以是氣體、液體或固體。一般而言，密度愈大的介質其傳音的速度愈快。人類住在一個充滿氣體的環境裡。氣體中的分子分散地分布，只要有熱氣，空氣的分子就會隨意地移動、碰撞、跳動，而且會保留一些彈性。當然，相似的分子活動也存在液體和固體中，但在液體和固體環境裡的分子，會比在氣體裡更密集地聚在一起。當空氣中出現振動時，例如：來自小提琴的絃、音叉或人類的聲帶，振動的結果就是對周遭空氣分子的一種碰撞。把空氣分子更密集的推擠，這樣空氣分子就會被壓縮，留下的空間只剩下一些少量的空氣分子。這種局部的真空狀態稱為稀疏（rarefaction）；這些交替的壓縮和稀疏被稱作壓力波（pressure waves）；在介質密集的地方叫密波，在介質疏散處叫疏波。聲波的高度，也就是聲波移動時的最高替代點，稱為聲波的振幅（amplitude）；聲波的振幅是指聲波傳音介質振動的幅度。每單位空氣體積的能量大小稱為強度（intensity）；單位時間內壓縮和稀疏的次數稱為頻率（frequency）。如果聲波的傳播沒有介質，則只有振動而沒有聲音。

因為人耳可以聽到的強度有極大的範圍，強度測量的直線系統不太實用，

因此已經發展出評定響度（loudness）的特殊刻度。用分貝來表示兩個聲壓（sound pressures）或兩個音（sound powers）之間的比率。分貝刻度是對數的刻度而不是直線的刻度。

　　聲音的頻率是在單一時間內前後振動的次數。常用一秒來作單位時間。一個聲波繞過三百六十度的完整壓縮和稀疏次數稱為頻率，而且可說成每秒所完成的週期數（週期／秒，cps）。因十九世紀德國物理學家 Heinrich Hertz 的重大貢獻，常用其名字來代表 cps。因此，假如每秒出現一千個完整的週期，則可說其頻率是 1000cps 或 1000hertz（Hz，赫茲）。頻率和音調的關係就像強度和響度一樣。當一個聲音的頻率增加時，其音調也增加，但頻率是一種物理的測量，而音調則是聲音的知覺測量。聲音的尖銳與低沈稱為音調的高低。頻率愈高人們就感覺其音調愈高，反之亦然。不能用赫茲來代表音調，也不能用分貝來代表響度。赫茲是頻率的單位，而分貝則是強度的單位。當聲音只由一個頻率組成，稱為純音（pure tones）。自然界中並沒有純音，純音是音叉、電子設備等製成的。而複音（complex tones）是指不只一個頻率的聲音。諧音（har-mo-nics）是指聲音頻率或最低頻率音的倍數；而此最低頻率音即稱為基音（fundamental frequency）。例如，基音為 500Hz，其諧音有 1000、1500、2000、2500Hz……等。

## 參、聽力損失的原因、類型、程度和影響

　　聽力損失的影響視聽力損失發生的時間、部位、聽損程度而有不同。障礙可能發生在耳朵的外耳、中耳、內耳、聽覺神經和大腦，因其障礙發生部位的不同，所以會有不同程度的聽力損失。下面將按外耳、中耳、內耳、聽覺神經和大腦，來介紹其構造和功能，說明出生前、出生時，和出生後導致聽力損失的成因。另外說明聽力損失的類型和程度；最後介紹聽力損失的影響。

## 一、聽力損失的原因

### (一)外耳

　　外耳包括耳廓和外耳道。其功能在將聲音從外耳道傳至耳膜。外耳道和皮膚連在一起，其外在的部分含有會產生耳垢的腺體。外耳的許多異常似乎不太會影響聽力。有些人相信耳廓的損傷或沒有耳廓，對外觀的影響大於聽覺的影響。實際上，以耳機來測量聽力忽略了耳廓對人類聽力的貢獻。耳廓其實是環境中高頻音極佳的收集器，可使聲音通過並傳至外耳道。因此，沒有耳廓會產生極大的聽覺定位困難。所謂聽覺定位即找出聲音原來來源的能力。起源於外耳聽力損失的問題被稱為傳音性，不是由耳道阻塞就是由耳膜損傷所造成。

　　出生前外耳聽力損失的原因，可能是因為一位或兩位家長遺傳的影響，或因為在懷孕的三個月後遇到問題而沒有耳廓或耳廓畸形。或是因為一位或兩位家長遺傳的影響在懷孕期間遇到問題，使外耳道完全或部分阻塞，產生耳道閉鎖。另外，父母親在受精前後及懷孕後生病或吸毒，都會導致胎兒發育中的外耳有缺陷。出生時外耳聽力損失的原因，通常是因為猛烈的子宮收縮而造成外傷，使外耳在出生時受到影響。有時難產期間使用產鉗，極有可能在無意中使外耳受到損傷，這樣的外傷會造成閉鎖或畸形的耳廓。出生後外耳聽力損失的原因是因耳廓突在頭的兩側，容易受到損傷。燒傷、凍傷以及皮膚癌，都有必要移去全部或部分的耳廓。各種的外傷會使耳廓損傷以及使耳廓變形，例如：職業拳擊手常見的cauliflower ear，則是此種外傷結果的例子。兒童喜愛放小東西在其耳朵裡，這樣的理由尚有爭議且無定論。成人也有這樣的例子，但比較少見。當放進去的物品堵住外耳道聲音的通過，就會有傳音性的聽力損失。移去物品是絕對必要而且最好由擁有工具和專業技術的耳科醫師來進行移除手續。從小孩耳朵移除物品的技術雖簡單，但使用不當會導致極大的損傷和疼痛。

　　耳垢使昆蟲以及外物無法進到耳膜，通常耳垢會自然地移到耳道的外圍。當個人使用棉花棒等東西來清除耳垢時，常因個人將耳垢壓得更進去，反而使耳垢太多而出現阻塞（occlusion）的現象，因此最好少用棉花棒等東西清除耳

垢。耳垢的清除，最好由它本身自然地移除，假如耳道出現阻塞時，交由耳科醫師、聽力學家或受過合適訓練的醫學技師來處理。在溫暖、潮濕的氣候，外耳的感染很普遍。這些是皮膚醫學的困擾，通常能用醫藥來治療。然而，假如沒有處理的話，這些感染會導致耳道皮膚的增生，會很痛而且會出現聽力的損失。聽力學家經常發現受測者因為受感染耳朵的腫脹，以及疼痛而不能在受感染的耳朵戴耳機，因而無法判斷由外耳感染所造成的聽力損失程度有多少。

　　耳膜和外耳道的聲音有系統地振動。假如耳膜因耳朵的疾病或外傷而增厚、結疤、穿孔都會改變或失去其自然的功能。由器具敲打、氣壓或水壓突然的改變，頭部的毆打，或極大的聲音，都會造成耳膜外傷。可用幾種極佳的手術來使其穿孔癒合。在某些情形下這些手術不能進行，但要不要進行這樣的手術，必須由合格的醫師來判斷。

　　良性或惡性腫瘤會長在外耳道。當聽力或語言臨床師看到腫瘤時，應該立即轉介作醫學的諮詢。要在腫瘤的大小阻礙到聲波的通過時，才會有明顯的聽力損失。

## (二)中耳

　　中耳是一個充滿氣體的極小空間，其內層是和鼻子、喉嚨和鼻腔附近的彎曲部相似的黏膜。在正常的耳朵內，中耳和外耳道被耳膜隔開。因為耳膜兩側的氣壓相同時耳膜的振動最佳，所以必定有一個方法能重新灌滿中耳腔使其能經常地被吸收。連接中耳到咽喉的耳咽管在正常的情況下是關著的，但在打呵欠和吞嚥等動作期間，會被四組肌肉拉開。當耳咽管開著時，氣壓被重新儲存到中耳腔，耳膜兩側的壓力又相等了。因外耳充滿氣體而內耳充滿液體，所以，兩個系統的阻力不同，沒有中耳來平衡阻力，許多振動耳膜的聲音將會在聲音到達內耳之前，被彈出，或被歪取及減弱。中耳以兩種主要的方法來完成阻力的平衡：第一，耳膜的範圍比卵圓窗的範圍大約二十二倍，而卵圓窗是進入內耳的膜狀入口。此種降低的比率增加耳膜引卵圓窗的壓力，此種壓力的增加和花園水管末瑞被拇指壓住會增加水壓的原理極為相同。第二，中耳的結構提供阻力平衡的系統。

　　每一個中耳包含人體的三個最小的骨頭。此三個中耳的小骨稱為鎚骨、砧骨和鐙骨。鎚骨是三個小骨中最大的，像一個在支點上移動的槓桿一樣，能增

加通過中耳的能量。因此，就像外耳主要是一個聲音能量的地方，而中耳則主要處理機械能。中耳是個機械性系統，由外耳道來的聲波撞上耳膜後，引起聽小骨鏈的機械性振動，因此將聲波能轉換成機械能，目的在放大聲波能量。

　　出生前中耳聽力損失的原因和各種遺傳的異常及中耳的異常有關聯。有時候，中耳的先天畸形並沒有其他的症狀。在其他時候，中耳異常是徵候群的一部分，例如：顱骨顏面的病狀。出生時中耳聽力損失的原因，是因中耳損傷則相當不尋常。劇烈的子宮收縮或產鉗的嚴重外傷雖然會損傷中耳，這樣的外傷無疑地也會導致胎兒其他嚴重的損傷。出生後中耳聽力損失的原因，通常是中耳炎或中耳腔感染，而中耳的疾病是聽力損失最大的原因之一。這些的感染普遍發生在上呼吸道感染的兒童身上，也常出現在成人身上。感染的部位可能經由耳咽管，透過血液的流動，或經由耳膜穿孔而通到中耳腔。在抗生素出現之前，持續性的中耳炎導致乳突骨的發炎很普遍。因為感染擴散到大腦的危險，而嚴重地威脅患者的健康。早期手術是慢性中耳炎治療的方法，然而，手術常造成中耳的損傷以及永久性的聽力損失。中耳炎會同時伴隨溝通的影響，因而必須從醫學的觀點以及聽力損失的觀點來思考，醫學治療主要的目的在減輕感染的危險，次要的目的在改善聽力。手術可以癒合耳膜穿孔，並可改善聽敏度，更重要的是提供保護使中耳不受感染。當中耳系統仍受感染時，甚少進行癒合的手術。

　　雖然中耳的液體是中耳炎的表徵，但有時候此液體本身不具傳染性。當耳咽管功能改變時，維持外耳和中耳間氣壓相等的系統受到影響，導致中耳壓力的降低，藉由部分真空而將填滿中耳壁內最潮濕的黏膜液體吸過來，此種狀況稱為黏液性中耳炎，它一般常是耳咽管扭開的肌肉，和神經過度的腺狀腫、過敏或病狀的結果。耳咽管功能不佳是嬰兒和幼童普遍的現象。

　　對中耳有液體的患者進行一種普遍的手術稱為耳膜切開術。用細、尖的刀子切開耳膜會去除壓力和疼痛。耳膜切開術通常在醫院對兒童輕微麻痺下進行，或當成腺樣增殖切開術——扁桃腺切除術手續的一部分。而成人則常在診所進行耳膜切開手術，雖然有點痛，但此手術很短，一開完刀後患者的不舒服幾乎馬上消失。在耳膜切開以及將液體吸出中耳腔之後，普遍地會在切開的地方安置一個通氣管。此管子通常會留在此切口幾個月或幾年。雖然患者因為感染到中耳的可能性而必須小心地避免水進到外耳，但此通氣管通常發揮極佳的

人造耳咽管功能。多年來在小孩的治療上，運用這些使壓力相等的管子已經普受歡迎。

　　因為中耳炎普遍發生在兒童身上，說話及語言病理學家在做和聽力損失沒有關係的溝通障礙治療時，常在例行的聽力檢查中發現兒童有中耳炎。他們在此情形下，常成為鼓勵兒童進行中耳異常診斷測驗的倡導者。結果，兒童常從中得到最好訓練的益處。幼小兒童中耳炎極可能超出暫時性的聽力損失、疼痛以及不舒服的後果。Northern 和 Downs（1991）討論極輕度傳音性聽力損失，對幼小兒童語言發展的可能影響。許多臨床醫師對最小聽覺剝奪徵候群很關心。嬰兒輕度聽力損失期間，發展中的腦細胞極有可能因缺乏感官刺激而損傷。

　　耳硬化症是一種主要出現在成人身上的症狀，起因於卵圓窗上長了一層新的骨頭，妨礙了鐙骨的振動；有趣的是此種症狀女多於男，且大多出現在白種人身上。顯微手術的發展已經發明了幾個有效的操作程序能減輕耳硬化症的聽力損失。

## (三)內耳

　　內耳因其和彎曲以及盤繞的洞穴很像，因而常被稱作迷宮（或迷路）。它由兩個部分組成，前庭部分負責身體的平衡；耳蝸部分的功能像是一個能量轉換器，將中耳的機械能轉成電子化學的訊號，此訊號能被送到大腦處理。內耳液體稱為內淋巴液和外淋巴液。儘管相似，在化學成分上彼此卻有不同。前庭的內淋巴液和耳蝸的外淋巴液連著；耳蝸是一個對壓力敏感的系統，而前庭則是一個對動作敏感的系統。儘管它有著移動的部位以及複雜的功能，內耳只有豌豆那麼小。

　　出生前內耳導致聽力損失的因素，比外耳或中耳還更普遍。這些因素包括單一的遺傳異常，或遺傳和其他異常合併。並非所有遺傳性的聽力損失，在出生時就很明顯，因為有些稱為 hereditodegenerative 是漸進的，且在出生之後才開始有聽力的損失。導致耳蝸聽力損失的許多因素，例如：胎兒缺氧，也會對中樞神經系統造成損傷。因此，很容易找到和聽力損失有關聯的這種症狀，如智能障礙和腦性麻痺。其他出生前聽力損失的原因包括母體病毒感染，如巨細胞病毒（泡疹病毒的一種）以及德國麻疹，都會對腦部、心臟及眼睛等器官，

造成各種其他的異常。另一種出生前耳蝸聽力損失的原因是母子血液不合，最為人所知的是 RH 因子不合。

出生的過程本身會對內耳有害，被認為有醫學危險的兒童，極有可能被安置在高危險群的名單中，這些高危險群的登記是以一些有關聯的因素為基礎。今日有許多專家相信，高危險群的登記未能找出許多有聽力損失的兒童，因而現在正強烈地鼓吹進行普遍性的聽力篩檢。

通常和中耳聽力損失有關聯的中耳炎，也是一種出生後耳蝸聽力損失的普遍原因。許多病毒感染如腮腺炎和麻疹，以及細菌性腦膜炎都和偶發性（後天性）的聽力損失有關聯。噪音對耳蝸的損傷在較大兒童或成人極為普遍。雖然許多和高噪音程度有關的工廠已經設立聽力保健計畫，人類轉而用其他的噪音方式來損傷耳蝸的敏銳度，例如：除草的設備以及大聲的音樂。跑者、機車騎士以及其他人戴的隨身聽立體耳機，常造成噪音型的聽力損失。有些後天性的耳蝸聽力損失突然發作，而且只有一個耳朵失去聽力。許多這樣的症狀伴隨眩暈的出現。兩個普遍的原因：一個是內在的聽覺動脈抽筋，另一個是梅尼爾氏症。這樣的症狀經常使患者不舒服，因此，一發現有症狀時，就需要立即的醫藥治療。

隨著世界人口逐漸延長壽命，和年齡有關的聽力損失發生率預期會增加。老年失聰通常男性出現在六十歲以後，而女性則出現在六十五歲以後。隨著醫學和社會學對年齡老化現象興趣的增加，對於此族群有關的溝通障礙的認識也更多。和年齡有關的中樞神經系統出現的改變，影響了老年人接收性的溝通問題。

## (四)聽覺神經和大腦

從耳蝸傳來的神經衝動藉由聽覺神經以及一系列腦部的工作站到達負責接收聽覺溝通的大腦中心。聽覺神經的損傷，通常產生語音之間的聽取以及辨別困難。然而有趣的是，大腦裡的聽覺中心影響聽覺訊息的處理，但在純音和語音刺激的聽覺敏度並沒有顯現缺失。除了接收、處理，以及傳送衝動的聽覺神經之外，許多聽覺中心都在大腦的兩側複製。這種多餘信息要為在難以聽取的情境裡，例如：吵雜或回震的背景或有吵雜訊息的地方，聽取和理解語音的特定能力負部分的責任。儘管其語音辨認以微妙但卻極為真實的方式受到損傷，

人們因這些患者的聽敏度保持正常，而忽視患者們對聽取困難的抱怨。

　　前面討論到的出生前耳蝸異常的原因，有許多和中樞神經系統聽力損失的原因一樣。同樣的原因包括一些母體病毒感染及遺傳異常。有關家長在懷孕前及期間吃下或吸入物品對胎兒的中樞神經系統不利影響之證據愈來愈多。出生期間因劇烈的子宮收縮或產鉗的使用傷到頭部極有可能對腦部造成損傷。血中缺氧如肚臍纏繞也會造成腦部的損傷。和出生前的原因一樣，許多耳蝸聽力損失出生時的原因，也顯現中樞神經系統的異常。出生後腦部損傷的共同原因包括外傷以及長腫瘤。許多聽神經的瘤是良性的且能用手術切除。即使在手術之前的聽力損失只有輕度，當瘤從聽神經切除時，常會造成受損側的聽力完全損失，然而有時聽力會維持下來。新的造影技術出現，如電腦斷層攝影法（CT），或電腦軸斷層攝影法（CAT）掃瞄，以及核磁共振 magnetic resonance imaging（MRI）能客觀的診斷出腦部的病灶。這些重要且非常昂貴的診斷測驗，必須由醫師安排，而聽力學家的責任則是鑑定出顯示耳蝸後病灶的聽力損失結果。

　　老年失聰是一種耳蝸功能的異常，它是因為許多敏銳的內耳結構受損而在老化的過程間無法更換。腦細胞更換的速度比身體的其他細胞還慢，而在老化的過程中，腦細胞失去的比更換的還多是其重點。此現象對個人來說很獨特，實際上對某些人來說，極有可能早在三十多歲就開始失去聽力。

## 二、聽力損失的類型、分類和程度

　　聽力損失通常被分成三大類：傳音性、感音性及混合性。第四類的中樞聽覺異常，指中樞聽覺神經系統的損傷，導致真正的但有時候卻不易察覺的症狀。中樞異常常沒有顯現在例行的聽力測驗上，但卻會被敏覺的臨床醫師在取得患者的病例期間，懷疑患者有中樞聽覺神經系統的異常。有關聽力損失程度對能力喪失的不同影響，專家們並沒有一致的看法。雖然許多人認為25分貝HL是正常聽力的底線，但是多年來，看到許多聽力損失 20 或 25 分貝的患者，使我們推斷這種程度的聽力損失仍應該被視為一種顯著的缺損，而且極有可能有不利的影響。實際上，有人的聽力水準接近 15 分貝水準，它是正常聽力的低限，聽力水準 15 分貝的患者抱怨有聽力的障礙。有智慧的臨床醫師應該比較受

患者評論的影響，而不是受專斷規則的影響。

## (一)聽力損失的類型

### 1.傳音性聽力損失

傳音性聽力損失導因於外耳道和內耳之間，聲音的傳送受到阻礙所致，但內耳的功能仍是正常的。這類的聽力損失不會超過 60 分貝，且一般都可用醫藥來治療。其氣導閾值直接反映在聽力損失所發現的量上。因為內耳以及超出傳音性聽力損失的路徑沒有受損，所以，骨導閾值理論上應該仍是正常的。解釋聽力圖應遵循的一般規則：

(1)氣導閾值顯示聽力損失的總量。

(2)骨導閾值顯示感覺神經性聽力損失的總量。

(3)氣骨導差距顯示每一個頻率上傳音性聽力損失的部分。傳音性聽力損失的語詞辨別分數，通常相當高，因為其主要的問題在聲音的強度而不在清晰度上。

中耳炎是兒童發生傳音性聽力損失普遍的原因，中耳炎是指中耳腔發炎，它需要更特殊的醫學檢查。中耳炎可分成：

(1)急性中耳炎（acoute otitis media）：是一種中耳腔正在發炎和／或感染。出現耳膜腫脹或耳膜後有膿，都是急性中耳炎的證據。

(2)漿液性中耳炎（serious otitis media）：是在中耳腔有一層薄薄、水狀透明的液體，而漿液性中耳炎通常是耳咽管功能異常的一個早期症狀。

(3)慢性中耳炎（chronic otitis media）：它是過了急性中耳炎時限後，仍持續有中耳腔化膿的一種感染，急性中耳炎會很痛且只維持一段短的時間；但慢性中耳炎通常不會痛，因此常會被忽視，而沒有持續治療。

(4)膿性中耳炎（secretory otitis media）：指中耳腔發現有一層厚的、像膠狀液體的一種症狀。

Pashley（1984）根據中耳炎各階段的改變來分類：

(1)急性期：持續到五週。

(2)半急性期：從第六週開始，而持續到十一週。

(3)慢性期：十二週以後還有，則稱為慢性。

慢性中耳炎在兒童早期有其影響，而影響最大是在說話和語言發展的關鍵

期。慢性中耳炎可能有 10 到 40 分貝範圍的起伏型聽力損失。聽力在中耳炎痊癒後大概會恢復正常。因為中耳炎最常發生在三歲以前，所以它會對前三年期間說話和語言有重大的影響。Kaplan、Fleishman、Bender 和 Clark（1973）研究愛斯基摩兒童中耳炎的盛行率，與其對說話和語言發展的影響。此大約五百位兒童的縱貫研究，追溯他們從出生到七歲至十歲的發展。使用魏氏兒童智力量表、班達完形知覺問題測驗、大都會成就測驗及畫人測驗來評量所有的兒童。結果證實那些在二歲前得過五到七次中耳炎病史的兒童顯示語文能力的顯著喪失，且有閱讀、數學和語言的缺損。從此研究結論出：在二歲以前出現再發性中耳炎病史的兒童，可能有說話和語言發展的遲緩，此遲緩會導致往後學業表現和／或行為／注意力的缺損。

### 2.感音性聽力損失

感音性聽力損失導源於感覺末稍器官、耳蝸毛細胞，或聽神經的損傷。這些損傷可能發生在耳朵發育期間、來自受傷或感染、來自個別的環境，或來自老年退化的影響。感音性聽力損失因為外耳道和耳膜都正常，因此，極易在身體檢查時被忽略。此種類型的聽力損失醫學上不可治療且聽力往往不可能恢復。此名詞因無法從聽力圖判斷出聽力損失的問題出在耳朵的器官或神經部分，而較不那麼明確。在感音性聽力損失中，氣導的聽力損失值大概和骨導程度出現，他們所聽的聲音仍有一些歪曲，雖然聽力圖顯示的聽力損失程度並非語詞辨認能力一個好的預測指標，但是一般的規則是，當感音性聽力損失值愈大，語音的歪曲也就愈大。因聲音的歪曲，語詞辨別分數通常受到不利的影響，所以許多患者即使在聲音很大聲時，仍在語音的辨別尚有很大的困難。

### 3.混合性聽力損失

傳音性和感音性聽力損失並不是相互排除的，常會有患者同時顯現這兩種類型的聽力損失症狀。出現這種情況時，稱為混合性聽力損失。混合性聽力損失的感音性和傳音性成因可能相同或由完全不同的原因造成。舉例來說，一個人可能因外耳道耳垢堆積而有傳音性聽力損失，並且可能因噪音暴露而有內耳的損傷。混合性聽力損失的語詞辨別困難大小，無法從聽力損失出現的總值來預測。相對地，它可由混合性聽力損失的感音性部分所顯現的語音歪曲大小來表示。因此，骨導聽力圖常是患者語詞辨別測驗表現的最好預測指標，有經驗的臨床醫師不會只依賴聽力圖來評估患者語音區別困難的大小，應該儘可能的

施測語詞辨別測驗。混合性聽力損失會發生在兒童和成人，它同時出現傳音和感音機制的問題。因感音的要素經由骨導產生聽力損失，氣導會有更大聽敏度的損失（氣導聽力檢查的聽力損失要大於骨導檢查）。

## ㈡聽力損失的程度

以下的聽力檢查分類系統是由 Bess 和 Mcconnell（1981）建議的，此分類也可用來說明聽力損失的程度。聲音的強度以分貝來測量。聽力也受聲波頻率的影響，較高音調的聲音有較高的頻率，以赫茲 Hz 來測量。

此分類系統以純音平均值來分類，也就是分別取 500、1000 和 2000 赫茲聽閾的平均值。這三個頻率即為語音頻率，已知是語音聽取的重要頻率。

| 聽力閾限水準 | 分類 |
| --- | --- |
| 24-40 分貝 | 輕度 |
| 41-55 分貝 | 中度 |
| 56-70 分貝 | 中重度 |
| 71-95 分貝 | 重度 |

## 三、聽力損失的影響

對任何個體來說，聽力損失的影響受幾個因素決定。這些因素主要有聽力損失的類型、聽力損失的程度、聽力損失出現的年齡等。將分別說明於後：

## ㈠聽力損失類型的影響

### 1.傳音性聽力損失

許多傳音性聽力損失經由藥物或手術的方式可以恢復聽力，即使其聽力損失是永久性的，語詞辨認通常仍相當好，使患者成為使用助聽器擴音的極佳配戴者。傳音性聽力損失個案的聽力損失程度，不會影響語音間的區辨能力，此種個案的溝通問題主要是因為語音不夠大聲。

### 2.感音性聽力損失

感音性聽力損失則不是這樣，感音性聽力損失幾乎總會有某種程度的語音訊息歪曲。通常隨著感音性聽力損失程度愈大，歪曲就愈大而且語音的區辨就

愈困難。除非特殊的情況，否則感音性聽力損失者的聽力問題是不會恢復的。其語音辨認的損傷使他們溝通困難，特別是在吵雜的背景情境或多個人同時講話。假如他們發現因其嚴重的語詞辨認問題，擴音設備只會使語音大聲一點，而無法使語音更清楚一點，則這些人在使用擴音設備會特別的猶疑。在有些個案中假如因為對助聽器的幫助存有不合實際的期望，可能會得到失望的結果。事實上，多年前有些醫師和聽力師有一個想法認為感音性聽力損失者聽到的語音有歪曲，在擴音之下將會有更大的歪曲，所以他們不應該戴助聽器。雖然感音性聽力損失者助聽器的復健比傳音性聽力損失者更困難是無可爭辯的，但目前助聽器科技已經改善大多數聽力損失者的擴音品質。復健聽力學的真正挑戰在於使那些最大需求者能恢復最大的聽覺功能。假如感音性聽力損失患者接受足夠的專業指導和復健，大體來說他們對適當選取的擴音設備都能有很好的適應。

## (二)聽力損失程度的影響

聽力損失的程度指聽力損失的嚴重程度，而聽力損失程度蠻容易測得的。Knauf（1972）表示聽閾常最先被測得以用來預估聽力損失對兒童的影響。過去認為聽力損失愈大，對說話和語言發展的影響也愈大。雖然 71 分貝到 90 分貝或 95 分貝的重度聽力損失真的對說話和語言發展有破壞性的影響，但我們不能認為 26 到 40 分貝的輕度聽力損失對未來只會有極小的影響，或者 96 分貝或以上的極重度聽力損失，對未來說話和語言發展將有最不利的影響。

舉例來說：Northern（1984）提到一位十三歲經常感染中耳炎患者的個案報告。在六至十三歲超過七年的時間，其氣導聽閾從正常到輕度到中度的變動，且開了五次鼓膜切開術。此個案因一再重複的感染漿液性中耳炎，導致漸進式的感音性聽力損失。一耳在 4000 赫茲的骨導聽閾是 25 分貝，另一耳在 2000 赫茲的骨導聽閾是 30 分貝和 4000 赫茲的骨導聽閾是 45 分貝，被鑑定為輕度到中度傾斜式的感音性聽力損失。以此個案來說，不只是聽力損失程度，連聽力損失開始的年齡、鑑定的年齡，及復健的類型都是影響語言缺損嚴重程度的關鍵因素。雖然這位兒童的聽力損失在六歲被鑑定出來，但他可能在六歲以前就已感染慢性中耳炎。聽力損失開始的年齡有可能在鑑定年齡（六歲）的前五年就已開始，因此，有可能出現在語言學習的關鍵期。Norhern 以此個案描述，推

斷給予這位十三歲患者助聽器復健已太晚了。這位兒童正顯示不可逆的說話和語言遲緩。

### ㈢聽力損失開始年齡的影響

聽力損失開始的年齡自然地對個人的影響有很大的差異。說話和語言已經發展之後才聽力損失的人，稱做學語後聽力損失。補救必須以復健（rehabilitation）的形式進行。學語前或說話和語言概念已形成之前開始聽力損失的兒童要進行肇建（habilitation）。說話是一種模仿的歷程，最好透過聽覺器官來學習。

一般來說聽力損失愈早發現，兒童能被教導透過說話和聽覺溝通的機會就愈好。即使為兒童選擇一個不同的溝通方法，早期發現總是增加兒童學習的潛能。兒童在醫院一出生是進行聽力篩檢的最早時間。嬰兒篩檢當然理由充分是因為已經有估計一千個新生嬰兒中有一位嬰兒一出生就有極重度聽障。使用現代篩檢程序來找出聽障兒童的數量極有可能比其他醫學情況所進行的例行篩檢還多。新生兒在離開醫院之前的測試已經發展出幾種設備。這些設備的基本概念是一種檢測動作的電能轉換器，當嬰兒在聲音出現的時間內有身體移動的改變時，就會被檢測到。電腦能用來區別隨意的身體移動和聲音的驚嚇反應。這些方法的使用研究憂喜各半。

聽性腦幹反應ABR測驗的使用愈來愈常用在嬰兒聽力的篩檢上。因為許多聽力損失危險群嬰兒是早產的，聽力師不只必須考量受測者的生理年齡（參考出生的日期）還要考慮其懷孕期的年齡（參考懷孕的日期）。誘發式耳音傳射似乎是那些新生嬰兒聽力篩檢的重要設備。幾個大規模的研究顯示它在新生嬰兒加護病房有高的成功比率能鑑定出聽力障礙的嬰兒。假如研究持續的支持此程序的價值，測量誘發式耳音傳射的商品可能會愈來愈多、愈便宜、愈容易操作以及愈精確。因為普遍的使用新生嬰兒的聽力篩檢受技術以及財政的阻礙，所以只對那些被視為聽力損失危險群的嬰兒進行篩檢。聽力損失愈早被診斷出，即使聽力損失屬後天性的，其溝通的改善仍會較好。

在聽力損失的影響中聽力損失程度雖然是最顯著的變數，它卻未必是最重要的變數。所有前述變數的組合以及交互作用決定了聽力損失對說話和語言發展的影響。因變數的相互依賴，單獨用聽力損失程度是無法確切的預測聽力損

失對說話和語言發展的不利影響。唯一可確定的是任一種形式（傳音性、感音性或混合性）與任一種程度（輕度到極重度）的聽力損失，會對說話和語言發展有破壞性的影響。

# 肆、聽力的評量

　　早期聽力測驗如敲擊銅板的聲音或使用輕柔的說話聲等各種型式。十九世紀中期音叉的發明使聽力測驗多了一個定性的要素。直到純音聽力計（純音聽力檢查儀）的發明才能作聽力的定量測量。使用臨床聽力計才能比較聽障患者和聽常者的聽閾。所謂「閾值」定義為以分貝測得的聲音水準，這個聲音小到只有 50% 的機會能被聽到，也就是個體能聽到最小聲音的音量。聽力計的製造商使用美國國家標準局所建的資料決定正常聽力水準所需的音壓。因此，當聽力計設定在 0 分貝 HL 時，耳機傳來的聲音水準只大到能讓一般聽力正常青年聽到的聽覺閾值。

## 一、純音聽力檢查

　　純音聽力檢查的完成需要指導病人在聽到聲音時告知的方式（如按按鈕或舉手）。但有些病人（如小孩、智能障礙者或多重障礙者等）很難有自動的反應，因此需要發展特殊的技術來誘發其反應。聽力圖和一般的圖有點不一樣，其數字愈接近頂端數字愈小，愈接近底下數字愈大。每個頻率的聽閾值是以分貝的數字來表示，大多數聽力圖的強度範圍從 10 到 110 聽覺分貝。傳統的頻率範圍以音程或半個音程從 125 到 8000 赫茲。超高頻率的聽力檢查則可測量聽覺敏感度到 20000 赫茲。

## (一)氣導

　　氣導測驗要把耳機放在外耳的耳廓上或把接收器插入耳道來進行。從外耳、中耳傳入的聲波在內耳轉換成電子化學能，而此電子化學能由聽神經傳至大腦。測驗結果以紅色圓圈代表右耳、藍色叉叉代表左耳。在所施測的頻率下面按照所測得的閾值分貝數來顯示。10 到 15 分貝 HL 代表正常的聽力。0 分貝

HL 不是沒有聲音，而是指在此強度連聽常者都不太能聽到，負 10 分貝 HL 則表示聽覺敏感度比一般所預期的敏銳。

## (二)骨導

　　骨導測驗的設計繞過外耳和中耳，只測量內耳的敏感度。骨導閾值要放一個特殊的振動器在頭部上，通常放在耳廓後的乳突骨上。骨導振動器藉著頭顱骨的扭動刺激內耳。閾值的取得和氣導一樣，通常用紅色（表右耳）、藍色（表左耳），畫在圖上。解釋測驗結果的人應該查閱聽力圖的說明以確定其符號的解釋正確。聽力正常者的聽覺閾值在氣導和骨導的各個頻率上，都在 15 分貝 HL 或以下。

## 二、語音聽力檢查

　　因為純音並不存於自然界，而且病人對其聽力的最普遍抱怨是他們有聽語音的困難，所以就發展了語音聽力檢查計。透過語音聽力檢查已經可以做數種聽力的測量，其中最普遍的是語音辨別閾值（speech recognition threshold, SRT）的測量，此種測量在語音出現的那一刻只有 50% 的機會聽到與了解。SRT 不只是一種語音聽力損失的測量，而且它通常和 500、1000 及 2000 赫茲所得的純音平均閾值很接近。因此，SRT 常是純音聽力圖的一個極佳的信度檢核。

　　成套的診斷測量中有時候會測量的另一種語音閾值是「語音偵測閾值」（speech detection threshold, SDT），它又常被稱為「語音知覺閾值」（speech awareness threshold, SAT）。語音偵測閾值是受測者所能聽到的最低音量，在此分貝程度個體很難偵測到語音的存在並辨別出它是語音。語音知覺閾值通常比語音偵測閾值的強度少 10 分貝。因為受測者常抱怨他們能聽到語音，但理解有困難，所以，例行的聽力學檢查也包括語詞辨別測驗（tests of word recognition）。有各種的語音辨別測驗，每一種測驗在個人的語詞辨別能力的判斷，雖有其缺點，但也都有其可取之處。語詞辨別是最普遍的測量，它使用特殊的單音節語詞單，並根據口語或書寫反應或指出圖片的正確語詞百分比來計算其得分結果。

### 三、非行為的測量

因為看到許多病人在聽力評估中無法合作或對聲音無法給予可信的行為反應，因此，極渴望存在一種不需要病人自願反應的程序。在這樣的情形下，發展出數種電子聲學以及電子生理學的方法。

### ㈠聽能換移

聽能換移（acoustic immittance）是指聲波能量轉換之型態。周邊聽覺系統事實上是一個能量轉換之系統，由空氣中之聲波進入外耳道，聲波的傳音質子撞擊到耳膜，使聲能傳至中耳，再由中耳將之變成機械能（mechanical energy），此機械能經由中耳聽小骨鏈之作用由鐙骨處向卵圓窗內外推動，將此機械波傳入內耳耳蝸而再變換成水波能（hydraulic energy），再經由聽覺神經及耳蝸之作用，將此聽覺訊息形成神經衝動向上傳到中樞聽覺系統，使個體接收並認知此訊息。

但由於中耳並非一個完美的能量轉換器（transducer），所以，並非所有被外耳接收的聲波能量，都能被接受而轉換成機械能。由此觀點來看，中耳會阻止部分的聲能通過，因此，稱之為聽能阻力或簡稱為聽阻（acoustic impedance）。通過中耳到內耳的能量則稱為聽能暢通或聽暢（acoustic admittance）。在聽阻聽力檢查中，可測聽阻的能量，亦可測聽暢的能力，不論測哪種能量都能達到篩檢及診斷的目的，因此，這兩種能量都統稱為聽能換移。

在現代聽力測量技術中，耳膜聲波抗阻的測量是最令人驚奇的技術。理論上，當中耳的耳膜或聽小骨鏈變緊，或中耳有積水時，就會出現傳導性聽力損失。在此情況下，只有少數的能量能進到中耳，但卻有較多的聲音從耳膜的表面反射出去。現在可以判斷聲音暢通的進到中耳以及聲音通道的阻力之間的關係。用「聽能換移」這個名詞來說明這些現象。聽能換移的測驗有三種形式：靜態換移、鼓室聽力，以及聽覺反射的測量。

1.靜態順應力或絕對應力（static compliance）可用兩種測量，在說明對抗流入中耳的能量時用立方公分，而在說明聲音暢通的流到中耳則用千分之 hos。這兩種測量互為倒數關係，一個增加、另一個則減少。因為變化的範圍大，正

常耳朵和異常耳朵換移值的重疊已經使得靜態換移測驗比過去所預期的沒有診斷的用處。

2.鼓室聽力（tympanometry）就是當耳膜旁的壓力改變時，出現耳膜順應力的一種功能測量。這個結果圖稱為鼓室圖。

測量時，檢查者以靜態換移測驗相同的方式放置一個探針裝置的橡膠尖端在外耳道。這個裝置對耳膜發出一個連續的探測音調，當聲能從耳膜反射出來時，一個麥克風會測出聲能的量。氣壓灌入時，在耳膜旁會有一個正氣壓，耳膜會輕輕地推著氣壓進到中耳，使中耳系統有部分被夾住或變硬的效應。外耳正壓的結果會降低耳膜的順從，導致更多的聲能被耳膜反射出去。然後，壓力逐漸地降低直到它達到一般的氣壓，然後又降低直到它在外耳道內變成負壓。

當耳膜兩側的氣壓相同時，任何的耳膜振動都會最順從（最易動）。de-kapascals（daPa）習慣被用來當壓力單位。當外耳壓力在 0 dah，正常的耳膜有最大的順從功能。當外耳道的正氣壓以及負氣壓都增加時，耳膜變得較不順從。

Jerger（1970）稱此為 A 型鼓室圖。一種普遍的鼓室圖類型可從那些中耳腔因耳咽管沒有正常打開的人看出。當此現象發生時，中耳壓降低，耳膜在外耳壓為負壓時變得最順從。Jerger（1970）稱此為 C 型鼓室圖。當正常充滿氣體的中耳腔有液體時，耳膜旁的液體壓力比外耳換移設備安全產生的壓力還大。在這樣的案例中，從換移設備而來的氣壓從正壓變為負壓。Jerger（1970）的 B 型鼓室圖在預測中耳積水極精確。

3.聽覺反射來自中耳兩個小肌肉，tensor tympani muscle 和鐙骨肌的收縮。雖然造成這些肌肉收縮可能有數種刺激，但人類的鐙骨肌一般都會對大的聲音做收縮的反應。對大多數聽常者來說，一個耳朵內大約 85 聲壓分貝的聲音將會產生兩耳內的鐙骨肌反射。使用和測量靜態換移，以及鼓室聽力相同的探針可以監控鐙骨肌的反射。當鐙骨肌對聲音作收縮反應時，觀察聽覺順應力指示表（acoustic immittance meter）會出現耳膜順應力的減少。在觀察一個聽覺反射的最低強度所測得的聽覺反射閾值（ART）時，常有助診斷聽力損失出現的類型以及導致聽力損失病理學的位置。包括靜態換移、鼓室聽力，以及聽覺反射閾值測量的成套聽阻測驗已變成成套診斷性的聽力測驗不可缺少的部分。

## ㈡聽覺誘發電位

即經由耳機發出突然的音調或卡搭聲，使用放在頭上（包括頭皮、前額、耳垂、乳突以及外耳道）的電極裝置測量聽神經系統對這些刺激的電子反應，已有一段時間。現代電腦快速的發展已經使頭顱骨發出的極微小伏特訊息能算出平均數，這樣使得大腦傳出的隨機、持續性電子訊息不會遮蔽聽覺訊息的反應。今日最受歡迎的是腦幹聽性反應（ABR）技術，它能在一系列聽覺刺激快速的出現之後的前 10‰ 秒內測量其出現的反應。雖然 ABR 已是評估中高頻率範圍聽敏度，嬰兒以及協助聽覺系統內的損傷部位診斷的一種極佳工具，但它仍有一些限制。此領域的專家一致同意 ABR 不應被視為一種聽力測驗，而應是一種對一系列刺激的中樞聽覺神經系統反應的同步神經活動測量。像所有診斷程序一樣，ABR 的有效性必須有合適的配合，此程序的一些變化讓它是否仍是一個重要的聽力學診斷要素還不確定，有待未來的發展才能確定。

## ㈢耳音傳射

耳蝸一直被視為一個器官，它的活動包括能量的轉換以及將訊息從中耳傳到聽神經。在一九七八年 Kemp 在許多案例中報告，他說聲音實際上是由耳蝸所產生的，它能被放在外耳道的微小、敏感的麥克風所偵測到。這些反應可以是自動的（自動式的耳音傳射，SOAEs），或可被外耳的卡搭聲（click）誘發（誘發式的耳音傳射，EOAEs）。誘發式的耳音傳射出現在大多數的正常聽覺系統，當受測者有中度以上的傳音性或耳蝸聽力損失，則測不到誘發式的耳音傳射。現代聽力學的文獻在這個最重要的突破性發展上有許多新的研究，在測試病人以判斷損傷位置以及那些難以施測其聽敏度的人，如新生嬰兒和偽裝聽力損失的人，這種測驗已快速地受到歡迎。

## 四、小兒科的聽力評估

嬰兒聽力損失的早期發現（early detection）很重要，但卻不容易做到。雖然聽力學的評估能對個人的聽覺系統有豐富的資訊，但是前述介紹的測驗有許多無法成功地用在嬰兒或學前兒童上。因此，用在小兒科幼童的聽力評估必須

作調整。在施測前先和家長討論對聽力學的評量來說非常重要。臨床醫師需要和兒童建立良好的關係。因為測試的程序隨兒童的年齡而有不同，最好以年齡的方式來討論聽力學的程序，而在小兒科的評估程序中，精確性、一致性和信度最重要。

### ㈠出生至二歲的嬰兒

即使嬰兒聽到聲音也無法舉手表達，因此需要一位敏銳的觀察者或醫師來注意其反應。視覺增強聽力檢查（VRA）是一種在制約期間隨著聽覺訊號的出現，玩具會同時主動發亮的步驟。在評估期間每次有適當的反應後就會有一閃一閃的燈。嬰兒的測試要在一間適當安靜程度的檢查室，且有可測量的噪音。讓嬰兒的母親適當的坐在檢查室的中間，而嬰兒坐在媽媽的膝上。四個月大左右的嬰兒：聽力師將玩具前後移動以吸引嬰兒的注意，在嬰兒沒有看到時拿出一個會發聲的玩具（noisemaker），注意其眼睛的睜大、眼睛的轉動、快速的眨眼等反應；假如嬰兒至少四個月大則再觀察其初步的轉頭動作。五至七個月大的嬰兒：聽力師用語音刺激和鳥聲來測試嬰兒，嬰兒會把頭轉向傳出訊號的那一側。九個月大的兒童：聽力師可重複地說：「Bye-bye Amy」，並且慢慢地降低音量直到兒童沒有反應來測出其語音察覺閾值（speech awareness threshold）。當兒童的年齡增長時，可增加其評估的程序，例如：可以請兒童指認或指出熟悉的圖片。

### ㈡二歲至五歲的兒童

遊戲式聽力檢查（play conditioning）可用來測試二至五歲的兒童。二歲的兒童可能需要在測試時坐在母親的膝上，但四或五歲的兒童可自己坐。聽力師用夾子或積木等引起動機的玩具，告訴兒童要玩一個遊戲。聽力師將夾子或積木放在兒童的手裡，並要兒童注意聽聲場（sound field）所出現的小小聲音；當兒童聽到聲音時，指導兒童把夾子或積木放進一個桶子或盒子裡。當兒童可以單獨自己做此遊戲時，可用耳機來呈現聲音。因兒童的注意廣度極短，必須快速地進行測試的程序。語音聽力檢查可透過各種指出圖片的作業來完成。誘發反應聽力檢查（ERA）是一種客觀的測驗，最常用來幫助難以施測兒童的診斷。此測試包括觀察大腦皮質的電子衝動反應，此反應會記錄在一張圖上。

## (三)耳音傳射（OAE）

　　誘發耳音傳射（EOAE）在小兒科人口中，是一種最重要與具前瞻性的臨床聽力學應用。其應用有：(1)新生兒和嬰兒的聽力損失篩檢；(2)區分嬰幼兒的周邊聽力的損失與中樞聽覺功能的異常，特別是多重障礙兒的區別；(3)監督使用耳毒藥物對嬰幼兒的耳蝸狀況。

　　此時對耳音傳射在永久性聽力損失的發現有多成功還不可知，但蠻鼓勵將耳音傳射篩檢用在三個月大無法做腦幹聽性反應（ABR）嬰兒的聽力篩檢上。因為短暫性的誘發耳音傳射測驗所需的時間極短（比ABR少九分鐘），極有可能變成一種主要的篩檢工具。

# 伍、聽力損失的補救

　　當聽力損失可經由藥物或手術恢復，醫學的介入是選擇的方法。聽力師和說話語言病理學家在轉介所有傳音性和混合性聽力損失患者，給合適的醫學專家，有其合法的和道德上的義務。一旦醫學治療不再是一種選擇，或嘗試失敗，溝通專家的技能在聽覺復健上就變得很重要。

## 一、輔導

　　對患者或患者的照顧者說的頭幾句話會對後續的所有治療有著關鍵性的影響。聽障兒童的家人極有可能在聽到其孩子有不能恢復障礙的消息時，受到嚴重打擊的證據愈來愈多。一旦「聾」或「聽力缺損」的話在診斷後的諮商期間說出時，家人常變得無法處理後續的訊息。雖然聽力師覺得給予兒童蠻多的訊息才能滿足家人的需求，但假如家人無法處理這個訊息則這樣的做法不太好。我們也愈來愈知道，即使成人本身預期他們有聽力損失的診斷，他們仍可能對他們有聽力損失的消息在心理上覺得煩躁不安。雖然成人也表示他們想要更多的訊息，但證據顯示，當他們心理上沒有準備，則他們常會有訊息處理的困難。

　　家長和其家人的輔導應該被視為一種持續的歷程，而非只是一次的訊息分

享。或許最好的開始只要問他們希望得到哪一種的訊息，很多人不希望在當下聽到細節，只希望對其聽力狀況以及其一般的影響有一個整體的印象即可。在兒童的個案中，許多專家同意讓照顧者觀察或參與測試，當他們看到兒童嚴重的聽力損失時，會使他們的心理有所準備。聽力師只要問家長對其孩子聽力檢查的印象就可以了。讓家長參與診斷的說出有助情緒創傷的減輕。

當受測者是一位大孩子或成人，最好對他們本人說出診斷的消息，而不是告訴陪伴受測者聽力評估的人。臨床醫師太常對青少年的家長、老年人的孩子，或聽力損傷者的配偶說診斷的結果，這種方式對患者是一種侮辱以及挫折。

輔導是一種持續的歷程，患者和家人必須對醫師有信心，但必須允許他們根據提供給他們的消息在自己的時間內作決定。Luterman（1987）指出聽力師太常介入作為家庭的救世主、為他們做決定、給予指示，以及負擔責任。Luterman 相信這種作法妨礙了家人的成長，因為畢竟家人才應該是做決定的人。

## 二、人工彌補術

聽力師會進行持續的評估為聽障兒童配戴最合適的助聽器。對年幼的兒童來說，可能要花六個月到一年的時間才能作助聽器最後配戴的決定。在此過渡期可能要為兒童配戴一個借用的助聽器。助聽器有一個麥克風接收聽覺訊息，然後把此聽覺訊息接到一個放大器。放大器增加訊息的能量並將此訊息傳到接收器，此接收器是一個小型的擴音器會把電子訊號轉成聽能，所有的助聽器都用電池來運作。

助聽器有以下幾種類型：

㈠口袋型助聽器：現在較少人用此種類型的助聽器（2%）。然而，因其較大的體積，因此，比其他類型的助聽器在電器回路和控制上有較多的放大率和彈性。

㈡耳掛型助聽器：BTE 助聽器也有電器回路和控制選擇的彈性。現在仍占有 30%左右的市場。

㈢眼鏡型助聽器：不如過去那麼受歡迎。

㈣ CROS 助聽器：CROS（跨耳對傳助聽器）把患耳側的聲音由患耳所裝

的麥克風接收，將接收到的訊號放大一點點，再傳送到連在優耳的接收器。此種類型的助聽器有耳內型、耳掛型或眼鏡型。這些設備建議用在一耳無法助聽的人，另一種變型是 BiCROS。

㈤耳內型／耳道型助聽器：一九九○年代最受歡迎的助聽器。選擇此種助聽器的人大多為了美觀。Mahon（1987）指出全美國助聽器的銷售中，耳內型占了約 80%的市場。然而，因為耳朵成長快速要常做修改，所以耳內型並非成長中兒童的最佳選擇。

㈥完全耳道型助聽器：完全放在耳道內，外表幾乎看不到。

助聽器雖為聽障兒童打開了一個新的世界，卻在助聽器的使用上產生一些問題：最普遍的問題有聽覺回饋、訊息扭曲、間歇的訊號、吵雜的聲音，或助聽器功能失常。因有這些問題存在，所以聽力師的追蹤很重要。

從第一篇植入耳蝸的患者報告出版至今已將近三十年。第一篇的報告並不是很有效果，但最令人欣喜的結果是語音訊息被知覺為語音，但知覺到的語音訊息並不清晰。然而，隨著研究的進展及訊息處理複雜度的增加，成效良好的患者說他們有語音辨識的能力。耳蝸植入術藉由電子式的刺激極重度聾耳朵的殘餘神經纖維而提供聽覺，其中最重要的功能是提供使用者某種程度的語音辨識。它有各種設計能使語音訊息的呈現轉為電子刺激。

顳骨刺激器雖然和耳蝸植入術相當不同，但是它是一種相當新的可植入的設備；它是為不可逆的傳音性聽力損失者而設計的，一個骨導振動器被植在耳廓後的顳骨內，且由感應線圈來刺激。感應系統的輸入由外面所戴的助聽器提供。這種設備的有效性似乎很有希望，但現仍在研究中。

振動觸覺輔助器的接收器有氣導和骨導的接收器，可戴在手腕上。它的輸出裝置可放在小孩子的背部或胃部或帶在手上或指尖上；另有一個過濾器。過去只有無法從傳統助聽器獲益的極重度聽力損失者，會使用振動觸覺輔助器，現在已有一些兒童結合振動觸覺輔助器和傳統助聽器。其設計和對極重度聽障者的潛在幫助需要透過研究才能判定。

另外還有各種其他的輔聽設備能給教育場所的聽障兒童額外的幫助。聽覺訓練器（auditory trainer）功能很像助聽器，能用在教室或在一個特定的地點作為一個訓練的設備。因他們被用在團體的場合，所以大小和外表不是重要的考量。其大型的體積使其能配備較大的零件以及特殊的電器回路，因此有較佳的

真實感。有四種基本的聽覺訓練器系統：

### 1.桌上型

桌上型訓練器是放在一個盒子裡，通常放在學生的桌上。各個成分分布在盒子裡。此設備的缺點是：假如教師和學生之間有一段距離的話，則其訊號噪音比較差。此種訓練器在一對一的訓練課中較有益處，不太建議用在聽障兒童的教室裡。

### 2.有線型

有線型的輔聽設備也可被放在兒童的桌上，而每位兒童有自己的音量控制。因為教師直接對著麥克風講話，所以噪音訊號比不錯。缺點是不可隨身攜帶。

### 3.感應線圈型

線圈系統將電線線圈繞著教室，並將線圈裝在地毯或地板下。電磁的電流繞著線圈流動，從教師麥克風來的聽覺輸入將能量改變，而使此能量變成一種環繞線圈的磁場。教室內的每位兒童在電話耳機的位置（telephone position）戴著助聽器。助聽器裡的電話線將接收訊息並將此訊息傳到耳朵，此種設備的噪音訊號比極佳，但兒童只能聽到教師的話而不能聽到其他兒童或他們本人的話。現在的助聽器有一個轉換開關，可同時使用麥克風和電話耳機的裝置。教室內的線圈系統較有彈性。

### 4.調頻型

無線型調頻聽覺訓練器是最廣為使用的訓練器。教師戴著麥克風送話器，而兒童的助聽器戴著調頻接收器；教師用一種調頻無線電波直接對著兒童的接收器傳話。其噪音訊號比通常不錯。Ross（1987）說：「以我之見，自從現代助聽器出現以來，調頻聽覺訓練系統的出現已經成為一般聽障兒童最重要的教育工具。」更確切地說，此種訓練器極有可能是最有效的工具。

聽力學的處理並不是配戴助聽器或使用一種聽覺訓練器就結束了。需要監控聽障兒童並在其接受教育的期間加以追蹤。需要監控急性中耳炎所導致的傳音性聽力損失兒童，以及出現感音性聽力損失的兒童。因為年幼兒童常發生中耳炎，所以Feagans（1986）建議，應該對日間看護中心進行早期療育和追蹤。她所建議的模式包含四個部分：

㈠舉辦研習會教育日間看護中心的工作人員中耳炎的發生率和長期影響。

㈡除了專業人員的耳朵檢查外，還要例行的聽力篩檢以測定幼兒的聽覺閾

值。

㈢為持續有再發性中耳炎的兒童所實施的例行發展性評量，包括：認知、注意力和語言測驗的測量。

㈣語言的持續注意訓練之療育，與重組日間看護場所和組織，以調整教室進行小組教學，並能降低噪音。

配戴助聽器的感音性兒童需要定期的追蹤。兒童一經配戴助聽器，就要進行監控的技術。這些技術包括：

㈠應該訓練幼兒的家長助聽器的使用、保護和維護。

㈡兒童至少每六個月需要見聽力師一次，以確保耳模牢固且不需要重做耳模。耳模內的管線可能需要替換或清洗。濕氣、灰塵和耳垢阻塞會使助聽器功能失常。

㈢兒童一年至少接受一次的聽力學評量。

㈣聽障兒童的教師必須知道兒童的需求以及助聽器的有關資訊。

## 三、成人的聽能復健

聽力缺損（hearing impairment）是指一種器質性的聽力問題；聽力失能（hearing disability）是指聽力損失的主要影響，即溝通的影響；聽力障礙（hearing handicap）是指聽力損失的續發性影響，例如：教育的、職業的、心理的以及社會的影響。基於這三者有差別的理由，當患者知覺有溝通的影響時，就要把重點放在失能，這樣聽能復健才會有效。除此之外，許多人覺得障礙這名詞是個輕蔑語。

傳統的聽能復健法常由練習知覺技能的練習活動組成。強調讀唇；因為嘴唇在語音的視知覺上只扮演一部分的角色，所以，用讀話這名詞將更合適。強調聽能訓練（聽取這種環境的、音樂的以及說話的聲音，以練習辨認和區辨力）。雖然有些聽能復健法的原則基本上沒有改變，呈現刺激的新技術以及現代工具已經使得臨床醫師重視更實用的聽能復健法。聽能復健一般都同意應該從取得患者溝通需求，以及興趣的訊息等深度個案史開始，接著，在聽力師協助患者下，進行合適的聽力缺損評量。

聽力損失成人應該得到什麼是正常的聽力以及缺損的聽力，聽力測驗結果

是什麼意義，以及復健的可能等合適的訊息量。復健可根據患者個人的需求來進行，這些需求常包括下述方案要素的一些組成：

　　㈠以助聽器、耳蝸植入術以及／或輔聽設備等型式提供合適的擴音。

　　㈡讓患者參加團體的，或個別的諮商，以及訊息的方案。

　　㈢提供各種溝通情境視覺，以及聽覺線索最大運用的訓練。

　　㈣教導患者溝通策略、肯定策略以及因應策略，使他們能修正其態度、期望，更可能的話，修正環境使其溝通問題降至最小。

　　㈤進行傾聽訓練，以教導接收訊息的警覺性、注意力以及準備度的重要性。

　　㈥進行說話管理訓練，以克服患者未能監控其說話表達，以及增強其聽覺、視覺，和動覺感官的使用，以理解說話。

　　㈦推薦如重聽者自助以及後天成聾成人協會等支持團體。

　　這些要素的使用和順序，明顯地視患者的需求，以及臨床醫師的方法而有不同。

## 四、兒童的聽能復建

　　重聽兒童以及聾童的教育和訓練充滿挑戰。「聾」指那些聽力損失嚴重到使聽覺障礙者在沒有助聽器之下就無法理解語音。另外，「聾」也指那些認為他們本身為聾人社區文化的一部分，並且選擇使用美國手語（ASL）而不是口語來溝通的人。當語言的概念在聽力損失開始之前就已經習得，必須儘快的開始矯治以避免語言發展的落後。當兒童出生就有顯著的聽力缺損或出生後得到聽力損失，口說美語的習得極有可能比聽常兒童還困難，這些困難端賴其聽力損失的程度，以及兒童可獲得的聽覺訊息量而定。

　　聽障兒童的教育方案有住宿制方案、通學制學校方案、公立學校內的日間課程、資源教室、巡迴式方案、普通班、反回歸方案。一個涉及聽力損失兒童教育方法學，或哲學種類的基本決定，都會對兒童每日如何溝通有著極大的影響。這樣的決定更會受沒有任何一種肇建的方法是最好的事實所影響，尤其是學語前就聾的兒童更是如此。教育法有口語法、早期強調讀話，現在則善用殘餘聽力、綜合溝通法以及雙語雙文化法。

有些人從雙語言的觀點覺得聾兒童應該接觸英語。ASL是一種真正的視覺手勢語言，它和聽覺口語的英語不同，而且像英語一樣ASL有自己獨特的結構和規則。從這樣來看，ASL不能和有聲的英語同時使用。雙語教育法的擁護者知道大多數聾童學習英語的困難，而且主張ASL從語言發展以及文化兩種觀點來看，實在是一種有效的工具。在雙語言的派別中，一派相信兒童應該從國小起就在ASL的環境內接受教育，這樣他們就能盡可能的學到和生活訊息一樣多的語言。這樣，兒童理論上將使用第一語言（ASL）的形式和功能，來獲得第二語言（英語）的相同特質。另一派則覺得兩種語言應該同時的發展。證據顯示在ASL和英語兩種都流利的聾童，在標準化測驗和學校內的兩種成就都顯得較優秀。這個討論絕不是總括一切的，還有其他的哲學以及議題和聽障兒童的肇建有關。應該由這些兒童的照顧者來決定使用哪一種溝通法。臨床醫師必須以一位幫助者和教育者來服務，而且必須尊重照顧者的決定，因為假如一個家庭對一個特定的系統使用得不舒服，對兒童來說涉及口說英語的溝通，可能會發展得更慢。

# 陸、聽力損失學童的教育

　　美國聽障兒童的教育表現一直為教師所關注。Reamer在一九二一年研究二千五百位聾生的教育成就，他發現，和聽常同儕比較時，聽障學生的學業平均落後四到五年。一份一九六八年到一九七〇年的調查蒐集學前到大學階段聽障學生教育表現的統計資料，證實聽障兒童和聽障青年有四年的教育落後。他們表現最好的領域是拼字和算數計算。若將書面語言解碼能力納入的話，有關字詞問題的算數概念和表現仍有極大的困難。成就落後最多的是閱讀，對十五、十六歲的學生來說，其平均閱讀理解在 3.5 的年級水準。後來，哥德人口統計研究室也證實此閱讀成就的落後。Trybust 和 Karchmer（1977）的研究報告指出，二十歲聾生的一般閱讀水準在 4.5 年級。

　　閱讀理解對學業學習很重要，以及書面語言的理解直接和口語理解有關聯。學生通常從三、四年級起就要透過閱讀來學習，對沒有足夠語言基礎的聽障兒童來說，透過閱讀來學習的課業就變得極為困難。大部分重度聽障兒童並沒有發展足夠的語言能力使其成為書面語言有效率的解碼者。因此，和聽常兒

童比較時，其書面語言的理解就顯著地落後，而此種現象或許和聽障兒童要花較久的時間，才能達到口語理解發展最後階段的事實有關聯。

## 一、閱讀

閱讀的學習是一種需要統合語法、語意、語用能力，及字詞解碼能力的複雜工作。字詞一旦被解碼，讀者必須將此解碼的字詞轉成一個更有用的形式。對聽常者來說，此形式由語音要素組成；但對聽障者來說，此形式視語言輸入模式而定，它可能是語音形式、手勢、指文字或視覺拼字法。讀者必須透過推論和假設從文本中抽取明顯和隱含意義的能力。這些能力會更進一步受字彙、語法、比喻性語言及論述等文本變數的影響。聽障兒童的閱讀教學計畫有四種基本法：基礎讀者法、語言經驗法（LEA）、編序教學法、和個別化的方法。下面介紹其中較重要的三種：

### (一)語言經驗法

此為最常用在國小的方法，兒童使用自己的語言來寫故事，即兒童口述一個故事，教師將此故事寫下來，然後將此寫下的故事用在閱讀教學上。為了示範和併入英語語法的形式，已把兒童口述故事的修正納為語言經驗法的一部分。兒童一達到某些寫作能力，就要將這些書寫的樣本併入閱讀計畫。兒童口述或書寫的故事是以個人的互動為基礎，而且展現兒童社會環境的經驗，此方法最有趣的地方在於把閱讀和寫作的歷程連結起來。

### (二)編序教學法

以電腦為基礎的教學，也已被用來幫助閱讀能力的發展。聽障兒童電腦運用相關的研究仍少。Prinz、Nelson 和 Stedt（1982）的一項研究，訓練三到六歲聾兒童使用 ALPHA 程式，它是一種視覺字詞的電腦程式。他們強調訓練聽障兒童使用此程式，在字詞辨識和指認上有進步。此程式使用字詞、圖片和手勢手語表徵（manual sign representations），因此，可用在主要溝通形式是手語的兒童。另外，對三至十一歲聾童的研究，支持使用電腦教學於閱讀和寫作上（1985, 1989）。Prinz、Nelson、Loncke、Geysels 和 Willems（1993）也支持國

小聽障兒童的電腦基礎教學。前面提到的研究，基本上都支持聾幼兒使用多形式和多媒體的閱讀計畫。

### (三)在閱讀正式的訓練開始之前聽障兒童必須先發展語言能力

發展語言的最佳方法是透過故事述說，使兒童接觸故事結構、文字和常見的文化主題。Schick 和 Gale（1995）研究，使用某種形式的 manually coded English 英文手語的學前聾和重聽兒童在三種不同的語言情境間：使用純美國手語、使用純精確英語手語Ⅱ，和使用有關口手語特徵與結構的精確英語手語Ⅱ的故事述說。精確英語手語Ⅱ是一種英文手語的形式，而美國手語是一種聾成人使用的手語。當故事包括美國手語的手勢時，兒童的參與更多且啟始的互動更多。此研究在考慮使用英文手語的兒童的教育方法時很重要。此研究建議將美國手語納入聾童的教育規劃中，可增進兒童溝通的興趣與增加兒童啟始互動的機會。

## 二、書寫語言

書寫語言需要寫者具有完整的語言能力，以及有能力擷取概念上的基模，並將此基模轉成有凝聚性且有意義的主張。調查聽障兒童書寫語言的研究，強調他們缺少語法和語意的知識。重度到極重度聽障兒童的書寫作文缺少複雜性，常有文法上的錯誤如贅加、替代，和字順偏異，有較短的句子和子句長度，包括代名詞、介係詞、形容詞和副詞，以及比聽常兒童較無抽象的概念。學科知識的習得要透過書面述說故事論述的理解。表達和論述理解的缺陷對學科學習有不利的影響。Yoshinaga（1983）假設，研究重度聽障兒童的書寫語言，可能對聽障兒童的理解策略有幫助。因為了解這些策略對補救有重要的啟示。她以聾童書寫語言的語意和語法特徵為基礎，推測聽障兒童的故事敘說能力的缺陷，可能是由於沒有發展故事的概念所致。為這種兒童的補救技術將包括經常提供機會讓他們聽人讀出來的故事，並觀察他們戲劇或電影的理解。

過去的十年已成為語用遞增的十年。語言發展無法被區分，每一種成分彼此之間有關係而無法獨自的被教導。語言和溝通必須發生在情境脈絡中，而那正是為何聽障兒童閱讀和寫作的能力難以習得的原因。為了要精熟閱讀和寫作

的輔助能力，他們必須統合各種語言和溝通的能力。

## 三、全語言

近來全語法已廣為非障礙兒童的教師所接受。它是一種在語言習得的過程，併入語言所有領域的教育哲學。它是源於語言學習的發展觀點。全語言的倡導者提出未能成為流暢的讀者和作者，是因為閱讀和寫作，傳統以來一直和語言分離，而成為各自被教導的能力。他們擁護將說、讀和寫作統合於學習的歷程，並把學習當成一種主動、建設性的歷程，在此歷程間會持續地將新的訊息加入已有的知識中。此哲學能被用在聽障兒童的復健策略中。聽障兒童的療育應併入下列的全語言假設：

㈠語言存在的目的在理解我們環境的互動，與傳達有關自己和周遭世界的意義。

㈡所有語言的要素都同時地互動（語音、語形、語法、語意、語用），而無法被分離與獨立的被教導。

㈢語言存在於情境中，沒有情境就沒有意義。

㈣語言學習是一種主動將新知識納入已有知識，以發展複雜的知識基模的歷程。

將這些前提記在心中，說話語言病理學家／教師必須仔細地組織和計畫語言學習活動，以促進各種溝通功能的發現。活動必須是和兒童環境有關，且是他感興趣及有意義的，並且鼓勵與充分運用機會，以利其社會互動。

## 四、手語和雙語主義

聽障兒童通常不是接受聽覺／口語計畫的教育，重視讀話和說話以及不用手語；就是接受綜合溝通的教育計畫，使用手語、讀話和說話。已經用各種手語系統來教育聾兒童。例如：精確英語手語Ⅰ（Signing Essential English, SEE1）和精確英語手語Ⅱ（Signing Exact English, SEE2）由口說英語的手勢表達與口說英語的語法和文法形式組成。使用此種手語系統的教師正試著透過一種視覺系統的運用把英語當成第一個語言來教。在一九七○年代期間有很多的研究，以美國手語一聾成人用的手語為研究。ASL是一種有自己的語法和慣用

語的語言。因此研究已建議出生在家中使用美國手語的聽障／聾家長的聽障／聾童，應以不同於出生在聽常家長的聽障／聾童的方法，來教導其口語和書寫的英語。其前提是接觸美國手語的兒童，已經達到 ASL 的基本語言基礎。當他們在教育場所接觸英語時，英語是其第二種語言，因此教育的方法必須是一種雙語的方法。

　　另外，這些聽障／聾童已接觸了聾文化的傳統和習慣，習得聾人的傳統和習慣，使他們成為雙文化，因而在教他們美國手語／英語為第二語言的方法，應強化此雙語的立場。今日尚未實施雙語法來教育聾或聽障兒童。其理由有以下幾點：

　　㈠美國手語並非大多數聾童的母語。

　　㈡美國手語沒有書寫的形式。

　　㈢只有極少數受過訓的教師懂得美國手語。

　　㈣雙語教育仍有爭議。

　　㈤美國手語課程的出版極少。

　　㈥有些教師質疑美國手語為一真正語言的地位。

　　儘管有這些阻礙，仍試著證明以及驗證雙語法在教育上使用的正當性。Strong（1988）使用一種說故事的形式在教室中介紹美國手語。然後透過美國手語來教英語。因為此計畫強調後設語言的覺察，所以此計畫很有趣。Hanson和 Padden（1989）設計一種使用電腦來呈現教學錄影帶的教學法，來教美國手語流利的聾童學習書面的英語。在實驗試驗期中，此方法極受教師和學生的接受。後來作者更發展出此種方法的更多軟體。

　　因聽障／聾童習得語言的困難與普遍學業表現差，在教育場所中採用第二種語言學習的方法，似乎可行與實際，在推薦此法廣泛運用前，有必要做更多詳細與更有系統的研究。

## 五、融合教育

　　今日聽障幼兒有許多的教育選擇。過去聾生只能就讀隔離式的住宿學校，而重聽學生只能就讀隔離式的通學制學校。後來聯邦立法已帶來新的選擇，包括日間課程、資源教室、巡迴方案和合作教學。全體障礙兒童教育法案（PL

94-142）確保三至二十一歲的全體障礙兒童，接受適當的特殊教育服務。一九
八六年通過的 PL 99-457，更要求要讓出生到二歲的兒童接受適當的特殊服務。
大多數的討論都以最少限制的環境概念，即盡最大的可能讓障礙兒童和非障礙
兒童一起接受教育，作為討論的中心，並將此概念和聾童融合的概念結合。聾
和重聽兒童和聽常同儕的早期融合，對聽障兒童有極大的教育益處。今日有三
種類型的學前統合安置選擇：

㈠讓聽常學前兒童就讀專為聾及重聽兒童設置的兒童早期計畫（反回歸）。

㈡安置聾或重聽兒童在自足式的早期療育計畫一部分的白天時間，然後一
部分的白天時間安置在兒童看護中心，以利其社會化的經驗。

㈢安置聾及重聽兒童在由聽常同儕組成的學前班，給予聽障兒童充足的支
持服務，將使聽障兒童一整天都能和其他學前兒童充分地參與各種活動。

將聽障學前兒童統合於回歸的環境有相當多的挑戰。因為聽障兒童的溝通
嘗試經常不夠與無效，所以聽障兒童和聽常兒童間的同儕互動通常極有限。假
如由於同儕沒有回應而使聽障兒童的會話嘗試沒有得到增強，安置於統合的場
所將只有極小的益處。因此，應該運用特殊的促進策略，以確保豐富互惠的會
話，此種會話不只有助語言學習，而且也對社會性互動的複雜遊戲有幫助。為
了促進聽障兒童和其聽常兒童之間的良好互動，可運用幾種策略：

㈠鼓勵聽障兒童更清楚地發音。

㈡鼓勵聽常同儕增加和聽障兒童的溝通互動。

㈢假如聽障兒童用手語，要堅持他們同時使用說話和手語。

一九八〇年代特殊教育的目標在促進回歸，即在支持性的教職員協助下，
提供障礙兒童在普通學校環境的教育服務。支持性的人員可包括：說話語言病
理學家、聽力師、聽障教育教師和其他人。Birch（1976）建議，唯有充分的準
備，能敏於所有學生的需求，以及詳細的監控和支持之後，才讓聾童回歸。回
歸的原來概念是期望學生能表現出普通班的教育水準。回歸要成功，被安置於
普通班的兒童也必須能從個別化的教育計畫中，得到個人化的教學與必備的支
持性服務等益處。個別化教育計畫是為了確保聽障兒童能有一個更客觀與科學
的教育決策歷程。Bricker（1978）認為，「統合是一種排除隔離和排除障礙學
生標記的不利影響的一種方式」。Flexer、Wray 和 Ireland（1989）說，為了讓
聽障兒童能在普通班生存，要滿足三個議題：

㈠了解聽力的性質與聽力損失的後果。

㈡使用必備的科技以提高訊號噪音比。

㈢教育治療的策略。

聽障兒童回歸有幾種形式：

㈠完全回歸：兒童待在普通班接受普通班教師所有學科的教學，在此情形下，兒童仰賴讀話和教學輸入的擴音。

㈡完全回歸選擇的調整，包括在教室內用手語翻譯員。

㈢其他回歸的選擇包括部分時間安置在普通班，部分時間在特殊班；部分時間安置在資源班，部分時間在普通班。

Reynolds 和 Birch（1977）強調以下幾點是回歸成功的必備要素：

㈠給予普通班教師選擇權，讓其決定是否要讓聽障兒童在其班上。

㈡早點開始回歸，最好在學前階段就開始。

㈢教育場所有一位聽覺障礙教育的教師。

㈣提供所有和聽障兒童有接觸的工作人員在職訓練。

㈤教室環境要配備完善而必要的擴音設備。

㈥聽障兒童離開普通教育場所減至最低。

㈦所有和回歸兒童工作的專業人員，要定期檢視兒童的進展，並在必要時做修正。

近來，學者一直在思考融合的概念。最道地的融合形式是在其鄰近、學校和社區與全體兒童有意義的接觸。對最重度的障礙學生來說，融合所重視的是社會化而不是學業，並對特殊需求學生的學科作修改。對有能力獲得符合年齡學科的聽障兒童來說，融合的概念不必減損其學科規劃和期望的完整性。對以美國手語來展現學科教材的聽障兒童來說，完全融合意味著一位普通教育教師和一位熟練美國手語的聾教育教師，兩人在普通教育教室內合作。

閱讀和書寫、讀寫能力的習得，包含許多學習領域，例如：說、聽和批判思考的複雜整合。假如聽障兒童要學會閱讀和寫作，其口語或手語系統必須完整。閱讀和寫作的學習涉及字義儲存、字彙記憶，和對因果關係作抽象判斷的能力。紮實的語言基礎，是讀寫能力的必備要件。聽障者和聽常者一樣擁有相同天生的能力，以發展說話和語言的能力。然而常常因為其聽力損失的嚴重程度，所以他們無法單獨透過聽覺學習語言。因此，整體語言發展會落後，使聽

障兒童處在極大的教育不利中。唯有透過正常語言發展理論的應用，教師才能設計更有效的方法來教育聽障學生。教師們的挑戰是創造性和有效性。此外，PL 94-142 的通過和最少限制的環境的法令，使和聽障兒童在回歸場所工作的專家更面對挑戰，聽障兒童不必然要隔離；相反地，他們應該和聽常同儕在最少限制的環境接受教育。要靠教師確保聽障兒童從回歸環境的教學獲得益處。透過詳細的規劃、監控和小組合作，才能達成 LRE。

在診斷兒童的聽覺障礙時，臨床醫師需要記住早期發現和早期療育的重要。以客觀可得的測驗，並用這些測驗作為篩檢工具，是確保早期發現不可或缺的輔助。每位聽障兒童有其獨特的治療需求。選擇教育場所要考慮其擴音與輔聽設備的適當性。

# 柒、結語

和說話、語言有問題之人有關的專業中，沒有人能避開聽障者的療育。本文的目的在介紹和聽力有關的概念，聽力損失的部位、類型、程度和影響，聽覺障礙的補救方法以及教育。聽覺障礙者在溝通的輸入部分，因聽力的損失使得聽覺訊號的接收有困難，而重度聽障者因長期缺少聽覺訊息的輸入，影響到說話訊息的清晰度。聽說能力的發展也會影響到讀寫的能力，因此，如果能廣泛地推動早期診斷、發現、介入，善加運用聽力學的儀器，早期鑑定出聽覺障礙者，將對其說話、語言及溝通能力的影響減至最少。而溝通能力的提升，也將有助其學業成就、人際互動、情緒等的發展。

# 參考書目

Martin, F. N. & Noble, B. E.（1998）. Hearing and hearing disorders. In G. H. Shames, E. H. Wiig, & W. A. Secord（Ed.）, *Human communication disorders: An intro-duction*(pp. 350-394). Boston: Allyn and Bacon.

Radziewicz, C., Antonellis, S.（1993）. Considerations and implications for habilitation of hearing-impaired children. In D. K. Bernstein & E. Tiegerman（Ed.）, *Language and communication disorders in children*（pp. 482-511）. New York: Merrill.

# 第八章

# 聽障者的綜合溝通

曾義舜

## 壹、前言

　　語言在人類溝通情意、傳達思想上扮演極重要的角色，也是人類溝通思想、表達感情的工具，更是學習與思考的工具。透過語言的媒介，各種學習活動始得以順利展開，因此，語言可說是學習的主要途徑之一。語言也是一種行為，一種複雜的心理活動表現。一個人出生以後，首先運用最簡單的語言表達他的基本需要，然後，藉著語言進行思考、溝通、表達感情（林寶貴等，1993）。

　　人類並非一出生就會說話，而是從生長的環境中學習說話的模式。說話在耳聽者似乎很容易，但是當某些因素阻礙了說話的自然發展時，便可注意到說話是一種重要而複雜的過程，其間必須具備很多要素，若有缺乏或不當，說話就無法自然發展（林寶貴，1989）。Myklebust（1969）從發展的觀點分析聽覺正常者語言發展的過程是由經驗而至語言符號行為，其階層架構依序為內在性語言（以各種經驗為基礎）、聽覺性接受語言（聽）、聽覺性表達語言（說）、視覺性接受語言（閱讀）及視覺性表達語言（書寫）。Quigley 與 Paul（1984）將聽與說歸類為初級語言，讀與寫為次級語言。初級語言是發展次級語言的基礎。聽力更是獲得初級語言的重要感官（Calvert & Silverman, 1983; Lerner, 1988）。

　　Meadow（1980）指出：「耳聾的基本剝奪不是聲音，而是語言的學習。」聽覺障礙兒童由於缺乏語言學習中最基本和最關鍵性的要素，即聽覺管道的接收與回饋，使他們無法或不易了解聲音符號所代表的意義，因而阻礙其語言方面的學習。如何利用聽障者其他方面的優勢，學習其他替代性的語言來達到溝通的目的，正是輔導聽障者進行學習所必須的方式（引自林寶貴等，1993）。

# 貳、聽覺障礙者的特徵

　　語言是人類溝通與思考最重要的媒介，聽覺障礙者由於語言學習的困難，對其學業學習與社會適應皆將造成比盲（blind）更為明顯的負面影響。不過，一般認為，聽覺障礙許多不利的心理與教育特徵，並非先天性的，而是語言或溝通能力缺陷，所導致的適應困難。

　　長期以來，聽覺障礙者是否因其語言溝通的限制，而影響其社會適應的發展及認知能力，即一直受到各方研究學者的重視，也一直有許多爭議存在（王文科主編，2003）。

## 一、語言的特徵

　　聽覺障礙者最主要的特徵即是語言發展的困難，以下由閱讀（reading）、說話（speech）與寫作（writing）等三方面來加以說明。

### ㈠閱讀理解能力

　　聽覺障礙者由於缺乏說話的經驗與聽覺的回饋，其閱讀理解能力較一般學生低下。閱讀需以說話為基礎，閱讀能力的發展與閱讀障礙的形成，皆與個體對文字的語音處理之能力（phonological processing abilities）有關（Lerner, 1987; Wagner, Torgesen, Laughon, Simmons, & Rashotte, 1993）。兒童若無法依正確的字音、字序或依正確的斷詞唸出文句，則將難以理解文意。聽覺障礙者缺乏適當的說話基礎或語言知識，自然不利於其閱讀能力的發展。

## ㈡說話或語音能力

即使先天性聽覺障礙者，仍與一般聽力正常嬰兒一樣，具有喃語期（bab-bling stage），但很快地即會因缺乏聽覺回饋而失去喃語的現象（Stoel-Gammon & Otomo, 1986）。

聽覺障礙者的發音常具有音質、音調、構音等方面的問題。即使接受口語訓練的學生，其說話能力仍明顯受限。語音、語法、語序、語句的複雜度、抽象概念、助詞等等語言知識的習得與應用，仍具有相當的困難。

此外，聽覺障礙者的語言能力與其失聰年齡具有密切關係，語言發展期之後失聰者，其語言能力將優於語言發展期之前即失聰者。

## ㈢寫作能力

受到手語特殊語法語序的影響，及缺乏適當的說話與語言知識經驗，聽覺障礙學生通常具有以下的寫作特徵：1.難以適當使用助詞或虛字；2.文句顛倒，例如：將「讀書」寫成「書讀」；3.抽象詞彙的困難，例如：「犧牲」、「奮鬥」等詞彙皆不易適當應用；4.論說文的寫作較敘述文困難；5.缺乏適當的語用知識（pragmatic knowledge），例如：可能將「李先生長得很帥」寫成「李先生長得很美麗」；6.比一般兒童的作文簡短。

## 二、學業學習的特徵

因為缺乏適當的語言能力，大部分聽覺障礙學生均遭遇學業學習的困難。大致說來，聾生的學業成就，均比同年齡的普通兒童低三到四個年級不等（何華國，1986）。若施以標準化的學科成就測驗，十八歲的聾生可能具有四至五年級學生的閱讀能力，及具有七年級學生的數學計算能力（Moores & Moores, 1988）。一般而言，聽覺障礙學生的父母若亦失聰，則可能由於親子之間無溝通障礙，聽障學生較可能獲得適當的認知啟發，及父母對子女較易於接納，而使此類聽障學生具有較佳的人格適應及學業表現（Hallahan & Kauffman, 1997）。

聽障者具有學習上的困難，一般仍認為，並非學生無能力從事學習，必須

降低教育期望或甚至排除其接受適當教育的機會，而是提示教育人員，應該提供此類學生更有效的教育方案。此外，雙親失聰者的聽障子女比雙親聽力正常的聽障子女具有較佳的學業表現的研究發現，或許亦提醒我們，盡早確認幼兒的聽障狀況，接納他們並與其建立適當而有效的溝通方法（不管是口語或手語），對於聽障學生未來的學業學習，應具有重要的積極影響。

### 三、社會情緒適應

聽覺障礙者在人格量表上的表現，常有固執性、自我中心、缺乏自我控制、衝動性、挫折容忍力較低，與易受他人暗示等人格特性（Kirk, Gallagher & Anastasiow, 1997）。有些研究也指出，聽覺障礙學生的道德判斷能力，較一般學生低（蘇清守，1982）。

海倫凱勒（Helen Keller）謂：「盲」造成人與物之間的阻隔，「聾」則造成人與人之間的阻隔（Turnbull, Turnbull, Shank, & Leaf, 1995）。聽覺障礙者，由於人際溝通的受阻，難免對其社會適應造成若干影響。雖然聽覺障礙者常被視為具有社會情緒適應的困難，但一般相信聽覺障礙者的適應困難，以後天因素居多。

在社會情緒的研究領域中，「聾文化」（the deaf culture）也是深受重視的研究主題。所謂「聾文化」是指聾人群聚結合所形成的特殊次級文化現象。聾文化的形成，可能與以下因素有關：㈠為爭取自己的權益，促使聾人相互結合；㈡聾人與聾人結婚的比率甚高；㈢聾人與一般人之間溝通困難，但聾人彼此之間，則可輕易溝通；㈣聾人彼此的相處，較具安全感。

事實上，具有特殊生活經驗者，形成自身的次級文化，本屬正常現象，如果適當運作，亦有助於聾人的人格及社會適應，吾人實不必抱持貶抑、排斥或甚至「應予打散」的態度。面對「聾文化」，重要的是，除給予應有的尊重外，聽力正常者並應主動增進與聾人之間的溝通效能（例如，學習手語，了解其生活經驗等），及改善對聾人的態度、主動與其接近。

### 四、認知功能的特徵

長久以來，聽覺障礙者的認知功能即一直是學者爭論的焦點。國內學者的

研究也發現，聽覺障礙者的認知能力低於一般學生（林寶貴，張小芬，1988；蕭金土，1987）。不過，Myklebust 及 Brutten（1953）則認為聽覺障礙者與聽力正常者之間的差別，主要在於抽象概念，至於「具體」（concrete）的智力，則二者並無明顯差異。Furth（1966）指出，思考毋須語言（thinking without language），聾人的思考與一般人無異。Hallahan 及 Kauffman（1997）亦認為，缺乏口語能力及認知功能受限，二者之間並無直接關係，因為認知運作並非以口語或內在語言為唯一憑藉，且聾人亦非沒有語言，他們所使用的手語也是一種真正的語言。

　　一般學者認為，聽覺障礙者的智力表現，並非受聽力損失決定的，而是受語言溝通能力與後天經驗之影響（Haring & McCormick, 1990; Moores & Moores, 1988）。論述聽覺障礙者的認知能力應注意以下因素：㈠語言是否為思考的必備中介歷程，及手語（sign language）是否可完全取代一般語言，或許尚無定論，但就一般社會而言，語言仍是學習及日常生活的最主要溝通工具。因此，語言有助於思考，應無疑義，聽覺障礙者的語言能力缺失，自然不利於其思考及學習。㈡聽覺障礙者的生活經驗，可能不如一般人，因而不利於其智力表現。㈢智力測驗的評量工具，若偏向語文材料，或施測過程未考慮學生是否充分理解作答方法，則將不利於聽覺障礙學生的測驗表現。㈣即使使用手語，聽覺障礙者亦可能因同時需注意手語及測驗材料或學習材料，而不利於其測驗或學習表現。㈤是否盡早接受教育，是否接受適當而充分的教學，是否有伴隨障礙等因素，皆將影響聽覺障礙者的認知表現。

# 參、綜合溝通法

## 一、綜合溝通法的意義

　　有關綜合溝通法的意義各學者說法如下：

　　傅秀媚謂：綜合溝通法（total communication）即是不限制聽覺障礙者使用哪一種溝通的方式，與聽障礙者溝通時可合併使用手語、口語和筆談，讓聽障者在溝通的過程中，可以充分利用聽覺及視覺達到傳遞訊息（傅秀媚，

2001）。

　　蕭金土謂：綜合溝通法，係指手語、指文字、殘存聽力（residual hearing）、說話（speech）、讀唇（lip reading）和筆談（written language）等方法之綜合運用（引自許天威等，2002）。

　　蔡淑桂謂：綜合溝通法，即是合併使用手語法、口語法、指語法和筆談，讓聽障者在溝通的過程中，可以充分利用聽覺及視覺，提升溝通效能（蔡淑桂，2001）。

　　胡永崇謂：所謂「綜合溝通法」，即綜合利用口語法、手語法及各種可能的溝通方法，強化聽覺障礙者的溝通效能（引自王文科等，2003）。

　　筆者認為，所謂「綜合溝通法」，即是利用手語法、口語法、指語法、筆談及其他各種溝通方法，讓聽障者在溝通的過程中，提升溝通效能，達到完全有效溝通的最終目的。

## 二、綜合溝通法的實施概況

　　一六二〇年波涅特（Juan Martin PableBonet, 1579-1633）參考雷昂的教學方法，出版《挽回文字的聲音與教導聾啞者說話的技術》（*The reduction of letters and the art of teaching deaf mutes to speak*）乙書，並主張採用讀書、寫字、發音、指文字等各種溝通法指導聽覺障礙兒童學習語言，這是世界第一本指導聽覺障礙兒童語言發展的著作（引自林寶貴，1984）。

　　在聾教育的發展過程中，手語法與口語法孰優，一直是爭論的焦點。時至今日，二項教學法的爭論雖未完全平息，不過，自一九七〇年代以後，手語法與口語法的對立情況，已有緩和的趨勢，綜合溝通法成為最受重視的聽覺障礙教育溝通方式。綜合溝通法的提倡，與下列幾個理念的轉變有關（Hallahan & Kauffman,1997; Heward, 1992）：㈠手語法與口語法各有優缺點，若能綜合採用，應有助於促進聽覺障礙者的溝通效能；㈡手語有其結構性與完整性，並非不完全的語言；㈢手語法會壓抑口語法的觀點，並未受實徵研究之支持；㈣雙親皆聾的聽覺障礙兒童，語文能力優於雙親或單親聽力正常的聽覺障礙兒童；㈤口語固然是最理想的溝通方式，但其教學也有很大的限制；㈥因應學生的個別差異，綜合採用各項溝通方武，符合特殊教育的原理（引自林寶貴，

1984）。

　　由上述不難看出聽障教育最主要的重點，即語文能力或溝通能力的培養，而聽覺障礙者之語文教學，也是各類特殊教育中較為特殊的。以下即各種溝通方式加以探討。

## (一)手語法

　　手語法即使用手語為溝通工具，手語法（sign language method）常被視為聽覺障礙者的母語溝通法，他們不但樂於採用、易於採用，且對聽覺障礙者而言，手語法的使用，限制也最少。有些聽覺障礙者，甚至認為使用手語是他們的溝通權益，不是一般聽力正常者所能輕易剝奪或限制的。聽力正常者應該尊重並因應聽覺障礙者的溝通方式，而非迫其改用他們所難以使用的其他溝通方法。有些學者亦認為手語是一種「真正的語言」（true language），具有完整的語法結構。手語除可表達具體概念外，亦可表達任何抽象概念（Hallahan & Kauffman, 1997）。

　　一般的手語，其基本要素包括三者：手部的形態、手部與身體的相對位置，及手部的動作與運動方向。一般手語依其表達方式，可分為四類（張雪娥、黃金源、胡永崇，1987），實際使用時，則為四類的混合應用：1.表音手語：以代表文字發音的手語，表達意思；2.表字手語：即打出文字字形的手語；3.表形手語：以手勢模仿事物的形態；4.表意手語：藉手勢打出指示物所代表的含義。有時也會借用其他形體，表達指示物的意義。

　　一般而言，手語法的使用，具有其優點及限制，其優點為：1.對聽覺障礙而言，口語法的使用限制甚多；即使聽覺障礙者能學會若干語句與語詞，但真正能以口語作有效溝通者，似乎仍是少數。2.聽覺障礙者彼此之間的溝通，仍以手語法最為可能。3.手語法不但易學、易用，且打法迅速。手語的教學亦無需特殊的設備。然而其具有以下限制：1.社會上聽人能以手語與聾人溝通者，仍是少數。聽覺障礙者若採用手語法，將限制其溝通的對象。2.手語法的使用，可能抑制其對口語法的學習與使用。3.手語的語法、語序與一般語文不同，使用手語可能影響聽覺障礙者的寫作，產生文句倒置或不合一般語法的現象。4.手語對於具體的事項易於陳述，但對於抽象的概念，則不易表達。且許多相似的概念（例如：「家」、「屋」；「快樂」、「高興」），手語的打法

也無明顯不同。5.手語經常以一、二個概念，代表整句的文意，缺乏複雜的、完整的文句（例如，缺少被動語句）。6.地區不同，其手語的打法仍具有若干差異（林寶貴，1984）。

## (二)口語法

口語法（oral method）是利用聽覺障礙者的殘存聽力，發展其聽能與說話能力。口語法雖然較難學習，但對聽覺障礙者語文能力的增強，卻具有很大的幫助。口語法的優點，幾乎即為手語法的缺點。一般而言，口語法具有下列優點：1.符合一般語文的語法、語序、語型，可避免聽覺障礙者使用手語法，所產生的許多錯誤語言習慣；2.有助於聽覺障礙者與一般人的溝通；3.可表達抽象語彙及複雜句型。

口語法雖然具有上述優點，但也有其限制：1.聽覺障礙者難以學習。能夠以口語作充分溝通的聽覺障礙者畢竟不多。口語的學習成效也容易受聽覺障礙者的智力、早期訓練、聽力損失程度、失聰年齡、學習動機、父母態度等因素的影響。2.即使學會若干口語，但聽覺障礙者彼此之間欲以口語作溝通，實非易事。3.許多字詞的發音、語調、口型，皆非常類似，欲作分辨並不容易。4.許多聽覺障礙者即使幼年或小學階段，曾接受口語的訓練，但年級漸增，課程內容加多，口語教學往往會耽誤教學進度。有時迫使教師改採手語，放棄以往辛苦學習的若干口語經驗。5.學生畢業離校，若未繼續作訓練，則以往所學口語經驗，將難以保持。

口語教學的主要教學內容包括聽能訓練、說話訓練與讀話訓練等，以下分別敘述之。

### 1.聽能訓練

就語言發展的過程而言，學會說話之前，應先具備聽覺理解的能力。絕大部分的聽覺障礙者，即使感覺神經性聽覺障礙者，亦具有若干殘存聽力（尤其是低頻率帶），戴上助聽器，皆能由聽能訓練中獲益。聽覺障礙者若能盡早於語言發展前，配戴助聽器，施以有系統的聽能訓練，則對其日後的聽覺能力發展，將具有很大的助益。

聽能訓練的內容包括感覺聲音的存在、分辨各種聲音、分辨語音、分辨語詞與語句，及對文句及文章的聽覺理解，教師可於每日教學中，以部分的時

間，給予聽覺障礙者有系統的訓練（林寶貴，1982；黃瑞珍、楊慧敏、彭秀慧，1979），並將聽能訓練融入日常生活中，隨時指導學生對周遭聲音的分辨。

**2.說話訓練**

說話訓練是口語教學法的最主要內容，但也是最難學習的部分。聽覺障礙者在缺乏有效聽覺回饋的情況下，要學習說話確非易事。事實上，如前所述，聽覺障礙者亦有喃語期，且絕大部分的聽覺障礙者，其說話器官並無缺陷，因此，只要經由適當訓練，仍能學習說話。以往一般人所認為的「既聾必啞」並非事實。Wolk 及 Schildroth（1986）的研究即顯示，即使聽力損失90分貝以上，若及早採用口語溝通及接受語言訓練，有73%的學生能夠說出可理解的口語。

正式的說話訓練的主要內容包括呼吸練習、舌頭靈活度訓練、吹氣訓練、單字發音訓練、發音感覺訓練、語詞語句的說話訓練（林寶貴，1982；黃德業，1977）。為加強說話訓練的效果，可配合視話法、提示法、語調聽覺法等的應用。

⑴視話法

視話法（visible speech method）即以各種圖示或示範，讓聽覺障礙者了解發出某一語音時，發音器官的正確位置。甚至利用電子儀器，將教師示範之發音的頻率與音量等語音資料，呈現於電子儀器上，要求學生根據電子儀器的資料，從事練習，亦可綜合視覺與觸覺，使學生感受發音器官的位置。

⑵提示法

提示法（cued speech）即藉由手語或符號的提示線索，幫助聽覺障礙者發音，或幫助其分辨類似語音與語調。

「提示法」是哥老德大學（Gal1audet College）的 Orin Cornett 在一九六七年所發展、介紹的方法。它是一種把手放在嘴、喉附近提示系統，表示說話時模糊語言的構成要素。用手的形狀表示子音，手的位置表示母音（如下頁圖）。手的提示有助澄清使讀話非常困難的同音異義字。

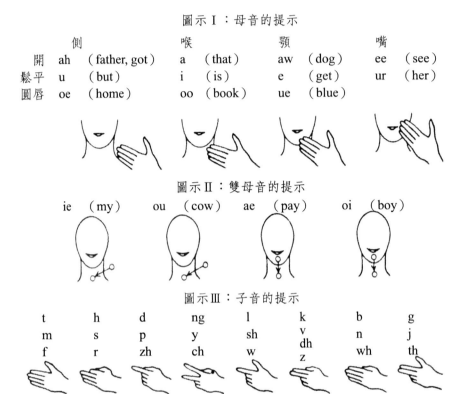

圖示Ⅰ：母音的提示

|  | 側 | | 喉 | | 顎 | | 嘴 | |
|---|---|---|---|---|---|---|---|---|
| 開 | ah | （father, got） | a | （that） | aw | （dog） | ee | （see） |
| 鬆平 | u | （but） | i | （is） | e | （get） | ur | （her） |
| 圓唇 | oe | （home） | oo | （book） | ue | （blue） | | |

圖示Ⅱ：雙母音的提示

| ie | （my） | ou | （cow） | ae | （pay） | oi | （boy） |
|---|---|---|---|---|---|---|---|

圖示Ⅲ：子音的提示

| t | h | d | ng | l | k | b | g |
|---|---|---|---|---|---|---|---|
| m | s | p | y | sh | v | n | j |
| f | r | zh | ch | w | dh | wh | th |
| | | | | | z | | |

提示法（資料來源：林寶貴，1989，頁 277）

(3)語調聽覺法

　　所謂語調聽覺法（verbo-tonal method）是由南斯拉夫的 P. Guberina 所倡導的聾童語言教學法。其主要的教學內容包括強化聾童較具殘存性的低頻率音之聽能訓練、著重身體韻律與語音語調關係的指導、聲音振動觸覺的指導、及早的配合自然情境的說話訓練、使用特殊的聽覺輔助儀器從事聽能與說話訓練等（李麗紅，1995；陳小娟、林淑玟，1993）。

　3.讀話訓練

　　讀話訓練（speech reading training）即教導聽覺障礙者根據人們說話時的嘴形、表情、姿態、說話情境等因素，判斷語意。當然會話中，相似的語音語調、說話速度、光線、發話者的距離，皆將影響讀話的效能。

## (三)指拼法

指拼法（finger spelling）即利用手指拼出文字或字音，幫助聽覺障礙者文字的溝通或增加語音的學習。英語的指拼法，是利用手指拼出組成字彙的各個字母，幫助聽覺障礙者文字的學習（如下圖）；國語的指拼法，則有陳彩屏（1985）所發展的注音符號指拼法（如下頁圖）（陳彩屏，1985）。

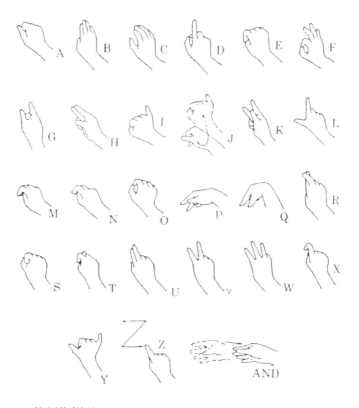

**英語指拼法**（資料來源：Hallahan & Kauffman, 1997, p. 330）

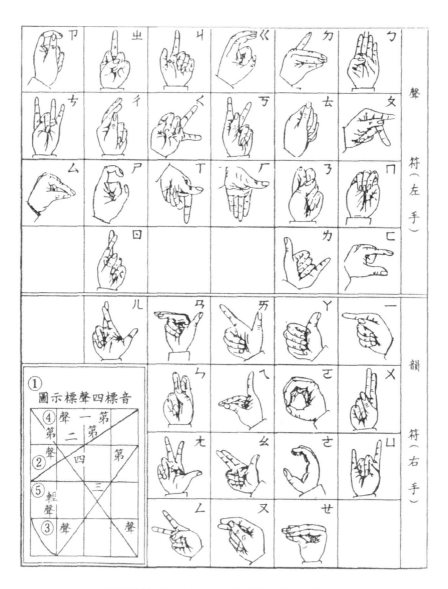

**音標手勢圖**（資料來源：陳彩屏，1985，頁 20）

　　指拼法具有結合口語、手語，且使手語合於一般語言文法、語序之優點，
但仍有學者認為，指拼法有其限制（Hallahan & Kauffman, 1997）：1.指拼法僅
由少數人發明，且發展歷史尚短，而手語則歷經長期發展歷史的考驗；2.使用

指拼法將造成速度限制；3.正常語序並非影響學生對語言的理解之最重要因素；4.自然手語的使用有助於聽障者豐富其基本知識，而這些基本知識將有利於對語文的理解。

### (四)筆談訓練

筆談是溝通訓練的重點之一。一般社會中，能以手語與聾人溝通者不多，而聾人能以口語與一般人充分溝通者亦不多見，因此，文字溝通即成為聽覺障礙者與一般人溝通的重要工具。筆談的教學內容包括閱讀與寫作二方面，透過文字的交談，培養學生不但能理解他人所敘述的文意，且能以文字有效表達自己的意思，其訓練內容應由聽覺障礙者熟悉的事物教起，逐步擴展到日常生活中各種可能遭遇的情境（例如：問路、討論事情等情境）之溝通。筆談的教學除著重閱讀能力與寫作能力的培養外，並應加強對聽覺障礙者語法的指導。多數聽覺障礙者由於使用手語及缺乏口語經驗，經常有句法錯亂的問題，而影響其與一般人的文字溝通。

### (五)其他溝通方法（林寶貴，1994）

#### 1.口語－聽語法（Oral-Aural Method）

口語－聽語法是利用殘餘聽力藉著擴大聲音、讀話及說話，來發展溝通技能。採取此種教學的學校，主張不用手語或指文字，他們認為手語溝通法會妨礙兒童學習語言及說話的技能，也會妨礙其適應聽覺的世界。

口語－聽語法的一項重要技能是讀話（speech reading），又叫讀唇（lip reading）；是對口語溝通的視覺性詮釋。它是以聾者接受聽人的溝通方法。由於少數正常人不諳複雜的手語溝通系統，因此，聾人若想要和聽人的社會，保持有意義的接觸，就必須學習讀話。

學習此種特殊的技能有特殊的困難存在。許多國語的語音在臉部有特殊的視覺模式，例如：「ㄣ」音看起來就和「ㄎ」音很不相同，但其他的語音可能是同音異義字，它們以相似的方式構音，且在臉、唇看起來相似。國語有些是同口形異音字，有些是同音異義字，這就是為什麼讀話會如此困難的原因之一。

教導兒童讀話有許多方法。年幼的兒童，教師或父母用整句話與他們談

話，起初兒童可能無法得到任何線索，但當教師或父母一遍又一遍地在與兒童
經驗有關的事物上，重複表達一樣東西、一個動作、一種感覺後，兒童便開始
了解別人對他所說的是什麼了。以後這些模糊的整體印象，會轉變成強調細節
的課題，然後再練習讓兒童區別不同的字詞和語音。最後，特殊教育教師再利
用讀話作為介紹學校課程的方法。

### 2.羅徹斯特法（Rochester Method）

此法乃是創立於一八七八年紐約州的「羅徹斯特聾學校」，它是口語法與
指文字的併用。藉著讀話、擴大聲音（助聽）、指文字來傳達訊息，藉指文字
及說話來做反應。教師說話時，使用指文字併每一個生字的字母。此法亦鼓勵
兒童閱讀及書寫字母與生字。此法與蘇俄用來教導幼小聾童的「新口語法」
（neo-oralism）頗類似。

### 3.聽覺法（Auditory Method）

聽覺法是廣泛地使用擴大聲音來發展傾聽和說話的技能。它包括聽能訓練
（auditory training）教導兒童傾聽語音並辨別語音間的不同。雖然此法常用於
輕、中度的學齡障礙兒童，但它對重度的學前障礙兒童特別有效。父母是早期
訓練過程中的重要角色，聽力學專家的目標之一，就是在訓練中去教導他們，
且將他們納入訓練中。

此法亦稱做「聽音法」（acoustic method）、「聽能法」（acoupedic method）、「聽覺法」（unisensory method）和「聽語法」（aural method）。Calvert 及 Silverman（1975）將此法取名為「整體聽覺法」（auditory global method），主張此種方法要儘量利用殘餘的聽力，同時也建議要儘可能早期使用助聽器。

# 肆、結語

近年來，許多先進國家對於聽障教育有採用「綜合教學法」的趨勢。因
此，「口語」與「手語」似乎不應該再呈現對立的局面，畢竟，聽障教育的首
要目的就是要讓聽障者能與外界溝通。所以，「手語」與「口語」對學生而
言，沒有好或不好，只有適合與不適合。

但是，「不適合」並不表示學生就沒有學的權利，反而是，我們該提供學

習的機會，而日後學生使用與否，決定於教師、家長及學生本身。這是對聽障者的基本尊重。我們不該將殘障人士附屬於我們的社會之中，而應與他們站在平等的基準線上。

　　當我們要求聽障者學習口語以適應環境，我們也可以推廣手語使一般人與聽障人士溝通？許多導盲磚、殘障坡道等有形設施設立的目的是為了朝「無障礙環境」的目標邁進，而聽障人士最被忽略的「無形的障礙」即是「溝通問題」。聽障者由外表看來，大多與一般人無異，加上聽障族群亦是弱勢團體中的少數民族，因此，許多問題容易被忽視，有待民間與政府共同努力改善。像美國等先進國家值得我們學習的不是教學策略，不是設備，而是他們的立法精神——尊重每一位身心障礙者的需求。

# 參考書目

王文科主編，徐享良等著（2003）。特殊教育導論。台北：心理。

何華國（1987）。特殊兒童心理與教育。台北：五南。

李麗紅（1995）。語調聽覺法對學前聽障兒童聽覺能力與語言發展能力教學效果之研究。國立台灣師範大學特殊教育研究所碩士論文。未出版。

林寶貴（1982）。聽覺障礙教育語文訓練與知動訓練教材教法。彰化：國立台灣教育學院特殊教育中心。

林寶貴（1984）。聽覺障礙學生語言溝通法與語文教學法之研究。教育部教育計畫小組。

林寶貴、張小芬（1988）。聽覺障礙學生瑞文氏非文字推理測驗常模之建立及其相關之研究。特殊教育學報，3，29-67頁。

林寶貴（1989）。語言發展與矯治專題研究。高雄：復文。

林寶貴（1989）。特殊教育新論。台北：幼獅。

林寶貴、張勝成、呂淑如（1993）。聽覺障礙兒童語言發展能力及相關因素之研究。國立彰化師範大學特殊教育研究所論文。

林寶貴（1994）。語言障礙與矯治。台北：五南。

陳小娟（1998）。聽覺障礙導論。授課講義。未出版。

陳小娟、林淑玟（1993）。語調聽覺法。台南：國立台南師範學院特殊教育學

系。

陳彩屏（1985）。國語口手語教學研究專輯。台北：台北市立啟聰學校。

許天威、徐享良、張勝成等主編（2002）。新特殊教育通論。台北：五南。

傅秀媚（2001）。特殊教育導論。台北：五南。

黃瑞珍、楊慧敏、彭秀慧（1979）。聽覺障礙學生聽能訓練教材教法。台北：
台北市立新興國民中學。

黃德業（1977）。聾童教育教材與教法之研究。台北：國際文化事業公司。

蔡淑桂（2001）。特殊兒童教育。台北：永大書局。

蕭金土（1987）。聽覺障礙學生認知能力發展之研究。特殊教育學報，2，
37-56。

蘇清守（1982）。聾生與聽障學生道德判斷的比較研究。台北：國立台灣師範
大學特殊教育中心。

Calvert, D., & Silverman, R.（1975）. *Speech and deafness.* Washington DC: Alex-
ander Graham Bell Association .

Calvert, D. & Silverman R.（1983）. *Speech and deafness.* Washington DC: Alex-
ander Graham Bell Association for the deaf.

Clarke, B., & Ling, D.（1976）. *The effects of using cued speech*: A follow-up study.
the volta Review, 78, 23-34.

Hallahan, D. P., & Kauffman, J. M.（1997）. *Exceptional children*: *Introduction to
special education*（7th ed.）.Englewood Cliffs, NJ: Prentice-Hall.

Haring, N. G., & McCormick, L.（1990）. *Exceptional children and youth*: *An intro-
duction to special education*（5th ed）. Columbus: Merrill Publishing Company.

Heward, W. L., & Orlansky, M. D .（1992）. *Exceptional children: An introduction
survey of special education*（4th ed.）. New Jersey: Macmillan.

Lerner, J., Mardell-Czudnowski, C., & Goldenburg, D.（1987）.*Special education for
the early childhood years*. New York: Prentice-Hall.

Ling, D., & Clarke, B.（1975）. *Cued Speech*: *An Cvalurivc Study American Annals
of the Deaf, 120,* 480-488.

Meadow, K. P.（1980）. *Deafness and child development.* Berkeley: University of
California.

Moores, D. E., & Moores, J. M. Y.（1988）. Hearing disorders. In E. W. Lynch & Lewis,R. B.（Eds.）, *Exceptional children and adults*: *An introduction to special education.* Glenview, Illinois: Scott, Foresman and Company.

Myklebust, H., & Brutten, M.（1953）. *A study of visual perception in deaf children.* Acta Oto-Laryngolugica, Supplementum 105.

Stoel-Gammon, C., & Otomo, K.（1986）. Babbling development of hearing impaired and normally gearing subjects. *Journal of Speech and Hearing Disorders, 51,* 33-41.

Wagner, R. K., Torgesen, J. K., Laughon, E., Simmons, K., & Rashotte, C. A.（1993）. Development of young readers' phonological processing abilities. *Journal of Educational Psychology, 5,* 83-103.

Wolk, S., & Schildroth, A. N.（1986）. Deaf children and speech intelligibility: A national study. In A. N. Schildroth & M. A. Krachmer（Eds.）, *Deaf children in America*（pp. 139-159）. Austin, TX: Pro-Ed.

第九章

# 聽障者的手語溝通

陳麗琳

## 壹、前言

語言或符號是人與人之間相互交往最主要的工具，藉著語言的溝通，無形中縮短人與人之間的疏離感，更進而促使國與國之間達成文化交流的目的（李得高，1988）。人類溝通意念之媒介首推語言，每人至少應習得一種以上語言，方能相互溝通、表達情意，然而，就失聰而言，由於聽力障礙，對語言接受與傳達均有困難，其溝通媒介以手勢來代替語言之功能（張雪莪，1993），因此，「溝通」是聽障者適應社會最重要的課題。

## 貳、溝通的定義

溝通是什麼？根據《大英百科全書》對溝通兩字下定義：「用任何方法，彼此交換消息，及指一個人與另一個人之間用視覺、符號、電話、收音機、電視或其他工具為媒介，所從事之交換消息的方法。」

國外學者（紐曼及薩模）曾說：「溝通是指兩人以上關於事實觀念或感想的一種交流。」

Sarahw Blackstone（魏俊華譯）：溝通本身的意思就是交流、傳送以及接受資訊想法、感覺與意見，它能使人們建立維持和加深人我之間關係。

　　人和人之間的交流需要溝通，溝通目的要達成雙方的意見交流，所以溝通非常重要。一般人與人溝通方式不限一種，常見有肢體溝通、口語溝通、書寫溝通，以達成雙向交流。

　　Sarahw Blackstone（魏俊華譯）：語言是有用的工具，它提供人們共同信號，這信號可以穿越時空將人們連結在一起，語言可以用說的、寫的、圖畫式的、印刷的、甚至感覺的，很多溝通都和語言使用有關，並不是所有的溝通皆是如此，面對面的溝通、手勢、發聲、臉部表情、肢體語言、眼睛轉動及說話的音量、音調增強語言都是溝通。

　　溝通方式，可依成長、年齡而改變其溝通模式，回憶我們自出生到成人無時無刻在溝通，例如：出生前的胎兒，日夜不斷聽到母親的心跳音，能感覺到透過羊水傳過來各種聲音的振動（黃德業，1990）。出生後吃到母奶可以感覺到母親體溫、聞到母親氣息，此時，雖不懂母親說話的意思，但可經由感覺知道母親反應。嬰兒時期也可利用許多身體動作表達意思，所以只要是人，就不能不停止溝通，所以是無時無刻在溝通。由此可知，溝通的重要性。

　　如上所言，只要是人就無時無刻不在做溝通，正常人要溝通，對耳朵受損的人而言，更要溝通。雖聽障者有溝通上的困難，但溝通管道仍然存在的（何華國，2001）。耳朵受損而影響聽力時，其溝通管道受阻影響其溝通狀況更嚴重。聽障者最大困難，為其聽力損失影響正常語言與社會行為的發展（何華國，2001），因此，如何運用各種溝通管道協助聽障者的溝通能力，是非常的重要。聽障者有其溝通上的困難，但溝通管道仍然存在的，除了文字或其他視覺符號可作為溝通外，如讀唇、手語也是聽障者常用的溝通方式（何華國，2001）。因此聽障者溝通的管道是多元的，如何發展其溝通能力，也是本文探討最重要的課題。

# 參、聽障者的特質

## 一、語言發展階段

| 年齡 | 表現 |
|---|---|
| 出生 | 發出啼哭及其他生理的聲音，已有視覺模仿能力 |
| 一至二月 | 發出咕咕聲，已有回應聲 |
| 六個月 | 喃語（babbing） |
| 九至十四個月 | 接受性語言，語言快速發展，對複雜性語言會做反應<br>表達性語言，開始認識詞彙（通常是名詞） |
| 一歲半至二歲 | 接受性語言，可能 300 個語彙<br>表達性語言，能組成二至三句話的片語或句子（通常是名詞+動詞） |
| 二歲半 | 會說唱童謠、唱歌，並記得大部分的歌詞 |
| 三歲 | 會正確的使用代名詞、複數；會很快的辨認顏色 |
| 四歲 | 接受性語言：會了解不同的動詞時態 |
| 五歲 | 會用 1500-1800 個流利的句子說話 |
| 六歲 | 了解 3500 個字彙 |

（呂翠華譯，1992：特殊兒童的語言教學）

　　聽障兒童在接受性及表達性語言，不像正常孩子一樣，通常被發現聽覺有問題，已過黃金時期，與一般孩子在語言學習上，被剝奪許多。也因聽覺障礙兒童的障礙，所以在學習說話之前，須一兩年時間學習聽辨各種不同聲音，了解語言代表意義。因此，許多聽障幼兒會用肢體語言、動作、手勢、表情來達到溝通目的，如何學習溝通能力問題，對聽障者而言，就是一大挑戰。也是我們必須了解的課題，因此，必須先了解聽障者的本身特質著手，才能真正幫助他們。

## 二、聽障者特質（張蓓莉，1992）

### ㈠聽取能力

聽障者之聽取能力與其殘存聽力有密切關聯。在沒有帶助聽器的情況下，程度不同之聽障者，其聽取狀況如下：

1.輕度聽力損失介於 26-40 分貝者：聲音較小或是在較吵雜環境中，聽取能力較差或沒有反應，但只要靠近音源或擴大音源，即可清楚聽取。

2.聽力損失介於 41-60 分貝者：聽取能力較輕度聽障者更差，說話時也出現口齒不清現象，例如：飛機說成ㄟㄧ，謝謝說成ㄧㄝ。

3.聽力損失介於61-90分貝者：除非聲音很大，否則對日常生活中之聲音，反應相當遲鈍。

4.聽力損失91分貝以上（聾）：對聲音幾乎全無反應，但能知覺聲音造成震動，因此重擊大時，聾人可以察覺。

### ㈡溝通能力

溝通能力是每個人生活、學習所不可或缺的能力。一個人出生後開始聽，一歲左右開始學習說話，在自然的聽與說情形下，發展出溝通能力。對聽障者而言，溝通能力（尤其聽與說）很難自然發展。

### ㈢心智能力

一九七〇年以後研究報告指出，聽覺障礙者之心智能力與耳聰者並無明顯差異，溝通能力卻是影響心智能力發展重要因素。

### ㈣人格特質

到目前為止，還沒有充分研究報告顯示聽障者特定人格特質。

林寶貴（1994）認為，聽障生的身心特質可分為三大項：

1.生理特質：聽障者最顯著的生理特徵在與人說話時，有明顯溝通困難。

2.心理特質：聽障者完全和一般人無異，會哭、會打人、會同情人。

3.學習特質：視覺觀察、觸覺接觸、視聽觸動、模仿性強、具體與抽象、早期介入、受限課程。

何華國（2001）認為聽障兒童特質：

1.語言發展的特徵：聽障對兒童最明顯的影響是在語言能力的發展，但是這種影響與障礙程度及障礙出現年齡，也有密切關係。

2.智能發展的特徵：聾生與聽生在智力測驗非語言部分成績，可能沒有什麼差別，而在語文部分成績，聾生就遠較聽生落後。根據張勝成、林惠芬、陳尚霖（1994）修訂畫人測驗為非語文性智力測驗，雖是用於評量聽障兒童的智力，但僅能測出智力的部分領域，無法測出聽障兒童智力的全部領域。

3.個人與社會適應特徵：聽覺障礙布置對人與社會適應產生直接影響，不過聽覺缺陷與其附帶溝通障礙，卻使某些生活適應與行為問題，更易出現。

4.學業成就特徵：聽覺障礙者語言溝通能力的低下，對其學業成就自然產生不利影響。

5.職業發展特徵：國內劉孝樂（1983）曾調查啟聰學校四十四名高中三年級學生職業興趣，發現男生最喜歡從事職業活動分別是形式與色彩藝術、教育工作、建築設計與裝飾、人事工作、農場與園圃；女生最喜歡從事五項職業活動是社區服務、畜牧、縫紉、飼養小動物及音樂。

邢敏華、劉建任（1990）以七十四學年度台北啟聰學校高職部畢業學生為主，探討其職業興趣，發現一般喜歡的職業：1.藝術類（例如：文學、視覺藝術、表演）；2.自然類（例如：飼養動物、魚等）；3.工業類（指製造類，例如：縫紉做衣服、木工、烘焙）；4.業務細節類：資訊、文書工作；5.說服性工作；6.服務業：對顧客服務（例如：美容美髮、餐飲小吃）；7.慈善事業：個人服務業；8.體育表現如球類、體能競賽。

綜合上述學者說法，可歸納聽覺障礙者特質如下：1.智力大致與一般生無異；2.溝通問題影響社會生活學習；3.學科能力與一般生相比，相較低落；4.聽力損失嚴重與否影響溝通問題；5.應利用多管道學習；6.可培養其職業興趣及能力。

# 肆、聽障者溝通模式

　　一般人最常使用的溝通模式是語言溝通，語言可用說的、寫的、圖示式的、印刷的，甚至感覺的，很多溝通都和語言使用有關，但並不是所有的溝通皆是如此，面對面溝通、手勢、發音、臉部、表情、肢體語言、眼睛轉動及說話音量都是溝通方式。對聽力有損失的人而言，聽覺管道受阻，影響溝通是一大問題，所以應加強其各種的溝通模式。

　　陳慧華、葉止賢、張馨文（1990）指出，國小啟聰班，兩耳聽力損失30分貝以上，年齡十五歲以下兒童一百一十三位學童進行研究、調查發現：聽障兒童與家人溝通方式最多以口語／自然手勢占 57.48%，口語 29.13%，筆談5.51%，手語僅 0.79%，其他有 11.02%包括綜合溝通法、自然手勢。

　　林寶貴、韓福榮（1997）指出，以接受人工電子耳植入術前後比較，十五歲四十四名國中小、學前聽障生手術前，溝通口語最多（63.6%）；次為綜合溝通（38.6%），手術後以口語溝通（81.8%）、次為綜合溝通（25%）；再次為筆談（11.4%）；最後為手語。

　　由上述調查報告顯示：普遍使用手語的比例占少數。要解決聽障者的問題，最根本的方法就是解決語言溝通問題，語言溝通解決了，其他教育問題、學力問題、情緒問題、社會適應問題、就業問題等自然迎刃而解（林寶貴，1999）。

## 聽障者的溝通模式

　　聽障者的溝通模式（林寶貴，1989），可分為下列幾種：

　　㈠口語－聽語法：利用殘餘聽力藉著擴大聲音，讀話及說話，來發展溝通技能。聽語法的一項重要技能是讀話，又叫讀唇。

　　㈡羅徹斯特法：創立於一八七八年紐約州的羅撤斯特聾學校，是口語法與指文字並用，藉著讀話、擴大聲音（助聽）、指文字來傳達訊息，藉著指文字及說話來反應。

　　㈢聽覺法：廣泛地使用擴大聲音來發展傾聽和說話技能，包括聽能訓練，

教導兒童傾聽語音並辨別語音間的不同。

㈣提示法：是哥老德大學在一九六七年發展，介紹的方法是一種把手放在嘴、喉附近的提示系統，表示說話時模糊語音的構成要素。

㈤手語法：是將所有語音化為手勢，再加上臉部表情或肢體動作。手語對訊息接受與表達皆以視覺管道為主（引自林寶貴、魏瑞金、陳彩雲等，1995）。

㈥綜合溝通法：有時叫「同時法或併用法」，它是同時採用指文字、手語、讀話、說話及增大聲幅法。

林寶貴（1994）我國啟聰學校從過去到現在以手語溝通，啟聰班以口語溝通法教學為主流。

根據邢敏華的報告，啟聰學校提供口手並用與聽能／說話訓練服務，大部分自足式啟聰班與啟聰資源班，則是提供聽能／說話訓練服務。邢敏華（1990）指出，台灣啟聰學校，於一九八○年代中期起，開始逐漸實施綜合溝通政策，而綜合溝通在台灣區的實施上，也是以口手語併用法為主。全台約三百至四百左右啟聰學校教師以口手語並用方式。啟聰學校教師重視手語能力，且視之為極重要的教師專業能力。

綜合上述可得知：聽障者最大障礙是溝通問題，依據上述研究可知聽障者有多種溝通方式，九十一年度以班為單位就學比例，安置於啟聰學校的比例為21%，安置於啟聰班及分散式資源班為多。近幾十年來，受到學習綜合溝通政策影響，啟聰班或分散式資源班，提供口語教學為主，僅有在啟聰學校才有學習、使用手語的機會，因此使用手語人口並不多。

# 伍、聽障者的手語溝通

羅德是個聾生，他在加州矽谷社區學院讀機械設計繪圖的學位，有手語翻譯員將老師的演講轉成手語幫他了解上課內容（朱經明，2003），手語翻譯的功能補足許多聽障者的不足。根據陳慧華、葉止賢、張馨文（1992）指出，用手語溝通僅 0.79%比率而已，使用人數極少，國內一些學者近年來大肆鼓吹手語，使用手語有點回升趨勢。事實上，手語是聾人的母語。在手語中，他們獲得朋友、建立信心、成就感及對聾文化的認同感（朱經明，2003）。

　　手語是聾啞人參與社會生活的重要工具，聾啞人之間，聾啞人和會手語的健全人之間可以憑藉手語交流思想、溝通信息、表達自己願望和要求（孫巧玲，1993）。手語因可以靠視覺來感受，就很自然成了聾人之間的基本交流工具，凡有聾人生活的地方，就有手語存在（梅芙生，1993）。由於手語具有生動、明瞭等優點，故為聾人學生所喜見樂用。手語是聾人接受教育、學習文化、生活與工作中交流思想情感、傳遞信息工具，是一種特殊的語言思維工具（周文彬，1993）。

## 一、手語起源、緣起

　　台灣手語是台灣本地聾人所使用的語言（張雪莪、史文漢，1993），台灣手語發展至今已一百多年。聽障人士使用的手語，雖大同小異，唯因時空阻隔，南北手語不盡相同（朱經明，2003），造成如此，應追溯到台灣手語起源。

　　㈠世界最早的手語法，起源於一七六〇年前，法國巴黎德萊氏發明（周文彬，1993）。

　　㈡我國早在唐代就出現手語這個詞，著名詩人李白在一首＜春日行＞詩中描寫彈奏各種樂器，也能像人一樣說話，表達情意，寫道：「佳人當窗弄白日，弦將手語彈鳴箏」（周文彬，1993）。

　　㈢我國手語是美國傳教士梅耐德夫婦一八八七年引進，當時山東登州（煙台）創了第一個聾啞啟瘖學校（周文彬，1993，陳鳳文，1970）。

　　㈣一八九〇年，英國傳教士甘雨霖在台南設立私人「訓盲院」，一八九六年日本占據台灣前後五十年間，先後在台北、台南設立瘖啞學校，以手語教學為主，所以日據時代台灣使用的手語，應是日本系手語為主（姚俊英，1993）。

　　㈤台灣光復初期，聽障教育大量使用手語，聽障師資大致留在台灣北部地區，所以台北啟聰學校使用不少大陸手語。

　　㈥台灣光復之後，許多大陸上的手語使用者都陸續到台灣幫助聾人教育（周文彬，1993）。

　　㈦台灣手語有日本手語系統、中國大陸手語系統、法國手語系統、美國手

語系統，富變化且多樣性（周文彬，1999）。

## 二、手語推展狀況

中國擴大手語工作的社會影響，使更多聾人學習手語，使用手語，為聾啞人提供方便（孫巧玲，1993）。台灣近來對特殊教育工作推展不餘遺力，曾受到美國 IDEA 法案影響，一九九七年特教法頒布及施行細則陸續立法，更堅定特教工作的重要性。啟聰教育是特殊教育工作的一環，啟聰的學生最大障礙即是溝通問題。自古以來口語／手語孰優孰劣，難一定論。根據許多調查發現：目前世界潮流係以口語法為主幹，但手語法亦不失其實用價值（張雪茵，1993），手語對聾人士至關重要。

台灣因受地緣的關係造成北、中、南啟聰校之手語差異性頗大，有關人士向教育部建議統一手語，一九七五年組成統一編纂小組；一九七八年五月完成「手語畫冊」第一輯；一九八七年六月完成「手語畫冊」第二輯；一九八四年五月完成「中華民國手語歌曲教材」；一九八七年一月完成「中華民國日常會話手語指南」。張雪茵女士於一九八二年著手「手語歌曲畫冊」；一九九〇年完成「手語探源」一、二、三、四冊；生字辭「語源探究」一、二、三、四冊；一九九二年完成手語字詞辨正；一九九〇年張雪茵、楊拯華、蘇偉合著「部首手語」；北聰陳彩屏老師提出「系統口、手整合語」，大力推廣國語口手語；二〇〇一年七月開設手語研究班。

## 三、手語的重要

許多人以為「手語無國界，手語是萬國共通」，但事實上，是錯的，手語會因國家文化不同而有所不同。以台灣為例，早期因生活習慣、環境、風俗文化、交通不便，南、中、北的手語表達方式呈現極大差異。因此手語除了基本的語意表達彼此可了解外，大多的表達方式、意思不同。

手語是聾人表達內心世界語言工具（周文彬，1993）。手語是聾人接受教育、學習文化、生活工作、交流思想、情感、傳遞信息的語言工具，是一種特殊的語言思維，其重要性大致可分四個方面（周文彬，1993）：

㈠手語是聾人形象思維導入抽象思維的特殊語言工具。

㈡手語雖是重要，也是有限的。

㈢手語表達語言真正意義在於語言思維作用於手語，而不是手語影響語言。

㈣聾人掌握手語最終結果是正確使用書面語。

根據邢敏華（2000）的報告，一個聽障生是否能學會說話決定五個因素：智力、殘存聽力、努力、失聰年齡和教師的教學方法。有些父母堅持孩子無論如何不打手語，打手語就是啞巴，就是殘廢的可憐蟲，使父母臉上無光，孩子長期感受到強大壓力，且有嚴重挫折感，對心理健康有很不良的影響。

林芝安為聽障學生，是在英國 SALFORD 大學博士班研究生，在她二〇〇二年發表文章中提到：她六歲才被發現是聽障學生，父母認為安置在啟聰學校或啟聰班都沒有良好的語言表達能力，說話、學業成績也較同齡孩子落後，所以被送到一般小學就讀。

大三，遇見游寒冰老師帶領學手語，她發現手語帶給她參與手語團體的自信心，能與一群會手語的人們溝通、表意，同時也能看見她們彼此之間的交談，感到參與及融入感，這是一般口語群裡所沒有的正面經驗。

畢業後所有工作與手語有關。

她覺得：看手語的時候，腦筋可以同時進行思考，很快給予對方回覆，並討論不同想法、交換意見。手語讓她有自信，腦袋還很靈活。手語使她帶進一個新的溝通領域，並獲得身為聾人的自我認同感。

邢敏華（1999a）以全台灣地區國中小階段自足式啟聰班、啟聰資源班、啟聰學校的教師為對象，發出「啟聰學校教師所具備專業能力問卷」得到三百九十八份有效問卷，其研究結果與教學溝通有關部分：

㈠啟聰學校教師認為最重要前十項專業能力中，包含教師要能理解學生手語。

㈡不同部別的啟聰教育教師，對教師專業能力的看法，除了手語專業能力以外，多數均呈顯著差異。

林寶貴（2001）研究指出手語在啟聰教育上的重要性。她曾以全台灣地區啟聰學校、啟聰班、聽障教育機構、聽障福利機構、家長團體為對象，調查他們對修訂版手語畫冊與手語意見，結果回收四百七十五份有效問卷。研究結果顯示：同意與非常同意聽障教師應具備純熟的手語技巧占87%，同意與非常同

意啟聰班／資源班教師應具手語技巧占 80%，同意與非常同意聽障學生家長應了解手語技巧占 87%，因為對聽障生家長、啟聰教師與在啟聰班、資源班受教的聽障生而言，手語是重要溝通管道之一。

邢敏華（2001）研究指出，修習手語課與手語進階課程的大學生普遍認為手語是教育聽障生的重要專業能力之一，且手語應被推廣於聽常生與聽障生，建立聽／聾世界之間無障礙的溝通環境。

## 四、手語分類

手語是聾社會使用的溝通工具，它透過手指組合在空間上隨著位置及方向所產生千變萬化的手勢，有時配合著肢體動作或臉部表情，形成一種用眼睛讀取動態性視覺語言的符號（王麗玲，2000）。

手語的發展是由手勢發展完成，仍需天天革新以適應人類日進的文明，通常一般語文也是時時在改進；所以手語也需要改（陳鳳文，1970）。根據姚俊英（1999）指出：自然手語在聾人溝通中使用率占 90%，原為聽障人所慣用，且依其地域性，生活習慣、文化背景不同，而有不一樣的表達手勢，適合聽障人直接描述思維的一種語言。

手語分類依其不同功能，可分為四類（林寶貴，2003）：

第一類：使發音與讀唇更正確，更清楚地表示出來，所用的發音輔助記號稱為：「表音指語」。

第二類：用一隻手或兩隻手的手指表示文字形狀，例如：英語、羅馬字母、中文字形、日語五十字母，所用的「表字指語」。

第三類：利用姿勢、表情、手勢、指示等方法，把文字意義、事物形狀或概念具體表示出來的「表意手語」及「表形手語」。表意及表形手語又稱為「自然手語」。這種自然手語，利用姿勢、表情、手勢、動作或手勢表達事物形狀或概念所用的語言，對聽障兒來說，是聽障者的母語。

第四類：文法手語是照口語的語法、文法的規則，或文字的構造所打出來的手語，又稱為人工手語。根據國語的文字排列重組了自然手語順序，稱之為「文法手語」（史文漢，1979）。

## 五、手語的優點、缺點、限制

對聽障者來說，手語是他們的母語，最大的好處就是可以自由自在、無拘無束，省時方便與其他聽障交流（楊淑媛，1990）。根據邢敏華（2000）對二十一位台灣三所啟聰學校教師研究發現：自然手語優點：㈠易於為學生理解：自然手語重概念的傳達，上課用此法來解釋，學生易於吸收，覺得比較清楚；㈡可以用此模式來真正了解學生或得到學生的認同；㈢學生喜歡此模式（尤其是高職部學生）；㈣自然手語，用手語命名，不只手勢簡單、美觀，並且容易懂，甚至可以迅速而清楚了解對方特徵、個性或缺陷，深具人性化而有親切感，且能接近彼此距離／感情（王麗玲，2000）；㈤大量表情及肢體語言，自然、傳神、易懂，便於溝通（姚俊英，1999）。

自然手語的限制：㈠難與口語相配合；㈡會使學生有句子顛倒的現象。

根據王麗玲（2000）文法手語的限制：利用「文法手語」直接翻譯聽障生的中文名字，經常就會發生諸如：不完整、破碎、不倫不類、不方便、不尊重等困擾現象。除了上述限制，楊淑媛（1990）也提出：㈠只能通行於學過手語的人；㈡手語打法因地區而異；㈢專有名詞、抽象觀念難以手勢表達；㈣手語是種無結構的語言，無造句法之存在，語意混淆；㈤聾童學會手語後，常因循怠惰，懶得再學讀唇、說話，妨礙知識吸收。

自然手語的缺點：自然手語由平常生活學習所需自然形成，所以，較難有同樣打法的手勢（姚俊英，1999）。

綜合以上各項資料，聽障者的溝通管道，是多元的。每一種溝通方式各有其優劣。手語溝通也不例外，也有限制及不方便之處。整體而言：手語是聽障者最原始、最自然的溝通方式，若政府有系統的發展手語，不僅能強化對聽障者的認識，更能提升他們的生活品質，所以應鼓勵並發展手語。

# 陸、結論

近年來不論中外，社會上都掀起一股爭學手語的風氣，大眾傳播也在推波助瀾，在在都說明手語的重要性，它不只是教育聾人的學習工具，而且也是人

人都需要了解的新知與技巧（陳鳳文，1985）。美國愈來愈多聽障教育專家主張雙語教育，即以手語為第一語言，而英語為第二語言，認為學習雙語教育可提升聾生的自信、自尊及對聾文化的認同，有助於聾生健全人格的發展（朱經明，2003）。英國近來聽障教育已重新接受手語，能使用手語的老師愈來愈多，社會大眾及媒體對手語的報導也愈來愈多。

　　手語的學習有其必要性及其價值性。許多人認為：「手語無國界，手語是萬國共通語言」，但實際上是錯誤的，有些手語因國家文化、地域、環境不同而有所不同，除了基本的意思表達可了解，大多數的意思表達方式卻並不相同。根據許多學者的研究報告顯示：大多聽障生使用管道以口語為主，僅有少數聽障生學習手語、使用手語，相對造成聽障生溝通上的困難。台灣這幾年來國內許多專家學者大力推展手語及手語教學，希望提升聽障者溝通能力，也重視其最根本的溝通技能，獲取自信最根本的方式。除了政府大力鼓吹、推展手語，學校也應以社團方式推展，讓我國的手語向下紮根，提升對手語的認識。

# 參考書目

王麗玲（2000）。聽障學生中文名字翻譯及其手語命名問題。特教園丁，16 ⑵，48-50。

史文漢（1979）。手能生橋第一冊。中華民國聾人協會。

朱經明（2003）。整合雙語教育及電腦科技提升聽障者閱讀能力。載於中華民國特殊教育學會編，特殊教育 2002 年資源整合，頁 347-362。

何華國（2001）。特殊兒童與心理教育，頁 178-184。台北：五南。

邢敏華（1997）。聽障者對啟聰教育與聽障福利意見之初步調查。載於中華民國特殊教育學會主編，特殊教育法的落實與展望，頁 265-291。

邢敏華（2000）。台灣啟聰學校教師對教學溝聽行為意見分析。師範學院教育學術發表論文集，頁 1725-1755。

邢敏華（2000）。啟聰學校教師口手語並用溝通之句子訊習與詞彙語意特質分析。特殊教育復健學報，8，27-52。

邢敏華（2001）。融合教育趨勢下聽覺障礙學生的教育問題探討。特教園丁，4(16)，46-50。

邢敏華（1995）。台北啟聰學校教師對校內溝通政策的看法及其執行方法之調查。特殊教育與復健學報，4，209-235。

邢敏華（2000）。啟聰學校教師口手語並用溝通之句子訊息與詞彙語意特質分析。特殊教育與復健學報，8，27-52。

邢敏華、劉建任（1990）。啟聰學校高職部學生之職業興趣與實際從事職業之相關性音素探討。載於中華民國特殊教育學會主編，聽覺障礙者之教育與福祉，頁741-749。

李得高（1988）。特殊兒童教育，頁271-309。台北：五南。

林寶貴（1994）。聽障生的教育與復健。台北：五南。

林寶貴（1999）。教育部手語研究小組編輯工作報告。載於中華民國特殊教育學會主編，迎千嬉年談特教，頁515-528。

林寶貴、韓福榮（1997）。台灣地區聽覺障礙者接受人工電子耳植入術現況及溝通能力研究。特殊教育研究學刊，15，131-149。

林寶貴、魏瑞金（1995）。國語口手語對聽障學生口語教學效果之研究。教育部社教司委託研究。

林芝安（2002）。我對手語及口語的學習經驗及心得。特殊教育季刊，83，31-36。

周文彬（1993）。大陸聾人手語的發展及其影響。兩岸聾人手語交流暨殘障福利實務研討會，頁26-31。

姚俊英（1999）。台灣手語演進。載於中華民國特殊教育學會主編，迎千禧談特教，頁431-442。

梅芙生（1993）。對手語、聽障教育、福利問題的思考。兩岸聾人手語交流暨殘障福利實務研討會，頁17-20。

孫巧玲（1993）。作好手語工作，熱心為聾啞同胞服務。兩岸聾人手語交流暨殘障福利實務研討會，頁10-12。

教育部手語及課程教材編製計畫（2003）：師資班手語教材，頁1-37，教育部手語研究小組主編。

黃德業（1990）。聽障兒童的溝通訓練。載於中華民國特殊教育學會年刊，聽覺障礙者之教育與福祉，頁77-98。

陳慧華、葉止賢、張馨文（1990）。啟聰班學生家長對教育的態度研究，載於

中華民國特殊教育學會年刊，聽覺障礙者之教育與福祉，頁 373-428。

陳鳳文（1970）。聾教育手語存廢問題之探討。師友，12 月號，頁 35-37。

陳鳳文（1985）。中美手語比較研究。載於中華民國特殊教育學會年刊，特殊教育叢書，35，579-600。

張雪莪（1993）。淺論台灣手語。兩岸聾人手語交流暨殘障福利實務研討會，頁 32-39。

張蓓莉（1992）。聽障兒童輔導手冊。國立台灣師範大學特殊教育研究所主編、教育部第二次全國特殊兒童普查工作執行小組印行，頁 4-7。

張勝成、林惠芬、陳尚霖（1994）。聽覺障礙兒童畫人測驗之修定報告。中國測驗學會年刊，41，191-206。

楊淑媛（1990）。淺談聽障兒童之溝通訓練及其教材教法。載於中華民國特殊教育學會主編，聽覺障礙者之教育與福祉，頁 151-163。

Dawn Libgy Chary、Sherry Edwards 原著，呂翠華譯（1992）。特殊兒童的語言教學。國立台北師範學院兼辦、台灣省啟智教育師訓班出版。

# 第十章

# 智能障礙學生的
# 語言溝通訓練

蔡毓玲

## 壹、前言

　　語言是一種使個體表達個人理念和將之傳達給使用相同象徵系統者的象徵系統（周文麗、柯平順，1995）。簡言之，語言是人類社會為了傳達自我意念、感受，以達到交換訊息之目的，而發展出來的一套模式。廣義的語言是指人類思想和感情的符號化，用以與他人傳達情意或溝通行為上的工具，舉凡言語、文字、手語、旗語、布列斯符號（Bliss Symbols）、音樂、圖畫、雕刻……等都是；狹義的語言是指口述的語言，亦即說話。此外，語言也是傳統收訊經驗所使用的語音、語法、語意上的規則（林寶貴，2000）。

　　說話（speech）是語言運作的聲帶作用，包括：正確的發聲、構音及合乎文法規則的語言，有效的說話有助於人際關係的建立或取得想要的地位與物質。人類利用說話來思考、接收與表達訊息，並建立自我意識（林寶貴，1994）。那麼，語言、溝通及說話的關係為何呢？易言之，語言是一種依據有結構化屬性的特徵所產生的規則和理解的句子；溝通則是接收或是提供資訊、情感與態度的過程。語言在溝通的過程中被認為是一種手段，也是一種學習的工具。說話即在當語言的規則被應用於口語時所發生，而說話也是連接聽覺輸出的語言符號（林寶貴，2000）。倘若，一個人在此傳輸的模式中出現問題，而無法達到訊息傳達的目的，障礙即產生。

　　對多數兒童來說，正常語言能力的習得是一件順理成章之事。他們能輕易地完成每一成長階段中應發展的語言，由單詞期進入雙詞結合期，又短語／簡單句期進入複句／多子句期，再進入語意／語法精緻整合期、篇章組織精進期。然而，仍有一些孩童在說話、語言的使用、理解及聆聽上，會出現發展遲緩的現象（錡寶香，2002）。在特殊教育中，很多障礙會影響語言的發展能力，諸如：智能障礙、聽覺障礙、自閉症、學習障礙等。特別是智能障礙者，因受限於認知能力的缺陷、經驗之不足、類化能力缺乏等問題，多數的中重度智能障礙者呈現語言能力不佳，甚至沒有口語的現象。當其在無法運用口語以滿足自己在溝通上的需求時，往往會出現異常行為作為表達的方式，因此，個體的智能障礙程度愈嚴重，其口語能力愈低下，所呈現出來的異常行為亦愈多（莊妙芬，2002），而這些異常行為將會帶來許多不利的影響。研究上指出，攻擊、自傷、發脾氣及干擾他人等行為將影響障礙者的社區安置（Eyman & Borehwick, 1980; Jacobson, 1982）、家庭生活（Cole & Meyer, 1989）、職業生活（Hanley-Maxwell, Rush, Chadsey-Rusch, & Renzaglia, 1986; Hayes, 1987）及學習活動（Dake, 1993; Kerr & Nelson, 1989；Koegel & Covert, 1972）。故教學者除了善用教學技巧、行為改變技術去削弱學生異常行為外，根本之道是施以溝通訓練，使個體能透過適當的溝通方式表達需求，因而降低異常行為的出現率，如此對於其回歸到正規生活將有很大的助益。

# 貳、普通兒童的說話及語言發展

　　欲了解智能障礙者的說話問題時，應先對普通兒童的語言發展有一番認識。就語言學者的論點，兒童的語言發展需要兩方面的配合：一為與生俱來的天賦能力，再者是適當的語言學習環境（林寶貴，2000）。此外，個體的動作神經成熟度、聽覺系統、身體與情緒、智力與認知發展、成長環境……等因素，都是影響其說話發展良窳的指標。Eisenson 和 Ogilvic 將兒童口語發展分為以下七個階段（引自林寶貴，1994）——

　　一、語言前期（Prelingual）：此時期又分為五小階段

　　㈠未分化之哭叫聲

　　㈡舒適時的聲音

㈢分化的發聲

㈣喃語

㈤喃語後期

二、模仿性發語期：兒童藉由模仿他人的構音內容及不斷地回饋，來辨識環境中的話語。

三、辨語期：大約在十五個月左右，多數兒童已可用話語來辨識使自己滿意的人、事、物。

四、前語言期：大約在十八個月左右，兒童已產生三至五十個語彙或更多的表達性語彙。

五、構句期：二歲左右的兒童可能有五十至一百個語彙，並可以組成語句、變化語法。

六、溝通期：二歲半左右的兒童，大多數已會在話語中使用功能性語彙，例如：介系詞、冠詞、連接詞。

七、個體化語言：三、四歲兒童開始以語句去表達他們的思想，並且能配合他們的話語去行動。

依據 H. R. Myklebust（1960）從發展的觀點分析語言的形式，兒童獲得語言的順序如下（蔡阿鶴，1989）：

第一階段　→　第二階段　→　第三階段

內化性語言　　接受性語言　　表達性語言

（0-9 個月）　（9-12 個月）　（1-7 歲）

兒童在語言發展的過程中，首先必須發展內在的概念化知識，即內化性語言，然後才將環境中的語言與概念化的知識連結發展出接受性的語言，即對語彙的理解。這些語彙亦在中樞神經系統作有系統的儲存，當兒童針對個人或環境的需求做出反應時，即提取這些語彙做出適當的表達。兒童要發展出良好的溝通表達，不但擁有的語彙要多，而且要應用這些語彙組成正確的句子，做適當的應用。而兒童在語言的學習上皆由具體到抽象，從單一特徵到複雜特徵，從簡單形式到複雜形式（莊妙芬，2002）。蔡阿鶴博士更將兒童語言的發展分為六個階段，茲分述如下：

## 一、預備期（零至一歲）

特徵為發聲的練習，故又稱為「先聲時期」。嬰兒的哭聲代表著不同的情感和需求，三個月大的嬰兒所發出的喃語，對其來說是一種遊戲，稱之為「發聲遊戲」。此種發聲遊戲尚不能算是一種溝通方式。六個月大時，開始串連母音和子音如mamadadapapa，此種「牙牙發聲」係受成熟因素所決定，到八個月時達高峰，並會改變音量與音調以模仿真正的語言。此時期是語言發展的分水嶺，普通兒童藉由與成人間的互動，了解及模仿他人的語言，建立說話的基礎。智能障礙者雖會有「發聲遊戲」，但要了解聲音、符號所代表的意義卻不容易；中重度智能障礙兒童尤其困難，這就是他們語言障礙所在。

## 二、語言發展第一期（一歲至一歲半）

單字期是其特色，故又稱為「單字句時期」，以單字來表達一串意念，是真正語言的開始。此階段的幼兒尚有另一個特點，即「回音語」或「鸚鵡式語言」。他會把自己所聽到的聲音模仿說出來，但不知其意，例如：問幼兒「你幾歲？」他會回答「幾歲」。這種現象會持續到兩歲左右才會消失。「回音語」對智能障礙兒童的價值在於誘發他發出聲音來，因發聲是學習說話的先決條件。

## 三、語言發展第二期（一歲半至二歲）

又叫「稱呼期」，開始知道「物各有名」，由單字句進入雙字句而多字句。這些字彙按詞類來分，最先出現的是名詞，也是最多的一種。其次為動詞，再則為形容詞。雙字句常是名詞加動詞，雖不合文法，卻能用以溝通觀念，此時幼兒語言的解釋必須根據當時的情境、語調而定，照顧者通常是最能了解其語意的人。

## 四、語言發展第三期（二歲至二歲半）

其特徵是幼兒開始承受「母語」的傳統力量之影響，從語言行為中表現出

獨特的文法習慣，是語言學習的社會基礎。幼兒在語法上會運用敘述句來陳述簡單的經驗，用疑問句詢問，用感嘆句表達情感。詞類的分化更進步，且學會使用「你」、「我」、「他」等代名詞。

## 五、語言發展第四期（二歲半至三歲）

會使用複雜句，喜歡發問，故又稱為「好問期」。此時期幼兒開始萌發因果思想，對不熟悉的事物皆要問其所以然。這是兒童知識進步與智慧開展的關鍵期，若缺乏適當的啟發、教導，常因文化刺激不足，造成遺憾。

## 六、完備期（四歲至六歲）

完全學會用語言表達自己的意願，會說完整的句子，與他人流利的交談，並開始直接朝著成人的文法正確的模仿學習。他們一方面使用自己的暫時性文法，另一方面從他人的言談中發現文法關係，以修正自己錯誤的文法，進而逐步形成真正的語言。

從語言發展的過程觀之，普通兒童最早出現的詞類是名詞、動詞、指示詞等較具體的詞類，其後隨著認知與語言發展的增進，其他較抽象的詞類，如時間詞、副詞、助動詞、關係詞、形容詞、連接詞、單位詞等相繼出現。而語用方面亦由簡單的要求物品、要求活動、尋求注意等，擴展到獲得訊息、選擇、問候、發問、致歡迎詞、表達意見、拒絕抗議、回答、回應等較高層次的語用功能（莊妙芬，2002）。

# 參、智能障礙者的語言障礙特徵

普通兒童學習語言，皆依循三個步驟：接收訊息的過程至處理、理解訊息的過程，最後為表達或回答訊息的過程。任何因素影響這些過程傳輸，則溝通即產生問題，而個體的認知發展能力之優劣將是關鍵。有學者認為（林寶貴，1999），智能障礙兒童的語言障礙雖是因智能發展遲緩，但並非所有智障兒童全如此。許多智能障礙兒童的語言技能比其他技能低弱，例如：動作能力、知覺能力甚至智力的發展。因此，將智能障礙兒童的語言障礙歸因於智力的發展

遲緩不完全正確。許多研究顯示：智能障礙者的語言發展不僅受智能影響，更導因於環境及周圍的影響。儘管個體的認知能力非絕對要素，但確是語言發展的先備條件。因此，語言或是溝通障礙往往是智能障礙者最常出現的適應行為問題。再則，智障程度愈重，同時伴有的動作或神經肌肉異常的概率偏高，使得構音更為困難。

　　早期的研究結果顯示，智能障礙兒童與普通兒童的語言發展有極大的差異，爾後之研究結果顯示智障兒童的語言發展階段與普通兒童相似，只是比較遲緩而已，當然個體智能障礙程度愈嚴重，其語言發展愈遲緩（莊妙芬，2002）。依我國特殊教育法第三條第二項第四款所稱之語言障礙係指：「語言理解或語言表達能力與同年齡者相較，有顯著偏差或遲緩現象，而造成溝通困難者，其類型包括構音障礙、聲音異常、語暢異常、語言發展遲緩」。有關於智能障礙者的語言障礙特徵，相關研究分述如下：

　　日本大熊喜代松（1987）認為，智障兒童語言障礙的特徵至少可分為（引自林寶貴，1989）：

　　1.語彙少。

　　2.口齒不清，發音不正確。

　　3.聲音異常。

　　4.不會使用語助詞、連接詞等機能語（function words）。

　　5.說話幼稚，令人費解。

　　鍾玉梅（1989）則指出，智能障礙兒童常伴隨語言障礙問題，障礙程度愈嚴重，語障程度愈明顯。而其語障程度可分為兩方面（引自林寶貴，1994）：

　　1.語言發展遲緩或異常。

　　2.構音障礙：數個特定語音異常、整體性構音異常、整體語音清晰度低、完全無法發出語音，智障程度愈重，常伴隨動作或神經肌肉異常的概率偏高，使得語音更為混淆。

　　林寶貴、黃玉枝、張正芬（1992）在調查台灣區一千一百四十名啟智學校（班）七至十五歲兒童的語言障礙，結果顯示，智能障礙學童構音中最常見的十個錯誤音為（引自林寶貴，1994）：

　　1.全體智能障礙兒童：ㄕ、ㄓ、ㄔ、ㄈ、ㄘ、ㄊ、ㄙ、ㄒ、ㄎ、ㄑ。

　　2.輕度智能障礙兒童：ㄕ、ㄔ、ㄓ、ㄑ、ㄙ、ㄈ、ㄘ、ㄒ、ㄖ、ㄊ。

3.中度智能障礙兒童：ㄓ、ㄔ、ㄕ、ㄈ、ㄊ、ㄎ、ㄙ、ㄘ、ㄒ、ㄑ。

　　4.重度智能障礙兒童：ㄈ、ㄓ、ㄕ、ㄘ、ㄒ、ㄊ、ㄎ、ㄙ、ㄔ、ㄆ。

　　5.極重度智能障礙兒童：ㄓ、ㄈ、ㄕ、ㄔ、ㄆ、ㄊ、ㄩ、ㄥ、ㄍ、ㄙ、ㄢ。

　　林寶貴（1994）提及智能障礙者在語言的溝通能力上，有以下的問題：

　　1.語法方面：智能障礙者的語法結構發展與一般人極為相似，但發展的速度稍微緩慢。在句型的轉換上，其發展的趨勢也與一般人相近。在句子的長度與複雜度方面，同樣都隨著年齡的成長而逐次漸增。在心理年齡的配對上，智障者所使用的句子較短，句子的複雜度比同儕較少，智障者的語法規則之歸納能力較弱。

　　2.語形方面：與一般人同儕相似，但有些許差異。

　　3.語音方面：嚴重的語音缺陷。

　　4.語意方面：智障者的詞彙意義比一般人較具體化，無法形容心理方面的抽象概念。

　　5.語用方面：智障兒童在所有的語言發展各階段中，均有發展遲滯的現象。

　　莊妙芬（2002）認為智能障礙兒童的語彙發展，除語彙量較少外，常出現的特徵有：

　　1.使用娃娃語。

　　2.出現較具體性的詞彙而較少使用抽象性的詞彙。

　　3.語意的範圍很窄。

　　4.較不會使用形容詞、助詞、所有格、受詞、連接詞和否定句。

　　此外，在語法方面——根據 Owens（1985）的研究指出，智能障礙者的語法結構與一般人相似，只是在發展的速度上呈現遲緩的現象，因此，所表達的句子較短，句子的複雜度小、變化少。Miller 與 Champman（1984）亦指出智能障礙兒童的平均句長較短，句子結構簡單。另外，Beitchman 與 Peterson（1986）的研究指出，十歲智障兒童的語法結構中，相較於同年齡的普通兒童，很少達到精確的描繪、從屬子句的使用、關係子句的使用，這說明智障兒童的語法發展較無法達到普通兒童的層次。但智能障礙的程度愈輕，則其語法的使用情形也愈複雜；反之智障程度愈重者，在語法的結構上甚至未出現簡單句子。

　　在語用方面——McLean 與 Syder-McLean（1978）指出，智能障礙者在語

用上有明顯的缺陷，而教養院的智能障礙者，在語用上的缺陷更為明顯。智能障礙兒童與普通兒童一樣，語用最早出現的形式是用動作以表達基本意圖，如引人注意、要求物品、尋求協助、要求活動等。

## 肆、智能障礙者的語言障礙診斷與教學評量

　　評量在特教教學中是相當重要的一環，藉由有系統且廣泛的個案資料蒐集，教師得以發覺學生目前的能力及需求，來作為教學設計之依據。換言之，在擬定 IEP（個別化教育計畫）前，教師應具備評量診斷的能力以了解學生的優劣勢能力，確實掌握學生的起點行為進行教學。當發現受教的智能障礙者疑似有語言溝通問題時，應進行更進一步的專業醫療診斷，用更客觀的評量工具來了解其屬於何種語言缺陷。James（1985）提出，評量語言能力需包含下列幾項範疇（引自林寶貴，2000）：

　　一、個體的認知與溝通行為的評量——包括個體與他人的互動性、社會性行為以及各種感官的成熟度。

　　二、個體對語言的知識與應用評量——指現在語言的知識包括語言的理解與表達，個體的語音、語形、語意、語法、語用、語彙等，都是評量的內容。

　　吉野（1991）更認為，在治療及診斷有溝通障礙兒童之過程需具下列模式（引自張勝成，2000）：

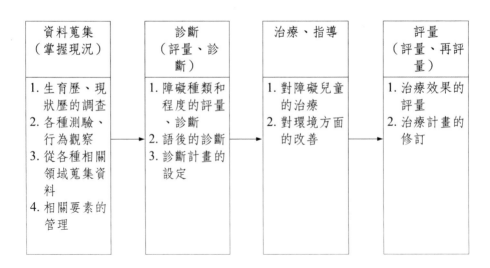

　　對於智能障礙者的語言評量而言，除標準化的評量測驗外，尚須藉由整體性、生態性的非正式評量方式，從個體所處的生活情境及與他人交互活動中，獲得智能障礙者溝通行為的完整資料，如此便能全面性的了解其真正的語言溝通能力及其優劣勢。

　　一般說來，評量可分為正式評量及非正式評量兩種。在正式評量方面，國內目前適用於智能障礙者標準化語言評量的工具如下（林千惠，2003）：

| 測驗名稱 | 作者／出版社 | 適用年齡 | 評量內容 |
| --- | --- | --- | --- |
| Goldman-Fristoe Test of Articulation | Goldman & Fristoe | 2 歲以上 | 構音能力 |
| Test of Auditory Comprehension of Language | Carrow | 3-6 歲 | 語文聽力理解 |
| Illinois Test of Psycholinguistic Abilities | Kirk & McCarthy | 3-12 歲 | 聽／視知覺能力 |
| Woodcock Reading Mastery Tests-Revised | Woodcock | 5-18 歲 | 聽覺理解、口語表達、閱讀理解 |
| Slosson Oral Reading Test-Revised | Slosson | 學前至成人 | 口語表達、閱讀理解 |
| Test of Oral Language Development | Pro-Ed | 6-18 歲 | 聽覺理解、口語表達、閱讀理解 |
| Stanford Diagnostic Reading Test | Karlsen 等人 | 6-18 歲 | 閱讀能力 |
| Test of Written Language | Hammill & Larsen | 7-18 歲 | 書寫能力 |
| 國語文能力測驗 | 吳武典、張正芬 | 8-13 歲 | 聽覺理解、口語表達、閱讀理解、寫作 |
| 畢保德圖畫詞彙測驗（PPVT-R） | 陸莉、劉鴻香 | 3-12 歲 | 聽覺理解 |
| 基本讀寫字綜合測驗 | 洪儷瑜等人 | 6-9 歲（小一至小三） | 閱讀理解、書寫 |
| 國小兒童書寫語文能力診斷測驗 | 楊坤堂等人 | 6-12 歲（小一至小六） | 寫作 |

　　由上可知，即使是國外一些常用的測驗，大都以普通兒童為主，且在評量的向度界定上亦有過於偏狹現象，故教師切忌只使用正式測驗作為評估智能障礙者語言能力的唯一依據。

　　非正式評量舉凡利用觀察、晤談、家庭訪問、教師自編檢核表、問卷、錄音、錄影、檔案評量、生態評量、動態評量……等方法，所蒐集到的個案語言相關資料，進行評估的方式皆稱之。而教師不論在教學前或教學中施行非正式語言評量時，應注意下列幾點（林千惠，2003）：

## 一、評量基本原則的依循方面

　　㈠周延性原則──評量應同時兼顧學生對生活情境中的各種重要活動。針對其語言的理解及表達能力作全面性評估。

　　㈡個別化評量原則──針對學生個別評量，以便滿足其個別需求，落實適性教學的精神。

　　㈢合作原則──教師需結合相關專業人員如語言治療師，以跨科技整合方式來進行學生的評估。

　　㈣持續評量原則──在教學過程中教師應分別採用診斷性評量、形成性評量、總結性評量等方式，循序漸進且持續的進行評量。

　　㈤多元評量原則──教師除使用前述的標準化測驗工具外，尚須藉由觀察、晤談、非正式檢核表、學習檔案資料的蒐集等多種方法，蒐集智障生的相關表現，作為評量、診斷的參考。

## 二、評量內容之功能性設計方面

　　啟智教育的終極目標是在協助智能障礙學生能具備獨立生活的技能，增進社會適應能力。故在教學內容採功能性學科技能或實用性學科技能，即此教師在教學評量內容的設計上應具備以下原則：

　　㈠社區化原則──評量應著重於學生與生活環境的互動方式。教師應儘可能將學生衣、食、住、行、育、樂等與生活經驗息息相關的社區情境納入評量內容中，方能更適切評估學生需求。

　　㈡功能性原則──學習內容的編製應把握學生的學習能力與生活功能需

求，並顧及社區當前及未來生活中智障生將面對的題材，使評量結果足以反應學生在日常生活中所需語文表達與理解能力的表現。

㈢生動原則——有鑑於智障學生學習動機的薄弱，且較容易產生失敗的預期，評量內容的編製應把握學生學習興趣及能力，力求淺易生動，以降低智障學生的學習挫折及對失敗的恐懼。

㈣提示原則——智能障礙學生對於文字的理解能力欠缺，教師在設計試題時，可提供圖像或動作等的提示，以增進其對評量內容的理解。

㈤簡化原則——教師應儘量簡化試題呈現的複雜度，一次只要求智障學生表達一件事或一個重點，例如：發現學生仍因不了解題意而無法作答時，可以換另一個方式去呈現。

### 三、實施過程的彈性調整方面

㈠動態評量原則——為防止智障學生因不熟悉評量程序或配合度欠佳等原因導致其能力受到低估，教師應揚棄傳統評量過程中扮演被動觀察記錄者的角色，而採用評量、教學、再評量的方式強調從師生互動中，發覺智障學生的潛能與可塑性。

㈡適性評量原則——教師在評量的過程中應重視學生個人的學習風格或特殊學習困難所可能造成對評量結果的影響，隨時調整評量方式。

㈢增強原則——智障學生學習動機薄弱，其配合評量的意願亦相對較低。故教師在評量的過程中應強調正增強的鼓勵。教師可藉由不斷地口頭讚美或在事後以學生喜好的活動作為報酬等方式，適當地予以正增強。

總而言之，教師在執行語言教學評量時，必須體認現階段標準化語言相關評量工具的限制，並配合其他非正式評量途徑，以期更有效鑑別出智能障礙學生的語言能力之優劣勢，如此便能深入探討學生學習困難的所在及原因，進而設計出有效的教學方案。

## 伍、智能障礙學生的說話溝通教學

林寶貴（1999）指出智能障礙兒童的語言發展雖可歸類於遲緩類型，但是

當他們習得某項語言發展是正常兒童在很小的時候即已精熟的語言結構時，並不表示他們可以如同一般兒童一樣應用它。他們很可能是使用機械式的反覆記憶方式去習得，因此類化上常發生困難。Zetlin 和 Murtangh（1990）沈重地指出輕度障礙學生，甚至臨界的學生在離校後仍然無法獨立生活，這直接地與學生無法有效應用所習得的功能性語言能力有莫大的關聯性（引自林千惠，2003）。而傳統的語言治療訓練模式，是將教學情境濃縮在一個失真的環境下訓練（如教室、診療室），常無法引起學習者的興趣，更讓有些訓練內容無法在實際生活中應用，導致事倍功半，無法達到預期溝通教學的目的。有許多研究證實，溝通訓練需於自然環境下，教導日常生活中的功能性用語，才可提高學習者保留及類化該行為的能力。因此，對於智能障礙學生的溝通教學需具備兩項要素：一為在自然生活情境下實施；二則語言教學內容上應以功能性語言為主。

Vogt（1992）指出，所謂功能性語言教學即在教學過程中，學生所學的教材必須是他們可以在每天生活中所使用到的，這些教材對學生具有實用性，而且能讓學生在生活中不同的情境練習使用（引自林千惠，2003）。所以，舉凡食、衣、住、行、育、樂等學生從事的活動，皆可成為教材。生活化或功能性的語言能力便成為智能障礙學生在日常生活中與人溝通、處理環境事物所不可或缺的技能，更是教師應教導的重點。至於教學方法方面，Warren（1978）曾提出「自然環境教學法」（Milieu language teaching）也有人譯為：「自然情境教學法」。此方法係以學習者為中心的一種語言訓練方法，旨在日常生活社會互動情境中，運用制約教學（operant teaching）策略的一種自然語言療育方法（Alper & Kaiser, 1992）。Warren 和 Kaiser（1988）更統稱自然情境教學法為各種語言療育的方式，包括：會話教學、兒童導向教學、語用介入法、發展互動法等。許多研究顯示自然情境教學法用於重度智能障礙學生的語言及溝通方面的教學，其成效相當顯著（引自蘇盈宇，2003）。茲就自然環境教學法敘述如下：

## 一、自然環境教學的理論內涵

自然環境教學強調教學的過程在「自然的教學情境」（natural contexts）下產生，並以「功能性的內涵」為教導重點，協助學生產生「自發性學習」與

「類化性學習」興趣與行為的一種教學方式（Kaiser, Miller, 1993）。自然環境教學的過程包括並應用「行為學派」中有關於逐步養成、功能性增強與模仿等行為改變技術，以及「認知學派」中有關學習的類化、自動化與判斷學習等思考活動。其採用一基本的「前事—反應—結果」（antecedent-response-consequence）派典，在兒童的自然環境中，進行各種環境上的操作，以產生所欲行為（林宏熾，1998）。教師為使自然環境教學法的實施能夠達成教學目標，需注意下列幾項主要特徵（蘇盈宇，2003）：

　　㈠自然的環境中進行語言的教學，不論是在學校、家庭或社區。

　　㈡語言訓練的內容必須是功能性的。

　　㈢以孩子有興趣的主題為教學內容。

　　㈣涵蓋明確的教學目標。

　　㈤提供自然的反應結果。

　　㈥安排環境，提供孩子溝通的機會。

　　㈦訓練者應為兒童的重要關係人，例如：父母、老師或照顧者。

　　㈧包含類化的介入計畫。

## 二、自然情境教學法的構成要素

　　教師以模仿（modeling）、指示引導（mand-model）、時間延宕（time delay）及隨機教學（incidental teaching）等四個主要策略為核心，同時配合環境的安排，反應及會話模式，評量、計畫和評鑑，以及教室行為管理等四項要素構成有效的教學。

## (一)四個主要策略（引自林宏熾，1998）

| 自然環境教學法 | 步驟與程序 |
|---|---|
| 模仿法 | • 觀察並注意學生的興趣與需求<br>• 引發學生的興趣與注意<br>• 提出與學生興趣有關的模仿學習要求<br>• 如果學生模仿正確則立即給予獎勵<br>• 如果學生模仿錯誤則立即給予輔助並指正<br>• 如果仍然錯誤則給予學生正確的教導後再給予增強 |
| 指示引導法 | • 觀察並注意學生的興趣與需求<br>• 引發學生興趣與注意<br>• 提出與學生興趣有關的反應要求或問題<br>• 如果學生反應或回答正確則立即給予獎勵<br>• 如果學生反應錯誤或無法回答則再給予另一要求或指示<br>• 如果學生反應或回答正確則立即給予獎勵<br>• 如果仍然錯誤則給予學生正確的教導後再給予增強 |
| 時間延宕法 | • 確認並觀察學生需要協助與支持的時機<br>• 注意學生的興趣與需求<br>• 引發學生的興趣與注意<br>• 提出與學生興趣有關的要求或刺激<br>• 進入時間延宕的期待階段<br>• 如果學生反應正確或主動提出適當的回應則立即給予獎勵<br>• 如果學生反應錯誤則立即給予輔助並指正<br>• 如果學生仍然錯誤或無法回答則再給予另一要求或指示 |
| 隨機教學法 | 確認學生需要的事物或支援的時機<br>• 注意學生的興趣<br>• 建立關聯注意（引起注意）<br>• 建立與學生有興趣事物的溝通<br>• 合併運用模仿模式、要求模式、時間延宕模式<br>• 其進行的步驟通常為：模仿模式、要求模式、時間延宕模式 |

## (二)四項要素（引自蘇盈宇，2003）

1.環境安排策略：安排環境以增加刺激，吸引學生興趣，藉以促進學生主動溝通嘗試。因此，教師需依需求情況，製造教學上溝通互動的機會。其策略如下——

| 策略 | 描述 |
|---|---|
| ●感興趣的材料 | ＊讓孩子可獲得其感興趣的材料 |
| ●看得到碰不到 | ＊放置某些材料在孩子的視線內但讓他碰觸不到 |
| ●協助 | ＊提供孩子操作時需要協助的材料 |
| ●不適當的分配 | ＊提供小部分材料使得孩子尚須要求額外的材料 |
| ●破壞 | ＊不提供孩子完成活動或遵循指示所需要之所有材料 |
| ●抗議 | ＊做一些孩子不想要你做的事 |
| ●愚蠢的情境 | ＊製造違反孩子期待的情境 |

（資料來源：劉斐文，2001）

2.反應會話的模式：教師需注意以下的要素——

(1)建立共同的注意——需將彼此的焦點聚集在同一事物上。

(2)輪流——溝通互動時須注意過程中的平衡。

(3)對學習者的溝通迅速及有意義的回應。

(4)積極影響——包括微笑、輕碰、溫柔的語調等。

3.評量、計畫及評鑑：完整的評量對自然環境教學法是必須的，透過生態評量及功能性的評估與分析，了解學習者的起點行為和學習特性，且依據評量的結果，選擇功能性、符合學習者能力和需求的學習內容來設計教學計畫。在結束教學後，亦需要評鑑學習者的結果和介入的成效。

4.教室的行為管理：對於足以影響教學活動進行的突發行為，例如：學生的異常行為，教學者皆應妥善管理，以確保教學活動之順利進行。

自然環境教學法是以學習者為中心，特別強調學生的興趣和教學的提示，運用生活中自然發生的情境來作語言教學上的介入，以提升孩童的自發性語言，並期待能達到在不同情境下類化的維持效果。

總之，對於智能障礙者的說話溝通訓練，教師應多著重於評估其身心狀況、語言特性、學習風格及行為等特質，以便確實掌握學生之起點行為，方可擬定介入之教學策略。運用自然環境教學法、施以功能性語言教材，並配合其他有效的教學方式，以增進學習效果，達到適性教學的目標。

## 陸、結語

對於智能障礙者的父母及教師而言，溝通能力之訓練是一項優先及極重要

的目標，因為這些技能的習得將影響到後來能力的發展（Durand, 2001）。這幾年提倡融合教育及回歸主流，促使智能障礙學生能進入普通班就讀，而非隔離情境下學習，所以他們的社會性溝通表達能力將更顯重要。良好的口語表達能力，能適切地傳達他們的需要，不僅能降低其異常行為的發生頻率，且可增加其在普通班被同儕接納的程度。語言能力與學習能力有密切的相關，它可說是一切學習的基礎，語言障礙的問題常發生於幼年時期，顯現於兒童時期，惡化於青少年期。雖說語言的學習有其關鍵期，但教導有效且有用的溝通永遠不嫌遲。

學習溝通是一輩子的事，畢竟智能障礙學生始終無法脫離社會人群而獨自生活。即使是重度，或極重度的智能障礙學生，也有溝通的慾望。他們常因無法有效表達需求而憤怒、無助，導致有「異常行為」、「習得的無助感」產生。為此，教導與提升智能障礙學生的語言溝通技能乃當務之急。唯有如此，才能有助於提高其整體的生活品質，使其更容易建立群我關係，並具有適應社會的能力。

# 參考書目

周文麗、柯平順（1995）。無口語兒童的有效溝通訓練案例。國小特殊教育，18，47-49。

林千惠（2003）。智能障礙學生功能性語文能力之評量。國小特殊教育，35，9-16。

林宏熾（1998）。多重障礙學生情境語言教學策略。特教園丁，14(2)，12-20。

林寶貴（1989）。語言發展與矯治專題研究。高雄：復文。

林寶貴（1994）。語言障礙與矯治。台北：五南。

林寶貴（1998）。學前兒童的語言障礙與介入。特教園丁，14(2)，1-8。

林寶貴（2000）。特殊教育理論與實務。台北：心理。

許天威、徐享良、張勝成（2000）。新特殊教育通論。台北：五南。

莊妙芬（2002）。中重度智能障礙兒童的異常行為與溝通功能之研究。東台灣特殊教育學報，4，53-76。

教育部（2002）。特殊教育法法規選輯。

黃志雄（2002）。情境教學對重度兒童溝通能力的影響。國小特殊教育，33，65-74。

黃瑞珍（1996）。評量兒童語言能力的方法。國小特殊教育，20，21-31。

曾進興（1998）。學校裡的溝通障礙服務。特教園丁，14(2)，9-11。

曾進興（2002）。教導重度障礙學生溝通技能。台北：心理。

劉斐文（2001）。結合環境安排與自然情境教學法促進功能性溝通之學習。屏師特殊教育，創刊號，70-78。

蔡阿鶴（1989）。智障兒的語言障礙與輔導。台北：財團法人心路文教基金會。

錡寶香（2002）。重度障礙兒童的溝通需求與療育。國小特殊教育，34，13-20。

蘇盈宇（2003）。自然情境教學法──促進特殊兒童功能性溝通的教學方法。屏師特殊教育，5，34-42。

# 第十一章

# 智能障礙學生中文識字教學研究

賴連康

## 壹、前言

　　智能障礙學生是身心障礙學生中人數最多的一群，根據教育部特教通報網二〇〇三年十二月一日的統計資料顯示，智能障礙學生人數有 23,991 人，約占高中（含）以下學校身心障礙障學生的 33.64%。教育部（1999）定義：智能障礙指個人之智能發展較同年齡者明顯遲緩，且在學習及生活適應能力表現上有嚴重困難者；其鑑定基準為心智功能明顯低下或個別智力測驗結果未達平均數負二個標準差，且學生在自我照顧、動作、溝通、社會情緒或學科學習等表現上，較同年齡者有顯著困難情形。

　　在教學領域中，閱讀一直是教學的重點之一，也是學習的基本能力。然而閱讀卻是個複雜的歷程，其過程有兩個主要成分：認字與理解。其中認字更是閱讀理解的基礎，如果學生在學習之初認字發生困難，以後的各項學習常常是事倍功半，甚至影響離開學校後的生活適應能力。因此，如何有效教導智能障礙學生認字，便成為非常重要的課題。

　　以往對智能障礙學生的課程設計大都以生活自理為主，中文識字教學則使用一般識字教學法，以圖卡、實物、圖形配合教學，但教學成效有限。林寶貴、張小芬（1998）研究發現，啟智班國三、國二學生的國語文能力只有普通班國小一年級的程度，約落後六年級。因此想透過相關文獻分析方式，希望對

智能障礙學生中文識字教學能提供有效教學的建議。

# 貳、智能障礙者的學習特徵

　　智能障礙學生的特質為個別差異很大、智能較低、學習有困難、常伴隨許多不明缺陷。以下就相關文獻歸納出中度智能障礙學生的學習特徵：

## 一、注意力缺陷

　　㈠智能障礙者注意力廣度較窄：即不能同時注意較多的東西或學習材料。
　　㈡注意力不能持久：即注意力無法持續較久的時間。
　　㈢選擇性注意能力較差：即對不需注意的刺激加以注意，反而對有意義的刺激不能專注。

## 二、短期記憶不佳

　　智能障礙者對所受刺激保留時間較短暫，強度也較弱，因此過度學習對智能障礙者非常重要。雖然短期記憶有缺陷但經過不斷努力，其記憶力明顯改善。

## 三、中樞處理能力較弱

　　智能障礙學生的辨認學習能力差，且不擅組織學習材料、缺乏隨機應變的能力，而且統整、推理和類化能力弱。

## 四、畏縮的學習態度與薄弱的學習動機

　　智能障礙學生由於長期失敗挫折，因此較欠缺自信心，導致對知識的追求缺乏興趣與動機。

## 五、後設認知能力不佳

智能障礙學生對於學習上的錯誤較難辨認出來，即在認知的執行、監控及記憶策略與運用有明顯的缺陷。

綜合上述，由於智能障礙學生在智力、認知程度及身心特質有很大差異，學習上也有諸多缺陷，所以在選擇識字教學法時要多方考慮。教材的選擇要符合其程度來挑選難易適中的，有效的教學方法包含教材組織化、提供記憶方法並提供學生明確的學習目標及練習機會。

# 參、中文字彙特性與中文字彙知識

當今世界上的文字系統大致區分為拼音文字與非拼音文字兩大體系，中文字即屬於非拼音文字，具有其他語系所沒有的字形、字音與字義相互結合的特性（裘錫圭，1995），當世界文字多由表形向表義發展，中文字已經脫離原始的象形，接近符號，以字形直接表義，拼音文字僅止於表音，尚未進入表義層次且長久保持，是世界最進步的文字（林政華，1991）。故介紹中文字彙的特性與中文一般字彙知識的概念。

## 一、中文字彙的特性

### ㈠組合性的文字結構

從文字的結構來看，中文字可分為獨體文與合體字，且獨體文少而合體字多（許慎，引自黃沛榮，1996）。獨體文乃中國文字的基本結構，等於是漢字的字根，如「人、大、牛、羊、木、火」等等。合體字具有組合性文字的特性，是由不同的筆劃、偏旁部首和基本字組合而成，並且有一定的構字規則和書寫筆順規則（萬雲英，1991，引自陳秀芬，1998）。

學習中文字絕不是死記，而是要掌握組字規則，先學會基本字，即獨體字，再加上偏旁部首、部件，學會合體字。

## ㈡字形、字音、字義密切結合

　　中文字包括字形、字音、字義三部分，彼此關係密切。以形聲字為例，即是以形旁，通常是部首表示字義，例如：「艸」部為首的字，其字義通常與「植物類」有關（裘錫圭，1995；鄭昭明，1991）；其聲旁也都具有表音的成分，如「情」、「晴」、「清」、「請」字都發與「青」相似的音；也有一些字的聲符兼有表義的作用，而另外形成所謂的形聲會意字，例如：「淺」、「錢」、「殘」、「賤」等字中的聲旁「戔」也兼有「小」的意義（裘錫圭，1995）。

　　不過，中文字形在表音表義的準確度並非絕對，以形聲字為例，形旁多表一個模糊的義類，而聲旁的有效表音率僅有 39%左右（程祥徽、田小琳，1992）。未來教導學生部首表義，聲旁表音時應注意其限制。

## 二、中文一般字彙知識

　　任何一個中文字有其特定的形、音、義，謂之特定字彙知識；而一般字彙知識則是許多字彙共有的特性。鄭昭明（1991）將學習中文的一般字彙區分為：「部首、偏旁的音讀知識」、「部首、偏旁的語義知識」與「漢字組字規則的知識」等三部分。茲說明如下：

　　㈠部首、偏旁的音讀知識，係指中文字的發音，經常與該字聲旁的發音有所關聯，此特性在形聲字當中尤其明顯，例如：「清」的發音與其偏旁「青」相同，「跑」的發音與其偏旁「包」發音相似。

　　㈡部首、偏旁的語義知識，係指中文字的部首，通常可顯示出所屬中文字的字義或類別，例如：「艸」和「豸」分別表示「植物類」和「四腳動物」的意思。

　　㈢漢字組字規則的知識，係指組成中文字的字符中，某些字符在字裡有其相當固定的空間位置，而極少出現在其他位置上。例如：部件「宀」總是位於一個字的字首，而「水」通常在一個字的左邊（黃惠美，1993）。

　　葉德明（1987）將漢字二百一十四個部首最常見的位置做了一個初步的統計，其結果如下：

1.在字下端的有一百零四個，例如：几、八、刀、土、女、止⋯⋯等。

2.在字左邊約有九十四個，例如：才、土、言、麥⋯⋯等。

3.在字頭約有五十個，例如：艸、竹、雨、麻⋯⋯等。

4.在字右邊約有五十四個，例如：支、戈、毛、欠、羽⋯⋯等。

二百一十四個部首中有四十三個部首的位置不定，或上或下，或左或右，這些不定位的部首，是造成學生書寫錯字的原因之一，例如：「夕」在外、多、風、夜、夢、夤等字中的情形。

在「中文形體組合」條例初稿中，由兩組符號組合的文字，就其成分和組合方式的配合，約有五種型態（葉德明，1990，頁 67）：

1.形符＋形符：志、企、焚、拿、息、姿。

2.形符＋聲符：窄、峰、寄、字、置、星。

3.形符＋體符（表意但本身不成文字的稱體符）：倉、亢、享、石、畢。

4.聲符＋體符：量、齒、薦、氏、函、主。

5.聲符＋聲符：龠、甫、勠、與、處。

這五種組合的型態中，其成分只有形、聲、體三種符號，體符不能獨立成字，因此組合漢字的主要成分以形、聲二符為重要成分，也是研究漢字結構主要的對象。

在一九八三年，國立台灣師範大學工技學院的國字整理小組對漢字的形體結構作了一次徹底的分析，出版了「中文形體組合條例初稿」。在這份資料中，不但顧到漢字構造的特性，也為了便利資訊作業的處理與改進發展，而以「中文資訊交換碼」的 22,349 個字為對象，其中有 21,493 字屬由兩組符號構成之類，也就是說 96%的漢字是由兩組符號拼合而成。其中以一個形符和一個聲符的組合最多，共有 20,380 字，占全部漢字的 91%（葉德明，1987），可見形聲字地位之重要。

# 肆、中文識字教學法

識字教學法是語文教學之基礎，國內外學者提出很多種教學法，在此只介紹數個影響較大的教學法。

## 一、「基本字標音、偏旁部首標義」生字教學

在集中識字的相關研究中，最有名的是大陸地區萬雲英等人的「基本字標音、偏旁部首標義」的教學實驗，其藉由掌握中文字結構規則，始能觸類旁通，大量學習新字（萬雲英，1991）。

### 「基本字標音、偏旁部首標義」生字教學

| |
|---|
| 第一階段：感知、識記基本字<br>1.學習感知、識記基本字<br>　石→石頭　方→方塊、方圖　月→月亮<br>　日→太陽　目→眼睛　　　青→青菜、青色<br>2.學習合體字，在此基礎上認識偏旁部首<br>　水＋青→清（清潔……）　心＋青→情（事情……）<br>　日＋青→晴（晴天……）<br>　目＋青→睛（眼睛……）　言＋青→請（請客……）<br>　〔註：（……）為講解意義〕 |
| 第二階段：通過抽象、概括得出念合規則——加深理解<br>清、情、晴、睛、請　□青<br>清→水　　情→心　　晴→日　　睛→目　　請→言<br>（抽象出共同點和差別類：五字都有一個「青」，「青」是基本字，標示各字的基本讀音；他們有不同的偏旁標明一個意思，概括出「基本字標音、偏旁部首標義」的規則） |
| 第三階段：把初步得出的規律廣泛使用驗證（法則、原理的轉移）、推理、判斷、理性知識系統化<br>　　　　　　　跳　挑　眺　逃<br>　　　　　　　菜　採　睬　彩　──→　都有共同的基本字和不同的偏旁部首 |

資料來源：萬雲英：（1991）。兒童學習漢字的心理特點與教學。載於高尚仁、楊中方編，中國人一發展與教學篇，頁432。台北：遠流。

## 二、基本字帶字教學法

基本字是字形近似的一組字中共同含有的，能夠獨立成字，多數為獨體字，或稱為構字部件。例如：「清、情、請」字組中有共同字「青」，「青」即為基本字，加上不同的部首即成不同的字。「基本字帶字」就是通過給基本

字加偏旁部首的辦法「歸類識字」，引導學生利用熟字記憶生字。「基本字帶字」的積極意義是：利用一組字的相同部分組成字串，比較不同的偏旁部首。這種方法可以幫助兒童熟記「生」字，減少錯別字，提高識字的效率。程序上先教基本字，後教衍生字，例如：「青」字，先學會，再加上「水」、「日」、「言」等部首，學會「清、晴、請」等。

## 三、基本字帶字加部首表義教學法

基本字帶字加部首表義中，除了上述基本字帶字教學法外，為了加強學生對基本字及衍生字的基本字形有更深一層的了解，所以除了介紹基本字外，再加上部首的教學及展示部首演變的情形，以加深學生對部首組字規則及語意知識的認識（許嘉芳，2000）。認識部首，能使學生對字體結構有更深入的了解，對文字字義的領悟也有幫助（陳靜子，1996）。

## 四、形聲字教學法

形聲字以許慎《說文解字》的定義，形聲字的形是以事物本身有關的形符（部首）表示其義，而以語言中呼此事物之聲，作為聲符，組合於表義之形，此為形聲字。

從形聲字的文獻探討中，發現形聲字占中國字的82%（王初慶，1986；裘錫圭，1995；引自秦麗花、許家吉，2000），而且形聲字是一群字形相似的字，對形聲字深入探討，無疑有一把揭開文字大門的鑰匙。形聲字可區分為形符及聲符兩部分，形符即部首，其與字義有某種關聯，例如楓、柏、檜部首為木，即與樹木有關，教導學生部首意義理解，有助於生字的類化學習。泡、炮、飽、跑皆以包為聲符，意即這些字都有相同聲符，基本上是一群相似的字組。

## 五、中文部件分色教學法

黃碧雲（1990）利用中文部件分色教學法進行中文識字教學，以五種顏色來代表部件的性質。

此教學法主要原則有三：㈠根據中文的部件，在各該字中所表示的「義」

或「聲」分別用顏色來表示（如下表所示）；㈡所選用的顏色有藍、紅、綠、黃四色代表中文部件常用度，至於幽字以黑色表示，代表不易分色的字或部件；㈢幽字當作其他字的部件時，也可變成藍、紅、綠等色。由於採用部件分色方法，使文字結構明朗，學生易看易懂，並增加趣味。

### 中文部件分色教學法

| 顏色 | 說明 | 舉例 |
|---|---|---|
| 藍 | 表「義」，包括「形」和「形省」、象形和會意的部首 | 日月林信 |
| 綠 | 表「聲」或「聲省」的部件 | 媽祖奶姣 |
| 紅 | 表「義兼聲」或「義聲兼省」的部件 | 清晴請情 |
| 黃 | 表示四種字：1.「指事」的部件，2.部件不能拆開的「合體指事」，3.「合體指事」的部首，4.字或「會意兼指事」字中的指事部件 | 上中下本 |
| 黑 | 未辨別其義、聲和指事性質的部件集中文字 | 幸侯 |

資料來源：黃碧雲（1990）。「通過漢字部件分色教學」開拓華文教學與華文研究的新境界。載於第二屆世界華語文教學研討會論文集教學與應用篇，頁 221-228。世界華文教通協進會編印。

## 六、部件教學法

　　何謂部件呢？「部件」是書寫的最小單元，它介於筆劃與部首之間。它可以小至一筆劃，例如：「一」、「、」等；也可能大至偏旁獨體字，例如：「田」、「山」、「水」、「口」等。例如：「明」字，由「日」+「月」而成，簡單地說，「日、月」就是「明」字的部件。例如：「潭」字是由「水」、「西」、「日」「十」等部件所組成，利用部件的觀念有助於字形分析與漢字教學，加強學習效果。

　　孩子學習漢字，宜從部件開始，因為部件具有較強的系統組織，孩子比較容易理解、掌握和記憶，相對於筆畫識字的方法，部件識字法可大大提高孩子的識字量（謝錫金，2000）。

　　老師可以教導孩子如何分析漢字，讓他們對漢字先有一個整體的印象，然後再分析部件，最後才學習筆順。

　　要求學生書寫常見的部件，加強他們的記憶，但是切記書寫的數量不能太

多。透過書寫部件，學生既能夠識字，又能夠學習漢字的筆順，學習的效果會比用「無影字」或「書空」的方式更好。

黃沛榮（2003）分析漢字的部件，在漢字教學上有三點作用，對改進教學之效果特具意義：

㈠根據部件的常用程度，可以釐分字級的標準，以編纂教材。我們可以選擇組字能力較強的部件，優先編入教材，以增加教學效果。

㈡部件可以區別漢字筆劃上之同異，作為教學上的參考，例如「步」的下半部可能會寫成「少」，教材中說明則遇到「涉蘋頻賓歲」皆不會寫錯，並可觸類旁通。

㈢利用部件教學，有助於筆順的學習。如果掌握常用部件的筆順，學習新字可以事半功倍。例如「邊」字，當學生學過「自」、「空」、「方」、「這」等字，只要稍加指點就能很快掌握字形。

針對智能障礙學生注意力分散、短期記憶力差、類化能力不佳、辨認學習能力薄弱等缺點，我們若將文字予以系統組織，同時加強學生識字的構造及了解組字規則，可以減輕學生在記憶及學習上的負擔，提高學習效果。

# 伍、對中文識字困難學生的實徵性教學研究

## 一、部首歸類及聲旁歸類教學法

陳靜子（1996）以台中市北屯國小三十八名三年級國語低成就學生為研究對象，分為部首歸類組及聲旁歸類組分別進行十次生字教學，教學材料共二十個字，結果發現聲旁歸類組之「看字讀音」成效優於部首歸類組，部首組之「圈選測驗」成績高於聲旁組，兩組的「聽寫測驗」並無顯著差異。「看字讀音」、「圈選測驗」或「聽寫測驗」成績顯示兩種教法有長期保留效果，但兩組間無顯著差異。

## 二、一般字彙知識教學法

陳秀芬（1998）針對國小四、五年級識字困難學生實施一般字彙知識教學

法，重點有三：㈠部首偏旁的音讀知識；㈡部首偏旁的語義知識；㈢漢字組字規則的知識；結果顯示有立即與保留效果，具類化成效。

## 三、基本字帶字教學法和基本字帶字加自我監控

呂美娟（1999）探討基本字帶字教學法和基本字帶字加自我監控法對於增進三位國小識字困難學生的識字表現，研究設計採單一受試研究法中的倒返設計，結果顯示兩種教學法具立即成效和兩週短期保留效果，但是十四週長期保留成效，三位受試不一。對閱讀相關認知能力、字形處理、聲音處理、記憶力和詞彙等能力皆不佳，基本字帶字加自我監控法才能增進其識字成效。

## 四、基本字帶字加部首表義與一般識字教學法

許嘉芳（2000）以三位國中輕度智能障礙學生，實施基本字帶字加部首表義教學與一般識字教學，研究設計採單一受試研究法的交替處理設計。研究結果為基本字帶字加部首表義教材，對於兩位受試者之識字學習表現，具較佳的立即效果，但未達統計上的顯著水準。基本字帶字加部首表義教學對於增進兩位受試者識字表現具較佳之綜合複習效果，一位則以一般識字教材成效優於基本字帶字加部首表義教材，但未達統計上的顯著水準。基本字帶字加部首表義對於其中兩位受試者具有一週後的短期保留效果，一位則較不明顯未達統計上的顯著水準。由追蹤階段的四週後的保留評量結果發現，基本字帶字加部首表義教材對三位受試者保留效果不一。使用基本字帶字加部首表義教材能增進三位受試者「認讀」、「造詞」兩個分測驗之百分比，顯示此教材對增進字形－字音與字形－字義之連結有所助益。基本字帶字加部首表義教材對於增進三位受試者之部首表義學習具有明顯之立即效果、綜合複習效果、短期保留效果及長期保留效果。就統計分析而言，只有一位學生在基本字帶字加部首表義教材的綜合複習效果，與一般識字教材相較，未達顯著水準，其餘皆達統計上的顯著水準。

## 五、基本字帶字及基本字帶字加部首教學法

廖芳瑜（2002）以嘉義縣某國中三位啟智班學生實施基本字帶字及基本字帶字加部首表義識字教學成效研究，研究採取單一受試的 A-B-A-B 倒返設計進行研究。自變項為一般識字教學法、基本字帶字及基本字帶字加部首表義三種不同教學法，依變項為識字學習成效。三位個案先後接受基線期、處理期及保留期的實驗處理，處理期分為兩階段，一為基本字帶字教學法，另一個階段為基本字帶字加部首表義教學法，教學時間為三十分鐘。

研究結果發現：

㈠基本字帶字教學法對二位國中識字困難的中度智能障礙學生具有學習成效。三位受試者在基本字帶字教學法中共教學二十九次，有十一次達到預期教學目標，優於一般識字教學法四十七次，有六次達成預期教學目標。基本字帶字教學法的學習成效明顯高於基線期的一般識字教學法。

㈡基本字帶字加部首表義教學法對二位國中識字困難的智能障礙學生具有學習成效。三位受試者在基本字帶字加部首表義教學共教學三十五次，有十四次達成預期教學目標，優於一般識字教學法四十七次，有六次達到預期教目標。

㈢基本字帶字加部首表義教學法較基本字帶字教學法對國中識字困難的中度智能障礙學生學習成效有較佳的成效。

如何針對智能障礙學生來選擇對他們最適合的教學方法呢？茲探討分析各教學法的優劣如下：

一、部首歸類與聲旁歸類教學法及一般字彙識字教學法：因其形、音、義之間的對應關係不夠明確，且缺乏規則性，再加上形音義之間糾葛複雜的關係，顯然識字歷程依賴記憶的程度可能不太輕（邱上真、洪碧霞，1996）。

二、基本字帶字教學法及基本字帶字加部首表義教學法：基本字帶字教學法雖然有集中的相似字太多，易產生混淆的缺點，只要控制目標字的數量，利用容易歸納的偏旁部首組字規則，再去學習其他字就較為容易，而且掌握愈多的基本字及漢字規則後，就能夠大量學習漢字了（呂美娟，1999）。基本字帶字加部首表義教學，即基本字帶字教學中加入部首的解釋，更可以加深學生對

部首組字規則及語義的認識。

# 陸、智能障礙學生中文識字教材的編選

## 一、教材設計原則

教材的設計上，除考慮單一學科縱向的統整外，也需考慮橫向的統整，強調學習內容需整合職業、社交、娛樂、家居生活訓練等各項領域的學習；也要考慮連結性的統整，也就是學得的技能和知識，要能遷移到未來實際的生活環境中（何華國，1987）。除上述之外，教材編選須以日常生活中實用字及常用字，採階梯式編序法編選教材。

## 二、識字困難程度

根據學生的識字困難程度，選擇合適的識字教學法，例如：學生屬輕度只要教師多加關心即可，中度者可能較適合中文一般字彙知識教學法（陳秀芬，1999），對於重度者或不能閱讀者，可能就需要密集的部首識字或基本字帶字教學法（呂美娟，1999）。

## 三、選字方面

對於智能障礙學生識字困難，識字量有限，選用哪些字從事教學，更形重要，所以應從高頻字開始及構字能力高的漢字或部首開始。

### (一)高頻字

黃富順等（1994）研究台灣地區一般民眾基本字彙需求，將民眾日常生活分成三大部分十四個指標分別是：

1.社會行為方面：消費行為、住的方面、行的方面、醫療方面、人際方面、教育方面、藝文方面、休閒方面等八個指標。

2.經濟行為方面：職業方面、金融方面、財稅方面等三個指標。

3.政府與法律方面：選舉方面、社團方面、法律方面等三個指標。

根據前述十四項指標蒐集資料，將每個字分別統計其出現之次數，進行字彙出現頻率的排列。

黃富順等（1994）研究失學國民脫盲識字字彙，並依據前述之字彙及下列標準分為三種字彙：

1.識字量未達最基本日常生活用字的 60%者，不足解讀日常生活資料，應列為文盲，並列出四百七十個文盲字彙。

2.解讀差異在 60%以上，至 80%以下者，在解釋日常生活資料能力，仍有不足，但脫離文盲標準，列為半文盲，並列出四百個半文盲字彙。

3.能解讀 95%的日常生活各項文字資料，已大致能適應日常生活，列為識字，並列出八百一十個識字字彙。

教導智能障礙學生字彙時，可優先選擇教四百七十個文盲字彙，然後再晉級教另四百個半文盲字彙，大致可以脫離文盲。

## (二)基本字

呂美娟（1999）根據常用字和基本字的觀念，依據中文字的特性與戴汝潛、郝家杰（1997）基本字帶字概念，以參考黃沛榮整理的「國民小學常用字彙研究」字頻總表中的二千五百零二字為主，拆為基本字和部首，將有相同基本字的歸在一起，當成是基本字帶出的字，例如：青可帶出晴、請、睛、精、猜、情和蜻，歸類出將近二百七十組字的基本字字表（呂美娟，1999）。

## (三)最具優先學習的部首

黃沛榮（2003）將二百一十四個部首依循下列原則決定學習之優先次序：

1.這個部首是不是整字？除了做部首之外，還有可以即學即用之字。

2.收入這個部首的字多不多？先認識收字較多的部首較有利。

3.這個部首字以及部首中的字，是不是與生活息息相關？

4.它是不是常用的部件？即構字率高不高？

5.這個部首字的構詞率高不高？

根據上述原則，訂定三個評比標準：

1.識字：學會這個部首字，對辨識其他的字是否有幫助？

2.寫字：學過這個字以後，再學習其他生字時，是否較能掌握字形結構？

3.用字：這個字在現代漢語中構字詞率高不高？所構出的詞語是否重要？

部首評比結果，選出最具優先學習的八十個部首，絕大多數是整字，也是重要部件，可提供教學之參考。

強度最高的部首有四十個，列出如下：

人、刀、力、口、土、大、女、子、山、巾

心、戶、手、日、月、木、水、火、玉、田

目、石、示、竹、米、耳、肉、衣、見、言

走、足、車、金、門、雨、食、馬、魚、鳥

強度次高的部首也有四十個：

一、八、又、口、宀、寸、小、工、广、弓

戈、攴、斤、方、欠、止、牛、犬、瓜、疒

白、皿、禾、穴、立、糸、羊、羽、舟、艸

虫、行、角、貝、辵、邑、非、阜、隹、頁

黃沛榮（2003）臚列了八十個部首字的屬性、用法、構字、語詞或成語，可供教學參考。

## ㈣形聲字

形聲字教學材料參考下頁表。表中呈現二十個聲符，加上形符（即部首），即可組成不同的字，大部分有相同的音不同調，可幫助學生讀音之學習，並列出一百三十八個代表語詞。

### 形聲字教學材料

| 聲符 | 部首 | 代表語詞 |
|---|---|---|
| 青 | 水虫日目心言米 | 清洗、蜻蜓、晴天、眼睛、心情、請假、精神 |
| 采 | 彡手目足艸糸 | 彩色、採收、不理不睬、踩壞、蔬菜、張燈結綵 |
| 申 | 人口糸示土 | 伸長、呻吟、紳士、神明、乾坤 |
| 加 | 木艸口馬衣糸 | 打架、茄子、咖啡、駕駛、袈裟、結絞 |
| 兆 | 口木辶手目足 | 號咷大哭、桃子、逃跑、挑水、眺望、跳高 |
| 馬 | 女口玉石虫冫 | 姑媽、嗎啡、瑪瑙、碼頭、螞蟻、姓馮 |
| 其 | 月欠竹水鹿木 | 日期、欺負、畚箕、冰淇淋、麒麟、下棋 |
| 登 | 火几目足邑口 | 燈火、凳子、瞪人、蹬踩、姓鄧 |
| 分 | 口艸气糸米心皿 | 吩咐、芬芳、氣氛、紛亂、米粉、忿恨、臉盆 |
| 肖 | 刀宀水辶雨木尸 | 鉛筆、宵夜、消防隊、逍遙、雲霄飛車、樹梢、紙屑 |
| 占 | 水人立广米巾石 | 沾溼、佔有、站立、書店、粘住、喜帖、帖板 |
| 方 | 言戶人艸土糸阜 | 訪問、房子、模仿、芳香、坊間、紡織、消防隊 |
| 羊 | 言示水人火羽广 | 詳細、吉祥、海洋、佯裝、打烊、飛翔、庠序 |
| 宛 | 肉心石玉刀女虫 | 手腕、惋惜、一碗飯、琬玉、剜肉、婉麗、蜿蜒 |
| 果 | 米言木頁穴衣食 | 碗粿、上課、一棵樹、顆粒、虎窠、包裹、油炸粿 |
| 交 | 邑足糸虫口艸食白 | 郊遊、摔跤、絞刑、蛟龍、咬斷、茭白筍、水餃、皎潔 |
| 包 | 手刀雨食足艸皮广 | 抱住、刨冰、冰雹、吃飽、跑步、花苞、面皰、疤痧 |
| 韋 | 辶艸口人玉糸火門行 | 違反、蘆葦、圍住、偉人、瑋寶、緯線、煒明、闈場、衛生 |
| 皮 | 手衣广土水足石玉 | 披風、棉被、疲勞、山坡、波浪、跛腳、破土、玻璃 |
| 圭 | 人門魚木卜虫革行 | 佳人、閨房、鮭魚、桂花、卜卦、青蛙、鞋子、街上 |

資料來源：秦麗花、許家吉（2000）。形聲字教學對國小二年級一般學生和學障學生識字教學效果之研究。<u>特殊教育研究學刊</u>，<u>18</u>，194。

# 柒、教學上的建議

## 一、在學習之初宜多呈現圖片提示

　　智能障礙學生語文理解能力較差，宜多用圖片呈現以增進學生之理解。

## 二、從基本字帶字加部首表義

　　基本字帶字教學可以減少智障學生記憶份量，增加學習的文字。配合加強部首知識教學，更可增進學習成效。廖芳瑜（2002）研究顯示，基本字帶字加

部首表義教學法的階段平均值高於基本字帶字教學法與一般識字教學法，顯示部首知識的教學的確有助於智能障礙學生識字能力的提升。

## 三、識字課程之設計應加入文章

呂美娟（1999）研究發現，識字成效隨時間有遺忘的現象，這代表僅有識字教學是不夠的，建議識字課程上應加入文章，用已學會的字組成小短文重複出現，可保留識字成效，更可增加閱讀能力。林寶貴、張小芬（1998）建議，國語文教學應著重生活化的學習，協助智障學生練習使用語言於需要及意見的表達。

## 四、適時的複習與檢討

適時的複習與檢討有助於提升學生識字教學的成效。

## 五、以輕鬆、生動活潑形式進行教學，呈現教材等刺激物的方式宜多加變化，藉此引起學生的注意

為了使學生在輕鬆愉快的氣氛下，可充分利用字理、遊戲等生動活潑的方式，深入淺出的進行識字教學。

# 參考書目

方金雅（1996）。國小學生一般字彙知識、認字能力與國語文學業成就之相關研究。國立高雄師範大學特殊教育學系碩士論文。未出版。

呂美娟（1999）。基本字帶字識字教學對國小識字困難學生成效之探討。國立台灣師範大學特殊教育研究所碩士論文。未出版。

何華國（1987）。智障者職訓課程設計原則。特教園丁，3 (2)，22-24。

邱上真、洪碧霞（1996）。國語文低成就學生閱讀表現之追蹤研究（I）。國科會專題計畫成果報告。未出版。

林政華（1991）。漢字簡化問題。人文及社會科學通訊，4 (1)，187-201。

林寶貴、張小芬（1998）。國中智障學生國語能力及其相關因素之研究。特殊

教育研究學刊，16，87-108。

秦麗花、許家吉（2000）。形聲字教學對國小二年級一般學生和學障學生識字教學效果之研究。特殊教育研究學刊，18，191-206。

教育部（1999）。特殊教育法規選輯。台北：教育部。

許嘉芳（2000）。基本字帶字加部首表義教材對國中輕度智能障礙學生識字成效研究。國立高雄師範大學特殊教育學系碩士論文。未出版。

陳秀芬（1998）。中文一般字彙知識教學法在增進國小識字困難學生識字學習成效之探討。國立台灣師範大學特殊教育研究所碩士論文。未出版。

陳靜子（1996）。國語文低成就學童之生字學習：部首歸類與聲旁歸類教學效果之比較。國立彰化師範大學特殊教育研究所碩士論文。未出版。

程祥徽、田小琳（1992）。現代漢語。台北：書林。

黃沛榮（1996）。漢字部件研究。載於第七屆中國文字學全國學術研討會論文集。

黃沛榮（2003）。漢字教學的理論與實踐。台北：樂學。

黃富順等（1994）。我國失學國民脫盲識字標準及脫盲識字字彙之研究。國立台灣師範大學成人教育研究中心。

黃惠美（1993）。國小學生對漢字「一般字彙知識」的習得。國立台灣大學心理學研究所碩士論文。未出版。

葉德明（1987）。漢字書寫錯誤之分析與教學。華文世界，43，56-66。

葉德明（1990）。漢字認知基礎——從心理語言學看漢字認知過程。台北：師大書苑。

萬雲英（1991）。兒童學習漢字的心理特點與教學。載於高尚仁、楊中方編，中國人——發展與教學篇，頁403-448。台北：遠流。

廖芳瑜（2002）。基本字帶字與基本字帶字加部首教學法對國中中度智能障礙學生識字學習成效之研究。國立嘉義大學國民教育研究所碩士論文。未出版。

裘錫圭（1995）。文字學概要。台北：萬卷樓。

鄭昭明、陳學志（1991）。漢字簡化對文字讀寫的影響。華文世界，62，86-104。

謝錫金（2000）。高效識字。線上檢索日期：民國92年10月1日。網址：http://www.chineseedu.hku.hk

*第十二章*

# 情緒行為障礙兒童的溝通問題

黃浩昀

## 壹、前言

在國小資優班任教的頭兩年,遇到一個很特別的學生。一般人大多以為資優生應該很機靈、很會說話,但這個學生不懂得察言觀色,說話總是不得體,用和同學講話的態度和教師講話,而且老是和同學發生口角,但卻認為自己沒什麼問題,都是大家對他有偏見,因此,常處在情緒惡劣的狀態,學習狀況也隨著年齡的增加而愈來愈差。這個學生年年都是認輔個案,也讓級任教師年年換人,雖然因為家長反對,而從來沒有經過身心障礙學生的鑑定,但特教教師都認為他有情緒、行為和溝通上的問題,應該接受進一步的協助,但卻不得其門而入。兒童的情緒、行為和溝通問題有怎樣的並存情況?又應該如何給予協助,是本文擬探討的問題。

## 貳、何謂情緒行為障礙

### 一、名稱、定義及分類

特殊教育界對於在情緒或行為方面有問題的學生,是否應納入特殊教育,

應納入的範圍如何，又應如何定名多所爭議。目前此類障礙在我國特殊教育法稱為「嚴重情緒障礙」，是指長期情緒或行為反應顯著異常，而嚴重影響其生活適應，而此項異常並非由智能、感官或健康等因素所直接造成的學生。由於「嚴重情緒障礙」一詞，並無法完整表現出這群需要特殊教育協助的學生在行為上的特質，因此本文以「情緒行為障礙」稱之。

情緒行為障礙雖然在特殊教育法上被歸為一類，但卻是一個異質性團體。情緒行為障礙可包括經醫學上診斷為精神性疾患、情感性疾患、畏懼性疾患、焦慮性疾患、注意力缺陷、過動症等疾病的學生。在醫學上，目前多是以DSM-IV 為診斷依據，醫學診斷可以作為教育鑑定的參考，但不是絕對標準。也就是說，不是具有上述疾病的學生，就一定會被鑑定為情緒行為障礙，也不是不具有上述疾病的學生，就一定不能被鑑定為情緒行為障礙。醫學上的診斷可作為鑑定的參考，但在教學上未必有用。在教育上，可將情緒行為障礙分為外向攻擊，和內向退縮兩大類，而其中可再細分為行為問題、攻擊問題、注意力及過動問題、焦慮退縮問題、憂鬱問題、精神病問題等等，而不同問題所需的教育方式都不相同。

## 二、成因

### ㈠生理因素

遺傳疾病、基因缺陷、因疾病或受傷造成的腦傷或腦功能異常、營養不良、過敏、先天氣質、疾病、藥物都可能造成情緒行為障礙。

### ㈡環境因素

由單親家庭或父母以外的人養育，家庭的互動氣氛不佳，父母的管教方式過寬或過嚴，家庭的忽略和虐待，學業低成就，同儕關係不佳，都可能造成情緒行為障礙。

兒童的情緒或行為問題常常不是單一因素所造成的，各個因素間會相互影響，例如：家庭的忽視會造成營養不良，新生兒腦傷，家庭與學校的管教不一致，營養不良和身體的虐待會造成腦傷，孩子的先天氣質和疾病會影響家庭的

管教方式，而家庭的管教方式也會影響孩子的氣質。因此，在了解個案問題的成因時，應從各方面加以考量，才能找到適當的處理方法。

# 參、溝通與情緒行為問題並存之情形

兒童早期的溝通和情緒發展常相互影響，良好的溝通技能是健全情緒發展的關鍵，而健全的情緒發展，也是培養溝通技能的要素。兒童溝通和情緒問題的發生原因，同樣與腦傷或腦部功能受損、疾病、家庭的互動氣氛不佳、家庭的忽略和虐待，同儕關係不佳等因素有關。因此，許多研究顯示，兒童的溝通和情緒行為問題常有並存的情形，至於何為原因？何為結果？常難以區分。

兒童的發展取決於兒童本身和環境的互動。有溝通障礙會阻礙兒童的社會互動，導致情緒問題，就可能阻礙語言發展；相反的，有情緒行為障礙的兒童，無法引發照顧者正向及頻繁的反應，也對社會接觸不敏感，因此無法參與對話性的互動，也可能造成語言刺激較少及語言發展遲緩。

由於溝通障礙及情緒行為障礙，都會造成兒童在學習和人際關係上的問題，如果兩種障礙並存，對於兒童和教師更是一大挑戰，因此，對於情緒行為障礙兒童的語言發展和溝通障礙兒童的情緒及行為發展，都必須加以注意。溝通及情緒行為問題並存的情況如下：

## 一、溝通障礙兒童的情緒行為問題

根據不同的研究顯示，50%-70%具有說話、語言、溝通障礙的孩童，同時伴隨情緒行為障礙，造成這種狀況的可能原因包括：

### (一)家庭方面

由於具有溝通障礙的孩子，無法適當表達自己的意圖和需求，一方面會因為父母的無法理解而造成本身的焦慮、不安和挫折感；另一方面，會因其傾向以哭鬧的方式來解決，而造成父母對於孩子的不良溝通訊號，感到不耐煩，導致親子之間的互動不頻繁且品質不佳，甚至忽視和身體處罰，如此便阻礙孩子正常的情緒發展，造成情緒或行為上的問題。

### □社交方面

　　溝通障礙孩子可能因為說話的缺陷而不願與他人談話，或因為溝通能力有限而較不會與他人談話，或是與他人談話時不適當的方式、內容或態度，使其與同儕互動困難，較少正面的社會互動經驗，也較不容易發展出適當的社會行為，因此較不易融入團體之中，因此，被同儕忽略，排斥或拒絕的比率較高，而受歡迎的比率較低，因此，更造成他們培養社交互動技巧的機會較少，而傾向用不適當的方式獲得關注，產生較多的問題行為。另外，由於有溝通障礙的孩子會因為表達感情或想法有困難，或因為同儕的排斥和嘲笑，而感到挫折和憤怒，會出現攻擊行為，或是退縮和焦慮的情況，對社交關係的建立和維持造成負面影響。

## 二、情緒行為障礙兒童的溝通問題

　　一般來說，情緒行為障礙兒童在構音、聲音、語暢上的問題較少，但由於缺乏溝通動機及社交技巧，因此較少溝通的機會，常出現不適當說話方式和態度，除此之外，還有較嚴重的語意、語法及語用等語言發展遲緩的情形。情緒行為障礙兒童是一個異質性的團體，具有外向攻擊，和內向退縮問題兒童的溝通問題也各不相同。有的研究顯示，具有外向攻擊問題的兒童，比具有內向退縮問題兒童的語言問題嚴重，但有的研究則有相反的結果。

### □外向攻擊型兒童的溝通問題

　　具有外向攻擊問題的兒童，由於缺乏社交技巧，以致較少有效的溝通，常因與他人的想法不一致或誤解而以吵架、怒罵、攻擊行為來解決問題，或因為不佳的說話態度和情緒爆發，而使溝通無法繼續。除此之外，他們在語言的表達或／和接收上都可能有缺陷，可能的問題包括語文智商較低，語法測驗上得分較低，字彙較少，語法及文法不正確，較不會造出文法較為複雜的句子，語意的錯誤理解，以及嚴重的語用問題。其中ADHD兒童具有溝通問題的比例更高，他們無法以自我對話的方式，來控制及組織和他人的互動行為，而且在解讀口語、非口語或情境線索，並藉以決定如何依照社會所期待的方式，來加以

應對上有困難。因此，在說話方式方面，他們常在不適當的時機開始說話，談話時無法等待，說話太多，無故打斷他人談話，不聽他人說什麼，在問題問完前就回答，在說話時和他人沒有眼神接觸；在說話內容方面，他們較不會挑選話題，也不會維持話題，會突然改變話題或突然插進無關的想法，對別人的問題較不會有適當的答案。

## (二)內向退縮型兒童的溝通問題

對於內向退縮型兒童溝通問題方面的研究較少，一般來說，內向退縮兒童與他人溝通的意願較低，具有的語言問題包括：特殊的說話方式，與他人對話有困難，較無法描述故事人物的心理狀態，在需要敘述事件的對話方面表現較差，較不會將事件排序，以及較不會描述他人的感情和思想，在教室活動、角色扮演、遊戲場合也會有語言運用方面的問題。與同年齡孩子相比，他們的語言發展較不成熟，句子較短，話較少，話題較有限，較無法描述細節，也較沒有與他人溝通的動機。總之，內向性兒童的口語互動不但在量上較少，在溝通技巧的質上亦較差。

## 三、情緒行為障礙兒童的語用問題

情緒行為障礙兒童的溝通問題可分為表達、自我控制、整體溝通能力三方面。表達方面的問題是指兒童具有適當的技巧，但卻因為反應抑制性的焦慮或缺乏動機而不表達出來，例如：兒童因為缺乏安全感，即使有能力，卻在教室活動時，選擇不用適當的社會技巧。自我控制方面的問題，是指欠缺適當行為控制來抑制衝動、干擾、攻擊行為；整體溝通技巧問題，是情緒行為障礙兒童最可能出現的問題。

整體溝通能力包括語言組織和語言使用（亦即語用）能力。組織能力是指如何使用字彙和句子來構成連貫的內容，語用能力則包括語言目的能力和社會語言能力。語言目的能力是指使用依照不同的功能和目的，使用語言以及參與談話的策略。前者是指依據要求、命令、問候、抗議、批評、協商、報告等不同的狀況來使用不同的語言能力；後者是指在談話時與他人輪流、打斷談話、繼續中斷的談話的能力。社會語言能力則是指對不同的人在不同的地方，以不

同的方式說話的敏感度。要和他人進行有效的對話，必須要能夠和對方彼此輪流，選擇正確的話題、維持話題而不隨便改變，如果說不清楚或聽者不了解時，繼續中斷的談話，並且以適當的方式和態度說話，然而，情緒行為障礙兒童的語音、詞彙、語意、語法可能都沒有問題，但卻缺乏整體溝通能力，也就是不知道如何以正確方式對正確的人說正確的事情。

情緒行為障礙兒童的語用問題，可以從以下四方面解釋：

## (一)語言技巧方面

情緒行為障礙兒童可能是因為不了解字詞和句子的意思和用法，而無法在適當的機會使用。

## (二)社會規則的知識

情緒行為障礙兒童可能不了解，對不同的人在不同的場合，應該用不同的方式說話，例如：對長輩應用較尊敬的口氣，對平輩可以用商量的口氣，對晚輩可以用命令的口氣；在正式的場合要用正式的用語；在一般的場合可以用輕鬆的口吻等等。

## (三)心智理論

心智理論（theory of mind）是指一個人所建立從他人行為，來了解其心理狀態的一套系統。心智理論的建立需要具備社會認知能力，才能了解別人內心的想法、目的和意圖。首先，一個人必須了解假裝、思考、了解、相信、想像、作夢、猜測、欺騙等不同的心理狀態，並能夠了解這樣的心理狀態應該有何種外在行為，有了這種能力，才能了解聽者的想法，知道說什麼才是適當的。情緒行為障礙兒童的心智理論有缺陷，無法從他人的行為來了解其內心的想法，因此，不知道別人現在的情緒如何，或是自己所說的話會讓別人有什麼感覺，而常出現不適當的言語。

## (四)執行功能

執行功能是指一個人依據資訊做計畫來解決問題，以達成目標的能力，包括：將相關的資訊編碼進入記憶，抑制立即的反應或延遲到稍後時間，決定行

為順序的計畫，執行計畫並獲得回饋等等。情緒行為障礙兒童，由於在執行功能的環節中出現缺陷，因此無法有效的計畫和管理其溝通行為。

# 肆、對於兒童溝通與情緒行為問題的早期療育

## 一、早期療育原則

　　學前是兒童的語言及情緒發展的關鍵期，如果能及早對於兒童溝通與情緒行為問題加以協助改善，便能防止問題的惡化。在進行早期療育時，必須遵守下列原則：

　　㈠由於家庭在兒童的溝通和情緒發展上扮演重要角色，因此對於家庭功能的改善非常重要。在進行早期療育計畫時，應考慮家庭生活型態，及各個家庭成員所扮演的角色，而非將一套方法強加在每個不同的個案身上。

　　㈡照顧者是兒童進步的主要關鍵，應給予支持和尊重，使其有意願參與。

　　㈢應建立照顧者與專業人員的合作關係，而非上對下的指導關係。

　　㈣應將兒童的動機和喜好加以記錄，並作為計畫增進溝通活動的參考，以增加兒童社會互動和溝通的意願。

　　㈤應依照兒童的發展優勢和學習風格來設計活動。

　　㈥應利用自然情境，跟著兒童的注意焦點和興趣，來鼓勵兒童主動溝通，把握自然發生的機會，利用日常生活中的互動和對話時機來教導如何溝通。

## 二、早期療育的模式

### ㈠對照顧者的指導

　　由於照顧者是構成兒童溝通問題的重要原因，因此，早期療育主要應從改變照顧者的互動風格著手。互動風格包括對於孩子溝通行為的接受程度、命令程度、更正錯誤所使用的語言，以及感情的投入。接受程度分為拒絕、有條件接受、無條件接受三種方式，其中以後兩種方式較有助於溝通的增進，而照顧者的命令程度愈高，愈不利於主動溝通。對照顧者的指導方法，包括對於照顧

者與孩童的互動風格，進行觀察並加以記錄，並與照顧者討論如何修正以增進兒童的溝通技巧，以及對照顧者不適當的養育方式，或對兒童的不正確觀念加以改變。

### ㈡對兒童的指導

除了對照顧者的指導外，可輔以針對兒童個別直接進行增進溝通的活動，在活動進行的同時，應由照顧者在旁觀察及學習，以運用在日常生活照顧上。

## 伍、對於學齡情緒行為障礙兒童溝通問題的協助

目前，語言治療師在校園提供的服務愈來愈普遍，然而，許多語言治療師只提供評估而不治療，或將學生隔離進行治療，並未與教師合作，以致專業團隊服務的成效不彰。語言治療師應發揮其專業能力，在日常生活中持續的加以協助，使學生能夠在自然的環境中儘量練習溝通技巧，使學生發展出社會溝通能力，以和不同的對象以適當的方式溝通和互動。語言治療師不但可以和教師合作，協助教師調整教學環境和教學方法，還可以提供個別或小團體的直接溝通訓練，或在班級中指導學生進行語言相關活動，以增進情緒行為障礙學生的溝通能力。

### 一、調整教室環境

語言治療師在教室中，應先觀察學生的溝通問題如何造成其不適當的行為，並評估環境中的溝通要求，評估的重點包括教室軟硬體環境、課程的要求及對說話的期待。之後，語言治療師可和教師合作改善教室環境，藉由對事件前因的控制，以促進學習並減少干擾學習的行為，使學生有更多的社會和溝通行為。

教室環境中，有許多機會讓學生進行學業方面和社會方面的互動，但具有情緒行為障礙的學生，卻常常錯失機會。教師可調整教室的空間配置，將特定地點設為上課區，某些地點設為溝通區，並指示孩童何種行為在何區是適當的。另外，教師對於課程活動轉換，必須清楚加以說明，安排明確的時間結

構，並對於所有的指示和規範，都能夠說明清楚，讓學生能充分了解。

## 二、直接教導溝通技巧

　　教室中所要求的溝通技巧包括適當的提出請求，回答問題，輪流發言，使用有禮貌的說話方式，維持與同儕間的話題等等。有情緒行為障礙的學生，在語言的表達或接受上有問題，因此，常無法達到教室中的溝通要求。語言治療師和教師可以直接教導學生，在特定的情況下所應使用的溝通技巧，以及自我監控、自我對話、自我增強等自我管理技巧，以增進學生的基本溝通能力。直接教導溝通技巧包括：介紹、定義、記憶、策略、示範、練習、回饋等七個步驟。

　　㈠介紹：利用角色扮演、說故事、欣賞卡通，或利用電腦軟體，來介紹所需學習的溝通技巧。

　　㈡定義：和學生一起討論該項溝通技巧的定義究竟是什麼。

　　㈢記憶：提示記憶溝通技巧的重點，包括與該技巧相關的適當行為，為何適合使用這個技巧很重要等等。

　　㈣策略：教導學生如何決定在何時、何地、應該運用何種技巧。認知計畫策略的停止、計畫、執行、檢討四個步驟，停止是指監控情緒並冷靜下來；計畫是指決定要運用哪一個社交技巧，並回憶該技巧；執行是指執行計畫；檢討是指評估計畫是否執行成功，並做適當修正。

　　㈤示範：對學生示範如何利用該技巧。

　　㈥練習：提供充足的機會讓學生練習。

　　㈦回饋：檢討練習的結果並加以修正。

## 三、在班級中增進溝通技巧

　　情緒行為障礙學生在個別或小團體的溝通訓練中，雖然學會了表達自己的想法，但卻無法運用在日常生活的溝通中，在真正遇到狀況時，還是以發脾氣和攻擊行為來解決。因此，在班級中增進溝通技巧的方式格外重要。在班級中可以安排表達課程，教導學生學習如何覺察他人的情緒，以及如何用語言表達自己的情緒。表達課程進行的方式為，先舉出各種例子並指導在該種狀況下應

如何表達，接著以說故事的方式，問學生故事中人物的情緒和想法，以及如果
自己遇到這種情況會有什麼感覺，以及會如何處理，在進行當中，應特別注意
情緒行為障礙學生的反應。除此之外，可以利用全班一起進行的活動，如好行
為遊戲和全班的小老師制，由教師指出全體學生應改進的行為，並訂出遊戲規
則和獎勵方式，將學生分組競賽，讓同組的學生能夠互相指導，彼此協助，以
建立良好的行為。

# 陸、結語

　　兒童的情緒行為和溝通問題常有並存的現象，約有半數情緒行為障礙兒
童，出現各種不同的溝通問題，其中語用的問題更是嚴重，可能是與其語言技
巧不足，對社會規則不了解，心智理論無法建立，或執行功能缺陷有關。對於
學前兒童的溝通和情緒問題，應針對整個家庭的狀況進行早期療育計畫，以防
止問題持續擴大。對於學齡情緒行為障礙兒童的溝通問題，語言治療師應與教
師合作，以調整教學環境、直接溝通訓練或班級中的活動，以增進情緒行為障
礙學生的溝通能力。

# 參考書目

Audet, L. R., & Tankersley, M.（1999）. Implications of commanication and behavio-
　　ral disorders for classroom management: Collaborative intervention techniques.
　　In D. Rogers-Adkinson, & P. Griffth（Eds.）, *Communication disorders and chil-
　　dren with psychiatric and behavioral disorders*（pp. 403-440）. San Diego, CA:
　　Singular.

Donahue, M. L., Hartas, D. & Cole, D.（1999）. Research on interactions among oral
　　language and emotional / behavioral disorders. In D. Rogers-Adkinson, & P. Grif-
　　fith（Eds.）, *Communication disorders and children with psychiatric and beha-
　　vioral disorders*（pp. 69-97）. San Diego, CA: Singular.

Hyter, Y. D., Rogers-Adkinson, D., Self. T. L., Friederich Simmons, B. & Jantz, J.
　　（2001）. Pragmatic language intervention for children, with language and emo-

tional/behavioral disorders. *Communication Disorders Quarterly*, *23*(1), 4-17.

Kauffman, J. M.（2001）. *Characteristics of emotional and behavioral disorders of children and youth*. Upper Saddle River, NJ: Merrill / Prentice Hall.

McDonough, K. M.（1989）. Analysis of the expressive language characteristics of emotionally handicapped students in social interactions. *Behavioral Disorders,14* (2), 127-139.

Prizant, B. M.（1999）. Early intervention: young children with communication and emotional/behavioral problems. In Rogers-Adkinson, & P. Griffith（Eds.）, *Communication disorders and children with psychiatric and behavioral disorders*（pp. 295-342）. San Diego, CA: Singular.

Westby, C.（1999）. Assessment of pragmatic competence in children with psychiatric disorders. In D. Rogers-Adkinson, & P. Griffith（Eds.）, *Communication disorders and children with psychiatric and behavioral disorders*（pp. 177-253）. San Diego, CA: Singular.

# 第十三章

# 自閉症的語言特徵

### 李秀真

## 壹、定義

　　自閉症是一種大腦功能的發展障礙，障礙原因解釋是基因的影響比不成熟的大腦或腦傷的解讀佳。在我國特殊教育法及DSM-IV中都有對自閉症的定義。

　　我國身心障礙及資賦優異學生鑑定原則鑑定基準中，在第十二條指出本法第三條第二項第十款所稱自閉症，指因神經心理功能異常而顯現出溝通、社會互動、行為及興趣表現上有嚴重問題，造成在學習及生活適應上有顯著困難者；其鑑定基準如下：

　　㈠顯著口語、非口語之溝通困難者。

　　㈡顯著社會互動困難者。

　　㈢表現固定而有限之行為模式及興趣者。

　　DSM-IV（1994）將自閉症（autistic disorder）列為廣泛性發展障礙（pervasive developmental disorders）的次類別，其診斷標準為：

　　㈠具有下列 1. 2. 3.項中六個（或以上）的項目，其中至少具有 1.中兩項；2. 3.中各一項：

　　　1.在社會性互動方面有質的缺陷，並至少具有以下兩項：

　　　　⑴非口語行為，如視線接觸、面部表情、身體姿勢、以姿勢規範社會性互動等的使用上有顯著障礙

⑵無法發展出符合其發展水準的同儕關係

⑶缺乏主動尋求他人分享喜悅、興趣或活動的行為（如很少拿自己感興趣的東西給別人看或指出來）

⑷缺乏社會或情緒的相互關係

2.在溝通方面有質的缺陷，並至少具有下列一項：

⑴完全沒有口語或口語發展遲緩

⑵有語言能力者，或持續會話的能力上有顯著的缺陷

⑶使用刻板，或持續會話的能力上有顯著的缺陷

⑷缺乏符合其發展年齡的富變化、自發的假裝性遊戲，或社會性模仿遊戲

3.在行為、興趣、活動方面有局限的、刻板的、重複的形式，並至少具有下列一項：

⑴在興趣方面，有一種或一種以上的刻板的、有限的形式，其強度與焦點均迥異於常人

⑵明顯的對特別的、非功能的常規或儀式，有異常的堅持

⑶有刻板且重複的動作

⑷經常沈迷於東西的某一部分

㈡三歲以前有以下領域中，至少一種的發展遲緩或功能上的異常：

1.社會互動

2.社會性溝通的語言運用

3.象徵性或想像性遊戲

㈢此障礙無法以雷特症候群或兒童期解離障礙加以說明。

以下就我國鑑定基準第一點「顯著口語、非口語之溝通困難者。」及 DSM-IV 的一之 2.在溝通方面有質的缺陷，作為以下所論述的自閉症的語言特徵。

# 貳、自閉症語言缺陷的生理研究

假如語言是本能的話，它一定在大腦的某一個部位，那些大腦的電路一定受到建構它們的基因的事先安排，基因一定會使大腦預備好它要扮演的角色

（洪蘭譯，2003）。而近年來對於基因研究的發現使我們開始相信有所謂的「文法基因」的存在，它應該是DNA中蛋白質的碼，或是引發轉錄蛋白質的東西，它在大腦的某處，在某個時間上，它會引誘、引導或聚合神經元使成為網路，這個網路再與突觸相配合在學習時發生作用，這一套組織若是一個環節出現問題，語言機制便會出現問題。

研究指出，在英國的 KE 家族中，就發現 7q31-33 染色體中 SPCH1 區域的 FOX-P2 基因，會影響語言的缺損。Wassink 等人以語言遲緩三年的自閉症兒童的家族親人及併有自閉與發展性語障兒童（有聽覺語音過程的缺陷）的近親，對他們的 7q31-33 染色體做了一些研究，這個研究推測 FOX-P2 基因是導致自閉症兒童語言障礙的基因。大約只有10%的自閉症病因可用基因及大腦結構作解釋，其他如雙胞胎及家族的研究證據，都可作為自閉症病因的佐證資料。單個基因的說法較難以被接受，多源說是目前較可接受的說法。

電流生理學亦提供了自閉症的語言發展上聽覺處理過程障礙的支持，同樣也提供了高層語義神經系統處理過程不正常的證據。當自閉症兒童在閱讀語義的上下脈絡時，此時大腦並無正常 N4 波的增加反應，也許這反映了他們在文章脈絡中，選擇正確字義的困難。

# 參、自閉兒童語言的接受與表達

臨床上自閉症兒童第一次被父母親帶至醫院檢查，多半是因為「語言發展遲緩」的問題（De Giacomo & Fombonne, 1998），父母親常會表示「我的小孩到兩歲了都還不會說話」。語言功能的發展缺陷是自閉症兒童難以得到改善的症狀，過半數的自閉兒是始終沒有發展出功能性的語言（Wing, 1996），Kurita（1985）指出，37%的自閉兒在三十個月大左右會產生語言功能，但之後語言功能逐漸下降，而當這群自閉症兒童的語言功能下降後，有些可以在經過學習而回復，但是相當大比例的是無法回復。

自閉症兒童之間語言發展差異性極大。有些自閉兒不需特別的語言訓練計畫，便自然學會口語語言；但是另外仍有一些自閉兒童，雖然接受持續的語言訓練，仍然無法說話。事實上，學會說話需具備理解語言的能力（此與認知能力或智商有關），同時還要具備學習說話的動機、溝通的意圖、模仿的能力、

正確的語音區辨、正確的構音能力，及構思語句，以表達訊息與情意。

　　凡是有組織、有系統的語音性符號，用來作為人類交談的工具皆稱為語言。其包括：口述的語言（spoken language）、書寫的語言（written language）及符號的語言（sign language）。語言又分為廣義與狹義：廣義的語言是指人類思想與感情的符號化（例如：文字、手語、肢體語言等）；狹義的語言單指說話。本文筆者所論述者為廣義的語言。語言又可分為兩部分：一為接收性，一為表達性。能明瞭他人的言語或動作的能力，我們稱為接收性語言（receptive language）；能創造出口語的訊息，讓別人明白，稱為表達性語言（expressive language）。自閉兒在接受及表達這兩方面都呈現「質」的變異，與「量」的發展遲緩現象。一般而言，接受性語言的發展是在表達性語言之前。許多自閉兒的表達性語言的缺陷是因為接受性語言缺陷所造成。

　　研究者 Bartak 等人便從非語言的認知來說明，語言理解困難對自閉症的語言表達影響比智障者還多。Tager-Flusberg 指出這樣的論點也可從正常發展的兒童身上來印證。她在文章中提到，自閉症兒童與智障兒童在控制音韻或語法的能力上，沒有太大的差異，但在語言理解及語用方面，卻比語言發展遲緩的小孩還差。他們在語義方面的受損比語法還嚴重；在表達時的語句是違反語意的規則。她總結的說，在自閉症中語音、語法與語義、語用是獨立不相關聯的。

## 一、在接收性語言方面

　　自閉兒接收性語言的缺陷主要是語意的理解困難。語意理解牽涉到主體語言及副語言的理解兩部分。主體語言是指口語語言本身，包括語彙與語句。副語言是指緊密接連在主體語言四周的環境，它包括副語意的特徵（paralinguistic feature）及超語意特徵（extra-linguistic feature）。

### (一)主體語言的理解

　　語言本身是由一群符號系統組合而成。每一個符號都是事或物的表徵，稱之為語彙。語彙所表徵的事物稱之為表徵物。主體語言的理解全賴知曉語言符號與表徵物之間的關聯。語言的第一個學習歷程乃是配對學習，也就是語彙和表徵物之間的連結。因為語彙本身是抽象的，若語彙的表徵物是具體物或動

作，如雞、鴨、狗、鉛筆、書本、麵包、跑、跳、切、剪等，則抽象的語彙因為與具體物結合而「具象化」，該語彙便容易了解；反之，語彙的表徵物是抽象的，如光明、聰明、總共、愉快等，語彙本身又是抽象的，兩個抽象的東西連結，難以具象化，故抽象的語彙不容易理解。語句則是一組語彙循一定的文法規則結合而成。它是由抽象的語彙和具體的語彙結合而成，並且表徵一個全新的概念（更是抽象的意涵，無法具象化），所以自閉兒對語句的理解，自是更加困難。自閉兒的接受性語言缺陷，大都因為抽象的語彙或語句的理解困難所致。

　　自閉兒除上述困難外，他們更是無法理解主體語言除了表面的（literal）意義外，還含有隱喻者，例如「看你有什麼三頭六臂！」這句話中「三頭六臂」的表徵物是三個頭六個臂，可是它卻隱含「多大本事、通天本領」的意義。又如「你好菜！」這句話表面的意義是「你的菜很好吃！」其隱喻卻是「你很差勁！」自閉兒對這類語言大都從表面的意義去理解。

### ㈡副語言理解的困難

　　語言的意義存在於其環境，這環境包括副語意的特徵、超語意特徵及對話者當時所處的周遭環境。自閉兒將環境併入主體語言以解讀訊息的能力有困難，特別是對副語意的特徵、超語意特徵的理解十分困難（Koegel & Koegel, 1996）。

#### 1.副語意的特徵

　　所謂副語意就是指說話時的抑、揚、頓、挫音調的高低，音量的大小，說話的疾徐。自閉兒與人溝通時，幾乎是忽略這些東西。因此說話時常常是以單音調（monotone）出現，有人稱之為電報語言。

　　他們也不知道這些副語意的特徵，會改變主體語言的意義。例如：一個女孩對男生生氣地說：「你去死！」和撒嬌地說：「你好死相！」其間的差異，簡直是南轅北轍。自閉兒不會了解其差異。因此，常常是就語言本身反應。如老師生氣地對自閉兒說：「你給我坐下看看。」此時自閉兒的反應是：坐下。因為他不了解老師生氣的口吻，改變了主體語言的意義。

#### 2.超語意特徵

　　超語意是指說者的面部表情、姿勢、身體的動作及手部動作的大小等

（此即一般所說的肢體語言）。

　　肢體語言本身便具有溝通的功能，此外，他還可以加強或改變主體語言的意義。自閉兒既不了解肢體與本身的意義，也不會運用肢體語言於人際溝通。自閉兒在說話時，少有利用眼神、面部表情，或其他的肢體動作作為輔助。因此自閉兒說話時，通常是面無表情、眼神呆滯，喜怒哀樂不形於色，也沒有伴隨肢體動作。

　　例如：

　　由於語意理解困難導致自閉兒在人際互動上備嘗艱辛，下列幾種狀況常常在自閉兒身上出現：

　　⑴語意理解困難造成聽不懂指令。

　　「指令」通常是要求做動作。動作本身是具體的，但是它不具「恆存」的形象，必須由指導者將動作表現出來，它才短暫存在。所以教師在教自閉兒時，常常要一邊下指令，一邊帶自閉兒將那個動作做出來，他才知道「指令」與「動作」之關聯性。例如老師喊「起立」的指令，老師必須拉他「站起來」。日子一久，「起立」的指令和「站起來」的動作，才能緊密結合。

　　⑵語意理解困難使得自閉兒無法做應用問題。

　　例如：已經會做加減法的自閉兒，你左手拿一枝鉛筆，右手也拿一枝鉛筆，問他共有幾枝鉛筆？他不會回答。因為「共有」這個語彙是抽象的。

　　⑶語意理解的困難，使得人際互動時，常常發生有趣的事：

　　當老師生氣說：「老師生氣了，我要打妳！」他竟回答說：「好呀！」

　　⑷自閉兒對抽象語彙難以了解表現在：使用「名字」替代「你」和「我」。

　　例如說，「揖明要吃水果」，而不是「我要吃水果」。

　　⑸自閉兒常常有代名詞反轉的現象。

　　如自閉兒拿著自己的杯子對著老師說：「你的杯子！」也是欠缺語意理解造成。因為你、我等代名詞也是抽象的語詞。

　　⑹自閉兒鸚鵡式的語言也是欠缺語意理解造成。

　　當老師說：「元耀起立」時，原本是要他做起立的動作，但是此時他只會跟著說「元耀起立」，而不會做起立的動作。

## 二、在表達性語言方面

自閉兒表達性語言的障礙有：

㈠沒有語言；㈡鸚鵡式語言；㈢隱喻式語言；㈣隱喻式語言磁石語言；㈤電報式語言；㈥代名詞反轉或用個人名字替代代名詞之使用；㈦語用的困難；㈧自閉兒對正確語言表達的困難；㈨語言發展遲緩。

底下分項詳細說明：

### ㈠沒有語言

某些研究指出約 30%-50%的自閉兒由於認知差，無法學習語言，我們稱之為瘖啞症，其雖然不會說話，但有可能聽懂語言。這些沒有語言的自閉兒，約有 70%是可由替代性的溝通法來增進其溝通的功能。

自閉症兒童的語言障礙與先天性失語症（aphasia）兒童，在口語表達的無能與知覺困難的特徵雷同，但是失語症兒童會常試圖以呢喃聲或手勢與人溝通，但是如此的肢體語言的運用，是自閉兒所缺少的。亦是他們並不會用手勢、姿勢、姿態、表情去協助別人分享經驗與所思。

另外無口語能力的自閉兒會使用「行為語言」來表達生理的需求，如抓著生活助理員手臂到洗手間，表示要上廁所；指著水壺、鋁箔包飲料，表示要喝水；用手臂將東西推開表示不要；頓足、撞牆表示生氣。

沒有語言的自閉兒並非真正的瘖啞症，因為他們大多數會出怪聲，只是沒有學會說話而已。自閉兒的怪聲有幾種功能：

1.出怪聲單純是一種自我刺激。例如：閒暇時，有的自閉兒會喃喃有詞，卻聽不懂他說些什麼；有的會不斷做出鳥叫聲；有的只是快速震動雙唇發出聲響；有的會轉動舌頭發出「lila lila lila」的聲音。

2.出怪聲是一種語言表達，因欠缺正確的語言來表達恐懼、生氣、高興或導引注意。出怪聲所要表達的語言功能，可由當時的情境推定：

例 1：自閉兒要喝水時，他會尖叫引起老師注意後，再指著茶壺（導引注意）。

例 2：有位自閉兒很喜歡盪鞦韆，當他在盪鞦韆時，表情十分高興，卻不

停發出怪聲「啊！啊！啊！」（表達他很高興！）。

## (二)鸚鵡語言又稱回聲語言（含立即性／延宕性鸚鵡語言二種）

立即性鸚鵡語言指對於所聽到的話，會毫無意義的複誦一遍說者的話語。例如，當老師說「元耀，擦黑板」，他也同樣回答「擦黑板」。這種立即複述你的問話，稱為立即性鸚鵡語言。

立即性鸚鵡語言係來自語言發展落後，缺乏對一般口語語言的理解，與無法正常表達所致。McEvoy、Lavelang 和 Landry（1988）的研究發現：鸚鵡語言的百分比率與語言發展水準，成強烈的負相關。即隨著自閉兒語言發展，其鸚鵡語言便逐漸減少。

至於延宕式鸚鵡語言，是指自閉兒無意義、或無目的地、一再反覆重述若干天，或數月前所學過的話。有時候延宕式鸚鵡語言是一種自我刺激，因為它常常發生在自閉兒沒事可做的時候。

鸚鵡式語言是最早被證實具有溝通功能的非慣例性口語行為，雖然研究結果顯示，仿說的溝通功能並不會隨著語言能力的增加而更多樣，但無論是立即性仿說或是延宕性仿說，從學齡前至學齡階段，還是有其主要的溝通功能；例如立即性仿說主要是維持互動，而延宕性仿說則是互動性的描述，這些現象都是值得在與自閉症兒童溝通時重視。

過去認為鸚鵡語言是有意義語言發展的障礙，過去曾經大量使用褪除法來消滅鸚鵡語言。但是由上述的研究結果可以看出：鸚鵡語言不是沒意義的行為，而具有認知的功能。他是自閉兒的溝通工具，有時候自閉兒是用延宕式的鸚鵡語言作為說話練習之用，所以企圖消滅鸚鵡語言是錯誤的。

## (三)隱喻式的語言

自閉兒常自言自語地說些別人聽不懂的話，這些話與當時情境毫無關係，但可能隱含某些意義，稱之為隱喻式的語言。隱喻式語言源自於自閉兒缺乏足夠的詞彙，及正確造句的能力，便會自行創造出別人不能理解的語言。

從形成隱喻式語言的機轉而言，可將隱喻式分為二種：

1.隱喻式的語言可能是一種延宕式的鸚鵡語言。

例如：一位自閉兒每次大便在褲子裡，便會說：「啊喝！（台語發

音）」，經查證宿舍管理員才得知：這位自閉兒大便在褲子裡時，管理員都會厲聲斥責：「啊喝！你又大便下去！」此自閉兒誤以為大便時，要說：「啊喝！」

2.隱喻式語言更可能是自閉兒嘗試表達某一意圖、想法，但是礙於語彙的限制，及構思語句以表達其意思之困難（即詞不達意）所致。這種形式的隱喻式語言，屬於未熟練所學習的語言所造成。

例如：有一天，一位自閉兒的媽媽在訓斥其女兒不用功寫作業時，該自閉兒在旁叫道：「妹妹臭鴨蛋」（此句話為隱喻式語言）。經仔細盤查的結果是：該自閉兒在學校曾聽老師說：「不用功寫作業，考試時，會考鴨蛋。」而該自閉兒誤聽為：「不寫作業──臭鴨蛋」。所以在媽媽訓斥女兒時，他也加入訓斥的行列，大罵妹妹「妹妹，臭鴨蛋」（此例是詞不達意）。

## ㈣磁石語言

有些自閉兒的延宕性回聲語呈現高重複（循環式）、高持續性、固著式的形式。說話者無止境的重複某些話，學者稱之為磁石語言。基本上磁石語言也是語言理解與使用困難造成。磁石語言可用有、無溝通意圖分為兩類：

1.磁石語言若無溝通意圖，則其目的是自我刺激（因大多出現在長時間空檔時）。

例如：一位較高功能的自閉兒獨自一人時，喜歡碎碎唸，儘說一些不存在或沒發生過的事情。

例如：一位自閉兒在上課時，一再重複地說：「爸爸來了。」

2.磁石語言也有溝通、互動的意圖。

例如：一位亞斯伯格症的兒童不斷地問：為什麼駱駝有單峰、雙峰？老師，什麼叫做小丑？為什麼貞子會從電視跑出來？這種情形也是一種磁石語言。其目的不在於得到正確的答案，而在於滿足與人互動的需求。

## ㈤電報式語言

電報式語言是屬於自閉兒的語音缺陷。口語語言包含主要語言（說話者所說的主要內容）與副語言（包括表情、動作、姿勢、聲調高低、速度快慢、音量大小等）自閉兒的認知過程常常會有狹隘的認知缺陷，所以會說話的自閉兒

學習說話時，通常只注意語言本身（即主要語言），因此大多數的自閉兒構音清楚、正確，但是他們常常忽略副語言（包括表情、動作、姿勢、聲調高低、速度快慢、音量大小等）。故自閉兒說話時，常常面無表情，缺乏手勢、動作，且以單一音調（沒有抑、揚、頓、挫）的語言出現，稱之為電報式語言。當然語言能力較強的自閉兒，可以學會副語言，也就比較不會出現電報式語言。

## ㈥代名詞反轉或用名字代替「我」、「他」

代名詞是抽象的東西，所以自閉兒若不是不會使用，便是錯用。因為不會使用代名詞，所以自閉兒常常使用「名字」代替「你」、「我」、「他」。例如：元耀回家了，喬均要喝水。

代名詞錯用是指自閉兒表達需要時，常用「你」代替「我」，例如：當自閉兒說：「你要喝水？」時，其真正意思「我要喝水」。當別人問他，你吃過飯嗎？他的回答：「是的，你吃過了。」

## ㈦語用的困難

語用是指語言的溝通功能。自閉兒的語用問題有二：

### 1.不會充分運用各種語言的溝通功能

人際溝通的功能包括：詢問資訊、請求動作、表述意見、評論是非、交換訊息、情感表達、抗議不滿、拒絕要求。

有口語語言能力的自閉兒，大多數只是用於工具性的溝通用途，如請求東西（我要喝水）、要求動作、抗議或拒絕（我不要）之表達。他們較少使用語言於：詢問資訊、表述意見、評論是非、交換或分享訊息、情感表達等溝通功能。

沒有語言的自閉兒也會用行為語言與人溝通，但是行為語言的溝通功能，大抵是以請求、抗議、發脾氣及逃避為主。除此之外，他們也不會用口語或肢體語言做其他用途，如指引他人注意某事、某物，也不會用手勢、姿勢、姿態、表情去協助別人，分享經驗或所見所思。

自閉兒常常被指稱缺乏自發性的語言及功能性的對話，換句話說，自閉兒很少主動地運用所學會的語言於社會性的溝通，如表達情意（我愛你）、禮貌

（早安，你好嗎？）給予、請求或分享訊息（例如：昨天媽媽告訴我一個笑話，很有趣。）或與人對話、聊天等。他們也很少會運用語言來控制環境。如命令（你給我站住！你過來！）、請求（請你將桌上的書本整理整齊。）、指示（你走到前面的紅綠燈、右轉、便可以看到麥當勞。）。

人際溝通有關語用的部分，還包括社會技巧的稱職性，這是自閉兒十分困難的部分。在口語方面：包括選擇、維持、及改變（談話的主題）；還有啟動（主動打開話匣子）；注意聽、回應（點頭表示贊同；回答別人的問題）；輪流對話（談話中，知道對方講完了，輪到自己說話了）；回饋（對別人的談話內容，表示意見）、延宕、等待（等待別人完整表達意見）；插入（選擇適當的時機介入談話）；韻律（包括抑、揚、頓、挫；快、慢、急、徐）；強調（聲音之大小，重複次數）等社會技巧。在非口語方面：注視對方表示重視；點頭表示同意贊成；保持距離以策安全；搖頭表示生氣，頓足表示抗議；轉身表示逃避等等也是語用的一部分。

### 2.欠缺溝通意圖（communication intent）

不會自發性地將所學得語言技巧應用於社會互動中。也就是不會主動運用語言與人分享訊息或情緒，自閉兒常常被指稱缺乏溝通意願。依筆者和自閉兒的父母晤談的經驗，這種不會主動和人說話的現象，幾乎是所有會說話的自閉兒之共同特徵。一般而言，自閉兒若是主動使用語言與人溝通，常常僅限於生理需求的表達，如肚子餓了，會說：「我要吃飯。」口渴了，會說：「我要喝水。」

自閉兒在語用方面的困難，還包括僅僅使用少數的語彙來與人溝通，儘管他已經學會數百個詞彙。自閉兒對別人的呼喚、鼓勵及支持，較少積極的回應。所以大多數的自閉症篩選量表都有「聽而不聞像聾子一樣」這一項。不知情的父母也會描述她的孩子很踐、很酷──不理別人。

自閉兒也較少與人共同討論一個主題。與人對話時，往往只顧表述他喜歡的話題，很少對別人的問話做切題的回應。例如：有一個案屬高功能自閉兒，與人對話時，都是只顧談自己喜歡的，不會關心別人的問題，他只是把他喜歡的或知道的告訴你，而非與你對話。

例如：

問：蛇喜歡吃什麼？

答：我們有去參觀兵馬俑（繼續講自己的）。

問：誰帶你去看的？

答：很高興啊裡頭有大蜥蜴（繼續講自己的）。

## ㈧自閉兒對正確語言表達的困難

自閉兒對正確語言表達十分困難。語言正確表達牽涉兩方面：

1.一方面需正確的語意之理解。如前所述，語意學習歷程是配對學習，也就是語彙和表徵物之間的連結。語彙與表徵物之連結錯誤，便會造成語言的錯誤使用。

例如：一位媽媽叫自閉兒說：「去拿碗！」。「去拿碗！」這句話雖然只有三個字，卻表徵了：兩個動作「去」、「拿」和一個名詞「碗」。但是自閉兒不能理解，以為「去拿碗！」是代表那個碗。所以日後那位媽媽拿著碗，問自閉兒說：「這是什麼？」他的回答是：「去拿碗」。

2.另一方面語言的正確使用又涉及搜尋詞彙及構句，以表達所欲溝通的訊息。上述隱喻式語言就是缺乏正確構句能力，以表達所欲溝通的訊息。

除此之外，最常見的語言錯誤使用是：使用同一句話於各種情境。舉數例說明：

例如：一自閉兒每回當他要逃避某一困境時，都說：「我要回家。」甚至他在自己的家裡時，也說：「我要回家。」（註：此例應是他缺乏正確的表達的語句，如：「我很害怕」、「我不喜歡待在這裡」、「在這裡很無聊」，所以一律用同樣一句話表述。）

## ㈨語言發展遲緩

自閉兒的語言發展遲緩有兩項：

其一是，始語期通常比一般兒童慢。正常兒童約一歲時會叫「爸爸」或「媽媽」，但自閉兒可能要二、三歲才會。

其二是，語彙及語句的學習與應用十分緩慢。自閉兒詞彙的發展速度極為緩慢，對語句的學習也比一般兒童落後許多，特別是否定句、問句、祈使句、假設語句之理解與運用，均十分困難。自閉兒語彙及語句發展遲緩，除了受認知功能較差的影響外，自閉兒大部分的時間都是自己玩自己的，很少與人互

動，限制其語彙的發展。

# 肆、結語

Newson、Hovanity 和 Rincover（1988）曾報導自閉症者約有 80%是屬於 Mutism。由於經常發出啞叫聲，因而被認為是聽障者。事實上，自閉症者只是「功能性」的啞音而已，仍具有學習潛能。但是如果不及早介入，學習口語表達的能力，將退化至終身只殘存著瘖啞的語言能力。部分自閉症者雖具備口語表達能力，只是我們不易了解其生活經驗，因而無法猜測其表達之意義，故有溝通困難的狀況發生。只有少數自閉症者具備簡單的語言溝通能力，能理解溝通的內容，但是對字、詞、句的分析能力，卻有明顯的障礙存在，其原因可能是副語言理解能力不足，而影響語言的學習。

綜上而言，自閉症兒童仍有學習語言的潛能，鑑於上面所提及自閉兒的表達性語言的缺陷，是因為接受性語言缺陷所造成，語言理解困難對自閉症的語言表達影響甚多，故此可提供我們教學的方向為應從增進語言理解的方向著手。

對自閉兒的說話及語言訓練，是儘量製造能與人產生社交互動的機會。愈來愈多的自閉兒可以成功融入普通班級中，對許多孩子而言，這應該是更為合適的社交學習環境。對自閉兒來說，他們最需要的是在所有的社交狀況中，都能知道該說什麼和做什麼。教師應該和家長密切合作，幫助孩子儘量從各種正常的活動中享受到樂趣。

另外，自閉症兒童的教學設計上，仍須考慮透過其日常生活經驗或生活情境，使兒童從具體的實物或具體的活動事件經驗中，有效學會並使用較為複雜抽象的語言技能，這樣可以避免兒童執著於儀式化的行為，與抗拒變化的特質，使學會的語彙與語詞概念僵化，而不知彈性應用。

# 參考書目

中根晃、佐藤泰山（2002）。自閉症的腦（第一刷）。日本東京：岩崎學術。
中華民國特殊教育學會（1997）。身心障礙教育的革新與展望——開發潛能再

創新機（初版一刷）。台北：心理。

中華民國聽力語言學會（1994）。語言與聽力障礙之評估（初版一刷）。台北：心理。

孔繁鐘、孔繁錦譯（2002）。DSM-IV精神疾病診斷準則手冊（初版十二刷）。台北：合記。

林寶貴（2000）。語言障礙與矯治（初版五刷）。台北：五南。

林寶貴（2001）。特殊教育理論與實務（初版二刷）。台北：心理。

洪蘭譯（2002）。Herry Gleitman（1997）。心理學。台北：遠流。

洪蘭譯（2003）。Steven Pinker（1994）。語言本能。台北：商業週刊。

莊明哲、蘭道・凡美達（1983）。基因與心智——精神疾病遺傳學（初版）。台北：健康文化。

張春興（2000）。張氏心理學辭典（五刷）。台北：東華。

梅錦榮（1998）。神經心理學（初版二刷）。台北：桂冠。

麥麗敏等譯（2000）。Daniel Lasserson et al.（2003）。漫畫神經系統與特殊感覺。台北：合記。

黃金源（2001）。自閉兒的語言變異及促進語言發展。自閉症論文集。取自 http://www.ntctc.edu.tw/spc/ebook/ebook.htm

曾進興（1995）。語言病理學基礎第一卷（初版）。台北：心理。

薛梅・薛映譯（2000）。Patricia Hamaguchi 著。兒童語言發展遲緩問題。台北：遠流。

Isabelle Rapin, & Michelle Dunna（2003）. Update on the language disorders of individuals on the autistic spectrum. *Brain & Development, 25.*取自 www.elsevier.com/locate/braindev

第十四章

# 自閉症兒童的溝通學習

蔡淑微

## 壹、自閉症成因的相關理論

### 一、心理分析學派

自 Kanner（1943）提出自閉症之後，許多的研究紛紛對自閉症成因加以探討。Kanner 將自閉症的情感接觸障礙歸因於父母的嚴格教養態度所造成。而 Eisenberg（1956）也支持該理論，他將自閉症兒童的母親歸類為冷漠且疏遠型。Bettellheim（1967）也提出同樣的觀點，自閉症的特徵是兒童對母親態度的反應。自閉症兒童因害怕被母親破壞而拒絕母親，而當兒童退縮時，母親變得生氣。然而在許多的控制研究中，父母的精神障礙與早期親子互動的關係並不顯著。長久以來，母子關係是造成自閉症的成因被廣泛的接受。

### 二、心理—認知學派

此理論強調自閉症處理與組織訊息的異常，認為自閉症的語言障礙是因其有限的訊息處理能力所造成。

### 三、語言中樞障礙

此派認為自閉症有嚴重的語言缺陷，Churchill（1978）指出每個自閉症兒童表現不同的語言能力和障礙。Coveland 等（1988）視自閉症兒童為廣泛性的發展障礙，在語言、認知、社會發展上有嚴重缺陷。許多的自閉症並沒有發展功能性的語言，即使口語有發展，也常是固定、儀式或刻板的口語表現。自閉症兒童對於回應別人的溝通較不困難，但要先啟動溝通卻有很大的困難，此種困難與社會性語用缺陷有密切關係。自閉症兒童在語言內容（語意和語用）與語言結構（語法和語音）之間呈現非同步的發展。換言之，自閉症兒童的語言發展順序與一般兒童的發展相當不同。

# 貳、行為特徵

### 一、視覺迴避

也許最明顯的特徵是自閉症在與人溝通時缺乏眼神接觸。自閉兒不注視或凝視別人，當別人與他交談時，他們移開自己的視線。Hutt 和 Ounsted（1966）指出，當自閉兒離開對方愈遠，對對方表現愈多的視覺凝視。

### 二、儀式行為

自閉兒的儀式行為是表現出一種相同次序或固定的行為模式。儀式也包含了操作環境中的物品，只是自閉兒並沒有適當的依照物品的功能來操作。自閉兒的儀式特徵，與一般兒童之間的差異如下：

㈠一般兒童的儀式行為僅占表現的一小部分，但因為自閉兒的表現非常有限，所以儀式行為占了大半的比例；㈡要去改變自閉兒的儀式行為是非常困難的，一小部分的改變可能導致自閉兒產生巨大反應；㈢一般兒童的儀式是企圖要去整合環境中的順序，對自閉兒而言，儀式行為代表企圖去維持環境中系統化的次序。

### 三、發怒情緒

發怒的情緒可能是自我虐待或攻擊別人。環境或儀式的小小改變，導致情緒爆發，自閉兒可能變得身體失控，明顯的，當自閉兒愈來愈大時，父母或教師愈難管理。

### 四、自我刺激行為

自我刺激包含高頻的行為，當自閉兒尋求從環境退縮時，他們通常表現出自我刺激行為。自我刺激行為妨礙兒童學習，尤其是在教室中。雖然使用行為改變能排除或減少行為的頻率，但自閉兒的表現中包含太多自我刺激行為，如果排除掉自我刺激行為，剩下的行為表現會更少。

### 五、對刺激過度敏感或不敏感

自閉兒對環境的刺激並沒有表現出與一般兒童相同的反應閾。有的對環境的刺激過度敏感，有的對環境刺激極端不敏感。

### 六、緘默

緘默（mutism）包括一種行為範圍，從全部沉默到發出無意義的聲音（例如：用來自我刺激，而不是用來溝通），大部分的自閉症經過緘默期後有所進步，但約有 28%-61% 的自閉兒，終其一生仍無口語。

### 七、仿說

傳統上仿說（echolalia）被視為無意義的重複他人的話，因而認為應透過治療減少或去除這樣的行為。仿說也被視為是緘默和語言知識兩者之間的轉換階段，但要透過學習階段了解自閉兒的進步是有限制的。要了解自閉兒仿說的意義，必須要在自然的溝通情境下去分析。去了解自閉兒如何在脈絡中溝通，如何使用具有溝通目的的行為是重要的。為了了解自閉兒信息的溝通意圖，研

究者和臨床者必須分析語言發生的脈絡。因此，決定仿說是否代表自閉兒的溝通意圖變得很重要。像這樣去分析非傳統溝通形式和功能，需要跨情境的多元觀察。

　　Prizant 和 Rydell（1984）指出仿說包含延宕仿說和立即仿說。延宕仿說指應用舊的形式到新的情境。對自閉兒而言，仿說扮演好幾種重要功能。事實上自閉兒使用舊形式運用到新情境，代表他建立了語言形式與事件的關係。也就是延宕仿說，代表自閉兒知覺到口語與脈絡之間的關係。Prizant 和 Rydell（1984）指出延宕仿說的兩個標準：㈠重複的能力超過了自閉兒的語法能力；㈡語言包含了一連串固定和例行性的語言。仿說語言代表一種更成熟的語言能力，也代表一個連續的互動與理解。仿說是一種過渡階段，從沒有溝通意圖的仿說，到有意圖的仿說但語言能力有限，到有意圖的仿說和語言能力。對自閉症而言，使用非傳統的形式，妨礙了語言傳統形式的發展，以及更高層次後設語言的能力。

## 八、社會情感缺陷

　　自閉兒有困難理解別人的情緒反應，他們對於分析社交對象的情感行為有困難，在產生和理解情感向度上有嚴重損傷。

## 九、症狀出現在三十個月之前

　　此特徵可用來區別診斷自閉症，此外，較晚被發現的自閉兒在IQ測驗上，顯著的高於較早被發現者，因而認為這些較晚發現者的自閉症特徵較不嚴重（Short & Schopler, 1988）。在臨床診斷之前，父母對自閉兒的語言、溝通、行為特徵的界定，對澄清自閉症與精神病的區別上是很重要的。

### ㈠行為特徵可用來區辨出自閉症嗎？

　　由於自閉症兒童在眼神互動、共同注意力和說話，明顯與一般兒童有發展上的差異，自閉症兒童可在一歲時被鑑定出來。此外，行為的特徵、溝通、遊戲和語言行為，亦提供我們去了解自閉症語言溝通的功能。

## ㈡溝通行為

三十個月大的自閉兒，並沒有出現許多的溝通行為，其表現僅相當於六個月大的正常幼兒。到了三十個月大還沒出現溝通行為，並不表示行為沒有在早年出現。極有可能在前九至十二個月時，早期的溝通行為的確有發展，但因為神經缺損導致發展變差。凝視、發聲和手勢行為被當作鑑定出生至十二個月大的自閉症嬰兒的指標。

## ㈢遊戲

遊戲在發展上具有社會性、認知性和整合性功能。功能性遊戲和象徵性遊戲技巧與語言能力有關。此外，特定的非口語溝通技巧，例如手勢與語言習得有關。操作物品的技巧可能涉及象徵能力——兒童必須能夠知道玩具代表真實的物品。而象徵的技巧要求兒童儲存及提取訊息。自閉症兒童在物品的操作和象徵性遊戲上，有很大的問題。

# 參、語言成分

## 一、心智理論和後設能力

心智理論的發展牽涉到對心智狀態說明的能力，研究指出一般兒童理解他人行為與他們所想和所相信有關，所以不一定是符合實際所發生的事實。這種理解他人想法的能力，從兒童早期就已產生。自閉症心智理論的研究指出，這種能力指的是一種對自己或他人的心智狀態（例如：想望、知識和信念）的解釋能力。後設技巧包括後設認知和後設語言——要求兒童表現完整的語言產物和理解能力。後設包含語言規則的修正、反射與修補能力。後設語言代表對語言有更高層的理解。例如意識到語言的結構和判斷其適當性。後設認知包含抽象處理個人在理解、記憶、訊息處理、推理、問題解決的思考歷程的能力。對自閉症者而言，在社會互動、語言理解與表達的缺陷限制了後設技巧發展。

絕大部分的自閉症兒童在後設技巧上發展有限，極少部分的自閉症兒童到

青少年時，後設技巧可發展到一般兒童三、四歲的程度。

　　心智理論的相關研究提出另一種解釋，自閉症者在溝通、社會、心智想像的缺陷，可歸因於無法去象徵和概念化心智的狀態，意即 Baron-Cohen 所指的心盲。Hughes 和 Russel（1993）研究指出自閉症在心智理論測驗上的失敗，不是因為他們不能表現心智理論的作業，而是他們有執行功能的缺陷。因此他們認為使用測驗來評量心智理論，可能對執行功能困難的自閉症產生困惑。自閉症心智理論的缺陷，是更高層次認知歷程缺陷的一部分（Russell, 1997）。

## 二、語用

　　一般而言，自閉症兒童表現下列語用問題：

㈠沒有發展廣泛的溝通功能。

㈡沒有發展注視的互動技巧。

㈢沒有發展一般的行為。

㈣沒有發展注意和共同注意力。

㈤沒有發展對事情、動作、物品的注意。

㈥沒有發展輪流或交互行動的技巧。

㈦沒有發展手勢或模仿的行為。

　　由於前語言的行為，例如：指物、輪流、表現沒有發展，導致自閉症的溝通行為與一般兒童溝通行為不同。

　　Bernard-Opitz（1982）指出，溝通表現與溝通脈絡的特定變項有關。作者分析自閉症兒童與母親、治療師和陌生人相處時如何使用語言。與母親溝通時自閉症兒童使用請求，開始溝通當作主要的語言行為，然而在與治療師溝通時使用句子做互動，與陌生人溝通時使用令人無法理解和非溝通性的語言。研究顯示，自閉症兒童不是不能溝通、不能互動，而是他們的溝通選擇相當有限。他們使用有限的溝通行為，與不同的對象做不同的反應。

　　自閉症兒童使用非慣例性的行為，或語言形式與他人溝通，結果造成別人誤解其意圖與其所表達的意思。我們要促進的是自閉症者的溝通功能和交換，而非特定的語言形式或結構。過去臨床和教育方案專注在教導特定的語言結構或形式，造成自閉症者學會重製語句，卻不了解語句中的語意－語法。

Schwartz 和 Cartra（1996）建議方案和教育的目標，應關注在教導自閉症溝通互動的歷程，而非教導他們對特定問題或形式做反應。

自閉症兒童的溝通形式在質與量上，皆不同於正常前語言發展順序。自閉症的溝通特徵如下：

㈠溝通意圖在手勢和口語的發展是非同步的。

㈡溝通側面圖不同於其他語言障礙。

㈢溝通發展的順序不同於一般兒童的發展。

㈣溝通功能有限。

㈤某些異常的行為可能是有意圖的、有互動和溝通目的。

教育技術必須考慮個別兒童的溝通學習風格（Calloway），自閉症兒童還沒準備發展一般兒童溝通意圖的範圍，因為他們沒有能力去發展或協調互動的行為，所以可能當語言技巧的確發展了，但溝通缺陷仍然存在。

## 三、溝通行為

Calloway 等（1999）指出，自閉兒使用溝通來要求物品，或控制同儕或成人的行為，而不在於表現、分享、討論、提供訊息或要求訊息。當自閉症持續發展溝通功能和方法，愈原始的溝通形式會被愈進步的溝通形式所取代。成人和一般同儕在企圖解釋兒童對環境的反應之前，要先在脈絡中解讀兒童的行為。當母親假設自己的孩子對環境有反應和視孩子為主動的聆聽者和溝通者時，可以促進自閉症的溝通交換歷程。因為如果假設自閉症兒童沒有溝通能力，將導致自我應驗的預言。假如我們相信他們無法溝通，他們將不被視為有能力的溝通者，同時不再被分析他可以的溝通功能（Tiegerman-Farber, 1995）。

## 四、語意

概念知識影響到語意的習得，Tager-Flusberg（1999）認為，一般兒童的概念知識會轉換到語意知識。兒童從互動經驗中發展語意關係。在許多基本的語意層次，自閉症兒童無法了解物品的功能，以至於無法藉由使用語意，將個人真實世界的經驗，轉換成語言結構。

Brook 和 Bowler（1992）列出一些自閉症的語意／語用缺陷：

(一)對溝通行為意圖的混淆。

(二)解讀對話的意義有困難。

(三)對口語或非口語線索有困難。

(四)在問問題或反應問題上有困難。

(五)語言理解的損傷。

(六)對口語訊息太過字面解釋。

(七)差勁的輪流者和主題維持者。

(八)不適當的音量或語調。

(九)對時態順序的語意混淆。

(十)語意關係感差。

(十一)對話的修補率低。

(十二)提供太少或太多的訊息給對方。

舊知識提供新訊息處理的一個框架，所以為了要學習語言，兒童必須能夠重新建構句子要素，不是只模仿而已。自閉症兒童有仿說的語言特徵，這種語言模式顯示，沒有能力使用語言規則和分析內在結構（Windsor & Doyle, 1994）。

Prizant（1983）認為完形風格和分析風格，代表完全相反的處理能力。因為自閉症有極端完形處理風格，語言的類化變得非常困難。自閉症兒童有極佳的記憶力、視覺歷程技巧、視覺空間能力、數字技能以及音樂能力，但完形的學習風格，妨礙了語意功能和語意－語法關係的發展（Brook & Boweler, 1992）。

## 五、Hyperlexia

自閉症表現出高度的識字技巧，但卻對字義了解甚少或根本不了解。這種視覺－口語譯碼的能力，並沒有與語意和閱讀理解相整合。既然學習技能不能達到促進溝通互動的目的，那這樣的技能，如何被教育者使用來促進兒童在社會脈絡中的溝通能力？

## 六、語法

　　到了三歲，一般的語言學習者使用片語、句子、說故事的方式來表達意思。在合併單字的過程，兒童學會單字必須被組成具有特定語言規則的句子。到了三歲，一般語言學習者已經整合正式結構、語意和溝通互動三個部分。而Newsom、Carr 和 Lovaas（1979）估計，50%的自閉症者無口語，以及 75%自閉症者到了五歲才有口語仿說。

## 七、語音

　　一般兒童有較好的語音記憶能力，在自發性語言上，能夠產生更廣的文法形式。自閉症自發性語言嚴重受限，反映出語意、語用的缺陷。雖然自閉症有極端的記憶能力，但不代表他們了解語言的結構足以獲得語言結構，且新的結構也不被概念化的了解。

# 肆、治療的方向和策略

## 一、替代性治療

　　當考慮到介入系統的適當性時，自閉症兒童的訊息處理風格變成是一個重點。不論是採用手語、布列斯符號、圖片、書面文字、溝通板、電腦、輔助溝通等介入，針對任何介入系統的效果均沒有明確的結論。換言之，我們必須考慮自閉症兒童高度個別差異的學習風格。介紹一套適當的學習系統不意味著溝通學習問題被自動化的解決。介入時應考慮自閉症兒童對訊息的完形處理風格。Schuler（1988）指出，因為完形處理是時間和空間的組成，所以手語很可能能幫助自閉症兒童，從同時處理轉換到一個更連續性模式的處理。溝通困難的自閉症兒童，通常藉記憶、視覺處理、高識字閱讀能力、數學和音樂的天賦等方面的特殊能力來彌補。

　　由於每位自閉症兒童特殊技能有個別差異，因此介入時必須考慮兒童的學

習風格和需要。

## 二、家庭訓練計畫

　　透過家庭訓練計畫可幫助自閉症兒童類化學習經驗到不同的學習環境（Ti-egerman-Farber & Radziewicz, 1998）。家庭訓練計畫包括訓練父母及手足。此外，一群受過訓練的志工會在課後或週末，提供延伸的訓練服務。傳統的治療訓練，家庭成員無法參與學校的每節活動，然而在家中實施的父母訓練模式，包含了每個參與者（Schopler, 1995）。家庭和學校訓練經驗在刺激量的提供上是不同的（Harn, Bradshaw, & Ogletree）。家庭訓練計畫著重所有訓練背景內的語言發展和溝通行為。計畫的優點包括：㈠家庭成員被訓練成溝通促進者；㈡家庭內的各種活動提供語言行為與非語言經驗整合的機會；㈢類化溝通行為到不同的學習情境；㈣計畫強調兒童的語言和溝通需求。

　　教育者有責任發展父母語言訓練計畫，正式提供父母課業和程序性知識（Tiegerman-Farber, 1995）。教導父母了解自己的孩子是教育最大的責任也是最佳的禮物（Wehman,1998）。

## 三、社會性問題和行為介入

　　自閉症兒童表現的行為問題，明顯衝擊到教育者和父母的教導能力（Yell & Drasgow, 2000）。自閉症兒童通常表現的行為問題包括攻擊行為、自傷行為、無預期的探索行為、自我刺激和異質的口語聲音，這些行為通常妨礙他們在自然情境，和社區情境被別人所接受（Lord, 1995）。嚴重問題行為的處理從一開始即要求結合行為分析的治療計畫，通常採用多專業的團隊來界定行為問題可能發生的時間，透過功能性評量發展最適用於學校、家庭、社區的行為管理計畫。行為介入除強調目標行為的界定外，也強調發展適當的社交技巧（Kohler & Strain, 1997）。自閉症的干擾行為，通常導致同儕的排斥，進一步妨礙其在融合環境下的教育學習。自閉症兒童行為管理的訓練程序可能有個別差異，但建議在特殊班執行計畫及教學。這是非常必要的，因為自閉症兒童最後仍希望被安置在最少限制的教育環境。

## 四、同儕中介溝通介入

假如特殊教育者希望讓自閉症達到社會性融合而非物理性融合，勢必要對一般同儕加以訓練。當社會化成為主要的教學重點時，透過合作學習和同儕中介，讓障礙兒童和一般兒童學習發展角色知覺、責任和技巧。

一般兒童可以提供同儕教學或示範給自閉症兒童。因此，教育一般兒童對教師和家長而言就變得很重要（Odom et al., 1996）。對許多發展障礙的兒童而言，學前教室提供自然的學習機會，在學習社會化過程中扮演重要角色。為了改善同儕接納度，早期介入計畫中發展同儕訓練計畫變得格外重要，教育一般兒童如何去教和幫助障礙同儕。一般兒童可以被訓練在各種活動使用特定互動策略，與自閉症兒童相處，因此能促進社會學習（Taylor & Levin, 1998）。另外亦可使用社會性戲劇遊戲腳本，腳本故事可提供一般兒童和自閉症兒童正式和結構化的社會互動，同時一般兒童可以為自閉症兒童提供示範，以及持續動作和語言線索。

## 五、教育考量

自閉症被視為嚴重的語言和溝通障礙者，單純的語言治療是不夠的，語言的學習必須是教室教學的主要目標，而不僅是其他的「相關服務」而已。所以自閉症兒童的語言學習需要超過過去傳統教育模式所提供的。

教育安置在提供兒童最少限制的環境和與更高社會能力的同儕互動。同儕的語言示範也可能是在特殊班的環境。故自閉症兒童的教育安置應根據語言功能的程度，而不是將所有自閉症安置在一起。

## 六、融合

許多的法案和社會支持融合，包含了嚴重發展障礙兒童在普通班教室學習。許多的研究支持嚴重發展障礙者可以在普通教育環境，提供適當的教育服務。這些研究也指出，障礙兒童可以在融合情境下受益，因為融合提供了更多的機會讓障礙者與非障礙者溝通和社會互動。年齡相當的同儕可以提供適當的

社會和語言示範，一般學生可因此了解人與人之間的學習差異。更重要的是學校必須提供一套課程——強調對多元文化學習者的正向態度，包括障礙和非障礙。

公立學校系統強調包含嚴重發展障礙學生的融合，或完全融合是有困難的。對自閉症而言，什麼是最少限制的環境？對教育者而言，是否普通班可以被重新設計或重新建構，以處理嚴重行為問題兒童的不同需要。若將自閉症兒童融合於普通班，則父母、教師、行政人員需要更多重組和負擔更大的責任。

# 伍、結語

一、自閉兒是有溝通能力的，只是他們的溝通選擇相當有限，常使用非傳統的溝通方式與人溝通，若教師、家長或同儕在解釋兒童對環境的反應前，先在脈絡中解讀兒童的行為，或許可減少對自閉兒溝通信息的錯誤解讀。

二、自閉症是心智理論的缺陷，亦或是執行功能的缺陷，仍需進一步加以研究、探討。以免自閉症在社會互動、語言理解和表達的缺陷限制了後設技巧的發展。

三、自閉兒對訊息完形處理的風格，值得教學者重視。完形處理的風格妨礙自閉兒語言類化能力、語意功能、語意－語法關係的發展。例如：自閉症兒童的仿說語言模式，顯示尚沒有能力使用語言規則與分析語言結構。惟延宕仿說，代表自閉兒知覺到口語與脈絡之間的關係。然而，使用非傳統的溝通形式妨礙了語言傳統形式的發展，以及更高層次後設語言的能力。

四、有的自閉症兒童有極端的記憶力，但不代表他們了解語言的結構，或足以獲得語言結構。教育目標應關注在教導自閉症的溝通互動歷程，而非教導他們對特定問題或形式做反應。

五、自閉症個別差異相當大，任何介入系統對自閉症兒童的教學效果，並沒有明確的結論，故教學者應視學生的個別需求，提供所需的教學介入。

六、自閉症兒童是嚴重的語言障礙者，故語言的教學需求量，絕不是語言治療就足夠，語言學習應是教室教學的目標。

七、為幫助自閉兒童語言的類化，教育工作者有責任發展父母語言訓練計畫，透過家庭訓練計畫，可幫助自閉症兒童類化學習經驗到不同的學習情境。

　　八、如果我們希望讓自閉症兒童達到社會性的融合，教育工作者勢必要發展同儕訓練計畫，教育一般兒童如何接納和幫助障礙同儕。此外，學校也應提供一套課程，協助學生對多元文化學生的尊重與了解。

　　九、嚴重發展障礙學生安置在普通教室接受教育，雖然衝擊了普通教育，但也提醒了我們應去尊重個別差異，沒有一套課程可以適用所有的學生。換言之，普通教育的組織將重新建構，以滿足學生的個別需求，問題是普通教育準備組織重造了嗎？如果答案是否定的，那普通班對嚴重障礙者而言，可能是最大限制的環境，而非最少限制的環境。

# 參考書目

Bernstein, D. K., & Tiegermqn-Farber, E.（2002）. *Language and communication disorders in children*（5nd ed）. Boston: Allyn & Bacon.

# 第十五章

# 盲聾雙障者的溝通

汪怡甄

## 壹、盲聾雙障與多重障礙

### 一、西洋多重障礙教育的發展

根據 Winzer（1996）的研究，最早有關「多重障礙」，係出現於十七世紀時，英國律法之中用以描述具有智能障礙與感官障礙者。然而在十八世紀中，卻少有任何多重障礙相關教育與福利之記載，直到十九世紀中期，由畢業於美國哈佛大學醫學院之 Samuel Gridley Howe（1801-1876）在麻州創立柏金斯盲校（Perkins School for the blind），並於一八三七年招收並教導兼具盲、聾又無嗅覺、味覺的女孩 Laura Bridgeman 後，多重障礙學生與其相關的教育，才正式肇始於特殊教育之中。儘管直到一八八九 年 Laura 病逝於柏金斯盲校為止，她並沒有完全的獨立自主，但她卻確實地學會了閱讀與簡單的數學，以及簡單的工藝品製作與針線工作，且進步顯著（Winzer, 1993）。其後進一步地影響到 Howe 之女婿 Michael Aganos 將有關的教學方法，應用於後來同樣就讀於柏金斯盲校的海倫凱勒（Helen Keller），而由 Anne Sullivan 進行了成功的教學（Blatt, 1985）。

## 二、我國多重障礙教育的發展

就我國而言，多重障礙者的教育方面，最早係始自於盲聾多重教育。我國最早於一八七○年由 William Moore 在北平首創瞽目書院。而後 Annette Thompson Mills 在一八八七年在山東登州府創設，啟瘖學校收容教導聾啞兒童。一八九○年由 William Cambel 在台南設立訓盲院（台南啟聰學校前身）。其後至一九一六年，張季直創盲啞學校進行盲聾多重障礙教育，為我國多重教育的肇始；一九一七年於南京成立我國第一所公立的盲聾學校。

## 三、美國的定義

㈠一九七三年美國復健法案（Rehabilitation Act of 1973），以及美國聯邦教育署的殘障教育局（Bureau of Education for the Handicapped）於一九七四年提出的多重障礙定義如下：「重度障礙兒童係指因生理、心智、或情緒問題或上述問題合併所造成。這些孩童包括嚴重情緒困擾（如精神分裂症、自閉症）、極重度及重度智能障礙，以及具有兩種以上嚴重障礙狀況，如智能障礙兼具有聾以及智能障礙兼具有盲。」

㈡美國一九七五年「殘障兒童教育法案」（Education for A11 Handicapped Children Act 即 94-142）公法中，對多重障礙的定義：「多重障礙係指多種障礙的伴隨出現（例如：智能不足與盲等），這種障礙狀況的合併所造成的嚴重教育問題，並非為某單一障礙所設的特殊教育方案所能解決，但是該障礙並不包括盲聾在內。」

㈢美國一九九七年「身心障礙個人教育法修正案」（Individuals with Disabilities Education Act Amendments of 1997, IDEA 1997）的修正公布，以及一九九九年五月公告實施之「協助各州執行身心障礙兒童教育以及身心障礙嬰幼兒早期介入方案法規：最終執行細則」（Assistance to States for the Education of Children with Disabilities and the Early Intervention Program for Infants and Toddlers with Disabilities; Final Regulations，又名 IDEA 執行細則）有關多重障礙的定義：「多重障礙係指同時伴隨有多重傷殘（諸如：智障兼盲、智障兼肢障

等），此種合併障礙會造成重度的教育需求，而此種教育需求並不能藉由僅為一種障礙類別所設之特殊教育方案來加以調整改善，但此種障礙類別並不包括盲聾在內。」

簡言之，美國有關多重障礙的定義由早期之僅以盲聾為對象，跳脫到非以盲聾為對象之需要長期多重障礙服務措施的身心障礙者。其原因在於美國政府與學界，已將盲聾另外界定為一獨特的障礙類別，並明訂於「身心障礙個人教育法修正案」中，與多重障礙各為特定的障礙類別。

### 美國特殊兒童出現率

| 特殊兒童類別 | 普查所得人數 | 出現率 |
|---|---|---|
| 學習障礙 | 1,926,097 | 2.92 |
| 語言缺陷 | 1,140,422 | 1.73 |
| 智能障礙 | 664,422 | 1.01 |
| 情緒困擾 | 384,680 | 0.58 |
| 多重障礙 | 99,416 | 0.15 |
| 聽覺障礙 | 66,761 | 0.10 |
| 肢體傷殘 | 58,328 | 0.08 |
| 身體病弱 | 52,658 | 0.08 |
| 視覺障礙 | 27,094 | 0.04 |
| 盲聾 | 1,766 | 0.003 |
| 合計 | 4,421,601 | 6.693 |

附註：表格中的數據係以六至十二歲學齡的美國身心障礙兒童為主。
資料來源：U.S. Department of Education（1993）. *Fifteenth annual report to congress on the implementation of the individuals with disabilities act.* Washington，DC: Author.

## 四、我國的定義

就我國而言，一九九二年教育部公布「多重障礙兒童鑑定標準及就學輔導原則要點」，多重障礙係指具有兩種或兩種以上障礙的兒童，始稱之為多重障礙兒童。一九九九年「身心障礙及資賦優異學生鑑定原則鑑定基準」第十一條條款指出（教育部，1999a）：「多重障礙，係指具有兩種以上不具連帶關係，且非源於同一原因造成之障礙而影響學習者。」

簡言之，根據我國特殊教育法相關法律的規定，多重障礙的定義係指：㈠

兼具有兩種或兩種以上的障礙；㈡該兩種或兩種以上的障礙非出於同一個原因；㈢該兩種或兩種以上的障礙不具有連帶關係；以及㈣該兩種或兩種以上的障礙會影響學習而言。因此盲聾雙障者即包含在其中，並未如美國將盲聾雙障者的類別自多重障礙中獨立出來。

我國第二次特殊兒童普查出現率統計表

| 特殊兒童類別 | 出現率 | 佔障礙兒童比率 |
|---|---|---|
| 智能障礙兒童 | 0.835 | 41.61 |
| 學習障礙兒童 | 0.442 | 20.53 |
| 多重障礙兒童 | 0.275 | 9.68 |
| 性格或行為異常兒童 | 0.202 | 9.38 |
| 肢體障礙兒童 | 0.098 | 4.57 |
| 語言障礙兒童 | 0.083 | 3.86 |
| 聽覺障礙兒童 | 0.080 | 3.81 |
| 身體病弱兒童 | 0.060 | 2.79 |
| 視覺障礙兒童 | 0.052 | 2.56 |
| 自閉症兒童 | 0.015 | 0.79 |
| 顏面傷殘兒童 | 0.009 | 0.42 |

資料來源：吳武典（1992）第二次特殊兒童普查資料

# 貳、盲聾雙障者的溝通

## 一、盲聾雙障者的定義

　　美國一九七五年的 94-142 公法，對盲聾雙障者的定義如下：「伴隨有聽覺和視覺的損害，其組合導致嚴重的溝通和其他發展及教育的問題，故不能納入僅為聾童或盲童而設計的特殊教育計畫。」

　　盲聾雙障者為異質性的團體合併視覺與聽覺的損傷，並造成溝通行動與獲取資訊上的困難，盲聾者形成的原因簡單分為以下四種情形：

　　㈠母親在懷孕時感染德國麻疹造成先天性盲聾雙障。

　　㈡先天性的聽覺障礙伴隨漸進式的視覺損傷，此種症狀通常是由 Usher 症候群所造成。

㈢先天性的視覺障礙，加上後天聽力損傷。

㈣由於年老或因疾病、意外所引起的結果。

## 二、盲聾雙障者的溝通

過去三十年來，特殊教育學者對於盲聾雙障的溝通議題，一直保有相當的興趣，然而在一九六〇年代德國麻疹流行之前，盲聾雙障教育成功的例子並不多，也沒有一套實證性的方法提供教學者模仿學習。到了一九六〇年代中期，Van Dijk 介紹了一種盲聾雙障者的溝通教學法，改變了以往限定與剝奪的方式，以學生為中心來領導整個溝通的過程，教師視學生的主動溝通為一種有意義的行動，這是盲聾教育史上劃時代的改革。從一九六〇年之後，很多不同的溝通方法被採用，也獲致不同程度的成功；一九九〇年美國身心障礙者教育法案（IDEA）強調提供所有身心障礙者適性的教育計畫，但由於盲聾雙障者的歧異性很大，難以界定何謂「盲聾雙障者的適性教育」，唯一可以確信並獲得共識的是：盲聾雙障者的溝通議題應被擴大探討，而最終的目標，皆為促進盲聾者社會生活的參與及自我概念的提升。

### ㈠功能性溝通技巧的重要性

Alvares及Stemberg（1994）將功能性的溝通定義為：「互動性的、日常生活中，能有效使用、達成自我滿足與社會適應，促進更高層次的溝通。」Stremel及Schutz（1995）強調功能性的溝通並非只是口語、手語等外在形式，而是增進盲聾者在不同時空與不同對象的人際互動。一位盲聾者的翻譯員對「溝通」二字具有的重要性說明如下：

為接受與表達的過程……經歷有意義的人、事、物……此即為溝通的價值。你將從中獲得無價之寶。藉由溝通，你可以改變環境，增進人我關係，獲得全新的想法與經驗。

溝通的確是盲聾者適應社會與否的關鍵能力，例如：做決定、參加學校活動、交朋友、轉銜計畫的參與、獲得家人與社會的認同、獨立生活等，在在需要溝通能力來達成。

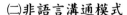

## ㈡非語言溝通模式

盲聾者使用的非語言溝通模式包括：表現出具目的性的行為，觸覺與物體線索、符號及自然手勢等。這些模式也經常綜合一起使用，事實上慣用口語的溝通者，也時常使用非語言的溝通方式輔助溝通的過程。

### 1.表現出具目的性的行為

區辨出盲聾者表現出的行為，是否具有目的性是相當重要的，例如盲聾者無意中碰觸到前方的食物圖卡，教師可能會有錯誤的假設，以為學生有想吃東西的意圖，因此便拿東西給學生吃。教師應該指導與協助學生在表達目的性的行動時，必須呈現審慎與明確的行為，避免發生過多的誤會與猜測的情形。

### 2.觸覺與物體線索

觸覺線索是傳遞訊息給盲聾者的最小提示，例如某種碰觸的目的，是在告訴盲聾者何時該站起來或是坐下。教師一開始可以先建立幾種觸覺線索，等到學生精熟碰觸的意義後，再增加更多的觸覺溝通線索。

物體線索也可提示學生應該進行或完成的活動，開始訓練時利用實際的物品當作線索，例如：午餐時間到了，呈現一個飯盒在學生面前。學生內化此項物品的意義之後，符號線索即可取代實際的物品。例如：把餐盒改為圖片式，學生觸摸突起的餐盒圖形，便意識到用餐時間開始了。

生活中的自然線索經常表示後續事件的進行，盲聾者也應該學習自然的線索代表的意義。例如：車門打開，意味離開的時間到了；換上睡衣表示該睡覺了等。

### 3.溝通行事曆與溝通架

行事曆也是一種溝通工具，用來協助盲聾者了解生活的作息，因此，行事曆的設計，必須符合盲聾者的個別需求。溝通行事曆或溝通置物架的內容，可以包括物體、圖卡、字卡等項目，並且可以在任何時段中使用。

溝通行事曆與溝通架的好處為：盲聾者可以了解每日的活動內容與順序，即使活動臨時改變，但整體運作的結構具有一致性，提供盲聾者不少的安全感。除此之外，孩子也明白活動的開始與結束，除了時間概念的建立外，Schwartz 及 McBride 指出，此種溝通方式有助於盲聾者發展組織、語言、距離與空間概念等能力。以下是使用溝通行事曆與溝通架的例子：

教師提示盲聾學生走到溝通架前，學生發現即將進行的項目是湯匙，他把湯匙拿起來，走回桌邊準備吃飯。吃完飯後，他拿著湯匙走回溝通架，並將湯匙放到「已經完成」的籃子中，這個動作代表吃飯的活動已經結束，學生預備進行下個活動。教師的提示在學生精熟後逐步褪除，讓學生獨立進行溝通行事曆，與溝通架連結的例行活動。

使用溝通行事曆與溝通架必須注意下列五點：(1)使用相同的物品代表例行的活動；(2)當學生理解物品代表的活動意義時，便可逐步使用抽象的東西替代；(3)物品呈現時應由左至右；(4)溝通行事曆或溝通架的放置儘量靠近學生；(5)檢視每日溝通架的組成內容，並記下活動中的任何改變。

### 4.信號與手勢

信號通常意指身體語言，例如：拿到想要的東西，把不喜歡的物體推開，把一個人拉到想要去的地方；自然的手勢如：指著某人或拉著對方的手去接觸物體等。

### 5.其他功能性的行為

有些盲聾者經由外在的行為表現來表達溝通需求，對教師或照顧者而言，確定孩子功能性行為所代表的意義，是一種很大的挑戰。例如在一個嘈雜的環境中，盲聾者顯得煩躁不安，因為他比較喜歡安靜可以獨處的場所，教師或照顧者必須意會這個行為所代表的意義，並將學生轉換至其他安靜的地方。

## ㈢語言的溝通模式

### 1.聲音

聲音包括用言詞表達與發音，盲聾者常因感官缺損的問題，而限制經驗的發展與環境的互動，有些具有殘存聽力者會回應他人的口語，教師應適時糾正錯誤的發音或用語，並提供其他線索與之配對，使學生了解詞語真正的意義。

### 2.手語

先天喪失聽覺，後天又喪失視覺者，可能會慣用聽障者使用的手語，打手語時記得在盲聾者視野範圍之內，並有耐心等候回應或反覆解釋，直到盲聾者了解溝通的內容。

### 3.觸覺式的手語

使用手寫符號時，溝通者通常將手部置於接收者的手上進行溝通，若使用

的觸覺手語形式需要碰觸接收者的身體時，溝通者經常要帶領接受者的手部來碰觸自己的身體。例如說「謝謝」兩個字時，ASL手語（美國自然手語）必須碰觸下巴，溝通者就引領接收者的手碰觸自己的下巴來打出這個手勢。以下介紹幾種觸覺式的手語：

⑴指拼字母

姿勢

使用你的慣用手（通常是右手）的食指當作筆，另一隻手托住盲聾者左手手掌與手腕間。90%的盲聾者慣用左手讀取訊息，因此你應該坐在他們的右邊書寫溝通訊息。如果你是一個左撇子，在溝通時仍然坐在他們的右邊，但是使用你的左手書寫，用右手托住對方的手部。

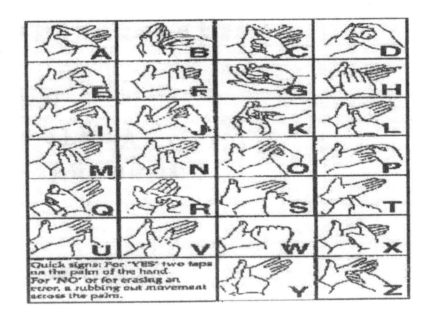

| A | 碰觸盲聾者的拇指。 |
|---|---|
| B | 將你的所有指尖靠攏放置在盲聾者的手掌上。 |
| C | 用你的食指在盲聾者的手掌上，從拇指開始往食指方向做畫圈的動作。 |
| D | 用你的拇指及食指比出一個 D 的形狀，然後將形狀放在盲聾者的食指上。 |
| E | 碰觸盲聾者的食指。 |
| F | 一起伸出你的前二指，然後橫放在盲聾者的食指上。 |
| G | 緊握你的拳頭後，放在盲聾者的手心上（小指的那一邊朝手心）。 |
| H | 手掌打開攤平放置盲聾者的手上，並從其拇指邊移動至手的另一邊緣為止。 |
| I | 碰觸盲聾者的中指。 |
| J | 碰觸盲聾者的中指後開始往下畫出一個 J 字型。 |
| K | 將你的食指彎曲後放在盲聾者的食指上。 |
| L | 將你的食指橫放在盲聾者的手掌上。 |
| M | 將你的食指、中指、無名指伸出併攏，然後橫放在盲聾者的手心上。 |
| N | 將你的食指，中指伸出併攏，然後橫放在盲聾者的手心上。 |
| O | 碰觸盲聾者的無名指。 |
| P | 用你的拇指和食指扣住盲聾者的食指。 |
| Q | 用你的食指和拇指圈住盲聾者姆指的底端。 |
| R | 將你的食指彎曲放在盲聾者的手掌上。 |
| S | 用你的食指反勾住盲聾者的小指。 |
| T | 用你的食指碰觸盲聾者手掌的邊緣（姆指的相反方向）。 |
| U | 碰觸盲聾者的小指。 |
| V | 打出一個 V 字型的手勢後，放在盲聾者的手心上 |
| W | 用你的全部手指握住盲聾者食指的邊緣。 |
| X | 將你的食指伸出，交叉在盲聾者的食指上半部。 |
| Y | 將你的食指放在盲聾者的拇指與食指的交界處。 |
| Z | 將你的手指併攏後用指尖碰觸盲聾者的手掌。 |

Yes 及 No 的快速打法。

Yes：在盲聾者的手心上拍二次。

No：在盲聾者的手心上做出擦掉的動作。

(2)手繪字母

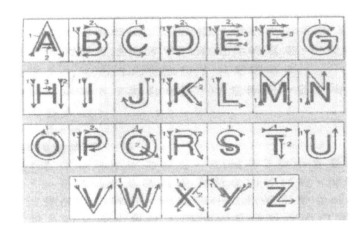

　　這是一些盲聾者所使用的溝通系統，使用的方式很簡單，即是在盲聾者手掌上寫出一般人所慣用的字母形狀，注意書寫時由左到右，由上至下，字形要大且清楚，字母 M、N、W 的筆畫要一氣呵成不要中斷，但數字 7 卻不能使用一筆畫完成，否則容易和數字 2 混淆。

(3)在手上書寫點字溝通形式

　　諳熟點字者喜歡使用第 4、5、6 點作為書寫符號，如果溝通的雙方均會使用點字的話，可以使用此種方式：

　　　·第 4 點：打在拇指下方的手腕上。
　　　·第 5 點：打在手腕的中心。
　　　·第 6 點：打在手腕對準小指的邊線上。

(4)觸摸式的手語

　　這是 BSL 的使用者後來因為視覺的減退，無法再看到手語的形狀，因此使用感覺的方式，將手部放在溝通對象的手上，藉「觸摸」獲得對方的溝通內容。

当你寫錯時

　　如果寫錯了，把你的手掌攤開放在對方手上，手掌對手掌做出擦掉的動作，然後從頭拼出單字。不要從單字中間的字母繼續拼下去，這樣會容易造成誤解。

字句間的間隔

　　書寫時，字與字間稍微停一下；完成句子後，再暫停久一點，讓對方可以很清楚了解你所要表達的內容。

注意事項

　　‧當你托住盲聾者的手部時，記得不要將你的拇指按壓在盲聾者的手腕上，以防自己因為缺乏溝通經驗，緊張過度而不小心弄痛了對方。

　　‧書寫時使用適當的壓力，讓對方可以清楚你的意思，但是不要用力過猛，或是因為你的長指甲，使得他們的手指與手掌受到傷害。

　　‧書寫速度的快慢以對方了解為前提，注意你是和盲聾者在溝通，並不是在表現你可以寫得多快。

　　**4.低科技或非科技的溝通設備**

　　雙重溝通板（表達者與接收者各有一個板子）提供盲聾者與溝通的對象一種良好的互動模式，如果溝通的意圖是要盲聾者回答問題，溝通同伴就指著自己的板子，如果是要盲聾者模仿練習，溝通同伴就指著盲聾者的板子，藉由此種模式協助盲聾者確定訊息的意義，是要他回答抑或重複對方的內容。對溝通的雙方而言，雙重溝通板的方式，不但較為舒服自在，並能進行長時間與更複雜的溝通。有殘餘視力者，可以在板子上寫字交換訊息，無視覺者可利用特製的板子，上面有浮突的圖形、字母、點字等進行溝通。

　　**5.科技輔具設備**

　　溝通的過程也可以藉由科技輔具的協助，例如：閉路電視、放大字體、點字、點字列印對話科技、盲聾專用對講機等。選擇溝通科技的重點，在於考量溝通者的實際需求與喜好。

　　**6.觸摸式的符號或字母系統**

　　可觸摸的符號包括圖形、熱力成形的符號、點字等。採用觸摸式的符號或字母系統之前，應考慮孩子的視力與認知能力。

　　**7.Tadoma**

　　Tadoma的來源是以首二位成功使用此種溝通方法的孩子來命名。這二位盲聾者的名字為：Tad Chapman 及 Oma Simpson。這是一種觸覺讀唇的方式，使用者用手來感覺說話者臉部、喉嚨與下巴的位置與震動。雖然精熟此種方式者，可以達到近乎理解所有溝通內容的程度，但對大部分的使用者而言，溝通

速度很慢，並且增加說話者的困擾。這種溝通方法較不受歡迎，因為正確率不高而且較難學會。

### ㈣與盲聾雙障者溝通的提示

#### 1.盲聾雙障者的個別差異很大存在不同的溝通模式

當你第一次接觸盲聾者，有以下兩種不同的互動方式：

⑴如果是視聽功能完全損失者，你應該輕觸他的手部來獲取他的注意。

⑵如果只是視覺部分損失者，你應該走到他的身旁輕碰他（她）的臂膀，然後移至一個可以適當溝通的距離。記得不要從後面拍他的背或肩膀，因為盲聾者無從分辨你是何人。

#### 2.表明你的身分

⑴不要對盲聾者說：「猜猜我是誰」或者說「要記得我唷」。請給予他們足夠的時間，來建立個別的特殊圖像以分辨出你是何人，如果他們不記得你，也不要太氣餒，只要保持經常的接觸情況一定會改善。

⑵不要刻意去模仿別人的簽名方式，尤其第一次接觸盲聾者，他們無法藉由你的身高、氣味及手部的特效來分辨出你的獨特性。使用與他人相似的簽名方式，經常使盲聾者誤認你的身分。

⑶第一次與盲聾者接觸時，寫出自己的全名，之後如果他（她）已經認識你，只要寫出名字即可。

#### 3.溝通時，請將你的「動作」表達出來

常人會習慣用「搖頭」、「點頭」來回應對方，或者聽到好笑的事，我們會發出「哈哈」的聲音，但對於盲聾朋友而言，他們無法即時獲得這樣的訊息。因此我們必須記得把這些動作「寫」給他們看，否則他們無法適時了解你的意思，也不曉得到底發生什麼事。

#### 4.注意你身上的色彩

和部分視覺損傷的盲聾朋友溝通時，建議你最好穿著深色的服裝，例如咖啡色、棕色、深藍色，並且注意你的衣服上是否有刺眼的反光物體，如鈕釦、別針等，對談時最好能取下，以減輕他們眼部的負擔。

#### 5.用餐與溝通

除非有緊急的事情，否則不要在盲聾者用餐時與他們說話，他們必須要有

乾淨的雙手，以利彼此的溝通；但是如果他們對於話題很有興趣，想和你邊吃邊聊時，請不要擔心他們的食物會因此冷掉，同時也請包容與體諒他們一隻手正在與你溝通，而另一隻手卻忙著吃飯的情形。

**6.溝通時，出現第三者**

⑴當盲聾者正與其他人溝通時，正巧你也有話對他（盲聾者）說，你可以碰觸盲聾者的手部，告知他你正在旁邊等待，或是讓另一位正在對談的朋友了解你的意圖。

⑵當你正在和盲聾者對話時，第三者不小心打斷你們的對談，這時你要對盲聾者打出或寫出「暫停」或「等一下」的訊息，以免發生盲聾者對著空氣說話的窘境。你應該馬上將這個朋友介紹給盲聾者知道，不要讓他（她）有被冷落的感受。當你和第三者的對談結束後，要讓盲聾者了解你們方才的對話內容；更好的情況是，你可以成為一位中介者，來傳遞三人之間的對話內容。

**7.溝通結束**

當你有事必須離開，請確定盲聾者接下來想做什麼。是否有想要說話的對象或是想去的地方，如果他想留在原地，請幫忙確定周圍的環境是否安全，同時告知他目前的所在之處，方便盲聾者對於方向與位置的掌握。

## 三、溝通形式與溝通對象

由於語言與溝通技巧的缺陷，盲聾者需要特別溝通技巧的訓練，一項成功的溝通系統組合，即是盲聾者與溝通對象使用相同的接受性與表達性的溝通形式。與盲聾者溝通的對方容易使用的溝通形式包括以下特點：容易學習、快速運用、低層次的符號與具體的參考架構。溝通對象依接觸盲聾者的頻率，分為主要溝通者、定期溝通者、不定期溝通者、陌生人，主要溝通者必須了解盲聾者主要的溝通系統，並且也能同時學習其他溝通系統；定期溝通者需要學習一種擴大的溝通形式，例如：溝通板或實物的使用；不定期溝通者只需要了解簡易的溝通方式；與陌生人接觸，則是盲聾者最難面對，也是最需訓練的部分，茲就溝通形式與溝通對象說明如下：

## (一)接受性溝通系統

接受性溝通系統使用的容易程度依序為：口說、書寫、圖形與非觸覺符號（指出圖片或物體）、觸覺符號與物體線索、手勢、動作線索、手語、觸覺手語、點字、觸覺線索。

| 形式 | 定義 | 例子 | 溝通對象必須具備的技巧 |
|---|---|---|---|
| 口語 | 溝通對象使用口語或口語輸出設備 | 溝通對象告訴盲聾者吃飯了 | 溝通對象必須具備口語溝通的能力 |
| 書寫 | 溝通對象書寫出訊息 | 溝通對象對盲聾者寫出「吃」這個字 | 溝通對象能寫字 |
| 圖形與非觸覺符號 | 溝通對象使用圖形、符號與物體 | 溝通對象觸摸溝通板上「吃」的圖片 | 溝通對象必須能指出並且區別圖片、符號與物體 |
| 觸覺符號與物體線索 | 溝通對象放置物體、熱印或觸覺材料在盲聾者手上 | 溝通對象拿一根湯匙給盲聾者 | 溝通對象必須知道拿符號或物體給盲聾者觸摸的方式，並且也能區辨觸摸的物體與符號 |
| 手勢 | 溝通對象提供一個具體的、自然的、非符號的動作 | 溝通對象做出一個「舀湯」的動作給盲聾者看 | 溝通對象必須知道盲聾者已經了解的手勢 |
| 動作線索 | 溝通對象引導盲聾者進行真實的動作 | 溝通對象牽著盲聾者的手一起做出「舀湯」的動作 | 溝通對象必須知道盲聾者已經了解的動作線索，並且能帶領盲聾者做出動作 |
| 手語 | 溝通對象使用手語系統 | 溝通對象打出「吃」的手語 | 溝通對象如果不知道手語的使用，必須學習每個手語的打法；如果會使用手語，必須知道盲聾者了解哪些手語 |
| 觸覺手語 | 溝通對象使用觸覺手語系統，並將盲聾者的手放在自己的手上 | 溝通對象在盲聾者手上寫出「吃」這個字 | 溝通對象如果不知道觸覺手語的使用，必須學習每個手語的打法；如果會使用觸覺手語，必須知道盲聾者了解哪些手語 |
| 點字 | 溝通對象使用點字溝通 | 代表「吃」字 | 如果溝通對象不懂點字，必須學習使用點字或者使用點字轉換系統 |
| 觸覺線索 | 溝通對象在盲聾者身上的某部分給予最小的身體接觸線索 | 溝通對象碰觸盲聾者的唇代表「吃」字 | 溝通對象必須知道如何執行每一個觸覺線索 |

## (二)表達性溝通系統

表達性溝通系統與接受性溝通系統大同小異，並增加幾種形式。

| 形式 | 定義 | 例子 | 溝通對象必須具備的技巧 |
|---|---|---|---|
| 口語 | 盲聾者說出或使用口語輸出設備 | 盲聾者問是否午餐時間到了 | 溝通對象必須了解盲聾者的口語 |
| 書寫 | 盲聾者書寫出訊息 | 盲聾者寫出「吃」這個字 | 溝通對象能看懂盲聾者的字 |
| 圖形與非觸覺符號 | 盲聾者使用圖形、符號與物體 | 盲聾者觸摸溝通板上「吃」的圖片 | 溝通對象必須了解圖片、符號與物體並且能了解盲聾者表達的方式如：指出或眨眼 |
| 觸覺符號與物體線索 | 盲聾者使用物體、熱印或觸覺材料 | 盲聾者拿起一根湯匙 | 溝通對象必須知道盲聾者觸摸的物體與符號代表的意義 |
| 手勢 | 盲聾者使用一個具體的、自然的、非符號的動作 | 盲聾者做出一個「舀湯」的動作代表吃飯 | 溝通對象必須知道盲聾者手勢的意義 |
| 手語 | 盲聾者使用手語系統 | 盲聾者打出「吃」的手語 | 溝通對象必須知道盲聾者打出的手語代表的意義 |
| 觸覺手語 | 盲聾者使用觸覺手語系統 | 盲聾者在溝通對象手上寫出「吃」這個字 | 溝通對象必須知道盲聾者寫出的手語代表的意義 |
| 點字 | 盲聾者使用點字溝通 | 盲聾者用點字打出「吃」字 | 溝通對象必須能使用點字或使用點字轉換系統 |
| 獨特的溝通方式 | 盲聾者有自己獨特的溝通方式 | 盲聾者碰他的臉頰代表「吃」字 | 溝通對象必須知道盲聾者溝通的意圖 |
| 行為 | 任何意指溝通的行為 | 盲聾者表現出某種行為代表肚子餓了 | 溝通對象必須知道盲聾者溝通的意圖 |

## (三)溝通對象舉例如下

| 環境 | 主要溝通者 | 定期溝通者 | 不定期溝通者 | 陌生人 |
|---|---|---|---|---|
| 學校 | 教師、同學 | 學校餐廳的老闆 | 經過教室走廊的同學、學校護士、非任教盲聾者的教師 | 從其他地方來的觀察者 |
| 家中 | 主要照顧者或家庭成員 | 鄰居的小孩 | 住在其他城市的親戚 | 修理工人 |
| 社區 | 無 | 小圖書管理員或小雜貨店店員 | 速食店店員 | 路邊調查員 |
| 職業 | 無 | 監督人員或協同人員 | 在休息室中遇到的其他工作人員 | 消費者 |

## 四、盲聾者語言習得前階段的溝通評量——溝通觀察表（COS）的介紹

　　一般正常兒童語言習得前階段約在九至十三個月大時，在這個階段溝通的產生是經由微笑、身體語言、眼神接觸與聲音，幼兒並逐步發展溝通的意圖與產生簡單的聲音符號，同時發現事物具有意義與固定的名稱。然而盲聾者由於視聽能力的限制，語言習得前階段缺乏足夠的刺激與反饋，溝通能力無法獲得有效的發展。通常障礙情況愈嚴重的盲聾者愈有可能需要非正式、語言前的一些溝通技巧，而溝通觀察表的使用，可以有系統的記錄盲聾者語言習得前階段功能性溝通技巧的使用情形。進行的方式為至少有兩位以上的觀察者，需要的器材包括：筆、計時表、二至三張的溝通觀察表格及錄影器材等。觀察的重點在於某段特殊時間溝通交互作用的次數，持續溝通的時間，各種溝通形式使用的頻率，溝通過程中適當與不適當反應的比例，及起始溝通時的形式。觀察者各自進行觀察記錄或各自觀看行為觀察錄影帶之後，再交叉檢核觀察的結果。這樣的評量方式，提供溝通過程的觀察與紀錄，例如：誰先發言誰後反應、反應的形式為何、反應是否適當等。溝通觀察表（COS）中交互溝通的形式與溝通的模式如下：

### ㈠交互溝通的形式分為四個部分

1.知識指導：師生之間的互動，可能是教師指導學生一種概念或課程；或者為學生主動尋求教師或其他同學的協助。

2.增強：增強的方式通常一個微笑，也可以是原級增強，例如：給食物。

3.紀律：紀律通常是透過負增強或懲罰的形式來處理。

4.開玩笑：友善的，無惡意的對學生開個小玩笑，或是製造一些有趣好笑的情形，前提為學生必須具有殘存的視力或聽力。

### ㈡溝通的模式

1.身體：身體的接觸是一種非語言的工具，用來獲得或轉變他人的注意力，或為提供指引與需求的獲得，這是盲聾溝通最普遍的一種方式。

2.工具：COS 中定義的五種溝通工具為科技輔具、溝通板、溝通簿、溝通圖、卡與實物。

3.手勢：手勢為身體上的任何動作藉以進行溝通，但不包括身體的接觸，例如點頭、搖頭、眨眼等，這樣的動作與手語不同，但近似溝通符號的表達。

4.手語：手語系統例如 ASL 或其他觸覺式的手語，使用此種溝通形式的盲聾者，必須在視覺或觸覺方面，具有一定之敏感度。

5.聲音：某些發音可能近似正確的口語，觀察者必須與最熟稔學生之照顧者，確定語音的內容是否代表字詞的發音，如果並非是字詞的語音，則此種聲音反應無法歸納為口語。

6.其他行為：其他行為包括鼓掌、拍桌、開始或結束某種典型行為，如戳眼睛、搖晃等，可能無法具體歸類為上述 1-5 項交互溝通的形式中，或者經過一段時間觀察之後，再決定歸為 1-5 項交互作用形式中的一種。

7.無反應：無反應行為的觀察，提示教師或照顧者在指導盲聾者語言前能力時，必須加強的領域或範圍。COS 提供了溝通過程中的目的、起始反應的行為、反應的適當性及溝通形式的內容分析，這是一種動態的社會交互作用，藉由 COS 我們可以了解盲聾者溝通的本質，並提供溝通過程有效與目的性交互作用的引導，利用正向鼓勵的方式，使盲聾者成為溝通過程中的主動參與者。

## 五、促進溝通的建議

### (一)跨團隊的溝通訓練

有效的溝通訓練小組應包含學校教師、專業人員、盲聾者與家庭成員。尤其是特殊教育教師，應對於個案家庭與社會文化所喜好的溝通方式，有足夠的敏感度，因為這樣的偏好，會深深影響孩子的溝通意願與動機。特教教師同時也是促進專業團隊有效運作的最佳角色，協助學生成功融入教育與社區的環境之中。

### (二)實行融合的方案

Welch 和 Goetz（1998）指出，所謂盲聾學生「成功的」融合計畫是學業成就與社會參與的有效達成。如果教師或是助理人員是教室中，唯一與盲聾學生溝通的對象時，這樣的融合是消極的融合而非正向的融合。有四種策略來因應此種情形：1.對教室中的人員進行溝通方式的指導；2.使用擴大器系統；3.溝通設備的使用說明；4.進行認識盲聾者的活動。然而並非所有的專家，都同意最小限制的融合環境，為盲聾雙障者最佳的安置地點，例如：心理及語言學家 Harlan Lane（1997）指出，盲聾者應安置在隔離的、特別的教育與居住地點，他描述道：應該將盲聾者置於主流環境之外，讓真正了解此種障礙者的專業人員，提供最適性的服務與正向增強，使其在未來回歸主流環境時，成為有競爭力的參與者……。我們不應將權利的表面與權利的實體混為一談……。

很多盲聾者的家庭順著這個言論借題發揮，指出他們的盲聾孩子並不適合家中以「常人」為主的環境，但也有人指出孩子早期從家庭與學校中分離，並未促進未來的社區參與與家庭生活。研究者及家庭成員也同意，只要有適當的介入與配套措施，障礙的情形並非難以克服。

### (三)接受性溝通與殘餘感官能力的發展

增進盲聾者接受性溝通與殘餘感官能力的策略包括：1.維持視覺的使用，或適應眼睛的特殊情況（例如：管狀視力：有夜盲、視覺狹窄的情況）；2.使

用觸覺線索開始或結束溝通（例如觸摸他人的手部開始進行溝通）；3.教導同伴或家人使用盲聾者了解的溝通形式與其互動；4.適應盲聾者的溝通步調（很多盲聾者需要耐心等待或者反覆介紹解說手語或符號的內容）；5.與盲聾者建立一個信任與尊重的友好關係；6.解說環境中正在發生的事件或情況（例如誰到了，誰正在講話等）；7.殘餘聽覺與視覺的訓練及有效使用擴大系統。

## ㈣提供溝通的動機與需求

語言訓練的內容儘量是孩童所熟悉的題材與具體的經驗，藉以激發他的學習興趣與動機。例如：Van Dijk 及 Nelson 訓練盲聾者的溝通時，以學生最喜愛的「游泳」為素材，使用一些與活動相關的設備與動作說明（例如：游泳池、水飛濺起來等），使孩子擁有具象的經驗。學習內容以日常生活中不同溝通情境下實用性的字彙與詞句為主，增進孩子抽象思考與複雜溝通的能力。

## ㈤使用多樣的溝通線索

盲聾雙障者的教師應該擴大學生的表達性溝通的方式；包括口說、視覺符號、觸覺符號、手勢、肢體語言等，讓學生接觸不同的系統，以符合他們在特別情況下的溝通需求。一些盲聾雙障的孩子學習溝通的技巧較為緩慢，因此必須不斷的指導他溝通線索與訣竅，例如：對方接近你的方式，使用的歡迎詞或介紹詞、慣用的手勢與符號、衣著的質料或身體的氣味等。

## ㈥增進盲聾者的參與

教室環境是提升參與程度的重要因素，較少障礙物的小空間，給予盲聾學生較大的機會探索環境，U 字型或圓形的座位，使學生能利用殘存視力與同儕進行互動，直列式的座位安排則無此項優點。教室中的生活作息與教師的行為，也會影響學生的參與程度，使用一致的時間表讓盲聾學生能預期即將進行的活動；教師儘量提供包含盲聾者在內的多數學生，到某個地點集合的機會，也可以擴大盲聾者參與的程度。

## ㈦接受不同的溝通形式

盲聾雙障者的溝通技巧，可藉由不同模式的組合來滿足溝通的需求，至於

何種溝通方式或組合是最佳的選擇，端看情境來決定。Siegel Causey（1995）
列出三個決定的步驟：了解個體如何溝通，了解個體環境的需求，具體說明適
當與有效的溝通系統與設備。有三點必須加以注意的：1.相關人員包括教師、
翻譯人員、助理人員、家人，儘可能的了解與使用各種溝通模式，以利盲聾者
接受與表達語言的機會；2.翻譯人員、家人及專業人員，要了解孩子必須學習
各種不同的溝通方式；3.孩子在溝通過程中，會因環境與對象的不同而有不同
的溝通方式，而且接受語言的方式，可能與表達的方式不一致。例如：因為溝
通的對方，可能不懂美國手語的形式，因此必須將美國手語轉換為圖形指認。

# 參、結語

　　溝通能力對於孩子各方面的發展均具有決定性與影響性，尤其盲聾雙障者
在溝通領域上面對極艱鉅的挑戰，非單獨盲或單獨聾者所能比擬。海倫凱勒曾
說：「眼盲使人與物分離，耳聾使人與人分離」，沈重道出盲聾者內心的孤獨
與無助。盲聾障者雖然在身心障礙的人口數中，只占微小的比例，但其障礙情
形的加總格外的獨特與嚴重。盲聾雙障者的福利與法令，西方各國早已行之有
年，如美國成立多年的「海倫凱勒盲聾雙障中心」提供盲聾者的服務。反觀國
內，由於人數較少並未引起社會的關注與討論，也缺乏相關文獻的深入探討及
實務訓練的作法，這是國內亟待努力加強的領域。

　　由本文的內容可知，盲聾雙障者的溝通方式可以從身體的接觸、外在形式
的符號溝通、到輔助科技的協助，所有的訓練方式都強調一致性、耐心與高度
的獨立性，期望在特殊教育工作者的努力下，每位盲聾者皆能如海倫凱勒一
樣，發展出良好的人我關係、實現自我的目標並進而服務社會、回饋社會。

# 參考書目

萬明美（1996）。視覺障礙者教育。台北：五南。

莊素貞（1989）。A study of the communication development for deaf-blind child-
　　　ren. 台中師院學報，12，621-638。

Engleman, M. D. & Griffin, H. C.（1998）. Deaf-blindness and communication: practical knowledge and strategies. *Journal of Visual Impairment & Blindness, 92*(11), 783-798.

Finn, D. M. & Fewell, R. R.（1994）. The use of play assessment to examine the development of communication skills in children who are blind-deaf. *Journal of Visual Impairment & Blindness, 88*(4), 349-356.

Heller, K. W. & Alberto, P. A.（1995）. Interaction of communication partners and students who are deaf-blind: A model. *Journal of Visual Impairment & Blindness, 89* (5), 391-401.

Heller, K. W. & Ware, S.（1994）. Use of dual communication broads with students who are deaf-blind. *Journal of Visual Impairment & Blindness, 88*(4), 368-376.

Maxson, B. J. & Tedder, N. E.（1993）. The education of youths who are deaf-blind: Learning tasks and teaching methods. *Journal of Visual Impairment & Blindness, 87*(7), 259-262.

Spiers, E. & Ehrlich S.（2001）. Tips on how to communicate and comply effectively with deaf-blind. Retrieved December 15, 2003, from the World Wide Web: http://www.dpa.org.sg/VH/tips.htm

Tedder, N. E. & Warden, K.（1993）. Prelanguage communication of students who are deaf-blind and have other severe impairments. *Journal of Visual Impairment & Blindness, 87* (8), 302-307.

The life of Helen Keller.（1999）. Retrieved December 15, 2003, from the World Wide Web:http://english.ncu.edu.tw/english/report3/English/helen.htm

# 實務篇

# 第一章

# 學習障礙學生的書寫能力訓練

林利真

## 壹、學習障礙兒童的書寫困難

### 一、學習障礙定義

「學習障礙」一詞中,事實上包含很多不同學習特質的學生,這群學生主要是因為在神經心理功能異常,而顯現出注意、記憶、理解、推理、表達、知覺或知覺動作協調等能力有顯著問題,以致在聽、說、讀、寫、算等學習上有顯著困難;其障礙並非因感官、智能、情緒等障礙因素或文化刺激不足、教學不當等環境因素所直接造成之結果;概括而言,學習障礙學生常顯現學業成就低落,一科或多科成績明顯低下,甚或所有成績都不好;然而,學習障礙學生又不是智能障礙,其智力一般在正常或正常以上,但其各項能力間常見明顯差異而不在同一水準;學障學生的學習困難也非因感官或情緒障礙,或環境因素所引起的,一般認為是由於中樞神經系統功能失調所致。學習障礙是無法治療的,但適當的教育卻可以幫助學習障礙學生克服因其障礙所致的學習困難。

學習障礙學生常讓家長或是教師和低成就或學習動機不佳的學生混淆不清,因為學習障礙學生常常學業成就低落,而且對學習沒有自信心和興趣。洪儷瑜(1995)認為,學習障礙學生在學習上也常表現下列困難:接收訊息困

難，例如：無判斷大小、遠近、深淺，或物體排列的相關位置；處理訊息困難，常不能找出事物的細節，學習時常顯得混亂而無頭緒；儲藏訊息困難，例如：字和音的連結，因而無法記憶學習；表達困難，他們能夠了解，但卻是無法將了解的內容以語言來表達。學障學生在學習時也常出現下列特徵：思考衝動，常見未經思考即衝動作答或採取行動，有注意力不能持續、注意力不能集中，或不能注意該注意的重點，像抓錯重點；學習動機低落，由於長期學習的失敗及自己的障礙，在自信心和自我價值方面顯得較差；他們無法適當的察覺在人際交往情境下的複雜訊息及適當反應，而其行為反應常遭到誤解。

根據洪儷瑜教授的研究（1995），在教學現場中，教導學習障礙學生學習的常見方法有：多感官學習、設計規律的環境、認知訓練和直接教學。各項策略說明如下：多感官學習強調運用各種感官，例如：視、聽、觸和運動覺，甚至嗅覺和味覺，讓訊息的接收和學習更暢通和更完整；建立一個有規律、結構清楚的學習環境，讓學生容易掌握預期的結果，學生較容易跟著程序學習或表現，也較容易學到程序中所蘊含的知識；認知訓練對學障學生的訓練重點在鼓勵學生自我控制進而能自發性的去學習或克服學習困難，另一種認知訓練重點則在教導學障學生策略，讓他們可以藉著這些策略去克服學習困難或解決問題；直接教學和行為改變技術的原則類似，只著重在建立具體的教學目標，教師教學時不斷給予提示，並著重練習和習作。學障學生透過這種密集、直接的教學，逐一小目標的進展，較能達到學習效果。

## 二、書寫能力的定義

### ㈠書寫的重要性

「寫」是語言發展的一個重要成分與重要目標。人類語言能力的發展是依循聽、說、讀、寫的順序發展而成，「寫」的發展可說是以個體的聽覺理解、說話與閱讀經驗為基礎。寫作是一種可以表達個人感覺、意見與態度的溝通方式，它需要個體具備文字書寫、用字遣詞、段落安排、主題取材等能力，每一種能力又可再細分成許多的子技巧，因此，寫作可以說是高階而複雜的歷程。寫作除了是基本學科能力之一，也是輔助其他科目學習的基本工具。

　　因此，書寫語文是學生必須學習的重要學業技巧之一，亦是需要教師仔細性和系統化教學的高複雜度的一種主要學業技巧。適當的書寫語文能力是學生學業、社會與生活成功的重要因素之一，亦是學生證明其學習成就的最主要方式。許多學習障礙學生具有書寫語文障礙，其高度挫折性的學習經驗，亦可能影響其成年的職業與生活。

## (二)書寫的歷程

　　寫作是一種應用書寫語言或文字將概念安排、呈現的高層次認知活動，它是個體依據其文字書寫能力、語言知識、一般知識、文體結構知識、寫作目標以及寫作動機等因素，將個人在寫作情境中所形成的意念或構思的內容，轉化為具體產品的一種歷程。

　　在正式下筆寫作之階段則包含：書寫動作的機械性技能，將字彙一齊筆畫正確寫出來，以及書寫語言的處理與應用。根據中國文字的特徵，研究者（鄭昭民、陳學志，1991）指出，兒童在學習中文字時，可能會執行下列三種心智運作：1.字形的學習與區辨，透過接觸與讀寫練習，兒童能漸漸區辨字與字之間細微處的異同；2.心理詞彙庫系統的建立，經過練習與學習，兒童會在心裡建立中國文字的詞彙資料庫，其中包含字音、字形、字義及文字間的組合運用模式；3.文字的辨識，在面臨陌生的詞語時，兒童會在心裡的詞彙資料庫，尋求相關訊息，來辨識陌生的詞彙。

　　透過學習中文字的心智作用，兒童在書寫語言的處理歷程，根據研究者（林寶貴、錡寶香，2000）的理論說明，可分為下列三項：1.聽覺刺激的分析與輸入，聽覺刺激的分析是兒童口語學習與理解的基本技能，透過語音的分辨與分析，兒童將能推論或連結語彙的意義；2.視覺刺激的分析與輸入，兒童必須先識得文字並儲存於語言認知系統中，才能依據此項再以動作協調的方式將其表達出來。當我們使用書寫語言表達己意或傳遞訊息時，卻需經過音韻表徵這個管道去接觸字彙的視覺形式，再尋得相對應的文字，以機械式的書寫動作將表徵該概念的相對應文字寫出來；3.書寫語言的表達，除了找出表達己意的字彙文字外，在寫作一句話以上的產品時，個體尚須思考句子與句子之間意義的連貫性與一致性。

### ㈢兒童書寫表達能力的發展

書寫表達是兒童整體發展上一個重要的里程碑，然而，語言文字的學習非一蹴可幾，必須經過幾個階段才能發展成熟，以下根據研究者（林寶貴、錡寶香，2000）的觀察研究，就兒童學前階段以及小學階段來看他們的相關發展：

**1.學前階段**

⑴未分化時期（三至五歲）：

此時幼兒會拿書寫工具胡亂塗寫，然而他們尚未知覺文字是一種語言工具，是與其所說的話互有關聯的。

⑵分化階段（四至六歲）：

兒童已經能知道書寫表達與口語之間的關係，他們會意圖將語言與其所塗寫的內涵連結在一起。

⑶圖像階段（四至六歲）：

兒童已能用圖畫方式來表達其記憶或認知系統中所表徵的內涵，因為書寫工具是具有符號表徵媒介提取的功能。

⑷表意文字階段（四歲以上）：

在此階段兒童已能應用語言的符號功能，他們會畫寫近似文字的形體，進而也能模仿簡單的國字，自創自己的國字名字。

**2.國小階段**

⑴低年級：

已建立語言字母之間或是國字口語形式間的連配關係。

⑵中年級：

所寫的字彙較工整，會使用標點符號，他們也知道在寫作時需要分段，亦能結合三至四個句子表達完整的概念或思緒，但最重要的是他們已能明瞭及掌控「書寫是表達概念的行為」。

⑶高年級：

除了將上述能力發展得更好，也能依讀者的特徵或是寫作的目的，而在風格或是遣詞造句上做適當的變化。

### 三、學習障礙兒童的書寫困難

要協助書寫學習困難的兒童，必須先區辨他產生問題的部分是屬於書寫文字或是書寫文章或是句子。如果是在書寫文字方面有某種程度上的障礙，這和文字的閱讀能力、文字的記憶力、文字形狀的組織能力相關，並且和在看過文字之後，能否寫出正確文字的能力，也有很大的關聯。從另一個角度來看，在寫句子及文章方面，則跟你個人在看外界事物時是否能夠客觀，還有和個人文字或是語言的表達能力脫不了關係。以下將就書寫文字及書寫句子或文章，來探討學習障礙兒童書寫困難之行為特徵。

### (一)書寫文字困難學生常見的問題

根據許天威的研究，學習障礙兒童在書寫能力上表現出的行為特徵如下：

1.書寫能力障礙的主要原因是「視—動統整作用」（visual-motor integration）的功能失常。有些兒童可以看懂所要書寫的字體，然而一旦要把它寫出來，由視而動之資訊轉換過程有障礙，就有窒礙難書的狀況。

2.書寫能力障礙者可以看懂字形以及理解字形與字音的結合，但是寫不出字來，即使讓他照抄字體，也是難以成書。

3.書寫能力障礙者既是視—動統整作用之功能失常，他不一定要涉及聽覺動作之統合作用的異態，所以此等兒童不至於有說話能力上的缺陷。相反的，有許多書寫能力障礙者有強烈的動作缺陷上之補償作用，他們具備優秀的聽知覺、口語表達能力與閱讀能力。

4.書寫能力障礙者不僅文字的書寫有困難，有時候數字的書寫也有阻礙，對於空間距離高度等之繪製也可能感到為難。

5.很嚴重的書寫能力障礙者，很可能連執筆的動作都非易事，除非有人握著他那隻執筆的手來畫些線條，而事實上，他對那些非關語文的動作卻無困難，他可以看著成人握鐵鎚敲釘的明顯動作，然後逐步模仿而毫無遜色。可是有些書寫能力障礙者，也一併會發生「非語文的視—動統整作用」（nonverbal visual-motor integration）的功能失常，這種廣泛的難能將視知覺轉變為動作系統的毛病，使他能看而不能以動作模仿，嚴重的看到綁鞋帶開瓶蓋等動作之

後，仍然不容易學得有效。

### ㈡書寫句子或文章困難學生常見的問題

特殊學生的寫作問題可歸為下列三項：選擇何種寫作技巧？作者用何種方式組織文字句子來表達概念？考慮字形結構文法標點符號等的正確性。兒童常見的寫作困難問題分述如下（邱佳寧，2003；楊坤堂，2003）：

1.聽說讀寫等接收或表達能力障礙，所以無法理解文章內容或有字彙提取的問題，導致個人雖有想法卻不知如何用寫作表達。

2.文章組織結構不佳，其分段能力不足，以致段落間結構雜亂。

3.文句表達困難，通常僅就發生的事做片段敘述，而無深入描述事件細節或心理感受，造成寫作量少與內容簡短。

4.替代詞彙少且精確描述事件能力低，呈現少用連接詞、形容詞、副詞或成語、諺語等現象。

5.用字遣詞錯誤，容易出現錯別字、注音符號或是網路用語。

6.易有語法問題，也就是句子中字詞的出現順序有誤，例如：「我小狗打」。

7.文意一致性低，離題或文不對題。

## 貳、學習障礙兒童書寫能力訓練

### 一、書寫文字之訓練策略

根據研究者（許天威，1986）的建議，針對書寫文字時的障礙可使用下列方法來加以改善：

㈠先檢查兒童有無視覺辨別能力，知不知道區分筆畫簡單的字形，然後進一步檢查他有無「非關文字的視—動功能失常」。

㈡書寫的基礎訓練是克服書寫障礙的初階，首先要求兒童熟悉握筆或用紙，讓他執筆的姿勢正確，書寫時沒有姿勢上的阻礙。

㈢書寫的能力除了運筆之外，就要進一步仿繪各種線條與常見幾何圖形，讓兒童看著直線、橫線、斜線、方形、圓形等來抄襲一番，在補救教學中消除

抄繪能力上的發展障礙。並且感覺和習慣自己手指頭與手之間的律動性及協調性，為接下來的活動作暖身的準備工作（引自洪乙文譯，1999）。

㈣此等兒童之補救教學可從事視覺作用與運動知覺方面入手，加強視知覺學習與運動知覺學習，並且進而聯合二者而產生手眼協調的正常動作。

㈤視知覺學習就是先讓兒童觀察寫字的動作，把筆順看得清楚。所以字體一定要夠大、顏色一定要濃，老師動作應緩慢而分明，由兒童在旁用心的看，並且配合一些書寫的口訣，使用容易加深小孩子印象的字眼，才容易留下記憶（洪乙文、孟瑛如）。

㈥運動知覺學習就是透過運動知覺的管道來加強寫字的能力，讓兒童閉上眼睛，扶著兒童的手指在已經看過的字體上依序觸寫之。必要時一邊觸寫字詞，一邊發音，使運動知覺可以跟聽覺聯合起來。

㈦把視覺與運動知覺統合起來才是解除書寫能力困難的必要措施，其方法可以參考下列說明：

1.先練習大動作的書寫方式，再練習精巧動作的書寫，先在大紙面上書寫，再轉移至有格的紙面練習。

2.養成兒童在格子內書寫的能力，格子宜做適宜的放大。

3.為了加重書寫時的引導作用，可使用刻字模版或是描寫字帖。

4.用紙折成各種形狀或是線條，經攤開後可使兒童以指頭觸寫該等折痕。

5.其他可產生視覺回饋作用的書寫方式，皆可使用在增進書寫能力的訓練上。

6.有意義的反覆練習是加強視覺印象與動作經驗的法則。

㈧國外學者（Kirk and Chalfant, 1984；引自林寶貴，1988）提出一有效的補救程序：

1.寫出一個要學習但是不認識的字在黑板或是紙上，並且練習發音。

2.要求兒童看著它，並說出它的名稱。

3.然後當看這個字時，同時命令兒童以書寫方法描摩每一個字母，讓兒童標示每一個字的名稱，如此可協助兒童更正確的辨認這個字。

4.移開或是遮住這個字，要求兒童用手指在空中描摩並說出來。在空中模寫的目的，是要協助兒童注視這一個字。

5.必要時可重複前述第三個步驟。

6.重複在空中模寫並說出該字，直到兒童滿意於他已正確的認識和記住為止。

7.要求兒童憑記憶寫出該字並說出，然後比較另一生字與原來的字。必要時可重複。

8.以同樣的方法教導另一個字。

9.現在要求兒童以書空模寫第一個字，憑記憶寫出該字。如果兒童失敗，則重複第二到第七步驟。

10.當兒童憑記憶已學會該拼字，並學會另一個字時，將這個字寫在進度簿上。這些已學會的生字簿，可提供進步的紀錄與複習的計畫。也可用來記錄每天學會多少字。這些進步亦可用圖表呈現，作為學習的動機。

㈨除了上述的方式外，國內學者孟瑛如針對書寫時遭遇各種困難的情形提出了教學上的因應策略，首先是相似字形辨識困難的學障學生：

1.教學生熟悉字的寫法，以及各部首的意義。

2.同時呈現相近的字，請學生指出其中的差異所在。

3.將字拆開，請學生拼字並讀出字來。

4.看到的字請學生唸出來，提醒學生唸錯的再看清楚一點。

5.將同音異形字寫成字詞或字句並列，教師詳細解釋意義的不同。

6.對於容易分辨不清的字，特別提出來額外加強指導，引導學生區分差異點。可將字體放大，並著色不同點來引導區分其相異處。

7.教師可將易混淆的字分開教學，或者帶入詞或句中，從詞或句中學其意義及字形。

8.讓學生把他所寫唸的字加以解釋，如果不順的話，要求學生再改一次，教師在旁指導。

9.將容易錯的字詞製作成標語，張貼在顯眼的地方，讓學生能不時的有過度學習的機會。

10.當學生在唸文章時，將他錯誤的字詞圈起來，事後再予以比較修正，加強學生對口語和書寫關聯的印象。

11.運用六書造字原則，配合字詞教學。

12.運用觸覺加強學生對字形的辨識能力，可要求學生對空中模寫，或在自己的手心、大腿上模寫。

㈩如果書寫時，有疊字現象發生，可運用下列的教學策略：

1.學生養成檢查的習慣，能自行發現錯誤並改正。

2.訓練學生手部移動的精細動作，讓學生知道字與字之間應該留多少空隙。

3.注意學生出現疊字的頻率，頻率增加時給予叮嚀，頻率降低則要給予鼓勵。

4.在沒有格子的紙上寫字時，底下可以墊著有格線的墊板，以減少其疊字出現率。

㈡對於寫字時，沒有筆畫順序的概念時，可運用的教學策略如下：

1.從筆畫少的字開始要求，並建立筆畫順序的概念，教師示範時，邊將所寫的筆畫唸出，邊請學生跟著對空書寫，讓學生同時接受視覺聽覺和動作的刺激。

2.有系統的介紹各種筆畫的變化和寫法，並配合記憶口訣，並要求學生做筆記。

3.易錯的筆畫用明顯的顏色標明，讓學生自行練習，再到黑板書寫，以加深其印象。

4.運用多媒體教學，比如動畫電腦卡通教寫生字筆畫的概念，以提高孩子學習興致。

5.買標明筆畫順序的生字簿讓學生練習，或做放大的生字筆畫卡，讓學生看清楚所有的筆畫。

6.可讓學生學習書法，因書法中筆畫分明，並且需要一筆一劃的寫，會讓學生較有筆畫的概念。

㈢如果寫字時，字體忽大忽小或歪歪扭扭，可運用的教學策略如下：

1.先練習寫大一點的字，之後再寫一般國字，並且寫字時可先在有格線的紙上書寫或是在紙下墊一有格線的墊板，讓學生能控制字的大小及整齊。不宜太早使用空白或直行、橫行的簿子。

2.檢查學生握筆姿勢是否正確，或者坐姿是否端正，本子亦需放正。

3.先給學生有虛線的字練習正確字形多次後，再開始寫字，讓學生從描寫進而臨寫範本，並要求多次練習，改善其字體忽大忽小的壞習慣。

4.用滑鼠筆，直接用電腦做寫字練習。

㈣寫字時會少掉或多出筆畫，可運用的教學策略如下：

1.老師在教生字時，把筆畫唸出，引起學生注意，所以針對學生常少掉或多出的筆畫設計記憶口訣，以加強學生書寫該字時的正確率。

2.採心像記憶策略：命令學生閉上眼睛，扶著他的手指在已經看過的字體

上，依序觸寫之，而學生在寫字前，請他先想一想該如何寫這個字。

3.讓學生做貼字活動，加強對字體的認識，所以可以用泥條請學生組成一個字，或者用貼紙畫漿糊畫的方式來拼字。

4.改錯字練習，可以用「大家來找碴」的遊戲方式進行，讓學生對字體的印象更深刻。

㈤抄寫課文時，有跳行增加或遺漏字句現象：

1.教學生一邊用手指，一邊抄寫。

2.教學生養成後自我檢查。

3.用尺或遮板將課文以一行一行呈現的方式，寫完一行才露出下一行，以增加視覺上的專注性。

4.要求學生將抄寫及閱讀速度放慢，每一個字看清楚再抄，勿操之過急，老師同時也要作錯誤型態分析，並加強生字及部首的訓練。

5.教學生採自我暗示法：每次上課之際，先請學生閉目養神，等其心情平靜之際，告訴自己說：「我很棒，我會把每一字、每一行都看得很清楚，並抄得很正確。」

6.將關鍵字標記起來或著色，以協助其抄寫。

7.設計互動式的文章閱讀網頁，讓電腦指引該生一字一字作閱讀與抄寫。

㈥抄寫課文時，有跳行增加或遺漏字句現象時的教學策略：

1.請學生先數一數要抄的內容有幾行，並在抄寫完畢後核對行數是否有誤。

2.待這學生一字一句的閱讀，避免在其抄寫過程中，加入其他的字。

3.教學生在抄下一句時，將上一句重複唸一次，以確認沒有跳行漏句。

4.給學生一張畫有簡單幾何圖形的圖片，請學生看一段時間後，遮起來，把印象中的圖形畫下來，不記得則再看一下。一直到全畫完為止，以增進其視覺複製能力。

㈦筆畫混亂用力不當者的教學策略（王瓊珠，2002）：

1.准許學生運用電腦打字代替手寫。

2.評作業內容而不是評字寫的好不好看。

3.允許用其他方式做作業（錄音、照相、剪貼等）

4.在筆上套一個握筆器，矯正不良的握筆姿勢。

## 二、寫句子或文章之訓練策略

對於作文補救教學最重要的便是改變傳統的作文教學，改以學生可以自行選擇題目，學生可以自行設計寫作目標，教室的每日教學皆能提供學生有趣且隨機的寫作機會，寫作的活動應能配合學生實際生活情境等方法以誘導學生寫作動機，並實際提升其寫作能力（孟瑛如，2002）。寫作的階段包括寫作前正式下筆寫作與寫作後三個階段，以及計畫轉譯回顧等主要成分（林寶貴、錡寶香，1999）。

首先在寫作前教師要能提供各種寫作機會，以及適時引起學生的寫作動機。所以在教學活動上，國內學者建議（孟瑛如，2000；邱家寧，2003；楊坤堂，2003）教師可透過下列的方法達到以上兩種目的：

(一)教師提供與寫作相關的各種閱讀與傾聽活動。

(二)鼓勵學生參與課堂或生活情境上的各種討論。

(三)鼓勵學生利用腦力激盪法的方式來與同儕討論。

(四)設計看圖說故事，改變故事結局，故事接龍，檢視文章中或是電視節目中不合理情節等活動，鼓勵學生參與。

(五)設計一些生活化的題目鼓勵學生由短文開始寫起。

(六)鼓勵學生寫作時，儘量注意自己所要表達的概念及內容，而不必太在意文法及錯字，以免技術性的細節反而妨礙了文思。

(七)鼓勵有書寫障礙的學生，以錄音機來記錄自己的想法或以電腦書寫，再經由同儕或是教師協助化為文章。

(八)鼓勵學生養成寫日記或是週記的習慣。

(九)增進學生的字彙、詞彙能力。

(十)鼓勵學生照樣造句，以發展其基礎寫作能力。

以下是國內外學者根據寫作困難者所提出的補救教學法：

(一)TOWER 法（Mercer & Mercer, 1993）提倡依下列步驟教寫作：

1.根據題目思考題意以及可描述的細節

2.將想好的重點依據自己想要的排列順序

3.寫草稿

4.檢查錯誤

5.修正錯誤或重寫某部分

㈡ W-W-W，What-2，How-2 法（Harris & Graham, 1992）以寫故事的方式練習寫作：

1.確定誰是主角（Who）

2.確定事件發生時間（When）

3.確定事件發生地點（Where）

4.主角想做什麼事（What）

5.當主角做了想做的事，發生了什麼事（What）

6.事件的結局（How）

7.主角及相關角色的感受（How）

㈢寫作過程檢視法：

Steven & Englert（1993）建議教師可依下列步驟分析有寫作障礙的學生寫作文。

### 寫作過程檢視項目

| 寫作過程 | 策略 | 自我對話 |
|---|---|---|
| 計畫 | 分辨寫作對象<br>分辨寫作目的<br>活用自我知識背景<br>腦力激盪 | 我為誰寫？<br>我為何寫？<br>我知道什麼？<br>我的讀者需要知道什麼？ |
| 組織 | 分辨與題目有關項目的類別<br>把有關想法歸為一類並給予標題<br>確認新的類別和細節<br>將想法按順序排列 | 我要如何分類我的想法？<br>我要如何稱呼這些想法？<br>我是否忽略任何種類或細節？<br>我要如何將我的想法排序？ |
| 起草 | 將計畫轉譯為文章內容<br>檢驗文章內容與原計畫不符合之處<br>增加標題以助於更容易了解和更有組織 | 當我要寫出這個，我可以說——<br>我已包括所有的種類了嗎？<br>有什麼標示性的文字，可以告訴我？<br>讀者關於這個想法的關聯性？ |
| 編輯 | 監控本文的可被了解處 | 每一個細節都合理嗎？ |
| 修改 | 檢驗計畫<br>修改有需要之處<br>監控由讀者的觀點來看本文的合理性<br>我的文章有趣嗎？ | 我的計畫中已包含我全部的想法嗎？<br>我需要加入刪除或移走一些想法嗎？<br>我回答了我所有讀者的問題嗎？ |

㈣輪圈式寫作法：Rooney（1988, 1989）提出，學生被教導使用圓形或是輪胎式圖形，採用視覺性的增強來協助組織寫作的流程或重點，通常是以五個圓圈或輪胎式圖形開始，第一個圓圈為文章的起始或開頭語，第二至第四個圈則描述本文的重點，第五個圈則為結束語。

㈤段落寫作對部分學生而言很困難，因此 Levy 和 Rosenberg（1990）（呂美娟等譯，2002）即建議，這些學生運用 SLOW CaPS 的記憶術策略，來學習文章段落的寫作。該策略主要利用四種型態的段落：⑴列出清單或描述；⑵呈現序列性；⑶比較或對照；⑷展現因果。其步驟如下：

S（show）是指：在第一個句子展現段落的型態。

L（list）是指：列出所有你想寫的細節。

O（order）是指：排列這些細節。

W（write）是指：把細節寫成完整的句子，同時將段落

C（concluding）：寫出結論。

P（passing）：略過。

S（summary）：寫成摘要句子。

段落是架構，對學生的幫助在該架構中，主題式句子是由細節部分所支撐，學生可以在架構中的每一個範疇，都寫上註解或關鍵詞，然後將這些註解和關鍵詞寫成完整句子後，即建構段落的基本要素。

㈥ PLEASE 策略（Welch, 1992）是另一種支持學生文章段落寫作教法，該策略的主要成分如下：

P（pick）：表示選擇主題。

L（list）：表示將與該主題有關的想法都列成一張清單。

E（evaluate）：評估清單上的內容。

A（activate）：利用主題句構成整個段落。

S（supply）：提供支持性句子。

E（end）：用一句結語結束整個段落，並且加以評估自己的作品。

㈦自然寫作法：孟瑛如提出，期望學生在最自然的情境下學習寫最生活化的題目。寫作被定位為一種生活能力與溝通工具。實施步驟如下：

1.分組：學生按大致的寫作能力分組，以三至五人為一組，寫作能力平均分布，每位同學準備紙筆。

2.出題目：學生自出題目由教師潤飾，或是教師出幾個題目由學生自選，學生必須在該階段討論出本組最想寫或最可以寫的題目。

3.腦力激盪：同組學生針對題目提出個人看法，同時記錄別人提出的建議。但討論時須把握四項原則：(1)自由聯想；(2)點子愈多愈好；(3)禁止批評；(4)評量。討論過程中教師可遊走各組，協助歸納該組重點。或者提示還有哪些層面是可以加以思索的，透過教師的「放聲思考」，學生可以學習更高層次的寫作技巧。

4.草稿：將上述討論的紀錄轉化為草稿，教師可先行示範。

5.正文：要學生以最自然的方式寫下自己的想法或感受，先不考慮技術性的問題，例如：錯字、文法、句型等，以免妨礙流暢的思緒，學生遇到不會寫或是有疑問的地方，可以任何方式記錄下自己的思緒，如用圖形或是符號方式。

6.朗讀正文：學生將完成的正文以朗讀的方式呈獻給教師或同組同學，教師此時僅需協助學生將其正文變成一篇結構完整的文章。學生可朗讀數遍，直到自己滿意為止。

7.文章修改：教師需先對學生全文之優缺點，給予具體式的評論，如何為結構完整與詞語豐富之理由需陳述，以使學生具體掌握自己文章的優缺點。

(八)孟瑛如並且針對作文或造句時，只能使用有限的詞彙和很短的句子，提出教學策略：

1.變化作文的教學方法，例如：剪貼作文、聽寫作文、全班接力作文。

2.平時訓練學生多背誦名言錦句，熟練之後就能自然運用。

3.加強字彙的增加及應用鷹架式教學法，以建構的方式引導學生加深加廣句子。

4.分析各種句型給學生聽，並要求學生練習使用，譬如說在指定的位置要學生加入適當的詞語。

5.教師要學生寫作文之前，可把跟此題目相關的詞彙、成語及優美句子先教學生，以增強學生在作文時的詞彙及詞語運用能力。

6.引導學生將詞彙連結起來，例如：人物、人事、事物的連結表達，進而增加修飾的語詞，例如：形容詞（美麗的花）、副詞（慢慢走），可依學生語言需要，隨機訓練其各種語言溝通能力。

7.可在完成作文後，將學生分組，互相傳閱作文，並可自由發問對方作文中不懂或認為可再增加的地方。被詢問者必須負責回答問題，並在原有作文中做補充，藉由同儕教學方式，達到增進作文詞彙能力。

8.教師可採取多元評量方式，例如：作文內容最長且最好，作文內容最短且最好，作文內容使用形容詞或副詞最多的，開頭最具創意，結尾語最令人回味再三，結構最完整的。

9.訓練學生將字加上形容詞，又在形容詞前加上副詞成為詞組，在句首或句末加上副詞表時間和地點，如此便能使學生快速擴充有限的詞彙。

㈨當作文或造句時會漏字、寫錯字，以致辭不達意的教學策略：

1.請學生每寫完一段後，即自行以朗讀的方式檢查一遍。並且藉由視覺輔助的方式發現錯漏字。

2.先將學生日常生活中常見的字彙整理出來，再有系統地教導學生，讓學生加強練習。請學生閱讀短文後複述文中大意，判斷學生漏字、寫錯字的原因，是否在於語句理解能力的不足。

3.針對學生文章中的錯字和漏字，改成填空題讓學生去做，但是題目要有所變化。例如：學生的文章為（今天天氣真好，適合出外郊遊）則可以改成今□是星期天，□氣晴朗，適合出外郊□和玩□戲。

㈩日記式寫作：以對話的形式呈現，每當教師把日記看完，會就學生所寫的內容給予批評建議，並且持續進行這樣的對話；教師在這樣的寫作過程中，示範了正確的寫作結構和機制，或者在學生書寫完成後，彼此交換。

# 參、結語

語言文字已是現今最普遍的一種溝通模式，但是對於智力正常的書寫障礙孩子，我們到底適合使用何種教育方式？提供何種教育內容？訂定何種教育目標？在目前的教育環境中，家長及老師分持兩種意見（王瓊珠，2002）：一是針對個體不足的地方給予補強，這一方意見的人認為，孩子如果有識字困難就應加強識字教學，否則孩子的問題會更加嚴重，甚至到後來引發行為問題，例如：輟學、加入幫派，這樣的作法能減少孩子升學、就業的阻力；一是主張繞道而行，採取優勢學習的方式，讓孩子有較佳的自信心，能走出人生的另一條

路。而到底哪一種方法對孩子才是恰當的？這需要教師及家長運用智慧，好好為孩子思索環境和個體所產生的交互作用，不要讓孩子終其一生躲在學習障礙的陰影之下。

# 參考書目

王瓊珠（2002）。學習障礙：家長及教師手冊。台北：心理。

呂美娟、施青豐、李玉錦譯，盧台華總校閱（2002）。June Lee Bigge & Colleen Shea Stump 原著。特殊教育課程與教學。台北：學富。

孟瑛如（2002）。學習障礙與補救教學──教師及家長實用手冊。台北：五南。

林寶貴、錡寶香（2000）。國小學童書寫語言測驗指導手冊。教育部特殊教育工作小組委辦，國立台灣師範大學特殊教育學系承辦。

洪乙文譯（1999）。高野清純、渡邊彌生著。學習障礙兒終極指南。台北：駿達。

洪儷瑜（1995）。學習障礙者教育。台北：心理。

許天威（1986）。學習障礙者之教育。台北：五南。

董三期（1997）。小學三年級學生國語文學習策略之研究。國立台北師範學院國民教育研究所碩士論文。

楊坤堂、林美玉、黃貞子、沈易達合著（2003）。學習障礙補救教學。台北：五南。

楊坤堂（1999）。學習障礙教材教法。台北：五南。

葉雪枝（1998）。後設認知寫作策略對國小四年級記敘文寫作能力提升之影響研究。國立台北師範學院國民教育研究所碩士論文。

# 附錄：書寫補救教學教材教法設計

## 一、加強國字辨識及書寫

| 課程名稱 | 文字表達：部首小書 | 設計者 | 林美玉 |
|---|---|---|---|
| 教學對象 | 書寫困難、字形左右顛倒的兒童 | | |
| 教學目標 | 1. 能說出中國文字有上下左右內外等結構的特色。<br>2. 能寫出正確的部首筆畫。<br>3. 能寫出相同部首的國字。<br>4. 能畫出國字的意思。 | | |
| 教學資源 | 1. 投影機。<br>2. 部首演變資料投影片。<br>3. 彩色筆。<br>4. 部首加偏旁的活頁小書。 | | |
| 教學活動 | 活動一：<br>1. 教師利用部首演變資料投影片，說明部首的由來，並與同學共同討論部首的形狀。<br>2. 教師舉一字例，引導兒童透過分割部首偏旁的活動，認識中國文字有上下左右內外等結構的特色。<br>活動二：<br>利用部首演變資料投影片投影於黑板上，讓兒童描摩部首字形熟悉部首的位置。<br>活動三：<br>教師指導兒童完成部首加偏旁的活頁小書，兒童要正確的寫出三至五個國字的筆順和字形。<br>活動四：<br>兒童在活頁小書的封面，畫出「言」部字的圖畫。 | | |
| 教學評量 | 活動一：<br>1. 兒童能口述部首的形狀，直的長方形、橫的長方形。<br>2. 兒童能用筆畫出部首偏旁兩個區域，區塊有上下左右內外等結構的特色。<br>活動二：<br>兒童能依據筆畫順序，用筆描摩部首的筆畫。<br>活動三：<br>1. 兒童能寫出一個部首，並加上三至五個不同的偏旁，完成一本活頁式的部首小書。<br>2. 兒童能正確寫出字的筆順和字形。<br>活動四：<br>兒童能正確畫出字或字形。 | | |

| 應　　用 | 文字記憶策略。 |
|---|---|
| 建　　議 | 部首小書可以呈現語詞，也可以呈現語句。 |
| 參考文獻 | 蔡信發（1985）。辭典部首淺說。台北：漢光文化。 |
| 教案出處 | 楊坤堂（1999）。學習障礙教材教法，頁 118。台北：五南。 |

| 課程名稱 | 大同小異：國字相似字形辨別 | 設計者 | 林妙 |
|---|---|---|---|
| 教學對象 | 相似字形辨別困難之兒童 | | |
| 教學目標 | 1. 能覺察分辨字形相似國字群組之異同。<br>2. 能唸出並寫出字形相似之國字群組。<br>3. 能將字形相似之國字群組別造詞。<br>4. 能積極參與學習活動。 | | |
| 教學資源 | 1. 投影機。<br>2. 教師自製之相似字字卡。<br>3. 教師自製配合教學內容之投影片。 | | |
| 教學活動 | ＊準備活動：<br>1. 教師在自製的小卡片上，寫上字形相似之國字一組，每張卡片寫一字，每一字寫若干張。<br>2. 把小卡片發給學生，讓學生去分類，將完全相同的字放在一堆。<br>＊發展活動：<br>1. 教師用投影片將一組字形相似之國字展示，要學生比較並說出各字的異同。<br>2. 利用投影片之重疊，將相似字之字形不同處拆開重組，認識各國字注音並配合記憶力訓練之口訣法來指導學生記憶。<br>3. 引導學生分別就各個字造詞並寫出所造的詞。<br>4. 教師將這幾個詞隨意排列，揭示五秒，要學生依序說出排列的順序。<br>5. 分組競賽，老師將詞的內容寫在投影片上，其中若干組有錯誤，揭示五秒，要學生找出錯誤處，找出愈多的隊伍獲勝。<br>＊綜合活動：<br>1. 教師拿出先前準備活動時讓學生分類之卡片，隨機抽出閃示，要學生說出並造詞。<br>2. 複習各字的口訣記憶策略。<br>3. 積極參與及回答正確之兒童給予適當之鼓勵。 | | |
| 教學評量 | 1. 兒童能將完全相同之國字分類正確。<br>2. 兒童能說出相似字形國字之異與同。<br>3. 兒童能利用口訣或自創口訣協助自己分辨與記憶。<br>4. 兒童能將相似字形國字群組別各造兩個詞。<br>5. 兒童能在相似字形國字群組中找出錯字。<br>6. 兒童對於相似字形國字群組的順序能做視覺記憶。 | | |

| 應　用 | 1.本教學模式可應用於各年級學障兒童。<br>2.本教學內容可應用於字形相似注音符號語詞之教學。 |
|---|---|
| 建　議 | 1.利用記憶力口訣法，來分辨相似字形，可引導學生自行設計。<br>2.教師可將國語課本中的字形相似字參考國語辭典參考書，做一系列的整理，依難易程度順序，持續輔導字形辨別困難之兒 |
| 參考文獻 | 1.楊坤堂（1997）。學習障礙兒童。台北：五南。<br>2.賴慶雄（1998）。語文遊戲真好玩。螢火蟲。<br>3.國語日報辭典。<br>4.國語日報字形辭典。 |
| 教案出處 | 楊坤堂（1999）。學習障礙教材教法，頁170。台北：五南。 |

## 二、加強造句能力

| 課程名稱 | 猜題接龍遊戲：造句練習教學 | 設計者 | 黃郁淳 |
|---|---|---|---|
| 教學對象 | 中年級國語學習障礙兒童 | | |
| 教學目標 | 1.能解讀詞語。<br>2.正確使用語詞造句。<br>3.促進個體互動團體合作並積極參與學習。 | | |
| 教學資源 | 1.八開圖畫紙。<br>2.筆。<br>3.剪刀。 | | |
| 教學活動 | ＊準備活動：<br>1.將學生分成兩組，各組將成員排好順序。<br>2.指導各組將圖畫紙折成適當方格，例如：將長對折三次、寬對折一次。<br>3.指導各組自行挑選老師指定範圍之語詞若干，抄寫於方格內，然後沿折線剪下，再折成紙籤。<br>＊發展活動：<br>1.一次請一組的第一位上前來抽對方的籤，然後限定他以間接方式，例如：畫圖解釋或比手劃腳，讓自己那一隊猜出該語詞。<br>2.接著由猜中那方所有成員，每人依序說出幾個字，能拼湊成一個正確句子為優勝。老師給另一隊向勝方挑戰的機會，如果他們能以同樣方式造出更具技巧或更為優美的句子，則可視為平手。再依發展活動1、2重複進行。<br>3.在前述兩項活動中，均僅有一次機會，亦即一旦答錯，就換對方答題。 | | |

| 教學活動 | ＊綜合活動：<br>1.活動結束前，教師可唸出先前學生所造的句子（要記錄下來），但要漏若干字，或是抽紙籤，請學生拼造出完整句來。<br>2.對於反應迅速而正確的學生，予以精神獎勵。<br>3.對於團隊默契佳者，給予精神褒揚。 |
| --- | --- |
| 教學評量 | 1.在發展活動的教學過程中，造出完整而正確句子的隊伍為優勝。若挑戰隊的造句無法更為高超，仍以原隊為勝。<br>2.在綜合活動階段的教學過程中，表現優異的學生給予獎勵。<br>3.對於團隊默契佳者，給予精神褒揚。 |
| 應　　用 | 猜題接龍遊戲可稍加修改方式增減難易度，應用到不同年級不同科目的教學活動上。 |
| 建　　議 | 1.本活動更適用於課後或考前複習。<br>2.各組組員依順序輪流，以都能抽籤表演為佳。<br>3.教師不要強調雙方輸贏，而是要去激勵學生彼此團結合作，見賢思齊（勇於挑戰）的精神。<br>4.教師亦可唸抽籤紙，請學生寫出語詞來，加強書寫練習。 |
| 參考文獻 | 楊坤堂（1996）。特殊兒童教材教法設計表。 |
| 教案出處 | 楊坤堂（1999）。學習障礙教材教法，頁237。台北：五南。 |

| 課程名稱 | 接力賽：造句練習 | 設計者 | 張尹懷 |
| --- | --- | --- | --- |
| 教學對象 | 中低年級學習障礙兒童 | | |
| 教學目標 | 1.能將字詞組成完整的句子。<br>2.能在跑步時任意改變跑步的速度。<br>3.能在跑步改變速度時保持身體的平衡。 | | |
| 教學資源 | 1.敲擊樂器一項，例如：鼓。<br>2.教師自製的字詞卡，每字約十公分見方大，粗體，採橫書方式，國字附加注音。較困難或還不十分熟悉的字詞可附加圖案。字卡尺寸依字數圖案不同而大小不一。字詞卡內容分三類：主詞、主要動詞和受詞（外觀上不做類別的區別）。<br>3.三個底面積約A4紙大小的方形塑膠籃。<br>4.接力棒兩枝。 | | |

| | |
|---|---|
| 教學活動 | ＊準備活動：<br>1. 教師指導學生將教室內桌椅全部移到教室四周靠牆處，空出教室中央最大的空間。<br>2. 由老師以穩定的速度敲擊樂器為口令，帶領學生做原地小跑步。讓學生練習配合敲擊的速率。<br>3. 教師敲擊的速率由慢漸快，再由快漸慢。<br>4. 讓學生配合老師敲擊的速度，在教室內空間自由隨處小跑步，注意不要撞到人，老師敲擊的速率忽快忽慢。<br>＊發展活動：<br>1. 搬出三張桌子，將學生均分成兩隊。<br>2. 將字詞卡依主詞、動詞、受詞分類，分別放入不同的方形塑膠籃中，再將方形塑膠籃分別置於不同的桌子上。<br>3. 比賽開始由兩隊排頭手持接力棒，跑步至一號桌，再至二號桌，最後至三號桌，分別在桌上塑膠籃內各拿取一張字詞卡，再跑回隊伍，將接力棒交給第二位同學，第二位同學才可以開始跑步拿卡。<br>4. 等所有隊員都跑步完成拿卡，先跑回到原位的隊伍優勝。<br>5. 由兩隊排頭開始，輪流（A隊排頭、B隊排頭、A隊第二位、B隊第二位）將手上的三張字卡排成句子，展示給大家看，並大聲唸出來。老師隨機糾正學生錯誤發音。<br>＊綜合活動：<br>1. 教師隨機抽取字詞卡，展示給學生看，讓全體學生認清字詞的正確讀音與意義。<br>2. 抽點學生利用字詞卡造句，或問學生可用哪些其他的字詞替代句中的各類詞性。<br>3. 對於表現良好者，給予適當的精神或物質鼓勵。 |
| 教學評量 | 1. 接力賽跑優勝隊伍每人得兩個笑臉，另一隊每人得一個笑臉。<br>2. 造讀句子時，只要句子通順便可得一個笑臉。如果有加上正確動作表演的，可再得一個笑臉。 |
| 應　　用 | 1. 這個活動也可以放入更多詞類，讓學生做較為複雜的造句活動。<br>2. 活動中可以讓學生另以爬或走進行接力賽。亦可將字詞卡貼於活動板較高處，讓學生至板前跳起取卡，以訓練大肌肉的不同使用方式。<br>3. 這個活動也可以運用在注音卡的拼讀上，可以讓隊中每一隊員拿取一個字，然後一隊組成一個句子。或是老師將句子寫在黑板上，然後將注音卡放在塑膠籃內。 |

| 建　議 | 1. 在活動開始前，老師請提醒學生注意安全，避免碰撞到桌子而受傷。<br>2. 本活動適用於學生對國字或讀音內容已經大致熟悉的情形下。<br>3. 字詞卡可以適時使用注音或附加圖案，以調整困難度，適應學生程度。<br>4. 在從事應用 2 時，兩隊的行進路線或塑膠籃不宜共用，以免正確答案被對手誤拿影響成果。<br>5. 綜合活動可以讓學生表演全句或是動詞的舉動，以確定都了解意思，或是讓學生嘗試練習以將各個句子以連接詞連成較複雜的句子。<br>6. 如果句內主詞或受詞對調也可產生意義時，教學評量也要給分。 |
|---|---|
| 教案出處 | 楊坤堂（1999）。學習障礙教材教法，頁 239。台北：五南。 |

# 第二章

# 高職特教班學生在
# 職場上的人際溝通

李慶憲

　　我國自一九九四年試辦高職特教班迄今，由八十三學年度的十八校十八班至九十一學年度增加為九十校二百五十班，每年有許多學生自學校畢業準備進入職場。高職特教班的課程標準規定：「提供輕度智能障礙者就讀職業學程之機會，以培養個人、社會與職務適應的能力，使其成為獨立自主的國民。為實現此一目的，須輔導學生達到下列目標：㈠鍛鍊學生身心，充實生活知能，發展健全人格，以提升個人及家庭生活的適應能力。㈡了解生活環境，順應社會變遷，擴展人際關係，以培養學校及社區生活的適應能力。㈢認識職業世界，培養職業道德，建立工作技能，以增進就業及社會服務的適應能力。」課程標準固然是一個理想目標，對高職特教班的家長及教師而言，最重要的就是畢業前能培養良好的人際溝通能力，以便輔導就業成功，進而有獨立生活的能力。

　　一九八五年，由 A. S. Halpern 提出從社區適應的觀點來詮釋轉銜服務，認為學生能夠和諧處理社會及人際關係，比離校後能否穩定就業更為重要。對實際從事高職特教班課程的教師來說，能夠養成學生從事基礎職業工作的技術固然重要，但從眾多職場業主的經驗談中清楚知道，能夠擁有適當的人際溝通能力，才能在職場中穩定就業，職業道德與人際溝通能力遠比職業技能重要得多。

　　茲就實際從事高職特教班課程與就業輔導的角度，研究人際溝通對高職特教班學生在職場上的影響。

# 壹、學生特質與相關課程內涵

## 一、高職特教班學生的特質

　　就讀高職特教班的學生，大多為輕度至中度智能障礙者，各縣市鑑輔會均會儘量考量學生意願、障礙程度類別，輔導學生接受最適當的服務，但因各類障礙之教育服務方式有許多不同，許多高職教師必須習慣於學習面對除了智障之外的其他雙重或多重障礙。因此高職的特教教師參加研習，或修習特教學分者非常踴躍，才能依學生障礙類別之不同提供不同的服務。

　　學生進入高職特教班之前，通常不會有確定的職業性向，但是大部分家長卻都為孩子們作了初步的規劃，有些期待與規劃也許與學生的能力有很大的落差，學校行政單位與教師，應與家長多作溝通後再制訂 IEP（個別化教育計畫）。

## 二、高職特教班職業課程

　　高職特教班綜合職能科課程分為工業、農業、家事、商業、服務等六種職能，以工業職能學程教育目標為例，內容如下：

　　工業職能學程，以配合輕度智能障礙者之發展需求，培養健全之工業基層人員為目標，除注重人格、文化、職業道德、工作態度之陶冶和培養外，並應：

　　㈠教授工業職能的基本知識和實務技能。

　　㈡養成良好、安全、正確之工作習慣。

　　㈢結合社區就業環境之需求，適應社區生活。

　　㈣培養自我肯定之能力，做好生涯規劃，提升生活品質。

　　高職特教班在高二上、下學期各有四學分，高三上學期十四學分，高三下學期二十一學分的職場實習課程，其目標就是希望學生能從實習中，學習專業職業技能，落實個別化轉銜計畫，完成轉銜就業之相關能力準備、培養職業生活適應能力，再從職場實習中，學習成為一個獨立自主、具備謀生能力的公

民。在職場實習的課程八大綱要中，每一綱要均與人際溝通息息相關。而社會適應及生活教育課程，更是對特殊教育學生在生活、工作、休閒等各方面人際溝通的方式及重要性，著墨甚多。對學生而言，訓練職場上的人際溝通能力，最好的教學環境就是在職場。

## 三、人際溝通訓練的課程

在高職特教班社會適應課程中，明定教學目標為：

㈠培養自我決策及自我擁護的能力，以達到獨立自主的生活。

㈡培養適當的社交技能，增進良好的人際互動關係。

㈢認識社區環境與資源，熟悉使用社區內的各種設施，增進參與社區活動的能力。

㈣了解自然、人文、史地的基本常識，培養關懷環境，愛鄉、愛國的情操。

㈤培養基本的職業觀念及工作態度，增進就業的能力。

在教材大綱的「對社交技能—人際關係」中，列出十四項細目：㈠個人情緒的認識與表達；㈡適當及不適當行為的認識；㈢工作環境中各種角色的認識；㈣互助合作的培養；㈤欣賞他人優缺點的培養；㈥等待與輪流的學習；㈦傾聽能力的學習；㈧話題的開始與持續能力的培養；㈨能夠適當的批評他人；㈩能夠接受他人的批評；㈠能夠適當的讚美他人；㈡能夠接受他人的讚美；㈢關心與體貼表達方式的培養；㈣依親疏遠近表現適當的行為。

對於以上的教學目標，教師實際常實施的教學方法有：問答、討論、練習、觀察、角色演練、隨機教學、調查、閱讀、蒐集、製作、發表、報告等方式。在教學過程中，應以啟發學生應變與解決問題的能力，及重視學生的參與及學習的歷程，並提供學生親身體驗的機會，因應學習需要，每週可安排適時的社區教學時間，實施戶外實地教學。

對於教學資源及教材編選，以學生的生活及職場需要為中心，由自我逐漸擴展至家庭、學校、職場、社區。以生活情境中實際的活動為主軸，落實教材的實踐與運用。考慮學生能力與生活背景的差異，顧及個別的實際需求，保持教材的彈性。除力求學生獨立生活能力的訓練外，日常生活規範、良好人際互

動，以及關心他人、愛護環境等習慣，情意、態度的培養，應適時的納入教材，最重要的是配合不同職場的特殊需要來安排教材。

# 貳、職場中人際溝通的內涵

## 一、人際溝通的重要性

在所有的環境中，人際溝通是與人建立及維持關係最重要的技能。對一般人而言，與人交談、紙筆書寫、體貼關懷別人，或能從表情、眼神體察別人心理的人際溝通技能，可以由經驗和自我覺察很快學習，達到環境的基本需求。但特教班學生在這方面的表現與學習效率，是最需要加強的。

不適當的人際溝通技能，是自動離開職場或被雇主解聘的最重要因素之一，教師在觀念上，必須先能理解人際溝通的重要性，再深入探求在職場中真正必備的技能為何？然後在相關課程教學中，給予教導與訓練。特教班學生在知識、情意、技能的學習上，普遍有類化的困難，但是人際溝通技能的重要性僅次於生理上的各種需求，師生都應該以積極的態度去面對。

陳靜江（1997）即指出，協助智能障礙學生從學校轉銜至與社會融合的成人生活，固然必須仰賴諸多相關體系與因素的配合，然而，隨著特教理念的變革，以及學生受教年限，與受教機會的增加，特殊教育體系的相關工作者，更應該認真反省的是：學校是否能夠提供智障青年最適性的教育與訓練，來協助他們擁有良好的職業生活適應，並提升其生活素質。國內近年由於身心障礙者保護法，及特殊教育法施行細則的推動，學校、家庭、社會福利機構、就業服務機關等，對轉銜及教育訓練都愈來愈重視，新頒布的特殊教育法強調一般科目的學習，係用以支持四大生活領域（家庭、社區、休閒、職業）為主要的核心精神，因此未來如何在特殊教育課程中，結合社會適應與職場實習，成為高職特教班相關特教工作者的重要課題。

## 二、人際溝通技能

一般人在職場中需要的溝通技能不少，Simon（1989）和 Salmy（1993）所

提出的溝通概念主要包括：㈠身體（physicality）；㈡語言（language）；㈢關係（relations）；㈣訊息交換（information exchange）。陳靜江（2000）自 Bolton 和 Roessler（1996）發展的「工作人格側面圖」（Work Personaity Profile, WPP）中，有關社會／溝通技巧因素之議題包括：㈠能以適當的方式請求協助；㈡對他人的工作內容表示興趣；㈢適當的表達好惡；㈣對於工作內容不清楚的地方會主動請求協助；㈤會找同事做朋友；㈥能對他人的談話作適當反應；㈦當工作中遇到困難時會請求協助；㈧會主動和他人談話；㈨能和同事相處愉快；㈩在社會互動中顯得很自在；㈩當團體有活動時能參與其中；㈩當其他人在講話時，能傾聽且不隨意打斷；㈩是同事們常往來的對象；㈩能表達正向的情感；㈩能適當地表達負向情緒，例如：生氣、害怕及憂傷等。

　　對高職特教班學生來說，一般人所需要的溝通技能他們也會需要，但是這些技能的養成，會比一般學生需要更多的時間與耐心。Riches（1993）在其所提出的「工作表標準」（Standards of Work Performance, SWP）中，主張以功能性評量及訓練方式，來支持身心障礙者成功的進入就業市場。透過 SWP 能夠將身心障礙者在工作情境中的行為加以記錄，其紀錄包括：準時上下班、安全與衛生、遵守管理、與同事相處、表現專注、工作場所、安全、行為規範、溝通、記憶表現等十個領域。在十個領域中與人際溝通相關的細項有；㈠與人溝通時保持眼神的接觸；㈡與人說話時保持適當的姿勢與距離；㈢以適當的音量說話；㈣能清楚的向管理者表達需求；㈤適時地打斷別人的說話；㈥合宜的向人打招呼；㈦對話時能同時使用詢問與自我表達的技巧；㈧能在適當的時機轉移話題；㈨能在談話時給予對方充分的知識背景。

　　知道並能運用人際溝通技巧，不只會贏得友誼，更重要的是自我肯定及對工作、生活能保持熱情的動力。

## 三、人際溝通上常見的障礙

　　高職特教班學生在人際溝通上常見的障礙有以下幾類：
㈠職業道德：不了解工作的意義、對遲到不在意、工作態度不積極。
㈡口語表達：話太多或太少、辭不達意。
㈢非口語表達：臉部無表情、斜眼看人。

㈣禮儀：不敢主動打招呼、說話時沒有面對人。

㈤人際互動：不敢主動與上司或同事互動、容易緊張、無法體會開玩笑或誤以為真。

㈥尋求協助：不敢主動提出問題、聽取說明時因害羞或怕被取笑，只能點頭裝懂。

㈦讀寫技能：閱讀有障礙、無法邊聽電話邊寫下內容。

㈧工場安全與衛生：因忙碌而忽略臉部、服裝及鞋子的基本整潔、對工作稍微熟悉就大意而發生危險。

這些障礙大部分均與生理障礙無直接關係，另外，亦有其他障礙是因個人習慣，或身心障礙情況而引發的狀況就因人而異了。

# 參、職場中人際溝通的評量

## 一、職場中人際溝通的需求

在不同的職場中，因為工作性質不同所以需要有不同的人際溝通技能，當然只要是與人相處就有一些是共同的人際溝通技能。辛宜倩（2001）對六個不同的職場，詳細列出職場溝通的技能需求表，如下頁表為例（下列三種表格之著作權屬於辛宜倩老師。承蒙出版後同意引用，特此致謝與致歉。讀者如欲引用務須先取得原作者同意。李慶憲敬啟）：

## 智障青年職場溝通技能需求

| 溝通技能項目 | | 職場溝通技能需求 | | | | | |
|---|---|---|---|---|---|---|---|
| | | 庇護工場 | 麵包店 | 美容院 | 圖書公司 | 飯店 | 美食街 |
| 非語言溝通 | (1)溝通時能保持令人舒服的眼神接觸 | ✓ | | ✓ | ✓ | ✓ | ✓ |
| | (2)與人溝通時無不當的身體接觸 | | ✓ | | | ✓ | ✓ |
| | (3)與人溝通時能將身體及臉朝向互動對象 | ✓ | ✓ | ✓ | ✓ | ✓ | ✓ |
| | (4)能以點頭或手勢來幫助溝通 | ✓ | ✓ | ✓ | | ✓ | ✓ |
| | (5)溝通時能與人保持適當的距離 | ✓ | | ✓ | | ✓ | ✓ |
| | (6)能以輕鬆自信的姿態與人溝通 | | ✓ | | | ✓ | ✓ |
| | (7)能保持適當的臉部表情 | ✓ | | ✓ | | ✓ | ✓ |
| | (8)能穿著合宜的服裝 | ✓ | ✓ | ✓ | ✓ | ✓ | ✓ |
| | (9)能維持儀容的整潔 | ✓ | ✓ | ✓ | ✓ | ✓ | ✓ |
| 口語表達 | (10)能以清晰、流暢的口語表達 | | | ✓ | | ✓ | ✓ |
| | (11)能以適當的音量表達 | ✓ | | ✓ | ✓ | | ✓ |
| | (12)能以適當的說話速度表達 | | | ✓ | | | ✓ |
| | (13)能使用適當的詞彙 | ✓ | | ✓ | | ✓ | ✓ |
| | (14)能使用完整的句子 | | | ✓ | | ✓ | ✓ |
| 情意表達 | (15)能說明自己的意見或想法 | ✓ | | | | | |
| | (16)能表達自己的好惡 | | | | | | |
| | (17)能適當表達正向及負向的情緒 | ✓ | ✓ | ✓ | ✓ | ✓ | ✓ |
| | (18)能辨認他人的情緒並做適當反應 | | ✓ | | | ✓ | ✓ |
| 禮儀 | (19)能適當的使用禮貌性用語 | ✓ | ✓ | ✓ | ✓ | ✓ | ✓ |
| | (20)能向客人打招呼 | ✓ | | ✓ | | | |
| | (21)能在適當的時機跟同事或上司打招呼 | ✓ | ✓ | | | ✓ | ✓ |
| | (22)能以適當的稱謂稱呼同事或上司 | ✓ | ✓ | | | ✓ | ✓ |
| 人際互動 | (23)能主動和他人互動 | ✓ | | ✓ | | | ✓ |
| | (24)能向他人介紹自己 | | | | | ✓ | |
| | (25)會找同事作朋友 | ✓ | | | | ✓ | |
| | (26)工作時能與同事和上司有良好的互動 | ✓ | ✓ | | | ✓ | ✓ |
| | (27)能在適當的時間和同事互動 | ✓ | ✓ | ✓ | ✓ | ✓ | ✓ |

（續表）

| | | | | | | | |
|---|---|---|---|---|---|---|---|
| | (28)能稱讚他人 | | | V | | V | V |
| | (29)能避免直接批評他人 | | | V | | V | V |
| | (30)對他人的問話能有適當的反應 | | | V | | V | V |
| | (31)能判斷開玩笑或胡鬧 | | V | V | | | |
| | (32)能參與公司安排的活動 | | | | V | | |
| 尋求協助與詢問 | (33)工作中遇到困難時會請求幫助 | V | V | V | V | V | V |
| | (34)能以適當的方式請求協助 | V | | V | | V | V |
| | (35)工作指令未聽清楚，能要求解釋或澄清 | V | | V | V | V | V |
| | (36)休假或請假時，能事先告知或協調 | | V | V | V | V | V |
| | (37)借用工具時，能事先詢問 | | V | | | V | |
| 接受指導 | (38)對雇主、上司的批評或糾正有適當反應 | V | V | V | V | V | V |
| | (39)能接受來自雇主、上司的建議 | V | V | V | V | V | V |
| | (40)能了解指令並跟隨指令 | V | V | V | V | V | V |
| 與人對話 | (41)能以適當的方式打斷他人的對話 | | | V | | | V |
| | (42)能判斷是否為重要的事而打斷他人對話 | V | V | V | | V | V |
| | (43)對話時一次只談論一個話題 | | | | | | |
| | (44)能等候他人並適時的輪流對話 | | | V | | | |
| | (45)對話時，能主動提供相關的背景知識 | | | V | | V | V |
| | (46)不了解對方所說的話能做適當的反應 | | | V | | V | V |
| | (47)能在適當的時機轉移話題 | | | | | | |
| | (48)能運用問問題與提供訊息的技巧 | | | V | | | |
| 使用電話 | (49)能接聽電話 | | V | V | V | V | |
| | (50)能轉達訊息 | V | V | V | V | V | V |
| | (51)遲到或臨時缺席時能打電話請假 | | | V | | V | V |
| 讀寫技能 | (52)能閱讀便條紙或簡單的工作指令 | V | V | V | | V | |
| | (53)能閱讀與工作有關的標籤或文字指示 | | V | V | V | V | |
| | (54)能閱讀工作職場的特定標誌 | | | | | V | V |
| | (55)能寫便條紙留言 | V | | | | | |
| | (56)能填寫表格 | V | | V | | V | |
| | (57)能寫履歷表 | | | | | V | |

對高職特教班學生來說，不同的學生可能有不同的需求，完全視學生特質及職場需要而訂定。若教師職場工作內容及環境不熟悉，最好能尋求雇主，或現場指導的工作人員協助，共同製作技能需求表。

## 二、職場中人際溝通的評量方式及內容

職場中人際溝通技能的需求訂定之後，必須由教師及職場雇主共同為學生的表現作一評量，辛宜倩（2001）曾對有關職場溝通技能的評估方式編制分析表，教師可依學生特質及各種評量方式的優缺點選擇適當的評量方式及內容，如下表：

### 職場溝通技能評量

| 評量方式 | 內容 | 優點 | 限制 |
|---|---|---|---|
| 觀察法 | 可分為：1.在自然情境中直接觀察；和 2.在模擬的情境中觀察（analogue observation） | 1.避免只能依據文字判斷<br>2.觀察期間長，可從中發現趨勢 | 1.耗時耗力，觀察員需受過訓練<br>2.資料廣度有限 |
| 訪談法 | 可分為：1.無結構性的訪談（unstructured interview）；2.結構性訪談（structured interview）；3.半結構性的訪談（semi-structured interview） | 可以針對障礙者本身及其重要他人進行訪談，蒐集到更廣泛的資料 | 訪談過程中易受訪談者本身記憶、主觀意識的影響造成偏誤 |
| 自陳量表 | 自我覺知的評量方法，通常需配合其他評量方式的輔助，以避免造成蒐集資料的誤差 | 個人自我覺知的有效方法 | 1.回答者本身需對自己有相當了解<br>2.不適用於思想或記憶有缺陷的障礙者 |
| 檢核表 | 是評量溝通行為的一種最簡單的方法。列出一些具體行為或特質，再根據觀察結果記錄那些行為或特質是否出現 | 快速方便 | 封閉式的評量，可能會遺漏某些重要的行為或特質 |

（續表）

| | | | |
|---|---|---|---|
| 評定量表 | 評定所觀察之行為或特質的品質，量表可由個人完成或根據重要他人所提供的資料來完成 | 便於量化及統計 | 封閉式的評量，可能無法完全說明所觀察的行為或特質的品質 |
| 社會計量法 | 評量個人在團體中被接納及排斥的程度，以發現團體內個體間互動關係和團體內部結構 | 能夠考量團體的成員 | 耗時 |
| 情境分析 | 分析特定的社會／人際問題的情境中，個人有效達到溝通能力的反應 | 能進一步了解障礙者真實工作情境的互動生態 | 耗費人力與時間 |
| 生態評量法 | 不僅評量個人的能力與需求，同時也分析個人所處工作場所的特性與職務的要求，以進一步檢核彼此的關係 | 1.針對障礙者提供適當的策略以改善其溝通技能 2.針對環境本身作適當的改善與調整 | |

## 三、職場中人際溝通評量結果之運用

　　職場實習教師先了解職場生態，設計寫出人際溝通技能之需求及評量內容，依每次職場實習後所作之紀錄及經由雇主、學生，自行提出的問題來做檢討，針對需要加強的溝通技能多做輔導及練習。因此，製作「職場人際溝通技能檢核表」就可以清楚明確的針對某些項目來作訓練與調整，這個訓練、調整的過程也許不容易，但卻是特教學生能留在職場工作最好的保障，值得特教教師、職業（就業）輔導員努力去做。改編自辛宜倩（2001）曾編製的職場溝通的技能需求表，如下頁表；可作為教師訓練及檢核的參考範例。

## 人際溝通技能檢核表

| 個案姓名 | | 學校 | | 班級 | |
|---|---|---|---|---|---|
| 工作單位 | | 職稱 | | 填寫日期 | 年　月　日 |
| 填表人姓名 | | 職稱 | | | |

| 下列是有關職場溝通技巧的敘述，請您根據工作職場的需求來評定其重要性，若您認為尚有其他重要的溝通技巧未被列入，則請您將該重要的溝通技巧寫在表後的空白處。此外，也請您根據經驗，客觀地評量個案溝通技巧的表現情況。 | 職場需求 | | | 個案表現 | | | |
|---|---|---|---|---|---|---|---|
| | 重要 | 不太重要 | 不重要 | 通常可以做到 | 偶爾可以做到 | 很有困難 | 不適用 * |
| **(一)非口語溝通** | | | | | | | |
| 1.與人溝通時，令人舒適的眼神接觸 | ☐ | ☐ | ☐ | ☐ | ☐ | ☐ | ☐ |
| 2.與人溝通時，無不當的身體接觸 | ☐ | ☐ | ☐ | ☐ | ☐ | ☐ | ☐ |
| 3.與人溝通時，能將身體及臉朝向互動對象 | ☐ | ☐ | ☐ | ☐ | ☐ | ☐ | ☐ |
| 4.能以點頭或手勢來幫助溝通 | ☐ | ☐ | ☐ | ☐ | ☐ | ☐ | ☐ |
| 5.溝通時，能與人保持適當的距離 | ☐ | ☐ | ☐ | ☐ | ☐ | ☐ | ☐ |
| 6.能以輕鬆自信的姿態與人溝通 | ☐ | ☐ | ☐ | ☐ | ☐ | ☐ | ☐ |
| 7.能保持適當的臉部表情 | ☐ | ☐ | ☐ | ☐ | ☐ | ☐ | ☐ |
| 8.能穿著合宜的服裝 | ☐ | ☐ | ☐ | ☐ | ☐ | ☐ | ☐ |
| 9.能維持儀容的整潔 | ☐ | ☐ | ☐ | ☐ | ☐ | ☐ | ☐ |
| **(二)口語表達** | | | | | | | |
| 10.能以清晰、流利的口語表達 | ☐ | ☐ | ☐ | ☐ | ☐ | ☐ | ☐ |
| 11.能以適當的音量表達 | ☐ | ☐ | ☐ | ☐ | ☐ | ☐ | ☐ |
| 12.能以適當的說話速度表達 | ☐ | ☐ | ☐ | ☐ | ☐ | ☐ | ☐ |
| 13.能使用適當的詞彙 | ☐ | ☐ | ☐ | ☐ | ☐ | ☐ | ☐ |
| 14.能使用完整的句子 | ☐ | ☐ | ☐ | ☐ | ☐ | ☐ | ☐ |
| **(三)情意表達** | | | | | | | |
| 15.能說明自己的意見或想法 | ☐ | ☐ | ☐ | ☐ | ☐ | ☐ | ☐ |
| 16.能適當表達好惡 | ☐ | ☐ | ☐ | ☐ | ☐ | ☐ | ☐ |
| 17.能適當表達正向及負向的情緒 | ☐ | ☐ | ☐ | ☐ | ☐ | ☐ | ☐ |
| 18.能辨認他人的情緒並做適當反映 | ☐ | ☐ | ☐ | ☐ | ☐ | ☐ | ☐ |

＊不適用原因包括無法觀察到或不適用於工作情境的題項。

# 肆、結論

## 一、職業技能與職業道德之關係

在教育體系中，技職教育體系一直是培養基礎技術人才及產業負責人的搖籃，也培養了大部分的技職教育教師，對產業負責人或受過技職教育的教師來說，業主進用員工的第一個考慮條件是職業道德，其次才是職業技能。技能與熟練度有較大正相關，但職場上的職業道德卻與個人本質有較大正相關。職業道德包括人際溝通、法治觀念、工作態度及工業安全與衛生等，技能的訓練容易，但職業道德的養成卻很困難。許多技術簡單但需要高服從性、重視禮節、耐心的服務業及傳統產業，都會接受高職特教班的畢業生，所以在學期間應讓學生對於職場所需要培養的職業道德，多加說明及訓練，就業時才能得到業主及同事的接納。

## 二、對人際溝通訓練之建議

高職教育最擔心的是在校所學技術與畢業後就業的職場技術需求有落差，但是學校設備及教師專業知能永遠追不上業界的專業水準，也是不爭的事實，學校僅能就基礎技術及原理教導學生，大部分專業、獨特的技術，還是必須到業界才能學得。對於高職特教班的就業輔導，一般常著眼於職業技能的訓練。對於人際溝通常認為像技術一樣，學一學很快就會了，但是特教學生在人際溝通的學習及類化上，確實是有很大的障礙，甚至在還沒了解狀況、不知如何應變或不知做錯什麼的情況下，就被迫離開職場，一部分勉強留在職場的人也是覺得日子難熬，只有人際溝通能力適當又有環境支援的幸運兒，才能過正常生活。因此，建議高職特教班教師，在語文、休閒、生活及職業訓練科目中，都要為學生適當的設計人際溝通的訓練課程，特別要利用職場實習課完善的規劃、訓練、評量與檢討人際溝通的技能。值得思考的是：學生未來終究要能獨立生活，若給予太多協助而忽略自我學習、類化的空間，那他又能維持多久呢？這個尺度就有賴教師因材施教了！

# 參考書目

教育部（2000）。特殊教育學校高中職階段智能障礙課程綱要。台北：教育部。

教育部（2003）。全國教育發展會議紀錄。台北：教育部。

鈕文英、陳靜江（1999）。智能障礙就業青年工作社會技能訓練方案之發展與成效研究。行政院國家科學委員會專題研究計畫成果報告。

辛宜倩（2001）。智障青年職場溝通技能需求與表現分析。國立高雄師範大學特殊教育系碩士論文。

陳靜江（1990）。發展智能障礙者職業評量輔導評量工具。台北：行政院勞工委員會職業訓練中心。

陳靜江（1995）。殘障者職業訓練與就業輔導之理論與實務。台北：行政院勞工委員會職業訓練中心。

李慶憲（2003）。特殊教育政策之展望。國立台東農工教育簡訊，1。

高中職身心障礙學生職業轉銜網站 http://www.cter.edu.tw

教育部特殊教育通報網 http://www.set.edu.tw

國立基隆特殊學校網站 http://kls.aide.gov.tw

Riches, V. C.（1993）. *Standards of work performance: A functional assessment and training manual for training people with disabilities for employment.* Baltimore, MD: Paul H. Brookes Publishing Co.

# 第三章

# 聽覺障礙學生的
# 人際溝通訓練

詹雅靜

## 壹、前言

　　人際溝通對每個人而言是相當重要的。不管在日常生活中或工作生涯上，每個人每天都要面對形形色色的人，並要和他們作某些溝通，溝通是形成社會互動的基礎，聽覺障礙學生之溝通問題，對障礙者本身造成傷害，其行為如果沒有妥善處理，除了影響聽障生的學業成就外，更會影響到社會適應與人際關係，他們在同儕間的社會互動學習、工作、社交及社區等環境中，就可能會被孤立或隔離，同時也會影響其與家人間正常關係之發展。多數的聽障者由於聽力損失阻礙了語言的發展及人際溝通的經驗，因此和他人的溝通能力受到很多的限制，此經驗的剝奪，直接影響其人際知覺與溝通能力的發展，因此，如何幫助聽障學生學習人際溝通以期建立和諧的人際關係，是聽障教育很重要的課題。

## 貳、聽覺障礙

　　依據一九九九年公布之「身心障礙及資賦優異學生鑑定原則、鑑定基準」：「聽覺障礙」（hearing impairment）指由於先天或後天原因，導致聽覺器官之構造缺損，或機能發生部分或全部之障礙，導致對聲音之聽取或辨識有困

難者；其鑑定基準如下：一、接受自覺性純音聽力檢查後，其優耳語音頻率聽閾達 25 分貝以上者；二、無法接受前款自覺性純音聽力檢查時，以他覺性聽力檢查方式測定後認定者。由於各種原因導致聽覺機能永久性缺損或是一個人的聽覺敏銳度減少而聽覺能力喪失。聽力損失在 25 分貝以上者，依其聽力損失的程度，可分為輕度、中度、重度聽覺障礙、聾等四類。優耳聽力損失在 90 分貝以上者屬重度，優耳聽力損失在 70-89 分貝以上者屬中度，優耳聽力損失在 55-69 分貝以上者屬輕度。根據了解，計量聲音的基本單位有兩種，一種是音量大小，以「分貝」：Decibel 簡寫（dB）為單位；一種是音調高低，指的是聲音頻率（frequency）；赫茲，簡寫（Hz）。正常人在任何頻率上所能聽到的最小音量為 0 分貝，如果一個人所能聽到音量的數值愈大，就表示他的聽力愈差。

# 參、聽覺障礙的特徵與類型

無法順利的發展語言溝通能力是聽覺障礙學生最大的障礙。一開始，大部分都是以手語為主要的溝通工具，後來因為提倡「口語溝通」，所以目前在啟聰教育上口語與手語是並存的。

## 一、聽覺障礙的特徵

聽覺障礙的特徵有以下幾點：㈠與人用語言溝通時有明顯困難；㈡語言發展較同年齡兒童為遲，且發音亦不正確；㈢聽別人說話時特別注意對方的表情；㈣經常比手畫腳，以動作協助其表達。

## 二、聽覺障礙類型

聽覺障礙類型如下：㈠以聽力圖為例（純音檢查）；㈡傳音性聽覺障礙：低音頻判斷有問題，所以外耳、中耳有問題；㈢感音性聽覺障礙：高音頻判斷有問題，所以內耳有問題；㈣混合性聽覺障礙：先至耳科治療再配戴助聽器。

# 肆、聽覺障礙學生的生理特質與心理特質

## 一、生理特質

聽覺障礙者最顯著的生理特徵是在與人說話時，有明顯的溝通困難。他們的語言發展比同年齡的耳聰者遲緩，而且語音的發音不正確，語調缺乏高低、抑揚頓挫、單調沒有變化。聽別人說話時特別注意對方的臉部、口形或表情，經常會比手畫腳，想用手勢或動作協助他表達意思。對環境的聲音（例如：電鈴聲、電話聲、腳步聲、汽車喇叭聲等）或人的說話聲沒有反應。上課中常常忽略老師或同學的呼喚，有時不能專心聽講，左顧右盼，期待別人提供訊息的線索。在團體中較少主動發問或參與討論的活動。可能常會抱怨耳痛、耳朵不舒服、暈眩或耳鳴。當用普通的聲音與之交談時，常沒有反應或注意力不集中。

## 二、心理特質

聽障者完全和一般正常人無異，會哭會笑，會打人也會同情人。在成長過程中，因為家庭環境不同、學校氣氛不同、教師的教材教法不同，遂被塑造成不同的性情、不同的思想、不同的人格特質。若問聽障者的心理特質有哪些，看看一般人的特質有哪些，應該相差不遠。只不過因為一般人從小接受的教育環境差別不大，所以彼此間十分「相像」。

# 伍、人際溝通

要開啟聽障生的溝通之門，必須提供說話與溝通的環境，建立溝通的方式與管道，改善人際關係，使聽障生能真正走入有聲世界。溝通是指一種有意義的互動歷程，我們把人際關係（interpersonal communication）定義為產生意義的互動過程。人際關係是互動的，因為意義發生於兩位參與者之間的原始訊息和對訊息的反應。溝通歷程發生於不同的人之間訊息的傳遞和接收，此歷程透過會被噪音干擾的知覺管道來進行。人際溝通提供心理上、社會上和決策性的功

能。心理上人們為了滿足社會性需求和維持自我感覺而溝通，人們也為了發展和維持關係而溝通；在決策中，人們為了分享資訊和影響他人而溝通，有效的人際溝通視個人的溝通能力而定，因為溝通情況是複雜的、多元化的，最重要的是要具有彈性的溝通能力，因此需要有非常多的人際技巧可供使用。技巧是可以學習、發展和改進的。藉著由溝通的歷程，關係得以發展、改變，或者維繫下去。

# 陸、人際溝通之原則與技巧

## 一、原則

(一)目的性：人與人做溝通時，有其目的性存在。但其目的仍是要跟人拜託（有求於人）或商量而做的溝通，所以溝通時具有目的性。

(二)象徵性：溝通可能是語言性也可能是非語言性，例如：面部表情能夠表現出你的非語言溝通，或者用文字溝通，例如：書信，或文章、文摘等，能夠傳達出其表徵的涵義，均有一種象徵性的作用。所以比如吵架，有破口大罵的一種非理性溝通方式，也有冷戰不說話，但彼此雙方也能夠明白對方所表徵出的意思。

(三)關係性：其意指在任何的溝通中，人們不只是分享內容意義，也顯示彼此間的關係。在互動的行為中涉及到關係中的兩個層面，一種是呈現於關係中的情感，另一種是人際溝通中的關係本質在於界定誰是主控者。這些均是由學習而來的，因為人際關係好像是自然的，與生俱來的能力，很少人注意溝通形態與技巧。所以我們都必須去學好人際溝通，而且要不斷的從學習和練習中獲益。

## 二、技巧

聽障者溝通訓練需運用特殊教育中行為改變技術，或認知訓練等等教學模式。例如：流口水可採用自我監控技巧，語彙擴展部分可採用關鍵字記憶法等技巧，來達到促進溝通能力的目的。(一)非語言技巧是一種面部表情、音調和姿

態的運用技巧；㈡語言技巧是使用文字以增加訊息的清晰性；㈢自我表達技巧是幫助你使別人更了解你；㈣傾聽和反應技巧是幫助你解釋他人的涵義並且分享所接受的涵義；㈤影響技巧是幫助你說服別人改變他們的態度或行為；㈥營造氣氛的技巧是創造一種正向的氣氛，使有效的溝通較易達成。

## 柒、與聽覺障礙者溝通時需提供的幫助

一、太大聲對戴上助聽器之聽障者而言，只是噪音，並不能讓他聽得清楚，因此，如何把話說得清晰，保持一般之速度，就可以了，並不必故意誇大口型，反而使聽者感到不自然。

二、面對聽障者：為了使聽障者易於看口型（讀話），因此談話時，要正面看著他，不要側面對著他。

三、談話時不要嚼口香糖、吃東西、抽煙等，也不要把手托著腮幫子說話，都會影響到聽障者之理解。

四、可多利用臉部表情與身體語言：有時一個簡單的手勢，或是一個點頭，均可以代表一些意義，因此多用此種語言可以彌補說話理解的不足。

五、避免一邊走動一邊說話。

六、不要用外物把臉遮住，如此聽障者看不見表情與口型，很難理解說話內容。

七、給予聽障者一些輔助的線索，以協助他理解說話內容，例如：利用圖片、把重要的成語或關鍵字寫下來、面對聽障生，必要時加上一些手勢。

八、為了確認聽障者是否完全理解，可以請他複述剛才的談話內容，以免聽障者假裝聽懂。

## 捌、如何幫助聽覺障礙學生學習

### 一、生活教育方面

聽障生的生活作息、常規管理、班級打掃工作等等皆與一般學生相同，畢

竟，聽障生需要的是關懷而非同情；因此要鼓勵聽障生多參與班級活動。導師與班級同學若能掌握聽障生特別需要的溝通原則，協助減少聽障生溝通的障礙，則聽障生也會和一般同學一樣有良好的適應。

## 二、教室座位的安排

　　最佳的位置是近前面中央地區為宜，因為這個位置，容易看清楚板書及教師的唇形，也易聽取聲音，這是很重要的學習條件，而且在座位旁亦請選擇安排有社會服務個性的同學，有利無弊。

## 三、上課時教師須了解的原則

　　語音清晰、速度平均會比大聲說話或誇大口型來得有用。善用肢體語言與表情以增加理解。授課時，教師只要提醒自己的正面保持在聽障生的可視範圍內就可以，通常教師在上課時會有所走動，一般而言，只要依舊面對學生並且移動速度不是太快，應該不至於影響讀話。在課堂上若有同學發問或回答教師問題，教師如果能重述其他學生之發言，則可增加聽障生的參與。觀賞幻燈片時，教師宜在光亮處解說，上課當中請多以眼光接觸聽障生，教師可看出他們是否專心與了解，例如：發現其表情茫然時，可即時寫在黑板或以其他方式解說，使用 FM（調頻）助聽器之聽障生會在上課時，交給任課教師一個戴在胸前的小型麥克風，請教師戴在胸前距離嘴部約十公分即可，這種麥克風的擴音效果僅在聽障生，其他學生一點也不受干擾，但卻能使聽障生聽得較清楚，和聽障生保持良好溝通的要件包括：清晰的說話聲、清楚的唇形、一定的速度與音量、正面相向以及適度的臉部表情和手勢等身體語言及文字。

## 四、在教學法上

　　教師應儘可能預告學習單元，以利先行預習。可能將新的詞彙書寫在黑板上，若能利用投影機，面對學生講解，對聽障學生更好。進度上使他知道教師教到什麼地方，應多給予鼓勵，在團體討論課時，也應多鼓勵他發表。除了聽力有問題之外，其餘一切活動均可參加。多設計一些操作性、實驗性的教學活

動，使聽障生可以看得到，摸得到，更容易學習。可多利用影片或錄影帶等視聽器材來協助聽障學生學習。可以安排熱心又有愛心之同學當作「小老師」坐在聽障生旁邊，必要時可就近傳達訊息。儘可能少用口頭考試，以免聽障生聽不到或聽不清楚，而影響聽障生的成績，如此對他而言是不公平的，易造成他心理上的不平衡與尷尬。

## 五、生活輔導與適應

聽障生在生活適應上可依其身心特質作為互動的原則，聽障生是依靠聽與讀話了解別人說話的內容。對聽障生而言，國語中的二聲和三聲發音困難，且語調大多單調，少有抑揚頓挫，導致發音異常影響其清晰度。聽障生和別人溝通時，有時會有聽錯說話內容，或答非所問之情形。聽障者依其程度，對周圍環境的噪音或一些信號聲音，常是沒有反應，或是看見別人的反應時，才有所意會。聽障生在書寫和口語表達所運用的詞彙、句型可能比較貧乏、簡單。聽障生主要依賴視覺觀察並學習，不一定是消極被動、沉默寡言、情緒不穩，或興趣狹窄者；且聽障也非造成上述現象之直接原因。在環境方面：㈠明顯的標誌：例如：上下課鐘聲以燈號顯示；所有設施均有明顯文字、顏色或光之標示說明。㈡安靜的環境：減少噪音，讓聽覺障礙學生有更舒適的學習環境。㈢輔助的教具：善用視覺教材及給予實作具體的經驗，減少單純的講述。㈣其他服務：例如：手語翻譯、代記筆記、傳遞消息、設置傳真機、適度的照明等。教師及同儕態度方面，要表示接納，主動了解及主動關懷。㈤共同討論或交談時，要儘量讓聽覺障礙學生了解，以免讓他感覺孤立。

# 玖、聽障的溝通訓練重點

溝通訓練的技巧包括溝通技巧準備期、人際互動的相互性、社交性的溝通、訊號的理解與偵測、語言理解的初步階段、語言表達的階段等。而語言治療師與家長絕對是這個階段的重要推波助瀾者，通常是由語言治療師訓練家長如何成為一位最佳的溝通互動夥伴，漸進式的帶出許多的溝通行為，促進其語言的發展。溝通障礙或溝通能力發展遲緩的早期療育個案者，語言治療師、家

長、個案三者必須及早建立一個互動的模式，促進其語言發展。溝通行為有多種，而及早建立或誘發溝通行為，才是語言發展的先決條件，聽障者應及早實施聽能、讀唇訓練，並採行各種適合的聽障者訓練模式，例如：綜合溝通模式、聽覺口語訓練模式、語調聽覺法訓練模式等，同時特別注意閱讀和筆談能力訓練。聽障學生之溝通障礙應有教育專業團隊的諮詢與評量、早期介入的需求（包括：適當聽輔助器的選配與訓練）、個別化與小組式訓練，整體聽、說、讀、寫的溝通訓練，強化溝通互動訓練、溝通意願的啟發與探索、聽能潛力與注意力的刺激與訓練、聽能訓練與說話訓練的相輔相成、溝通情境的激發、閱讀語文的訓練等。聽障學童常見的溝通障礙狀況包含語音聽知覺能力、聽解程度的限制、溝通輪替行為的不足、缺乏主動表達溝通意圖、語音清晰度不佳、聲音、聲調不佳、口功能動作的障礙、詞彙有限、詞意表達、理解不當、抽象字彙學習不易、句法簡單、句法不完整、缺乏疑問詞、問句理解困難、句法理解困難、語用、情境線索抓取的不易、說明事件缺乏完整條理與組織、說故事架構不佳、書寫與閱讀困難等。故在人際溝通上如何去溝通、引導與理解，就成為教師與家長如何幫助聽障生學習更好的工作使命。

## 拾、如何與聽障生相處

　　一個團體如有聽障者存在，要多為他設想，使他覺得跟你交往很舒服、有信心。說話時和他面對面，眼睛直視對方，慢慢地說，對方或許可以由你的臉部表情和唇形變化，而知道你在說什麼。運用語言要具彈性，如果聽障者不了解某一個字、詞、語，可換用其他的說法或語句，或用紙、筆寫給他看。不要輕易放棄與他溝通，儘量運用口語、手語、筆談、板書、圖片、實物、動作、表情等肢體語言，以達到溝通的目的。讓他去做想做的事，讓他獨立自主，自己嘗試、參與任何活動，不要誤解、過度保護，或太多的幫忙。肯定他的能力，給他表現的機會。不要因為你「認為」、你「以為」、你「覺得」他「應該」如何如何，而抹殺了他的機會。讓他自由選擇想走的路，不要予以阻止，跌倒碰撞無妨，流血流汗無所謂，不要一開始即阻斷他的去路，幫他安排或低估他的能力。鼓勵他、支持他、接納他、教育他，給他工作，待他一如常人。一個團體如有聽障者存在，要多為他設想，使他覺得跟你交往很舒服、有信心。

# 拾壹、如何輔導聽障生的幾項建議

一、儘可能在他面前說話，使他可以看到你的口型，避免在背後，指指點點，做出一些難看或無禮的手勢，使聽障學生難堪，或導致他的猜疑。

二、有耐心地鼓勵聽障生多表達自己的想法，主動參與各項班級活動，以免被同學或教師遺忘了。

三、對於聽障生語言表達上之障礙，例如：口齒不清、文筆不通順等，不應在背後惡意模仿、嬉笑、侮辱他們，會使聽障生更退縮，更沒有自信。

四、凡事應給予聽障學生學習的機會，例如：購買公車票、辦理請假手續、打掃等，不要因為聽不到，而由班上同學代勞，易造成聽障學生依賴，不負責任的心態。

五、對於聽障學生之良好表現隨時給予鼓勵，即時的增強，對於學習極有幫助。

總之，聽障學生需要的是關懷而不是同情，只要肯耐心的說給他聽，也肯仔細的聽他們的心聲，在沒有溝通障礙的情形下，聽覺障礙學生就可同正常人一般的活潑、健康。

# 拾貳、如何給予溝通訓練

溝通訓練乃包括聽能訓練、發音訓練、語言理解與語言表達，可提升學生口語表達的能力與增進人際互動的關係。為協助聽障生建立良好的人際關係，除了基本的溝通訓練外，也應針對聽障生的個別差異，設計不同的目標，或提供不同的教學策略給普通班教師作參考，以協助聽障生適應普通班的生活。聽障學童常見的溝通障礙，包括：語音聽知覺能力、聽解程度的限制，溝通輪替行為的不足，缺乏主動表達溝通意圖，語音清晰度不佳，聲音、聲調不佳，口功能動作的障礙，詞彙有限、詞意表達、理解不當，抽象字彙學習不易，句法簡單、句法不完整、缺乏疑問詞，問句理解困難，句法理解困難，語用、情境線索抓取不易，說明事件缺乏完整條理與組織，說故事架構不佳，書寫與閱讀困難等。

# 拾參、結語

　　人與人溝通需要透過各種互動工具，而「語言」正是人際溝通最重要的工具。要有語言能力，卻要有外界聲音刺激，一旦失去了聽力也就喪失了最重要的語言與學習機會，也等於斷絕了與外界溝通能力，而手語正是聽力障礙人的語言，需要給予尊重，並加以傳揚。聽障生回歸普通學校，享受了更多社會互動、語言學習的機會，在連續而不分離的前提下，尊重每個孩子的個別情況，施以個人、家庭、學校，以至於社區必要的協助與宣導，正是教師的職責。在深入了解現況之後，可由下列幾點著手：針對聽障生的心理、學習、溝通等特質，提供輔導方針與技巧，對普遍及個殊現象，進行個別輔導。對於聽障生所需之語言治療、說話訓練、聽能、讀唇（話）訓練……等，提供必要之協助，以補一般學校資源不足之憾。加強親職教育及社會（區）宣導，結合社區資源（例如：聲暉協進會）、大專院校特教中心，提供課業輔導、團康活動等。主動出擊，結合各區家長、學校及學生的力量，將經驗分享、傳承、力量集中，例如：升學、就業資訊的共享等。提供研習進修之機會，落實巡輔班教師的專業性，以求在聽能、口語訓練及助聽器使用，或升學、學習、人際、生涯等輔導上個人知能之專精，俾提供適時適切的諮詢服務。很多聽障兒的家長，多少次聽到孩子內心的吶喊：給我教育，我要走出無聲的世界！給我舞台，我將演出亮麗的生命！近年，由於助聽科技精進、家長多方參與、特教政策大力推展，終於聽障生學習成就、人際互動，有了較多的突破，但是聽障孩子的學習歷程仍然備感艱辛。仍需針對不同之困難及需求，實施個別化教學，提供長期、適切之提示、協助，相信在大眾的關懷、協助下，聽障孩子將不再是社會的負擔，而是明日無窮的資源。

# 參考書目

林寶貴（1994）。聽覺障礙教育與復健。台北：五南。

曾端真、曾玲譯（1996）。Rudolph F. Verderber, Kathleen S. Verderber 著。人際關係與溝通。台北：揚智。

劉麗容（1991）。如何克服溝通障礙。台北：遠流。

李燕、李蒲群譯（1996）。Sarah Trenholrn, Arthur Jensen 著。人際溝通。台北：揚智。

張瓊芝譯（2002）。齊藤勇著。人際關係一把罩。台北：漢欣。

戴晨志（1999）。人際溝通高手。台北：時報。

黃惠惠（1999）。自我與人際溝通。台北：張老師。

台北市聽障教育資源中心：聽障教育期刊。

張小芬（2000）。後設溝通訓練課程對增進聽障生人際知覺與後設溝通能力之教學效果研究。台灣師大特教所論文。

# 第四章

# 聽障兒童的聽能訓練

陳家瑩

## 壹、聽覺的機轉

聲音傳導的路徑為：發聲體→聲波→外耳道→鼓膜→中耳聽小骨→內耳→聽覺神經→大腦聽覺中樞。外耳蒐集而來的聲音，透過鼓膜振動推動三塊聽小骨，在內耳引起淋巴液的振動，耳蝸將中耳所送過來的聲波振動轉成電流衝動，經聽覺神經再傳送於大腦皮質的聽覺中樞，聽覺中樞再賦予意義發生聽覺作用。

內耳包括耳蝸、前庭和半規管，前庭和半規管和身體平衡有關，而耳蝸是辨別音波頻率的器官。人的耳朵對聲音的頻率及強度敏銳度很廣，範圍包括聽覺閾值和痛覺閾值，聲音的強度若大於 130 分貝以上就會有痛覺。一般而言，人的耳朵聽閾為 20 至 20,000Hz，一般評量之聽力圖僅評量 125 至 8,000Hz，聽力圖的表現僅能說明聽覺敏銳度，並不能完全預測語言知覺的能力，所以語言的知覺能力並不能由聽覺敏銳度來推測。

## 貳、聽能訓練的定義及目的

廣義的聽能訓練是指提供一個充滿有意義聲音的環境，使其能像一般兒童經由「聽—說」的過程，學習對聲音的認知。一般兒童自出生後聽取家人及周

遭環境的聲音，要持續聽一年左右，才能逐漸由仿說單字詞發展出語言。聽障兒童在配戴適當的助聽器之後，也必須經過類似的過程才能發展出聽覺技能，而逐漸學習說話。且由於其障礙，這段過程往往要比其他兒童更久（蘇芳柳，1993）。

## 參、聽能訓練的重要性

聽障兒多有殘存聽力，尤其對低沉而又振動較強烈的聲音，都能有明顯的反應，像是敲打木板牆、木質桌面或釘鎚磚質、水泥質的牆壁，他們都能感受得到，但當他們正專注於其他事物時，很可能完全無所表示，因為我們所聽到的聲音對他們而言可能是非常細微如蚊子叫聲，常會忽略不注意。

因此，訓練聽障兒「聽的能力」，分辨聲音的有無，並能將我們所指示的行為表現出來是非常重要的。發展良好的聽覺能力也絕對影響著未來口語溝通的發展，如果不經刻意的訓練，聽障兒對聲音是不做理會的，也就更不會去發展口語溝通能力。

大多數聽障兒所具備的殘存聽力，經佩戴適當的助聽器，再經聽能訓練課程，一定可以增加孩子聽的能力，進而增進其口語溝通能力。而教師或語言治療師的工作之一，就是提供有效的聽能訓練課程，讓他們能活用殘存聽力以吸取知識經驗，進而協助其語言發展，改進語調、發音、說話、讀寫及讀話的能力，使聽障者能有效溝通（黃德業，1977）。

## 肆、聽能訓練的內容

蘇芳柳（1993）依 Bunch 所提，指出聽能訓練應包括六個部分：

一、早期發現、早期訓練
二、提供適當且持續的聽覺處理
三、提供良好的聽覺環境
四、提供自然的聽覺經驗
五、聽覺技能的訓練
六、教師與家長的知識與態度

除了第五項之外，其他都是提供聽障者一良好的聽覺發展環境，以幫助他們發展聽覺技能。現就五因素摘要說明。

## 一、早期發現、早期訓練

良好的語言發展需要較健全的構音器官、完整的聽覺系統，及成熟的大腦，新生兒由於大腦及構音器官尚未成熟，只能發出咿咿呀呀的聲音，一直到十至十八個月大才能逐漸產生一些有意義的語言，如果家長在此時能提供良好的語言學習環境，給其正確的語言模式讓其模仿，加上適當的指導，必能促進幼兒的語言發展。

嬰兒若有聽覺障礙仍會發出咿咿呀呀的聲音，玩弄自己的發音器官或表達自我的情緒。但在發展的過程中，若缺少聽覺回饋（聽不到自己發出的聲音），聽障兒會逐漸喪失發聲的興趣且不再出聲，語言發展將停滯，因此家長應多多注意幼兒的狀況，及時提供刺激補償他所缺乏的聽覺回饋，對其語言發展將有很大的幫助。聽障兒童若及早配戴助聽器、實施聽能訓練，語言發展將能接近正常。據研究顯示，有系統的聽覺刺激與訓練，消極可防止聽障程度的惡化，積極方面將有助於其語言及其以外之各項發展。由此可知，「早期發現、早期治療」的重要性，否則將錯失語言發展的黃金時光。

## 二、提供適當且持續的聽覺處理

當發現兒童有聽覺障礙時，應立即提供適當的聽覺處理，聽覺處理指配戴適當的助聽器、正確地使用它及妥善照顧等，目的是使殘存聽力得以儘量發展，並改善語言理解。選戴適當的助聽器是首要工作，以下有三點檢視：

### (一)選配

助聽器的配戴需經過醫師的診斷，根據聽力損失的類型與程度選擇機種，並按聽力圖上各個頻率的聽力損失情形做機器內部的微調，以符合真正的需要。戴助聽器時，最好兩耳都配戴，雙耳偵測聲音可獲立體效果，另兩側刺激左右大腦，可幫助大腦正常發展。

## ㈡使用

助聽器的最佳收音距離為機器前方一公尺左右之內，因此要注意與聽障兒童講話時別相距太遠；最好在較安靜的場所，過多的噪音會透過助聽器放大，容易減低聽障者的佩戴意願。家長還要注意的是儘量讓幼兒培養整天佩戴的習慣，洗澡和睡覺才拿下來，使他接收的聽覺刺激接近常人。

## ㈢保養與檢查

助聽器要定期保養，至少一年一次；平時要注意防潮，不要摔撞。教師和家長最好每天檢查一次助聽器，以確定功能是否正常運作。檢查的步驟為：1.檢查耳機線、接頭處和機器零件有無斷裂、鬆脫。清除耳模上之耳垢油汙。2.檢查音量開關。3.測試電池之剩餘電量。最好於臨睡前或放學時測，以避免因隔了一夜使電力有些微回復而誤判。4.裝上電池，戴上耳模（或測試之耳塞）。5.機器打開至 M 處（即麥克風），調至適當音量，然後對麥克風說「ㄨ、ㄚ、ㄧ、ㄒㄩ、ㄙ」五音。6.邊說話邊調整音量旋鈕，聽聽有無斷音或扭曲音出現。7.輕搖助聽器，聽聽有無奇怪的噪音或斷音。

在確定助聽器沒有問題之後，可用 Ling（1986）的五音聽覺測量法協助教師了解助聽器的性能，並可評量聽能訓練的成效，了解學生對聲音的反應有無增進。步驟為：1.學生聽到「ㄨ、ㄚ、ㄧ、ㄒㄩ、ㄙ」五音其中之一即舉手。2.教師將學生的助聽器音量調低，並站在學生後面或身側。3.教師說出「ㄨ、ㄚ、ㄧ、ㄒㄩ、ㄙ」五音，並逐漸調高助聽器音量。4.當學生表示五音皆聽到（或已達學生聽力極限時），此時即為該生之察覺程度，助聽器音量不得小於此點。5.教師以相同音量說出五音，但距離逐漸拉遠，以了解學生單靠聽覺可聽取的距離。教師與家長必須留意這些助聽器在使用及保養的問題，使助聽器的效能能真正發揮，聽障兒童才有意願繼續配戴，殘存聽力才能利用。但非戴上合適的助聽器就能聽到聲音學會說話，還必須配合聽能訓練，使他們聽到有意義的、適合的口語，才能將助聽器的功能發揮良好。

### 三、提供良好的聽覺環境

根據Finitzo-Hieber等的研究，要使聽障者透過助聽器能有效地聽取聲音的話，這聲音要比噪音大上12dB-5dB才行（即S/N比要大於+12dB-5dB），最好是20dB。因此教室及家中最好能用吸音板、隔音磚、雙層玻璃、雙層窗簾、地毯等減少噪音的干擾。教室中也可使用無線電的團體助聽器，也能減少一些噪音。但現在由於噪音汙染的情形嚴重，應教導聽障兒童在嘈雜的環境中聽取聲音，將有意的聲音分辨聽出，故先訓練他們在安靜的狀態下聽辨聲音，再加上寬頻噪音讓他們學習聽辨。

### 四、提供自然的聽覺經驗

聽障生在外界不斷地提供語言刺激，才能發揮良好的語言能力，故家長及教師應多多提供豐富且有意義的語言訊息，營造出自然且有意義的情境，吸引聽障幼兒的聽取，注意提供的語言刺激需符合幼童的年齡及興趣，最好還能配合一些遊戲等在輕鬆的氣氛下學習，並能隨時提供回饋。另可訓練聽障兒的手足為助手，協助家長提供豐富的語言刺激。

### 五、教師與家長的知識與態度

前面提及，聽障兒非戴上助聽器即可聽到聲音學會說話，除了加上聽能訓練外，還必須加上家長、師長的正向、適切的期待及輔導。教師要有充足的知識經驗以提供家長諮詢與輔導，並使家長了解自身的角色工作，在家幫忙指導幼兒，家長須投注大量心力才能對聽障兒的語言發展有所幫助。

## 伍、聽能訓練的功能（林於潔，1996）

依聽能訓練的成效，能達成不同層次的目標：

## 一、預告危險

能注意到生活周遭的聲音，並能對提示危險的聲音有所警覺，例如：汽車喇叭聲、警報聲、呼喊聲等。

## 二、協助溝通

當周遭旁人的聲音能引起聽障幼兒的注意時，已達溝通的第一步，對人際關係的增進有相當的助益。

## 三、監控發音

當聽能訓練達到更高境界時，聽障兒便有能力監控自己的發音，使發音不致退步，且能適時修正發音。

# 陸、影響聽能表現的可能原因（林於潔，1996）

## 一、聽力損失程度

一般來說，在其他條件完全相等的情況下，聽力損失程度愈輕微的，聽能表現也愈好。聽力損失程度依聽力檢查的結果，但聽力檢查的結果易因檢查師的檢查技巧、聽障幼兒當時的情緒、精神狀態、配合度等影響，故只能作為一參考數據。林於潔（1996）建議，可將該聽力圖視為聽障幼兒最起碼應有的表現，實際上的潛能或表現應優於聽力圖上的表現。

## 二、助聽器的合適與否

家長為小孩選擇助聽器時，應考慮小孩的聽力損失程度及與助聽器的配合程度，愈昂貴的不代表是最好的，也沒有特別指出耳內型或口袋型的哪一種較好，在試戴時，可多嘗試不同廠牌、不同機型，同一家廠牌不同機型的助聽

器，有時也有明顯的差異。助聽器就像眼鏡一樣，「度數」愈符合，聽得愈清楚，故在調配的過程中，應多方嘗試、驗證、調整，使助聽器更符合孩子的需求。

### 三、開始訓練的時間

「三歲定終身」，這句話對聽障者來說已經有點晚了，故及早訓練才能發揮最大的功效，也不致錯失語言學習的關鍵期。

### 四、訓練的方法

孩子並不是戴上助聽器就可以和正常兒童一般說話，還需要經過訓練，訓練方法的好壞，關係著以後聽的能力與習慣。像是因訓練者固定把聽辨的詞放在句尾或句首，使孩子不再留意整句話，只注意句尾或句首的部分，養成偷懶的習慣，導致只要訓練者調換一下聽辨的位置便無法分辨。

### 五、習慣的養成

習慣對聽能表現是一重要因素，有些孩子上課盡全力傾聽，但因未養成習慣，下課沒想到也要專心去聽，以致表現不佳。建議可用鼓聲或大家都聽得見的聲音來作為上課通知，這樣他們會養成下課也隨時注意聽的習慣，一敲鼓就會知道要馬上集合。這也可用於生活中，家長可用名字聲為刺激音，當孩子聽見有人叫他們的名字時，能得到熱烈的擁抱或親親，或是可帶回糖果、出去玩等，使其樂於對聲音做反應。

### 六、環境的嘈雜度

助聽器最好於安靜的場所中才能發揮良好的功效，根據研究顯示，要使聽障者透過助聽器能有效地聽取聲音，這聲音要比環境中的其他聲音大上12dB-5dB 才行，最好 20dB。故欲訓練聽障兒能將有意義的聲音自環境中的噪音中分離出來，先訓練他們於安靜的狀態下聽辨聲音，再將這些聲音加上寬頻噪音，讓他們練習聽辨。

## 七、說話者的姿勢、態度

有些孩子靠讀唇增進他的聽能，說話者應注意一些事項：㈠說話靠近他，叫他的名字，引起他的注意，如果不行，則先停止動作，等他注意再說話；㈡儘可能在他視線內說話；㈢和他保持二到四呎的距離，使他易於把視線焦點放在你嘴唇；㈣當說話時，面向光源（日光或燈光），孩子則背向光源；㈤以平均的速率說話，不要強調嘴唇動作；㈥說話時，避免吃東西、嚼口香糖、吸煙、移動身體或晃動頭及留鬍子遮住嘴唇動作；㈦當微笑說話時，會不容易讀唇，必須複述一次。

# 柒、聽能訓練的方法

## 一、訓練聲音之內容

聽能訓練的內容可粗分為樂器音、環境音及語音，就這三方面說明：

### ㈠樂器音

可準備不同頻率的樂器，例如：大鼓、小鼓、木魚、響板、笛子、鈴鼓、鈴鐺、哨子、三角鐵、喇叭、口風琴等，訓練時可選用不同頻率的聲音做練習。

### ㈡環境音

即周遭環境的聲音：

1.自然的聲音：雷聲、雨聲、風聲。

2.交通工具的聲音：警車、救護車、火車、平交道、車禍等。

3.人的聲音：咳嗽聲、笑聲、哭聲。

4.動物的聲音：牛、馬、豬、羊等動物的叫聲以及跟動物有關的聲音，例如：馬蹄聲。

5.家庭中的聲音：吹風機、電鈴、電話鈴聲、抽水馬桶、切菜聲等。

6.環境中的聲音：修馬路的電鑽聲、人的喧鬧聲、市場上的叫賣聲等。

7.運動的聲音：游泳、打籃球及跑步等。

## (三)語音

指的是人說話的聲音，包括：字、詞、短句、長句、問句、否定句等。

## 二、聲音與遊戲的結合

這世界充滿這多種的聲音，我們要訓練孩子去傾聽這些聲音，例如：家中的各種聲音，煮開水、抽油煙機的聲音、打蛋聲等，要求孩子去注意各種聲音，感覺聲音的振動，當他們害怕某些聲音時，不要強迫他們去感覺，當他們長大時會比較習慣自在，生活上可配合一些小遊戲帶著他們「體驗」聲音。

(一)發出聲音的遊戲：找些會發出聲音的物品，提供他各種聲音的經驗。

(二)選用會發出聲音的玩具：當小孩因擠壓或旋轉玩具發出聲音，能使他增加察覺聲音的能力。有些洋娃娃會發出哭聲或笑聲等，可告訴孩子：「她哭了」、「她在笑」，或將娃娃靠近孩子的耳邊，說：「聽！她正在哭。」

(三)其他能製造出聲音的東西：盤子、湯匙、手等都能製造聲音，孩子敲打鍋蓋或用湯匙敲盤子、桌子邊、地板等都能發出聲音，也可以用自己的手去拍、敲打各種物品。

(四)語音遊戲：孩子若在聲音的遊戲中得到增強，就會繼續玩聲音，也會對他人的聲音感到有興趣，例如：孩子對自己的名字若有反應，就可以玩「抓迷藏」的遊戲，媽媽或家人在短距離內喊他的名字，讓他們尋找聲音的存在位置。

## 三、方法

良好的訓練方法可得良好的效果，現敘述大致的原則，訓練者需自行運用變化，以達最佳訓練效果。

(一)選擇訓練音。

(二)說明示範，提示目標音及反應方式。

(三)給兒童機會練習。

㈣讚美正確反應並隨時更正錯誤。

㈤不明瞭處再加以說明示範。

㈥不熟練處多加練習。

㈦熟練後變化反應方式及訓練方式。

㈧增加聽辨難度。

訓練開始前，選擇訓練音是首要工作，訓練音的選擇不受限制，樂器音、環境音、語音都可以，接下來要讓孩子知道目標音是什麼。以聽辨木魚聲為例如：可先在孩子面前敲木魚，並指示當他聽到木魚聲時便套上一個圈圈。在說明時若無人協助，則需一手拿著圈圈放在耳旁，一手拿木魚敲出聲音，同時點頭說有，並套上圈圈。有時則故意手動，但不敲出聲音，同時搖頭說沒有，並告訴孩子不能套上圈圈。如此正反面重複說明，孩子了解後，便開始聽辨練習，若有正確反應則加讚賞，反應錯誤則加以修正，並再說明、示範，務使確實了解，當有百分之百的正確率後，可開始變化反應方式，像是改貼磁鐵、丟球等；或可變化訓練模式，讓孩子扮演訓練者，師生互換角色，教師故意搞錯以確定學生的了解度。若學生非常清楚，則增加訓練的難度：音量減小，距離拉長，分辨大小聲，分辨響數等，學生的聽辨能力將更進一步。當孩子還小時（兩歲前的初步訓練），有空抱著他時，讓他的身體貼著自己的身體，用低沉而輕柔的聲音，說話給他聽，例如：「看！這是皮球，皮球可以拍、拍、拍，會發出ㄆㄨㄥ、ㄆㄨㄥ的聲音。『皮球』，ㄆㄨㄥ、ㄆㄨㄥ、ㄆㄨㄥ。」共同看一張圖片，指著皮球上的圖形，形容拍球的動作和拍球發出的聲音給孩子聽。語音藉著胸、腹腔的共鳴，將振動傳給孩子，特別是ㄆㄨㄥ、ㄆㄨㄥ這強烈而短促的聲音會留給孩子非常的感受。敘述時語調要自然而充滿感情，重要的關鍵字要重複幾次，並用實際的拍球聲音刺激孩子的聽記憶，使聲音、影像、意義能同時記錄於腦中。

## ㈠裸耳的聽能訓練

在孩子情緒穩定、愉快時，讓孩子坐在靠近自己的地方（抱與不抱均可），用一隻手圈成半個喇叭狀，附在孩子的耳殼上，大聲地對他的耳朵說話：「叫爸爸，爸—爸。爸—爸。」耐心一遍又一遍的說。選擇簡單、易發的音作練習。根據實驗報告，附在耳邊說話的音量可以高達 120-130 分貝，多數

的重聽兒都可以聽到聲音，只有極少數的人無法接受到聲音。不過要注意的一點是：不要突然用近距離方式提高音量，否則恐有傷害中耳耳膜之虞。

　　這個附在耳朵旁的裸耳聽能訓練，對已受過訓練的聽障兒而言，更是必要的訓練項目。最終的目的是要孩子即使不戴助聽器，也能活用殘存的聽力去分辨聲音，建立聽的習慣。

## (二)短距離的聽能訓練

### 1.幼兒

　　不足三歲的聽障幼兒，最主要的聽能課就是聽。除了聽環境音之外，就是語音。孩子較喜兩字相同的連綿字，又特別對動物的玩偶感興趣，所以設計的重點可利用布偶做道具，模仿動物的各種聲音，讓孩子不但願意聽聲音、願接受訓練，還能分辨哪種聲音是哪種動物的。準備一張桌子及椅子，母子兩人相對坐著。準備貓、狗、青蛙等布偶玩具，放在桌子下面的抽屜裡。一次拿一種布偶，配合牠的聲音，但要把握住聲音先於物體出來的原則，讓孩子能將形象（動物）、聲音和理解同時吸收。

### 2.三至六歲

　　大一些的聽障幼兒除了練習上述的方法之外，還可練習不看口型，憑聽覺分辨聲音，以紙板遮住口型，讓孩子聽聽說什麼？注意紙板與嘴不可以太靠近，並呈 45 度角斜出去，以免妨礙音波的進行，使原本 70 分貝的聲音，由於受到紙板太近或過度垂直的影響，而減低音量。試聽的語言內容最好有固定幾個字，且以低頻率的幾個音為主，例如：爸爸、姑姑、婆婆、爺爺等收音不離ㄚ（a）、ㄛ（o）、ㄨ（u）、ㄝ（e）四音的字或詞較佳。先用「我們說，孩子指出何字」的方式進行，再採用「我們說，孩子以口複述」的方式進行。

## (三)另再介紹幾個小遊戲

### 1.休息與起床

　　在活動量大的遊戲之後，可來一次短暫的休息，搬張桌子，親子一同趴在桌上，雙手及耳朵貼住桌面，先吸幾口氣，調整呼吸，讓情緒安定。母親偷偷將一隻手伸到桌面下，用力敲兩三下，「ㄎㄜ、ㄎㄜ、ㄎㄜ」，媽媽一聽見聲音，立刻抬起頭來，表示出對聲音的反應。孩子這時亦會跟著起來東張西望。

「沒有啊！再休息吧！」告訴孩子再趴下休息，再出現聲音「ㄎㄜ、ㄎㄜ、ㄎㄜ」，聽力損失再嚴重的孩子都可經由敲擊桌面所傳的振動，接受到聲音的訊號。第二、三次之後，孩子便知道一聽到聲音，就得抬起頭來，「起床啦！」之後，耳朵離開桌面，改用手去感覺。進一步手也放到背後，靠著肩胸對桌面的依附，感覺聲音，並習慣聽辨這種聲音。最後連身體也離開桌面，只靠耳朵聽辨聲音的有無，沒有聲音時，閉上眼睛休息；有聲音時則睜開眼睛，伸腰起床。

**2.鬧鐘遊戲**

準備一附有兩撞鐘的鬧鐘，預定在某一時刻，以前述「休息與起床」同樣的方法進行。鬧鐘本身的撞擊會造成振動，振動又可藉著與桌面的接觸傳達給孩子，慢慢由身體的接觸至只用耳朵接觸。

**3.敲門遊戲**

除了桌面可利用外，木質（最好是夾板）的門或牆壁也是很好的傳遞媒介。聽力損失不超過 90 分貝的孩子，只要敲敲木板牆就會回頭尋找聲音的來源了，所以家裡的木門及木牆是很好的聽能訓練工具。

家長與孩子一同伏在木質的門或牆上，請家裡其他的人在另一面用力的敲敲門，「有聲音喔！猜猜看從哪裡來？」假裝在牆壁上或地板上找尋聲音的來源，經過前兩個遊戲的訓練之後，孩子應該會知道聲音是從門或牆的背面傳來，當他們打開門猜對時，要對他的表現作獎勵，引起他們的興趣。再多做幾次，可換個人來擔任敲門的動作，讓他們覺得新鮮有趣，期待聲音的出現，集中精神注意學習。幾次之後，敲擊的力量可放輕一點，試試孩子對音感的敏銳度，再熟練之後，在另一面敲擊的人，可後退數步增加一點距離，用鼓聲代替敲門聲，增加測試的難度。

# 捌、聽能訓練的層次（林於潔，1996）

一、聽聲音指出有無：單純訓練其感受到聲音的存在，是最基礎也最容易訓練的部分。

二、分辨聲音的不同：範圍包括聽辨同一樂器或語音之不同音量（大小聲）、長度（長短音）、頻率（高低音）、間距（快慢節奏）、響數（聲音的

數目）等。還可以分辨不同的樂器聲，再分辨不同，例如：聽辨不同聲音並分辨大小聲。

三、聽辨詞—指出：此進入聽能訓練的重點—語音分辨，經教導後確認詞的意義，再練習聽辨指出正確答案。

四、聽辨詞—仿說—指出：比前一項多出仿說這一步驟，學生必須聽得千真萬確，難度高許多。

五、聽辨短句：當學生可聽辨出二至三個字後，便可將詞彙加入短句中，讓學生練習由句中找出目標。

六、聽辨長句：短句可聽辨後，讓其在更長的句子中聽出目標，教師需自行斟酌句子長度。

七、聽辨二個（或以上）的詞：在句中同時包含兩個（或以上）的詞，要讓學生指出圖片，在教導示範時，需要明確的指導，才能幫助學生很快了解狀況。

八、聽辨問句或相關的描述句後指出答案：不直接說出圖片名稱，而以該圖片為答案的問句來測驗，或以描述該圖片有關的句子來引導學生指出正確的圖片。學生回答需要聽懂句子的真正意義，是一更高層次的目標。

九、開放式的聽辨訓練：問句答案不需設限，讓學生藉由聽覺理解自由回答問題，答案相符即可，可擴大到生活中的對話練習。

# 玖、聽能訓練的實施原則（林於潔，1996）

將分為兩主題來討論，一為聲音部分，即前所提到之樂器音與環境音，另一為語音部分，從語詞的聽辨到長短句、長句及一般對話用語。

## 一、聲音部分

（一）優先使用易聽取的頻率：日常樂器中，大鼓的頻率最低，聽障者幾乎都能聽取。其次為小鼓，其他由低至高的頻率順序為木魚、響板、鈴鐺、三角鐵，可依聽力損失情形選用。

（二）聽取有意義的聲音：選用的聲音需讓學生認識，這樣才能認真聽取。

㈢明確的指示要聽什麼，如何反應：進行聽辨時，應明確告知要聽的是什麼聲音，只能對這聲音做反應，排除其他周遭的聲音。

㈣使用有趣且多變化的活動，吸引聽障兒童的興趣：在訓練之中加入遊戲會增加一些樂趣，例如：大小聲的聽辨訓練，我們可在黑板上畫一大一小的圈，當學生聽見大聲時，就把磁鐵放在大圈中，小聲則放在小圈中。或可將大小呼拉圈拿在手上，聽到大聲就把大呼拉圈滾出，小聲就滾出小呼拉圈。

㈤音量的使用由大漸小：聽能訓練的目的是要使耳朵更敏銳，因此逐漸減小音量，有助於孩子的聽覺敏感度。

㈥聽辨的距離由近至遠：若無法控制使聲音變小，另一方式是把距離拉遠，亦有同樣的作用。

㈦聽辨時須長短不一：要避免幼兒估計時間做反應，故要注意給予刺激的時距。

㈧避免過大的音量：過大音量有以下缺點：1.反而不易聽清楚；2.可能造成耳朵疼痛；3.超過某一音量時，助聽器有自動切除之裝置，會使聲音扭曲變形。

㈨同一聲音可做不同變化的聽辨：例如：聲音的有無、長短聲、大小聲、高低音、快慢節奏、不同數量及不同聲音的分辨。

㈩隨時更正錯誤：把握機會立即更正，以免產生誤解，建立錯誤認知。

㈠多感官的運用：當聽辨發生問題時，可加入其他的感官幫助了解、分辨。例如：利用視覺觀察動作、用手觸摸等。

㈡提供適當聽能訓練的環境：一開始以安靜的環境較適合，漸漸可在稍嘈雜的環境中進行。

㈢使用的聲音優先選擇可與生活相結合：例如：學校上課的鈴聲、家中電鈴聲、電話聲、鬧鐘聲等。

## 二、語音部分

㈠明確教導該語音的意義：我們平常所了解的語詞，聽障幼兒不一定都知道，應明確教導每個詞。

㈡教導語音意義及聽辨時，均應注意多樣化的呈現：當教導一語詞時，儘

量多元呈現，能多方舉例，像是教導「杯子」，能多拿出各種杯子呈現，幫助孩子類化。

(三)愈熟悉的愈好：從熟悉的東西訓練起較陌生的東西容易且快，通常也與生活較相關。

(四)聽辨詞彙先由語音差異大者先開始：語音差異大聽辨困難度較低，較不會引起挫折感。

(五)聽辨詞彙先由字數不同的開始：不同字數的詞彙，能給幼兒更多的線索，聽辨更容易。

(六)聽辨階段由詞而短句、長句至日常對話：循序漸進較不容易產生挫折。

(七)聽辨數個詞時，不要依序輪流，也不要按固定順序：教師訓練時應多多變化，避免幼兒找出規則而不注意聽辨。

(八)配合程度，改變說話的速度：隨著熟練度的增高，速度應由慢恢復到平常，但若中間仍遇到困難，可再放慢速度給予協助。

(九)聽辨時避免任何視覺線索：聽障者視覺功能優異，應遮住嘴巴等能提供他視覺協助的線索。

# 拾、聽能訓練的注意事項（林於潔，1996）

## 一、沒反應不代表沒聽見

當學生沒反應時，要先找出問題，是不是沒聽到或是不知如何反應、沒想到要做反應等，針對問題再加以輔導。

## 二、曾有反應後來沒反應，不代表耳朵變壞

反應變差不一定是聽力惡化，有可能是助聽器的問題，包括：電池沒電、耳機線損壞、耳機頭故障、耳膜太小漏音、助聽器機械故障、沒開電源、操作錯誤、音量開關移位等。或因感冒所引起的耳朵問題——中耳積水及耳朵其他的一些疾病，都有可能造成影響。最不願看到「進行性聽障」的案例，聽力會逐漸惡化。當然也不要忽略「不用心」的因素，某些時候反而是最大問題。

### 三、聽得到不一定聽得清楚

助聽器將音量擴大卻不能保證聽得清楚，故聲音的分辨與語音的分辨是初步測試的方法，學生若有複誦的能力時，聽辨後要求複誦可確定是否聽得清楚。

### 四、聽得清楚不一定聽得懂

若未經教導，認知層次發生了困難，就會發生不一定聽得懂的情況。

### 五、音量很大時不一定會聽得較好

有些聽障幼兒會拒絕接受大聲音，且當聲音超過某一限度時，助聽器雖能自行控制，但聲音也會某程度的失真。

### 六、使用聽得到的音量及頻率

使用的聲音應能被聽障幼兒所感知，慢慢地才可將不易聽取的聲音加以訓練。

### 七、聽辨內容及型式不要規則化

訓練不要按照一定的順序或固定次數的聽辨方式，以確定幼兒是不是真的在聽。

### 八、不要讓孩子整天沉醉在聲音的世界裡

聽能訓練是要有意義的聽聲音，而非無意義讓幼兒在一充滿聲音的環境，這樣對其聽辨能力毫無助益，反而易忽略聲音的存在。

## 九、耐心指導與多給予練習機會

充足的耐心指導練習是幫助幼兒進步的不二法門，同時多給聽障兒練習的機會，助其更早熟練聽的技巧。

## 十、多鼓勵

當幼兒有所表現時應多多給予鼓勵，使其更願意去聽辨。

## 十一、錯誤反應時立即糾正並再加說明指導

當聽障兒反應錯誤時，應立即給予指正，並示範正確反應，若仍有問題，得再說明清楚，務使其確實了解，才不會因不理解而有錯誤反應。

## 十二、清楚多樣的說明

在說明示範時，務求清楚，可多舉一些例子，多樣性地呈現，對的、錯的反應也可加以比較，強調示範，希望他表現出的反應，才不會使幼兒無所適從。

## 十三、善用肢體語言及表情協助了解

單用語言對聽障兒而言不容易了解，若加上適當的肢體動作及表情，他們較容易了解。例如：將「生氣」加上肢體動作再配合臉部表情，他們一定很容易猜出我們要傳達的訊息。

## 十四、持之以恆

聽能訓練的成果得來不易，不應有所怠忽。

# 參考書目

中華民國聽力語言學會（1994）。語言與聽力障礙之評估。台北：心理。

林於潔（1996）。聽障幼兒的聽能訓練。特殊教育季刊，59，31-37。

林寶貴等（1996）。行政院國家科學委員會專題研究計畫──子計畫四：聽語
復健編序教材之發展第一年研究報告。國立台灣師範大學特殊教育學系。

張蓓莉（1996）。聽障訓練策略與相關課題。特殊教育季刊，59，10-17。

盧娟娟（1996）。聽障幼童的訓練遊戲。健康世界雜誌社：健康世界叢書。

蘇芳柳（1993）。聽覺障礙兒童之聽能訓練(1)──提供良好的聽覺發展環境。
特殊教育季刊，49，5-10。

蘇芳柳（1996）。耳蝸移入之訓練成效及其影響因素。特殊教育季刊，59，
25-30。

# 第五章

# 聽覺障礙學生口語
# 教學實務

呂淑美

　　學習說話的過程包括正確的發音，和了解其所代表的意思，而理解又必須先於語言的使用，也就是要先理解後表達。失聰者若不能先理解，僅靠模仿或強記而發出聲音，也不能算是具有語言能力。因此對於啟聰教育的施教者而言，口語教學是一項極富挑戰的課題。

　　根據教育部二○○○年函發修正「特殊教育學校（班）國民教育階段聽覺障礙課程綱要」，在各學習領域綱要中明載：

　　一、國民教育階段之學習領域，除溝通訓練外，其餘皆比照教育部頒普通學校各學習領域綱要實施，為因應聽覺障礙學生學習特性，教材份量可酌情調整。

　　二、增訂之溝通訓練學習領域，其綱要如下：

　　㈠學習領域分「口語溝通訓練」、「手語溝通訓練」、「其他溝通方式訓練」。各啟聰學校（班）可依校（班）之溝通策略選擇其一、二或三者皆可用來教學。

　　㈡口語訓練內容分為：認識、使用與維護助聽器、聽能訓練、讀話訓練、說話訓練、溝通技巧等。聽能訓練、讀話訓練、說話訓練皆由超音段（音調、聲調、音量、速度等）開始。訓練的語料範圍宜為文句、語詞、單字、音素。各項所占訓練時間比率依聽覺障礙學生聽、說能力而定。

　　㈢手語訓練內容包括：自然手語、中文文法手語、國語口手語（音標指文字）、聾文化、溝通技巧等。

㈣其他溝通方式訓練內容包括：筆談、圖畫或符號溝通、運用溝通輔具、溝通技巧等。

㈤溝通訓練教材內容以實用、配合學生聽力損失程度、興趣、發展階段、語文程度等原則設計。

# 壹、聽覺障礙學生口語教學的意義

所謂教聾人講話，便是口語教學。根據一九七八年美國的 Moores, D. F.對口語教學法所做的定義：「口語法又稱為口語、聽語法。聽障兒童透過讀唇、讀話及聲音的擴大，接受語言的輸入（input），再透過說話的表達能力把自己的意思傳達給他人。在口語訓練中，讀與寫對口語的發展有潛在的抑制作用，故在初期的口語教學中不宜採用。」另外，根據一九七二年柯克（Kirk, S. A.）的解釋，他認為：「口語教學法是利用說話、讀話、殘餘聽力、閱讀、筆談等的一種教學方式。實施口語教學時，若同時使用手語或指語的話，可能會妨礙聽覺障礙兒童的語言學習或對耳聽者世界的適應，故不宜使用手語或指語。」所以傳統的口語教學法可說是一種「多感覺的方法」。綜合以上的定義，我們可以概括的說：「口語教學法主要是指導說話的語言與筆談的語言的一種教學方法。為使聽覺障礙兒（者）能和耳聽者的聽話世界溝通起見，一方面透過讀唇、讀話、聽能等特別訓練，了解他人所說的話語；另一方面訓練自己的發音器官發出正確的聲音，把自己的意思傳達給他人的語言教學法叫做口語法。」（林寶貴，1981）

# 貳、聽覺障礙學生口語教學的內涵

聽覺障礙學生的口語教學可分為以下四種：

## 一、讀唇與讀話

語文教學中讀唇與讀話對聽障兒童是最重要的課題。普通一般耳聽兒童的語言發展過程大部分是按照聽→說→讀→寫的步驟循序漸進的。也就是先理解

後表達。但聽覺障礙兒童不能靠耳朵的聽覺去理解，只好靠視覺去體會對方說話的口形或表情所代表的意義，以看唇、看話代替聽音、聽話，而獲得語言。因此，讀唇、讀話的練習非常困難，尤其能了解在口語教學時首要激發出其「殘存聽力」，實施聽能訓練。一九七六年，美國的 Miller, J.把一九五八年以前各國所採用的傳統訓練讀唇與讀話的方法歸納成四種：

㈠一九〇二年德國 Bruhn, M. E.所介紹的「提示音韻法」。其特徵是快韻律的音節練習。首先提示最容易辨別的音韻，再提示難辨的音韻。起初從音節開始練習，再慢慢發展到單字、短語、子句、文章等次序。

㈡一九二七年美國 Bunger, A. M.所開發的「分析法」。這是由筋肉運動感覺達到說話為目的，使聽障兒童模仿「視話法」，練習分析音節，了解說話的抑揚、頓挫、節律的一種方法。也就是把說話的話語加以細部的分析與處理，使聽覺障礙兒童從語音學的符號反覆練習辨別其差異，先記住一連串的母音，再把母音與子音連結起來，最後練習語和句。

㈢一九五〇年美國 Nitchie, E. H.所發展的「綜合法」。此法的訓練重點在心、目兩用，從整體把握思想與概念的理解。不重視各個音韻、各個音節的分析，而重視整體的思考單位。即使兒童只了解故事的一部分，也繼續唸下去。

㈣一九三一年美國的 Kinzie, C. E.與 Kinzie, R.所發表的「混合法」，是把前述㈠的「提示音韻法」與㈢的「綜合法」兩者併用的混合法。

除前述之外另還有追述法和大聲思考法（林寶貴，1994）。

## 二、發音與說話

聽覺障礙兒童要練習發音與說話是不容易的。發音和說話的先決條件是神經與肌肉的協調，聽覺回饋不充分或欠缺的聽障兒童在發音與說話時，運動與感覺的輔助，扮演著非常重要的角色。聽障兒童既然不能正確地聽到別人說話的聲音，也不能從周圍的雜音中調節自己說話聲音的大小，當然自己在發聲時，也無法控制聲音的音質、音量、音調、抑揚、高低、輕重、頓挫、快慢、節律等的大小。因此，教師在從事發音訓練時，要注意發現學生的錯誤，一發現有了錯誤要馬上矯正。發音與說話訓練不限於在課堂上實施，在所有的學習活動與家庭生活中，均應不斷地練習。

通常訓練說話的方法有：

㈠利用振動與觸覺感覺說話的振動，區辨不同的聲音、單字及句子。

㈡利用視覺輔助線索及鏡子，可以學習讀出他人的話語，再學習產生他所看到的或感覺的聲音。

㈢利用肌肉感覺及本體感覺自己的嘴、下巴、舌頭、唇、喉頭等器官的肌肉運動，學習控制說話的能力，控制聲音與構音，這不是因為他聽到這些聲音，而是他的身體內部，感覺到這些聲音。

㈣經由聽覺的刺激、助聽器以及「語調聽覺法」（黃德業，1981；陳小娟、林淑妏，1993；李麗紅，1995 等）的幫助，可以使殘餘的聽力幫助兒童學習音韻的模式，區別不同的聲音，並用來教導說話。

㈤利用「視話法」、示波鏡、發音直視裝置等，學習控制發音的音韻、強度和音調。

㈥利用說話補救教學，幫助無法聽到某些聲音，而造成某些發音的替代或構音的問題，或因沒聽到背景的吵聲，而無法調節自己的聲音去配合背景聲音的兒童。

## 三、聽能訓練

使兒童辨別各種不同聲音的訓練，叫做「聽能訓練」。聽能訓練並不是經過訓練使兒童恢復聽力，而是藉訓練把殘餘的聽力應用在溝通與學習的一種技術。其目的有四：

㈠養成注意傾聽聲音的習慣。

㈡發展辨別聲音與語言的能力。

㈢養成配戴助聽輔具，聽增幅音的習慣。

㈣藉聽能訓練，發展語言的理解能力。（林寶貴，1994）

語文教學上它又稱為「聽語法」或「聽話法」。有人說聽覺障礙兒童中尚有殘餘聽力者占 75%－80%。但實際上聽障兒童聽力損失的個別差異很大。過去，聽力學尚未發達以前，把這些聽覺障礙者（不管有無殘餘聽力）全部當作全聾者來處理。二十世紀後，由於聽力學、電子工學、教育學的進步，才逐漸了解殘餘聽力的利用方法。近年來，由於電子工學的進步，擴音器、音響、個

人助聽器、團體助聽器、骨導器、人工電子耳的發明、普及，使聽能訓練成為口語教學中不可或缺的輔助工具，對提高口語教學效果幫助甚大。

## 四、閱讀與筆談

對於不能完全從聽覺或視覺獲得見聞的聽障兒童來說，為了促進其語言的發展，「閱讀」與「筆談」的訓練與指導是非常重要的。

普通一般兒童語言教學所採用的方法是在自然的場合，透過聽、說、讀、寫的練習，隨機教導語言的方法稱為「自然法」。然後再正式的介紹文法規則，藉由模仿、延伸、歸納的過程，學習語言的結構、句型、語順、語法的方法稱為「分析法」。

聽覺障礙兒童的語言溝通與語文教學法中，藉筆談達到此目的之方法又稱為書寫法、文字法、板書法等。聽覺障礙兒童的筆談，可分為：㈠普通耳聽者所使用的用紙筆書寫的文字溝通法；㈡用手指在空中拼字或寫字的「空書」；㈢像日本古河太四郎的「書掌法」一樣，用手指在掌心寫字等三種。筆談與指語比較之下，筆談比指語普遍，但速度比指語慢。與手語相較，筆談在心理上沒有手語印象深刻，在視覺上沒有手語生動。但透過筆談，可以提高人類的情操，使思考更為精密，使莊嚴的宗教、絢爛的文學、深奧的學術更為發達，可見文字的媒介——筆談對人類文化的貢獻。

因為各個聽障學童的天賦不同，以口語教學法施教也需要種種條件，如果不分青紅皂白全部施以口語教學法，對伴隨智能障礙或多重障礙的學生，不但收不到預期的效果，反而使教師與學生白白浪費時間與精力。不過，口語教學法的確是聽障學童教育中的一種重要教學法，也是所有從事啟聰教育教師的理想教學法。因此，口語教學法與手指教學法一樣，各有長處與短處，如何以一方的長處補他方之短處，使兩者能相輔相成、相得益彰，是聽覺障礙教育的最大課題，也是啟聰教育者的任務。

採用口語溝通或教學時，必須注意觀察對方的口形與嘴唇，因此，讀話者必須全神貫注。然而，口語教學法對中輕度聽覺障礙兒童雖很有效，但對重度的聽覺障礙兒童來說，仍有限制，值得討論。

# 參、口語教學的優點與缺點

　　自一八八〇年第二屆國際聾教育會議以後，世界各先進國家的聾學校紛紛採用讀話、說話的語言訓練，以從事學習活動的溝通法與口語教學法實施教學。口語溝通法與教學法向來被認為具有下面幾個優點：

　　一、可以使聽覺障礙者與耳聽者的溝通變成可能。

　　二、可以使聽覺障礙者變成「非聾啞者」（因為能說話的緣故）。

　　三、可以使聽覺障礙者具有抽象思考的能力。

　　然而，在實際的教育現場中，要教聽覺障礙兒童學會正確的讀唇與清晰的發音、說話，並不是一件容易、簡單的事。要使口語溝通法與教學法成功，非具備種種條件不可。即使連自有聾教育史以來，徹底實施口語教學法的英國聾教育者，也深感口語教學效果之低落，而紛紛尋求、分析、檢討失敗的原因，探求如何使口語教學法成功的途徑，例如：貝茲（Bates, A.）和馬基茲（Markides, A.）於一九七六年即列舉了許多口語教學法的成功因素，他們除主張學校方面要有現代化的設備、小班級的教學、受過專門訓練的師資外，尚須獲得從事早期（一歲以下）診斷、早期鑑別、教育諮商等心理學者、語言學者、語言心理學者及從事聽障兒童教育的教師、教育學者、父母等的協助。

　　另一方面，美國的 Kirks, S. A. 與 Gallagher, J. J. 於一九七九年亦列舉影響聽覺障礙兒童教育發展的因素如：聽障兒本身的智力以及與智能有關的心理機能、失聰程度、失聰年齡、有無其他障礙等因素，均會影響口語教學的效果。

　　反觀我國啟聰學校實施口語教學無法普及、推展的原因，可歸納成下列數點：

　　一、教育制度問題：徹底推展聽障兒童的學前教育、義務教育及學校教育，並需靠著教室內外不斷的練習。

　　二、教材教具等設備問題：藉由現代化的科技輔具與教材教具，尤其助聽輔具的使用。要辨別口語讀唇、發音中的同口形異音字或同音異義字時，則須依賴手語、指文字、國字、圖片、實物、觸覺等輔助工具不可。

　　三、教育內容與課程綱要問題：要適時統整與修訂。

　　四、教師具備充足的口語訓練專業知能。

五、耳聰者方言能統一。

# 肆、聽覺障礙學生口語教學活動設計

　　人類的語言是經過後天學習的，在學習的過程中聽覺所扮演的角色最為重要，耳聰的兒童可經由父母有意識或無意識的刺激助長語言的發展。正常耳聰者的語言發展是先反覆無數次地聽取並理解對方的話語後，才進入說話、閱讀、書寫的階段。但先天性或幼兒期起便發生聽覺障礙的兒童，沒有聽覺的經驗，不能由聽覺學習語言，因此，語言發展遲緩。基於此種原因，聽覺障礙兒童的語文教學目標應從以下四方面加以考慮：

一、善用殘餘聽力。

二、使不能說話者變成能說話。

三、使不能閱讀者變成能閱讀。

四、使不能書寫者變成能書寫。

　　語文教學是啟聰教學中的基礎工具學科，語文教學成效卓著，其他領域的學習就較易著手，學習就較容易有成效。語文科教學也向來是啟聰教學中最吃重的一門科目，新進啟聰教育教師往往視為畏途，有不知如何使力感（黃瑞娥，2001）。

　　以下是國立台中啟聰學校施玉琴老師任教該校國小部一年級說話訓練課時所撰寫的教學活動設計，僅提出第一週、第二週部分供參考。

聽覺障礙類　說話訓練科
國立台中啟聰學校　教學活動設計

| 教學科目 | 說話訓練 | 教學班級 | 國小一年級 | 適用對象 | 聽障輕、中度國小一年級學生 |
| --- | --- | --- | --- | --- | --- |
| 教材來源 | 自編 | 班級人數 | 10 | 設計者 | 施玉琴 |
| 教材單元 | 開學了 | 教學時間 | 第一週至第二週 | 日期 | 90.09 |
| 週別 | 第一週 | 教學者 | | 施玉琴老師 | |

| 行為目標 |
| --- |
| A-1 能做出唇舌運動的動作。<br>A-2 能做吹氣、吸氣的動作。<br>A-3 能自然的發音。<br>A-4 能自然的發ㄚ、ㄨ的音。<br>A-5 能認識上課的口令並配合做出正確的動作。<br>A-6 能認識下課的口令並配合做出正確的動作。<br>A-7 能正確指認上、下課的字卡及燈號的圖片。<br>A-8 角色扮演，嘗試說出上、下課的口令。 |

| 行為目標代號 | 教學活動設計內容 | 評量標準 |
| --- | --- | --- |
| <br><br><br><br><br><br>A-1<br>A-2<br>A-3<br>A-5<br>A-6<br>A-7 | A：語彙：「上課」、「站起來」、「敬禮，老師好」、「坐下」、「下課」、「敬禮，謝謝老師」、「學校」、「學生」、「老師」。<br>　　　教具：果糖、蜂蜜、紙、衛生紙、學校圖片、糖果、紅綠燈圖片、蠟燭、羽毛、黑豆、吸管、餅乾。<br>活動一：<br>1.點名：認識小朋友的名字<br>　安排座位，注意坐姿。<br>2.舌操練習：舔舔果糖，讓舌頭左、右、上、下，繞一圈的舔果糖。<br>3.呼吸練習：呼：將紙折成/\/\/\讓小朋友吹，看誰吹的遠。吸：聞香水味。<br>4.發音練習：老師輕輕搔癢小朋友腋下，讓他自然發音。 | 輕度聽障學生：90%能達成<br>中度聽障學生：80%能達成 |

（續表）

| | | |
|---|---|---|
| | 5.說話練習：⑴老師揭示學校的圖片，問小朋友這是哪裡呢？（學校）誰要去學校呢？（學生，老師）他們在做什麼？（上課）為什麼有人在玩呢？喔！原來是（下課了）配合圖卡，揭示字卡；⑵老師陳列字卡「學校」、「老師」、「學生」、「上課」、「下課」，帶讀數次。 | |
| | 活動二： | |
| A-1 | 1.點名 | |
| A-2<br>A-3 | 2.舌操練習：舌頭快或慢的伸出、縮入，舌繞唇一圈舔蜂蜜。 | 輕度聽障學生：<br>90%能達成 |
| A-4<br>A-5 | 3.呼吸練習：呼：吹衛生紙，讓學生對著黑板或牆吹衛生紙。吸：聞糖果的香味。 | 中度聽障學生：<br>80%能達成 |
| A-6<br>A-7<br>A-8 | 4.發音練習：吃吃拳頭——老師手握拳頭，讓學生張開其嘴，吃吃老師的拳頭，在自然遊戲中，發出ㄚ。 | |
| | 5.說話練習：⑴老師拿出紅燈亮了的圖片及「上課」的字卡，告訴學生紅燈亮了，即是「上課」，要快快坐好，帶讀「上課」字卡數次；⑵老師拿出鼓，敲一鼓聲，要學生都站起來後，老師拿出「站起來」的字卡數次，老師敲第二鼓聲，敬禮後老師拿出「敬禮，老師好」的字卡，帶讀數次；⑶老師拿出綠燈亮了的圖片及「下課」的字卡，告訴學生綠燈亮了即是「下課」，可以到外面玩耍，老師帶讀「下課」字卡數次；⑷老師拿出鼓，敲一敲鼓，要學生站起來後，老師拿出「站起來」的字卡，老師敲第二鼓聲，待學生敬禮後，老師拿出「敬禮，謝謝老師」的字卡，帶讀數次；⑸陳列所有字卡，由老師一一帶讀字卡數次。 | |
| | 活動三： | |
| A-1 | 1.點名。 | 輕度聽障學生： |
| A-2<br>A-3 | 2.舌操練習：⑴讓學生鼓頰含著糖果，左右輪替；⑵讓學生糖果含於兩唇之間，嘴唇噘起。 | 90%能達成<br>中度聽障學生： |
| A-5<br>A-6 | 3.呼吸練習：呼：吹蠟燭，1支、2支、3支、4支、5支。吸：吸衛生紙。 | 80%能達成 |
| A-7 | 4.發音練習：了解發音時，喉嚨與胸腔振動的感覺。 | |

（續表）

| | 5.說話練習：(1)老師敲鼓，練習「站起來，敬禮，老師好，坐下」的程序，及「站起來，敬禮，謝謝老師」的程序；(2)請一位表現良好的學生，做上述練習的示範；(3)請其他小朋友輪流上台表演，演示過的小朋友則負責敲鼓；(4)下課前，陳列所有的字卡，一一帶讀數次。 | |
|---|---|---|
| | 活動四： | |
| A-1 | 1.點名。 | 輕度聽障學生： |
| A-2 | 2.舌操練習：舌頭伸出左右搖動。 | 90%能達成 |
| A-3 | 3.呼吸練習：呼：吹羽毛。吸：黑卒過河——用吸管吸黑豆，由甲地吸到乙地，看誰吸得多。 | 中度聽障學生： |
| A-4 | | 80%能達成 |
| A-5 | 4.發音練習：練習發出ㄚ的長音，ㄚ——，ㄚ，ㄚ，ㄚ。 | |
| A-6 | | |
| A-7 | 5.說話練習：(1)老師敲鼓，全班練習「上課」、「站起來」、「敬禮」、「老師好」、「坐下」的程序，並帶讀字卡數次；(2)老師敲鼓，全班練習「下課」、「站起來」、「敬禮」、「謝謝老師」的程序並帶讀字卡數次；(3)讓學生做紅燈、綠燈圖卡與上、下課字卡的配對練習；(4)老師說「上課」，讓學生找「上課」的字卡，並說出「上課」；老師說「下課」，讓學生找出「下課」的字卡，並說出「下課」。 | |
| A-8 | | |
| | 活動五： | |
| A-1 | 1.點名。 | 輕度聽障學生： |
| A-2 | 2.舌操練習：舌舔人中，利用舌頭發出ㄌ，ㄌ，ㄌ的聲音。 | 90%能達成 |
| A-3 | | 中度聽障學生 |
| A-5 | 3.呼吸練習：呼：打鬼吹箭——吸管剪成約四公分長，約十五根，將其套入大吸管中，吹出去，看誰吹得遠，亦可在黑板上畫鬼或動物吹在圖案上。吸：吸餅乾的香味。 | 80%能達成 |
| A-6 | | |
| A-7 | | |
| | 4.發音練習：練習發ㄨ的長音及ㄨ的短音。 | |
| | 5.說話練習：(1)老師陳列所有的字卡，動作演示一遍，字卡帶讀一次；(2)請一位表現較好的學生做示範扮演老師，練習一邊敲鼓一邊說「站起來」、「敬禮，老師好」、「坐下」，再請其他學生上台練習一遍；(3)再請一位表現較好的學生做示範，扮演老師練習一邊敲鼓一邊「站起來」、「敬禮，謝謝老師」，再請其他學生上台練習一遍。 | |

從以上施老師的教學活動設計來看，語文的教學是可以很輕鬆愉快，很活潑有趣的。只要教師在教學前能用心規劃，充分蒐集教學資源，擬好教學目標與細目，按部就班指導學生學習，採多元化教學方式，用多元化教學方法，增強學生學習興趣，提升學生學習意願，教學結果必定事半功倍（黃瑞娥，2001）。

此外，聽障學童一般說來雖有聽覺障礙的生理缺陷，但他們的發聲器官常是健全的。因此教師除了積極透過各項口語、手語、指語、讀話、聽能、綜合溝通法等方式外，培養孩子如何自然呼吸與發音的辨別力，使聽障學童感覺、體會各個語音的特徵，以及如何利用與結合醫療與輔助性科技：如人工電子耳、調頻助聽器、溝通板、電腦、視聽器材等，並和家長進行良好的溝通與互動，以共同提升聽障孩子口語教學與訓練的學習成效。

# 參考書目

李麗紅（1995）。語調聽覺法對學前聽障兒童聽覺能力與語言發展能力教學效果之研究。國立台灣師範大學特殊教育研究所碩士論文。未出版。

林寶貴（1981）。聽覺障礙兒童語言溝通法與語文教學法之研究。教育部教育計畫小組。

林寶貴（1994）。語言障礙與矯治。台北：五南。

施玉琴（2000）。啟聰教材教學活動設計，1-12頁。台中：國立台中啟聰學校。

陳小娟、林淑玟主編（1993）。語調聽覺法。台南：國立台南師範學院。

陳鳳文（1971）。口語教學之理論與實施，台中：金星堂印刷廠。

教育部（2001）。特殊教育學校（班）國民教育教育階段聽覺障礙類課程綱要。

曾進興主編（1995）。語言病理學基礎第一卷。台北：心理。

曾進興主編（1996）。語言病理學基礎第二卷。台北：心理。

曾進興主編（1999）。語言病理學基礎第三卷。台北：心理。

黃瑞娥（1998）。淺談我對聽障兒童口語訓練的認識。載於桃園縣特殊教育資源中心（編），桃園縣八十七學年度認識殘障宣導週作品集，48-52頁。

黃瑞娥（2001）。桃園縣東門國小啟聰班國語科教學，國教世紀雙月刊，197，37-42。新竹：國立新竹師範學院。

# 第六章

# 選擇性緘默症

李苑薇

## 壹、前言

　　走進教室，在一片喧鬧吵雜聲中，發現一個不說話的小孩，剛開始你並不會特別注意到他的存在，因為他並不會為你帶來麻煩，或許只會覺得，他是一個害羞、內向、沉默的小孩，直到你要求他參與班上的活動時，赫然發現，他只是看著同學進行活動，很少主動參加，對於你的問題，不管是溫柔的誘導說話，或是嚴厲的強迫回答，他依然沉默，當你認為他是一個固執、孤僻、不喜歡說話的小孩，卻發現他會說話，只是只和固定的一位同學說話。或許一般人對於溝通障礙的小孩多認為會具有構音障礙、口吃、口齒不清或是發展遲緩等特徵，但在眾多溝通障礙的小孩中，其實存在著如上所述特徵的小孩，他們沒有構音問題，也沒有器質因素引起的障礙，而且他們在某些場合和某些人是能正常交談的，但其實他們也是屬於溝通障礙的一種——選擇性緘默症（selective mutism）。以下為兩位選擇性緘默症兒童在學校及家中的表現狀況，由這兩個案例更能清楚的了解其特徵：

### 案例一

　　S.K.是個五歲的女孩，她從不和她學前班的老師說話。老師告訴父母親，

她認為 S. K.在教室似乎不舒服。父母親也注意到 S. K.在家中使用口語表達，但一離開家便用非口語表達。父母親描述 S. K.在家中的社會技能發展良好，在家中或和朋友在自己家中都表現活潑。當 S. K.和朋友離開學校時她都表現沉默，直到進入車中準備回家時，才開始說話。S. K.的父母是在 S. K.二歲時收養她的，在 S. K.的出生紀錄上她的生母表示，S. K.是個安靜又聰明的小孩，有正常的發展及語言習得。S. K.並沒有精神疾病相關的障礙，生理有關的測驗也都正常。

## 案例二

在進入學前學校的前二週，四歲十個月大的彼得拒絕和班上的小朋友及老師說話，在開學的第一週彼得和母親分開時會有困難，直到第三週後這個現象才漸漸消退，在家中，他只和媽媽說清楚的發音和長句子的內容，和爸爸及兄弟姊妹的對應只有肢體動作，但他表現出的是聽力良好並對語文指示理解。彼得的父母親描述彼得是一個害羞的小孩，不管是和自己玩或和別人玩，他的活動都是充滿想像力的遊戲，也不會出現任何干擾他人的行為。在媽媽懷孕期間，一切都很正常，並沒有特別的事，動作發展里程碑也都正常：十八個月會說五個字，二十四個月會說十個字，二歲二個月會說複雜的句子。生理測驗的聽力檢測正常，其他聽力相關檢測均正常，與母親的互動說話正常，但在辦公室時，會黏在媽媽身邊且表現出相當安靜的樣子。

# 貳、特徵

由前面的個案便可以對選擇性緘默症有一粗淺的了解。關於這個「選擇性緘默症」並不是最近才有的辭彙，選擇性緘默症在一百年前，即開始有人注意到這個問題，有關於選擇性緘默症的文獻可追溯到一八七七年（Michelle，1992），剛開始是用 voluntary mutism 或 aphasia voluntaria 等名詞來描述，到了一九三○年 Knner 和 Trainer 改用「elective mutism」來稱呼，直到一九九四年始稱之為「selective mutism」（引自王淑娟，2000）。

由於選擇性緘默症的兒童大部分在家中與自己的父母、兄弟姊妹互動說話

都沒問題，因此，家長很難發現其有溝通上的問題，一直要到進入學校求學階段，才會發現其在學校是不說話的，這時大家才會發現其溝通的問題。而在小兒科相關的文獻中，你也很難發現與選擇性緘默症相關的討論，甚至美國小兒科有關的期刊中，關於選擇性緘默症的報導一篇都沒有，這是因為選擇性緘默症在嬰幼兒時期並不會被發現，通常要到入學年齡後才會被發現。

在許多的案例中會看到，許多父母對於其小孩具有選擇性緘默症，多半的描述其行為特徵都是：小孩的個性很害羞、內向。對於這種症狀是否需要接受治療？多半會認為不需要，因為大部分的父母認為只要等一陣子或一些日子，小孩緘默的情形便會改善，因此很少會主動尋求醫師或相關人員的協助。甚至有的父母認為，小孩之所以如此的害羞是因為遺傳，因為父母雙方都很害羞，所以並不需要特別的治療，只要長大就會改善。

總括而言，選擇性緘默症的小孩一般有以下特徵：

一、他們的沉默並不是因為器官上的障礙而影響其說話能力。

二、不是因為不會說「那種語言」而無法理解與表達，所造成的溝通困難。

三、並不是一直保持安靜不語，而是只在特定場合和特定人物說話。而且這種沉默的狀態，必須持續一個月以上（不包括剛入學時的第一個月）。

四、只和父母及兄弟姊妹互動，甚至有案例只和母親做言語的互動，對於父親及家中其他兄弟姊妹，卻以肢體動做表達。

五、表情及個性的特徵如下：在學校表現服從、敏感、害羞或哭哭啼啼的，不快樂、好鬥的及倔強的，容易悲傷、焦慮及表現未成熟的情緒。在家中可能表現其支配性、消極、瘋狂及任性的行為，有一些甚至會出現自私及退化的行為。其實選擇性緘默症的小孩，是很渴望和其他同學產生互動的，但他卻因為懼怕而產生焦慮導致以緘默的行為來逃避問題。

## 參、判斷標準

到底怎樣的小孩才是選擇性緘默症的小孩呢？國內並無確切的診斷標準，王淑娟（2000）提出對於疑似有選擇性緘默症的兒童下診斷時，要注意以下三個前提：一、選擇性緘默症兒童的語言能力是正常或接近正常；二、選擇性緘

默症兒童的表達能力足以勝任社交溝通；三、已有許多明確的事實證據，顯示他們在其他許多情境，能夠正常或接近正常的說話。根據美國 DSM-IV 所定義之選擇性緘默症如下：

一、在某些你期待他說話的場合不說話，但在其他場合說話。

二、緘默的行為必須持續一個月以上。

三、問題非源於語言或外國語言的因素。

四、障礙會妨礙其教育、職業或溝通。

五、沒有發展性精神病學上的障礙，例如：自閉症、精神分裂症、智力障礙或普遍的發展性問題。

判斷一個小孩是否有選擇性緘默症，要蒐集其從母親懷孕時的胎兒期至今發展階段的所有醫療史，及這期間的語言狀況及其發展，甚至這段期間的語言治療過程都是必須的。由許多學者的研究中都指出，家族史影響小孩甚大，因此，家族中是否有成員患有精神相關疾病或是否有過緘默症，都是重要的資料。一份完整的精神病史、社會及行為特徵的紀錄等，能幫助釐清其病症的原因。我們可利用以下的表格作為蒐集學生各方面資料的參考，並可加上教師一欄，蒐集教師相關之意見（有關在學校的交友狀況、說話的對象、課業表現等），將可更清楚了解個案的狀況。

由父母與醫師的角色來看，「如何判定小孩是否有選擇性緘默症」：

| | 與父母親的訪談 | 與醫師的訪談 |
|---|---|---|
| 症狀 | 定義開始的形式（隱藏的）；過去的治療及成效，小孩談話的對象是誰？在什麼地點？ | 觀察小孩的互動。 |
| 社會性 | 評估小孩交友及友誼的情形；參與社會活動的型態及程度：在熟悉及陌生的場合，其害羞及抑制的程度；小孩會個別和誰談話；小孩的溝通需求能力。 | 觀察，小孩在互動過程時的性格（害羞、焦慮、抑制……）。 |
| 精神病學 | 得到有關的詳細評估資料：精神病的症狀，家族史中有精神病或過度害羞的情形，發展階段的性格。 | 顯現心理狀況的測驗。 |

（續表）

| | | |
|---|---|---|
| **醫學** | 蒐集醫療史：包含生病、住院治療，胎兒期、出生前後的資料及家庭醫療史。 | 生理相關檢查：包括神經有關攝影、口語知覺運動問題。 |
| **聽力學** | 確定有關耳炎的頻率及任何聽力問題。 | 評量對周圍的各種感覺（包含純音及語言刺激）及鼓室圖和音響反射。 |
| **學業及認知** | 回顧小孩的學業成就，包含成績及教師的評語。 | 認知技能標準化測驗及成就測驗。 |
| **說話及語言** | 確定小孩在家中使用語言的複雜性、非語言的溝通、說話及語言遲緩的歷史，描述小孩的說話及語言的使用，與理解環境對語言學習的影響（例如：使用兩種語言）。 | 使用標準化測驗評估接受性語言；使用錄音帶及標準化測驗評估表達性語言；語言調子的長度及文法複雜度和音調；使用錄音帶評估說話、語調流暢性、發音、韻律、重音、變調、音高及音量。 |

資料來源：Dow, S. P., Sonies, D. et al., Practical guidelines for the assessment and treatment of selective mutism. Am Acad Child Adolesc Psychiatry.

# 肆、出現率

　　選擇性緘默症的出現率調查有其一定程度的困難，因為其發生的年齡通常是在入學後，因此有的會發生在幼稚園，有的則會到小學階段才發現，視其入學的年齡而定。因此各國在調查其出現率的結果也不是很一致，英國 100,000 的人口數中，約有 0.3-0.9 個在校兒童有這樣的問題（Diana, 1992）（引自王淑娟，2000）。Steinkopff Verlag 在一九九八年針對芬蘭國小二年級學童的調查中，發現有 2%的出現率，且女生多於男生。Kopp 及 Gilberg 在一九九七年的報告中指出，每 1,000 名兒童中，會出現 1.8 名選擇性緘默症的兒童。由於選擇性緘默症大部分是入學後問題才會顯現出來，因此在出現率的調查上，與年齡是相關的，若在入學後調查，出現率就高，若在入學前調查，出現率自然就低。

# 伍、原因論

為什麼會有選擇性緘默症？一直以來許多學者有不同的看法，大致可分為以下幾項：

## 一、家庭環境

有研究指出，選擇性緘默症的小孩，常出現於幼年時期被父母冷落一旁，或是常常要一個人自己玩的家庭環境中。也有研究指出，父母關係不良、婚姻失和或長期吵架的家庭，不論其社會經濟階層的地位高低，會發生選擇性緘默症的機率是相同的。在報導中，父母親的過度溺愛與保護，也常是其中之一的原因。因此，家庭環境在兒童成長階段是很重要的，過度冷漠或溺愛都不恰當。

## 二、家族史

家族史原因的探求是很多人所重視的。在許多研究中也發現，整個家族中若曾有親人患有精神官能症，或是其家族中常有害羞、憂鬱、社會性退縮等情形發生，這樣的家庭出現選擇性緘默症的小孩比例，較沒有這些病史的家庭大。Gillberg 和 Gillberg 在其研究中提出，選擇性緘默症比期待中更常出現在家中有自閉症，或亞斯伯格症小孩的家庭中。如果家庭本身成員中，即有選擇性緘默症的患者，其家族成員中有選擇性緘默症的出現率也會較高。

## 三、心理因素

許多心理分析專家認為，選擇性緘默症乃源自於小孩幼年時期語言發展過程中，曾受到重大的心理創傷，而導致其日後不願意講話的行為出現。心理創傷的因素，可能包括學習語言時被友伴或外界人士取笑，或家中父母婚姻不和等（王淑娟，2000）。

### 四、學習理論

　　學習理論對選擇性緘默症的看法是持著個人本身與環境互動的觀點，視非口語的行為是所處環境中學習來的，其拒絕開口說話是為了自己能具操控環境能力所使出來的一種方法（Friedman & Karagan, 1973）。

　　以下是針對形成選擇性緘默症的原因所做的一些整理（王淑娟，2000）：

#### 形成選擇性緘默症的原因

| 性格因素 | 焦慮行為的家族史 | 環境改變 |
|---|---|---|
| • 害羞<br>• 憂慮<br>• 社會性逃避<br>• 懼怕<br>• 社會性退縮<br>• 依附<br>• 消極 | • 過度憂慮<br>• 分離問題<br>• 心跳過速<br>• 心悸、發抖<br>• 恐懼症<br>• 過度失眠<br>• 社會性逃避 | • 新學校<br>• 新的兄弟姊妹<br>• 婚姻失和<br>• 搬家<br>• 家庭問題 |

# 陸、治療、輔導與教學

## 一、團隊合作治療

　　家庭環境、父母態度及心理因素是導致兒童有選擇性緘默症的可能原因，而學校又是發現此症的場所，因此，父母親、教師，精神科醫師、語言治療師以及兒童本身，在治療過程中應組成一團隊，透過會議討論及分享，能促進兒童說話的方式，並從學校教師的輔導及教學的變更，以及精神科醫師所做的心理治療兩方面同時著手。

　　語言治療師在整個團隊合作上占有相當重要的角色，當兒童在治療室接受特殊的溝通行為治療時，若此時兒童的態度呈現舒服的感覺及狀態，語言治療師應協助教師在教室情境中誘發此種行為，語言治療師可站在協助教師的角色，教導教師如何誘發其行為或以直接介入的方式協助兒童。

需注意的是，選擇性緘默症的兒童對於陌生的環境、人物或是事項，會產生焦慮症狀，轉而以緘默的方式表現出來，因此，教師在設計課程時，應採結構化的方式，明確的讓兒童知道該做什麼事，如果遇到突然的改變，例如：未知活動的加入，你會發現選擇性緘默症的兒童會表現出緩慢暖身，也就是他們會在一旁觀察，直到確定活動的內容才加入，一旦他們加入活動時，會需要一名成年協助者協助兒童從事活動，直到兒童覺得有信心後，此協助者即可離開。

## 二、藥物治療

在過去十年來的研究，有人使用抗憂鬱藥來治療選擇性緘默症，而 Dummit 等人指出，他們的實驗中，以二十一名選擇性緘默症的兒童服用 fluoxetine 九個星期（雖然實驗過程未控制，結果卻是很顯著）。二十一名兒童中有十六名兒童其焦慮症狀減少，而在公開場合說話次數增加。也有研究指出，這十年來，針對選擇性緘默症有了重大的突破，研究者發現，每天服用 20mg 的 fluoxetine，能改善選擇性緘默症小孩的焦慮症狀。可見藥物在治療選擇性緘默症的兒童上有其效果，只是這效果是單純的藥物引起的，或是其他環境的配合，或父母、教師、周圍人員的協助造成的，都是需要考慮的。而且大部分的家長多把藥物治療當成最後一線的治療方式，不希望一開始即使用藥物。

## 三、差別增強

是一種利用行為改變技術的方式，來改善選擇性緘默症兒童，拒絕在公開場所說話的方式。開始時先透過觀察、錄音及追蹤的方式，記錄兒童在家中說話的情形，並蒐集各種醫療紀錄、家庭訪問紀錄及教師訪談紀錄。第一階段的重點在確認其基準行為表現，第二階段便進入治療的過程，在治療的過程中，必須每天記錄兒童的語言及非語言的溝通方式，當兒童出現任何語言及非語言的溝通表現達到目標時，所有參與的人員都需給其社會性或物質性的增強，每一天結束時治療師便和兒童一起回顧其當天的紀錄表，若發現有進步即可獲得增強，最後再將此方式帶進學校，由學校人員觀察其行為並給予增強。

不管用哪種方式或綜合以上的方式來改善其緘默的症狀，並促進其融入團體的生活，須注意的是選擇性緘默症的兒童，由於語言學習的挫敗感或焦慮、

恐懼，退縮而不敢說話，因此，教師在引導其說話時需有充分的耐心，一開始不要有太大的期望，只要他有非語言的溝通表現，就應該給予鼓勵（一開始時只要他會以點點頭或搖搖手表示願意不願意，即應給予鼓勵），接著鼓勵其發出聲音，剛開始可能只有耳語，記得要及時給予增強，並且儘量製造一個安全的環境，誘發其說話的行為，若他不願意開口，絕對不可強迫他說話，尤其在公開場合強迫他說話，只會使他更加退縮。教師也可與其他家長合作，安排一些同學到選擇性緘默症兒童的家中，營造一個安全愉快的氣氛，讓其能在此環境中學會與同學的互動，接著再將此行為類化到學校的環境中。

選擇性緘默症的兒童不是不會說話，他們其實渴望說話，只是害怕說話，因此幫助他們克服或減低造成其焦慮的因素，才能真正幫助他們，而不是強迫其說話，強迫會使其焦慮狀況更加嚴重。

# 柒、討論

選擇性緘默症小孩的出現率各國調查的差異很大，由於調查族群的不同也會有所影響，因為發現其有選擇性緘默症時，多半是入學時才會發現，因此，調查的年齡若是在學齡前，出現率便較低；若是調查小學一、二年級的兒童，其出現率便會偏高。姑且不論其出現率的高低，由於其行為表現的症狀為沉默、少互動，因此對教師班級的經營、管理並不會有太大的影響，於是常常被忽略。前一陣子新聞報導某國中發現一名學生為選擇性緘默症，他的症狀在國小階段便已出現，但是被教師及父母忽略了，這顯示了一般人對選擇性緘默症的認識不夠充足，因而常被忽略。

在治療選擇性緘默症前，需對其為何有此症狀作充分的了解，才可針對其個別的需求作教學上的調整，才不會因錯誤的方式造成其緘默症狀更為嚴重。親師間及治療師間的合作是很重要的，但目前國內的團隊合作似乎不是很落實，還有一些困難需克服，雖然如此，教師仍可利用自我進修或詢問專業人員的方式協助班上有選擇性緘默症的小孩，讓他能早一點與社會上的人做良好的溝通。

在寫這篇報告前，我對選擇性緘默症的認識，也是停留在字面上的意義，經過這段時間的資料閱讀，對於選擇性緘默症有了更進一步的認識，由於我的

班上也有一位沉默的小朋友，在接觸她之前，據她一到三年級的老師對她的描述，多是沉默、安靜、不參與任何活動。她的家庭狀況是父母關係不良，母親在她年幼時便已離開家，父親對她則是過度保護，在班上她只和固定一位同學說話，即使被同學欺負也不會表達，因此，父親常到學校來責罵同學。由於之前的老師對於她的教學輔導多採取消極態度，因此，該生在說話表現上無任何進步。從兩個半月前接觸她開始，我便鼓勵其參加班上的活動，對於其表達方式由一開始以點頭及搖頭表示意見，到現在她已進步到會說是及不是，只要她肯多說一個字，我便會在公開場合稱讚她，我發現稱讚的效果是很明顯的。選擇性緘默症至今原因眾多，站在教育的立場，在我們探究其原因時，更應關心如何改變其在公開場合的緘默症狀，我想更是重要。

# 參考書目

王淑娟（2000）。另類兒童語言溝通障礙——談兒童選擇性緘默症。幼兒教育年刊。

Steinkopff Verlag, S.（1988）. Selective Mutism Among Second-graders in Elementary School. *European Child & Adolescent Psychiatry.* Vol. 7, No. 1.

Martin T. Stein. Challenge Case: Developmental Delays And Regressions Selective Mufism. *Pediatrics.* Vol. 107, No. 4 , April 2001.

Adrianna Amari, Keith J. Slifer, Arlene C. Gerson, Eliza Schenck and Alana Kane（1999）. Treating selective mutism in paediatric rehabilitation patient by altering environmental reinforcement contingencies. *Pediatric Rehabilitation.* Vol. 3, No. 2.

Rober Schum（2002）. Selective mutism and intergrated treatment approach. *The ASHA Leader.*

Schum Robert L.（2002）. *Selective mutism the child who doesn't speak at school.* ASHA Vol. 7, Issue 17.

Susan Jo Roberts, Clinical case report identifying mutism's etiology in a child. *The Nurse Practitioner.* Vol. 27, No.10.

# 第七章

# 自閉症兒童的
# 語言溝通訓練策略

張紋綺

## 壹、前言

　　自閉症是一種兼具語言溝通障礙、人際社會關係障礙及環境障礙的一種廣泛性發展障礙，通常在出生後三十個月左右會有症狀出現，是一種屬於能夠早期發現、早期診斷的障礙類型。導致此種障礙的主要原因係先天腦部功能受損傷而引起的發展障礙，出現率約為人口的萬分之五、六左右，男生出現率顯著高於女生，比率約為 5：1。

　　自閉症此一名詞最早出現於一九四三年，係由美國著名的精神醫學家堪納（Kanner）所提出，研究歷史迄今近六十年，在國內亦二十餘年。自閉症兒童在溝通上有極為嚴重的障礙，美國精神醫學會診斷手冊的第四版（DSM-IV），對於自閉症兒童診斷鑑定的三個標準中，就有一個是「在溝通方面有質的缺陷」（Trevarthen, Aitkeen, Papoudi, & Robarts, 1996）。因此，如何促進自閉症兒童的語言溝通能力，一直是自閉症兒童教育的重點。

　　本章重點主要放在自閉症兒童的語言溝通訓練策略。首先，為自閉症下明確的定義，再則就自閉症兒童的語言特徵及其在語言溝通上的困難進行探討，並提出適合的語言溝通訓練策略及應用實例，以供教學參考，最後並根據本章內容做出結論。

# 貳、自閉症的定義

## 一、何謂自閉症及其特徵

自閉症是一種先天腦部功能受損傷而引起的發展障礙，通常在幼兒二歲半左右就可被發現。自閉症患者從小開始便表現出語言理解和表達困難，難以和身邊的人建立情感，對各種感官刺激的異常反應，及一成不變難以更改的固定玩法與行為等和一般兒童不同的特徵。一般患有自閉症的兒童，大多具有以下的特徵：

### (一)語言和溝通障礙

約有 50%的自閉症兒童沒有溝通性的語言，有語言的也常表現出鸚鵡式的模仿說，答非所問、聲調缺乏變化的特徵。

### (二)人際關係的障礙

從幼兒時期起，便可能表現出不理人、不看人、對人缺少反應、不怕陌生人、不容易和親人建立親情關係。缺少一般兒童的模仿學習，無法和小朋友一起玩耍等。

### (三)行為的同一性

特殊固定的食、衣、住、行習慣，玩法單調缺乏變化，如果稍有變化，就不能接受而哭鬧抗拒。

## 二、自閉症的鑑定基準

依據一九九九年公布之「身心障礙及資賦優異學生鑑定原則鑑定基準」中規定：「自閉症」係指因神經心理功能異常而顯現出溝通、社會互動、行為及興趣表現上有嚴重問題，造成在學習上及生活適應上有顯著困難者，並不是因為父母教養態度、方式不當或人格問題所直接引起。此外，自閉症的鑑定需

同時具備下述三個核心障礙，其鑑定基準如下：

## (一)顯著口語、非口語之溝通困難者

至少具有下列一項行為特徵：

1.完全沒有口語或口語發展遲緩。

2.有語言能力者，在開始或持續對話的能力上有顯著的缺陷。

3.使用刻板的、重複的語言或隱喻式的語言。

4.缺乏符合其發展年齡富變化的、自發的假裝性遊戲或社會性模仿遊戲。

## (二)顯著社會互動困難者

至少具有下列一項行為特徵：

1.非口語行為，例如：視線接觸、面部表情、身體姿勢等方面，在使用上有顯著的障礙。

2.無法和同儕發展出符合其年齡的友伴關係。

3.缺乏主動和其他人分享喜悅、興趣，不太會主動拿自己感興趣的東西給別人看。

## (三)表現固定而有限之行為模式及興趣者

至少具有下列一項行為特徵：

1.在興趣方面，有一種或一種以上的刻板形式，強度和焦點不同於一般人。

2.對於特別的、非功能的常規或儀式有異常的堅持。

3.有刻板而重複的動作，例如：晃動手指、拍手或擺動身體等。

4.經常沉迷於東西的某一部分，表現固定而有限的行為模式及興趣。

# 參、自閉症兒童的語言障礙特徵

自閉症兒童中約有三分之一無口語表達能力。有口語表達能力者，也常有「你」、「我」、「他」等代名詞混用、語法錯誤、語言發展遲緩、缺乏自發性語言、代名詞、抽象語言使用困難等問題存在。在聲音聲調方面，較一般人平板、無變化、缺乏情緒的融入。部分自閉兒童在會話時，常有焦點不易契

合，談話無法接續等情形發生。另外，肢體語言（包括：手勢、面部表情、身體動作）的理解與表達，對自閉症兒童而言也是相當困難的。

　　茲將自閉症兒童的語言特徵說明如下：

# 一、口語

## (一)口語理解能力低落

　　有些人完全不能理解，有些則可以理解字面上的意義，但對艱澀的片語、雙關語、成語等則無法意會，此外，大多數的自閉症兒童有不懂溝通情境的問題。自閉症兒童除了無法理解字面上的意義外，他們更是無法理解主體語言除了表面意義外，還含有隱喻者，例如：「一箭雙鵰」，他們可能僅能理解字面上的意義是「一枝箭射中兩隻鵰」，但其隱喻是「做一件事情能得到多重成效」。所以，自閉症兒童在成語的舉一反三運用上也是比較有困難的。

## (二)使用口語方式異常

　　常見的有以下幾點情形：

### 1.無語言

通常會被認為是聽力有問題或是失語症。

### 2.鸚鵡式說話

　　所謂「鸚鵡式說話」是指：對於所聽到的話會毫無意義地複誦一遍。根據統計，在所有會說話的自閉症兒童中，大約有85%以上有鸚鵡式說話的問題。在早期的語言治療模式裡，大多將鸚鵡式說話以病理的問題來看待，亦即期待以更具功能性的語言來企圖消除或減少小朋友的這種行為。而研究則指出，其實鸚鵡式說話經常發生於壓力下，例如：陌生或無法預測的環境、非結構性的環境、過難的工作或要求、過渡期、活動引起的焦慮或害怕等，另外，指導性的教學環境亦是鸚鵡式說話的主因，因此，自閉症兒童即使在了解環境的情境下，亦是會發生鸚鵡式說話的情形，這使得在過去的教學課程裡，鸚鵡式說話並不被認為與溝通意圖或能力相關，然而，重要的是，研究顯示，即使將鸚鵡式說話消除，自閉症兒童的溝通能力卻不會因此而增加。自閉症兒童普遍存在

著仿說的現象，主要可分兩種型式：

(1)立即仿說：有變化的仿說被視為是自閉症兒童表達溝通的意圖，而沒有變化的仿說多半是不具有溝通意圖的。

(2)延宕仿說：在一段時間之後喋喋不休的重複某些字、成語、句子、整首詩或是歌曲，同樣也會有溝通性或是非溝通性之分，而這種行為通常和情境、壓力有所關聯。

### 3.說話不帶感情

只是在告訴你，而非是和你談話，也沒有一般人說話時會一問一答、一來一往的特性。

### 4.無法掌握音調、音量

說話時有如木偶一般，十分機械化，無法經由語音的音調、節奏、抑揚頓挫來表現情緒或是感受，亦不能在不同的情境中使用不同的音量。

### 5.字義無法變化

例如：「學校」和「校正」，「教會」和「會計」等，不能分辨及變化其正確的讀音。

### 6.代名詞反轉

會有將「你」、「我」、「他」等代名詞混淆、錯誤使用的現象。

### 7.不清楚肯定與否定的概念

常使用「不」，而較少使用或不會使用「是」或「好」。

### 8.文法結構不成熟

會使用自己的語言，通常只有常跟他接觸的人才了解其語言所隱藏的涵義。

### 9.很少發問

很少主動提出問題向師長發問。

### 10.固著性

不會因應情境的變化，而喜歡重複地唸著某句話。

### 11.不會使用因果性的語言

例如：因為、所以、因此、如果等詞彙。

### 12.隱喻式語言

自閉症兒童常自言自語地說些別人聽不懂的話，來表達自己的需求。例如：「看房子畫」來表達「去美術館看畫展」，這種隱喻式的語言，常令人一

頭霧水。

## 二、非口語

### ㈠不容易理解手勢、表情、姿勢等所要傳達的訊息

例如：當他人對自閉症兒童所說的話題不感興趣而左顧右盼時，自閉症兒童通常無法察覺而繼續談論他的話。亦即，他們無法站在別人的角度來想，所以在溝通上常有困難，也易導致人際關係不佳。

### ㈡會使用非語文的溝通方式

有些自閉症兒童常使用攻擊、傷害自己、發脾氣、視線接觸、拉別人的手等各種姿勢意圖溝通，但有些行為是不合乎社會規範的，也許只有父母或與他相處較久的人才能明瞭他所要表達的意思。

### ㈢部分個案的認字能力極佳，且擅長寫記憶、敘述性的文章

少數語文能力好、智力高的自閉症兒童能夠寫作文。他們通常是運用極強的記憶力，一字不漏地將作文範本的句子背下來，逐漸地，才有少數程度較高者可以把自己所看到、所想到的寫出來。在宋維村醫師的個案中，有四、五位能作文的自閉症青少年，都較長於寫記憶性、敘述性的文章，而很難寫抒情性質的文章（宋維村，1983）。

無口語能力的自閉症兒童常易被混淆當作是失語症兒童，茲將自閉症與失語症的相似與相異之處作一比較如下：

### 相似之處

1.二者的聽力皆正常。
2.二者的聽覺區辨能力都很差。
3.皆有回饋曲解（feedback distortions），無法修正行為。
4.皆可能表現鸚鵡式說話。

5.均表現出口語表達的障礙及知覺上的困難。

## 相異之處

1.自閉症兒童的行為問題常是持續性的；失語症兒童則否。

2.失語症兒童常試圖以呢喃聲或是手勢和人溝通，與人保持極佳的關係；自閉症兒童則多數不知如何與人溝通，人際關係很差。

3.失語症兒童的記憶力差；自閉症兒童有的記憶力極佳。

另外，將零到五歲正常兒童與自閉症兒童語言溝通的發展特徵作一比較，如下表（摘自「自閉症基金會會訊 121 期」）所示：

### 0-5 歲正常兒童與自閉症兒童語言溝通的發展特徵

| 年齡（月） | 正常兒童 | 自閉症兒童 |
|---|---|---|
| 2 | 發聲、喉音 | 安靜或哭個不停 |
| 6 | 面對面發聲互應 | 安靜；哭鬧 |
| 8 | 牙牙學語；企圖性模仿性發聲、注視、用手指 | 安靜；少數發聲；沒有企圖性或模仿性發聲或動作 |
| 12 | 有意義的單字，企圖性和回應性發聲和動作溝通（呈現要求） | 可能有過少數幾次有意義發音，後來停滯或消失；亞斯伯格症及少數高功能自閉症兒童出現單字和詞 |
| 18 | 字彙和詞彙增加；用動作語言要求；二字句出現 | 少數高功能自閉症患者出現單字和詞 |
| 24 | 字彙和詞彙迅速增加；三至五字句；語言、表情、眼神、用手指並用來溝通；簡單問答；稱呼自己的名字 | 大都不理人或以哭鬧表達要求；極少數會用手指、注視；語言和互動退步；亞斯伯格症者有詞句及背誦式語言，仿說期很短 |
| 36 | 字詞彙達 1,000 字左右；較長的句子；使用「你」、「我」；很會問；持續互動 | 拉、帶、重演表達要求；高功能者出現字詞仿說；語言有咬音、音調等問題；亞斯伯格症者有對話 |
| 48 | 複雜的長句；連續互動的語言溝通；語言和動作協調的溝通（人、情境） | 動作模仿、動作要求；注視增加；仿說句加長、複雜，代名詞反轉；少數主動說 |
| 60 | 複雜適當的口語和非口語溝通；文法正確；對嘲諷、開玩笑等隱喻的了解和運用 | 口語和非口語溝通增加；特殊怪異的溝通；代名詞反轉和仿說；缺乏連續互動性溝通；缺乏情緒感受之溝通 |

註：亞斯伯格症為自閉症之亞型，具有較優的認知能力及語言溝通能力。

# 肆、自閉症兒童在語言溝通上的困難

　　自閉症兒童的溝通困難有極大的個別差異，大多數顯示有嚴重的語言發展遲緩和障礙程度。障礙症狀雖呈現百態，如有全然無法理解名詞的自閉症（類似發展性理解能力失語症），或無理解能力卻能片段說出廣告詞的自閉症兒童，或為遵循固定步驟或情境判斷而湊巧完成語言指示者，或平素啞口無語卻又顯示其名詞語彙理解能力漸增者，或如聾者能模仿口形發聲卻無語音者（石井高明，1991）。不過，卻有其共通的特性，以下分別敘述其表達與理解能力上的困難：

## 一、語言表達上的困難

　　自閉症兒童的語言表達能力均明顯有較同儕遲緩及異常的現象。甚至極少數自閉症兒童於二歲以後雖變得多話，卻也必定有遲緩或異常現象。即便是發展較佳者，在二歲以後才會說些語詞，也大部分都是隔幾年以後才會說些話語和語彙（曹純瓊，1992）。自閉症兒童的人際關係障礙、抗拒變化之執著行為等自閉症狀會因年齡的漸增與發展而有所改變，但是語言之異常卻不見改善，且在五歲左右若無語言能力，則其未來發展並不樂觀。

　　研究顯示，有50%的自閉症兒童從未獲得有用的說話能力；有23%-40%的自閉症兒童無說話能力（野村東助等，1992）。機能正常或者接近正常水準的自閉症兒童一般只能達到五歲正常兒童的語言水準，而多數有表達能力的自閉症兒童只能描述事物名稱及其外在性質，且伴有音調異常、高音、複唱他人語句（反響語言）、重複質問自己所知之事情等特徵，而在文法結構上則常見代名詞之混淆不清、欠缺想像與抽象性質之語彙、對話時答非所問等現象。

## 二、語言理解上的困難

　　自閉症兒童的語言理解能力方面多為片段而不完整，只能片段了解他人的談話內容。語意及文脈的理解均極差，手勢的理解亦有困難，若無情境的提示，則無法遵從指示（林寶山，1992）。有時自閉症兒童會因心中掛記著某事

而一時無法理解平時能應對之對話內容，而重複質問此事或無反應。至於高度
抽象語言則很難理解內容，而這與自閉症兒童的視、聽覺資訊處理及認知障礙
有極大的關聯。

　　多數例子顯示，自閉症兒童的語言遲緩或異常與智能並不一致，自閉症兒
童通常無法發展語言或非語言的溝通能力。研究顯示，機能正常或接近正常水
準者只達到五歲正常兒童之語言能力，而有 50 ％的自閉症兒童從未獲得有用的
說話能力（林寶山，1992）。

# 伍、自閉症兒童的語言溝通訓練策略

　　在實施語言溝通教學之前，首先要提供一個溝通、教學的環境。要有一個
愉快而且安定的環境，這個環境應該是接納的、尊重的、關係良好的，並且應
該減少限制與體罰，避免緊張與焦慮的產生。不隨意做未預告的改變，包括：
每日的流程、教師、教室的布置等。至於溝通教學的進行，應該做到以下幾點：

　　一、重視溝通的目的：

　　　　對學生而言：了解老師的指示、表達自己的意見。

　　　　對教師而言：了解學生的意見、需求，傳達自己的意見及要求。

　　二、重視不同的溝通方式：不論是口語的或是非口語的溝通方式。

　　三、重視溝通的意圖：包括：表面的、內在的、好的、不好的溝通意圖
　　　　等。

　　四、促進溝通的發展：包括：溝通的情境、溝通的內容等。

## 一、語言溝通訓練的目標及原則

### (一)語言溝通訓練的目標

　　過去我們對語言發展遲緩的兒童所實施的語言溝通訓練目標，大多是要求
他們能夠說話，但是現在已經偏重能夠使兒童理解語言中的意義以及能夠表
達，因此，對於自閉症兒童的語言溝通訓練首重在加強其語言理解能力，其次
才是語言表達能力。

## ㈡語言溝通訓練的原則

1.不斷地對兒童說話：周圍的人不斷地對自閉症兒童說話，自閉症兒童模仿、學習大人的說話，才慢慢說出自己的話來。

2.對著兒童的視線說話：跟自閉症兒童一起遊戲、拿任何東西給他、請他做任何事、幫他做任何事時，要常常對他說簡單的話，並且要確定對著兒童的視線來講話。因為自閉症兒童常常視線不看人，有時不是不看，而是看的時間非常短暫。當他不注意看你的時候，對他說話是沒有什麼效果的。

3.選擇配合情境的話題：說些不合情境或兒童難以理解的話題也是沒有用的。以眼前看得見、容易了解的自然話題為佳。尤其是以兒童說的話，大人也可以先以兒童的口氣說給他聽，讓他知道這時候他應該怎麼說或回答才好。

4.不必重複練習太多次：同樣的話語叫兒童練習五次、十次，有時候反而使自閉症兒童拒絕說話的反應。同樣的事在同一個地方不要重複兩次以上，但碰到同樣的事情或同樣的情況發生時，要再重複地提醒他。語言若是強迫學習，則其進步有限，亦不必刻意教學，只要在適當的環境下，不斷地、自然地對他說話，讓兒童了解語言的意義，便可期待他逐漸地說出話來。

5.不必刻意矯正其發音：嬰幼兒剛學說話時，或相當會說話的時候，仍然可能會說一些娃娃語或發音不清楚、不正確，這是嬰幼兒說話的特徵，不必太介意，不必太刻意矯正其發音。家長或大人只要自己提供正確的說話範本即可，但千萬不要學兒童說娃娃語。兒童的舌頭、喉嚨等發音器官尚未成熟前，雖想發正確的語言，但總是辦不到，這時若大人也像兒童一樣發出奇怪的語言，兒童反而感到困惑。利用遊戲方式或行為改變技術，使兒童在很自然的情境下學習發音方為上策。

6.有耐心地聽他說話：自閉症兒童雖然表達能力弱，但想說話時，大人要有耐心地聽他說話。反覆地問同樣的問題時，大人也要認真的回答。這樣當自閉症兒童說話時，他也比較願意以語言或非語言的姿勢、表情、手勢等方式來回答大人。

## 二、語言溝通訓練的教學原則及口語訓練的方法

### (一)語言溝通訓練的教學原則

　　教學者在進行自閉症兒童的語言溝通訓練，要掌握以下幾項教學原則〔摘自李豫明（1992）提出的「自閉症兒童的語言治療原則」及楊麗華（1991）提出的「語言矯治課程的設計原則」〕：

　　1.了解起點行為：先簡單測試兒童語言發展的程度。若是完全無法用語言來表達的孩子，必須先測試他具有哪些基本的學習能力，包括：大肌肉動作模仿的能力、簡易的聽令能力、指認能力和配對作業能力。因為簡易的聽令能力和大肌肉動作的模仿能力，幾乎是一切學習的基礎，透過這些模仿學習可以促進兒童對外界的認知發展，有助於日後的語言訓練。

　　2.擬定學習目標：了解兒童的起點行為與分析現有的能力後，我們要具體列出他該增進的行為和該減少的行為，並讓家長了解，共同協助指導。擬訂的課程長短期目標必須以溝通能力，需要的評量為基礎。

　　3.實用的原則：自閉症兒童的抽象思考能力有缺陷，不懂得舉一反三，我們要儘量透過實物幫助他們理解與獲得有用的溝通技巧。

　　4.循序漸進的原則：兒童各方面的能力是依循一定的順序而發展，自閉症兒童的語言能力亦不例外。

　　5.避免一成不變的學習過程：自閉症兒童本來就有固定行為的特性，故在教導時，應儘量多變化，不分時地給予機會教育。否則會造成他只在特定地方才知道某個東西，離開該處就不知道了。

　　6.運用行為改變技術的原理：找出孩子喜歡的增強物（零食、飲料或會發亮的罐子等），只要他達到該階段的目標即予以增強。從許多研究結果我們可以了解到：如果給予獎勵的密度較高，會影響自閉症兒童說話反應的「動機」，而促使這些常有失敗經驗的嚴重語言障礙兒童願意開口試試看。

　　7.加強功能化、具體化、生活化的教學：自閉症學生在學習上的兩大特色是機械化的學習與類化上的困難。換句話說，無法自行靈活運用學得的東西或舉一反三的能力類化應用到相似的情境。為了因應這種困境，自然情境的教

學，實用的、功能性的教學，以及「處處教、事事教」，就成為重要而不可或缺的教學原則。為了讓教學效果落實於日常生活，並實地增加演練的機會起見，與家長的密切聯繫、配合便相當重要，家長的參與不僅可補類化困難的斷層，更可以提供許多寶貴的資訊供教學上作參考。

### (二)在家實施口語訓練的方法

除了在學校實施語言溝通訓練外，在家裡，父母亦可適時地提供口語訓練。董媛卿（1993）建議父母指導自閉症兒童的口語訓練方法如下：

#### 1.利用與一般人溝通情境的連結方法

(1)不要事事都替他做好、想好，只說有關他的話或有關他的事。

(2)等自閉症兒童轉頭看著父母時，父母才開口說話。

(3)家中每一個房間都放一面大面、可以照到半身的鏡子，常引導自閉症兒童走到鏡子面前，父母與自閉症兒童一邊看鏡子、一邊說話。

(4)不要刻意只以簡化的字詞或句型與自閉症兒童說話。

(5)未聽懂或還不會的字詞或句型需要很多、密集式的口語說明或動作示範，尤其是形容詞或副詞。

(6)父母不需要重複扮演雙簧或一人飾演兩個角色。父母說話扮演自己的角色最為適當。

(7)沒有立即的反應並不表示自閉症兒童完全不懂其意。父母不要一直以有限的字詞、句型與自閉症兒童說話。

(8)自閉症兒童自言自語或回聲式說話時，父母立即插入或打斷。

(9)以固定的作息時間來訓練自閉症兒童，什麼時候吃飯，什麼時候做功課，先吃飯再做功課。做特定事情有固定的時間和順序會增加自閉症兒童自動自發行為出現的機率。

(10)增廣其同義字詞的理解和演練機會，讓自閉症兒童習慣不同的表達說法，一方面依筆記和計畫擴增所使用字詞、句型的範圍；一方面讓自閉症兒童多聽故事錄音帶或文藝性錄影帶等。

#### 2.口語訓練前的發聲訓練程序

(1)先做聽力檢查是否自閉症兒童的聽力在正常的範圍之內。

(2)再請語言治療師進行評估。

a.構音器官是否正常？

b.喉部的肌肉是否強韌而有力？

c.上下顎開合是否靈活？

d.舌頭是否轉動靈活？

e.上下唇是否可以開、合、左歪、右斜的變化唇形？

f.換氣、喉動、舌動、唇動、鼻動是否順利？

(3)尚需考慮智力潛能。

a.區分。

b.類化。

c.模仿。

d.聯想。

e.記憶。

f.創新或自發性的組合。

(4)儘量拉開上下唇，讓唇形習慣各種變化。

a.發「ㄧ」的音。

b.發「ㄚ」的音。

c.發「ㄡ」的音。

d.發「ㄟ」的音。

e.發「ㄨ」的音。

(5)在家裡儘量放大聲音，讓聲音一口氣直接衝出來，不要只是在喉嚨裡轉。讓隔壁房裡的家人可以聽到小孩發出的聲音。

(6)玩舌頭，伸出、伸進、上翹、下彎，整個舌頭捲起發聲。

(7)每天漱口練習五十次，把水含在嘴裡，把頭上仰，發出喉聲來轉動嘴裡的水。

(8)每天轉動舌頭發出一個新的聲音，這個聲音至少必須連續製造十次。

(9)閉上嘴巴，用鼻子發音，愈大聲愈好。

(10)吹出氣來，用力吹氣，讓嘴前的兵乓球往前移動，它被吹得愈遠愈好，然後，乒乓球從放在嘴前的距離逐漸移至嘴前方十公分的距離才開始吹。

### 三、不同溝通程度的自閉症兒童的教育要點

程度一

| 程度一<br>無語言 | （模仿、理解、表達） |
|---|---|
| 無溝通意圖 | 引起溝通動機、模仿能力 |
| 用哭鬧溝通 | 加強理解能力、模仿能力尋求口語外的溝通方式 |
| 用手勢溝通 | 加強理解能力、模仿能力、加上眼神、表情 |
| 不會說話 | 檢查發聲器官，加強發聲、發語前的準備工作 |
| 其他 | 布置溝通情境、兒歌教唱、動作訓練、感覺統合治療、音樂藝術治療 |

程度二

| 程度二<br>單字、短句、仿說 | （加長句子、字義、構詞） |
|---|---|
| 立即仿說<br>1.全句仿說<br>2.半句或句尾仿說 | 示範正確的說法 |
| 延宕仿說 | 了解代表意義、示範正確說法 |
| 單字、短句 | 字詞的增加、詞性的變化（名詞、動詞、形容詞）、片語、句子，多說話，製造說話的情境 |
| 構音、音調、音量不正確 | 示範正確的構音，並在適當的情境調整說話的音調及音量 |
| 其他 | 玩扮演遊戲、玩兩人以上的遊戲、不要事事替他安排 |

程度三

| 程度三<br>句法、文法問題 | （文法、章法及語用） |
|---|---|
| 代名詞反轉 | 玩扮演遊戲或布偶戲 |
| 語意怪異 | 破除僵化、固執化，加強語意理解能力 |
| 文法不當 | 隨時糾正語法、簡單介紹文法規則 |
| 不會談話 | 多聽、多說、多演練 |
| 說話不帶感情 | 隨機指導、眼看說話者時才和他說話 |
| 不懂隱喻式語言 | 隨機指導 |
| 其他 | 安排會談情境、練習作文 |

# 陸、應用實例

　　小明是個在中產階級家庭出生，備受期待的男孩子。在小明滿周歲以前大家並沒有注意到他和其他的小嬰兒有太多的不同。事實上，小明很「乖」，很「安靜」，爸媽發現他不吵人，跟他的姐姐比起來，小明「很好帶」。直到小明快要兩歲了，他的父母開始愈來愈擔憂，因為他和其他的孩子的確開始不一樣。他一直到一歲多才開始發出聲音，沒有興趣聽人說話，也沒有興趣看對他說話的人，誰想抱他都可以，不會害怕陌生人，沒有人抱他也無所謂。他可以一個人獨處在房間的角落很久，沈迷於玩電腦的螢幕保護程式或是撫弄排列玩具積木中。

　　阿媽原本懷疑小明是不是耳聾，所以學不會說話，但小明卻又對許多聲音有奇特的反應，讓大家不相信他的耳朵有問題。好比他對吸塵器或撕裂紙的聲音極為敏感，一聽到就尖叫不已，沒辦法平靜。他對常經過家門口的公車極有興趣，每當聽到熟悉的排氣管聲，他就會衝到窗前看公車，但他卻從不曾企圖把這份注意力及興奮感，以手勢或言語和任何人分享。小明也從來不玩想像的假裝遊戲，他有一大堆的玩具車，但他只是把玩具車排成一長列，撥弄讓輪子轉，然後躺在地上靜靜地看，這似乎是他最大的娛樂。

　　到了小明三歲的時候，他仍然不講話，他的父母開始真正擔心了，小明是這麼地與眾不同。一方面他不肯發出聲音與人溝通；但另一方面，他又早熟地顯現對音樂的興趣，常呆坐反覆聽爸爸播放的古典音樂。小明也常常莫名其妙地發脾氣，沒有人了解他是怎麼了？小明的媽媽也注意到他的智能發展不平均，許多極為簡單的題目他不會，但是他在幾何空間的概念表現極佳。在家裡他是個拼圖天才，他甚至可以把圖形倒著拼。隨著小明的長大，他變得愈來愈固執，許多的生活常規都一定要照他的方式做，不然他會大發脾氣，不了解的外人常常誤解這個孩子被父母寵壞了。事實是小明太固執了，家人根本不可能讓他改變或配合。

　　從四歲多起，他慢慢地開始說話了，但是他常像個鸚鵡一樣反覆地仿說著他看完卡通影片的句子，例如：「啊！我叫你上坦克，上坦克！我叫你上坦克，上坦克！」小明常將代名詞混淆不清，他也甚少用語言向別人表達情感。

家人常常覺得，不管他們如何努力，似乎總有一道牆將小明和世界其他人隔開。

小明的父母帶他到醫學中心求診，診斷為「自閉症」，這時醫生建議要先做早期療育。早期療育尤其首重語言溝通訓練，根據小明的語言發展狀況及語言特徵，我們可以提供以下的語言溝通訓練策略：

在進行語言溝通訓練之前，首先要提供一個愉快而且安定的環境，這個環境應該是接納的、尊重的、關係良好的，並且應該減少限制與體罰，避免緊張與焦慮的產生，不隨意做未預告的改變。至於語言溝通訓練教學的進行，可以遵循以下幾個重點：

## 一、了解起點行為

先測試小明的語言發展程度。已經確定小明是具有口語能力的自閉症兒童，雖然會說話，但是他常像個鸚鵡一樣反覆地仿說他聽到的句子，常將代名詞混淆不清，也甚少用語言向別人表達情感等。

## 二、擬定學習目標

根據小明的起點行為，考慮實用性及循序漸進的原則，為增進小明的語言溝通能力，先擬訂以下的短期學習目標—：

㈠減少鸚鵡式說話的頻率。
㈡學會正確使用代名詞「你」、「我」、「他」。
㈢能主動表達自己的意見，與他人分享自己的情感。
㈣增進口語理解能力。

## 三、運用行為改變技術的原理

找出小明喜歡的增強物，當小明達到該階段的學習目標時，可立即給予增強。已經知道小明最大的娛樂是將一大堆的玩具車，把車子排成一長列，撥弄讓輪子轉，然後躺在地上看。小明亦喜歡盯著電腦的螢幕保護程式看，所以可將贈送玩具車、玩螢幕保護程式或是看卡通影片當作是對小明的增強，亦可再

調查小明喜歡的其他增強物。

　　根據上面擬定的四個短期學習目標，分別提供相關教學範例，供教學上作參考：

## 一、減少鸚鵡式說話的頻率

　　小明看完卡通後，很喜歡不斷地重複說：「啊！我叫你上坦克，上坦克！我叫你上坦克，上坦克！」（卡通影片的台詞），這時教學者可對著小明的視線做這樣的教學指導：

　　㈠插入話題中止小明的鸚鵡式說話：轉移小明的焦點，問小明為何要講這句話？這句話是什麼意思？或跟小明談談這部卡通在演什麼？插入話題，立即終止小明的鸚鵡式說話。

　　㈡提供增強物減少鸚鵡式說話的頻率：終止小明的鸚鵡式說話後，再告訴小明以後可以不用重複講這麼多次，告訴他以後只要講一次，老師就聽得懂。以後若每講一次「啊！我叫你上坦克，上坦克！我叫你上坦克，上坦克！」，老師就會在黑板上劃記一次，若是一個星期下來，劃記不到十次，將贈送小汽車一部（或是其他小明喜歡的增強物）。

## 二、學會正確使用代名詞「你」、「我」、「他」

　　小明會將「你」、「我」、「他」等代名詞混淆，無法正確使用這三種代名詞。這時教學者可對著小明的視線做這樣的教學指導：

　　㈠玩扮演遊戲或布偶戲：用扮演遊戲或布偶戲由近而遠來示範「我」、「你」、「他」代名詞的使用法，並讓小明親自示範一次，以確定觀念是否真正清楚。

　　㈡反覆練習：若扮演遊戲或布偶戲已讓小明學會這三種代名詞的用法，可舉一些相關實例，再讓小明反覆練習。例如：老師可問小明：「你在做什麼，小珍（小明的同學）在做什麼？」看看小明如何回答？並請小明以同樣的方式反問老師一次。

　　㈢立即給予口頭增強：只要小明將代名詞使用正確，即立刻給予口頭讚美，增進小明的自信心。若是講錯或答不出來，也請有耐心地聆聽，並鼓勵小

明說出答案，就算答錯，也請告訴小明「沒有關係」，肯定小明說出答案了。

## 三、能主動表達自己的意見，與他人分享自己的情感

小明平常不會主動與人交談或表達自己意見，也不會與他人分享自己的情感。教學者應利用自然的情境適時地給予機會教育，例如：帶小明去逛校園時，這時教學者可對著小明的視線做這樣的教學指導：

(一)引導小明說出自己現在的心情：老師可問小明現在的心情怎麼樣？是否喜歡來這裡？若不喜歡來，想去哪裡？若小明講的句子很簡短，老師可提示一些詞彙或句子，引導小明多說一點。

(二)引導小明說出現在的想法：老師可問小明現在有什麼樣的想法？有沒有什麼話想對老師說的？若小明講的句子很簡短，老師可提示一些詞彙或句子，引導小明多說一點。

(三)有耐心地聆聽：小明也許剛開始不太願意講話，這時老師要很有耐心地聆聽或接收小明的語言表達（包括：口語及非口語的語言表達）。即使是不好的意見，或是答非所問，老師也要肯定小明願意表達自己的想法。若小明還是不願意表達，可再試探性地問一次，若仍然不願意表達，就暫時不要勉強小明回答，等到其他情境時，再轉移話題問別的問題，請小明表達自己的想法或意見。

## 四、增進口語理解能力

小明對於別人說的話，常常聽得一知半解，無法完全理解別人所說的話。例如：當教學者要請小明去後面的櫃子拿彩色筆和圖畫紙，這時教學者可對著小明的視線做這樣的教學指導：

(一)以圖片或實物來呈現：除了口頭對小明說一遍：「請你去後面的櫃子拿彩色筆和圖畫紙給我」外，老師並一邊拿出彩色筆和圖畫紙的實物或圖片給小明看一次。

(二)複誦一次：請小明複誦一次老師剛剛的指示，並口頭詢問小明是否知道要做什麼？以確認小明是否真正有聽懂老師交代的事情。

(三)執行指令：請小明依照老師的指示，到後面拿彩色筆和圖畫紙給老師，

看看小明做的是否正確。

㈣立即給予增強：若是小明執行的動作正確，立即給予口頭增強或其他原級增強物（小明喜歡的東西）增強。若是動作錯誤，也要安撫小明「沒有關係」，並由老師親自示範一次剛剛的指令動作，最後再讓小明自行操作一次。

以上舉的例子只是針對四個簡單的短期學習目標而設計。教學情境原則上最好都是利用自然情境來教學，隨時作機會教育，無須太刻意設計教學，語言訓練的內容也儘量以實用性為原則。教學者可以是教師也可以是父母，只要能掌握語言溝通訓練的基本原則、教學原則與口語訓練方法，並適時地給予隨機指導，相信對增進自閉症兒童的語言溝通能力都是很有幫助的。

# 柒、結論

自閉症兒童的語言溝通問題是三大核心障礙之一，因此，在學校中應積極提供有益語言發展的學習環境，以利溝通行為的建立。對有語言能力的自閉症兒童，應協助其發展有用的語言，因此，語言範本的提供相當重要，尤其是教以實用的、符合情境的、所需要的語言更為首要之務。對於口語表達能力低劣的自閉症兒童，除繼續給予口語教學外，更應嘗試教以其他輔助的溝通方法，例如：手語、溝通卡，對於自閉症兒童所表現出來的溝通行為（不論其為語言或是肢體動作），均應加以重視並且給予回應、引導，以加強其溝通的意願與表達的能力。

語言溝通能力為自閉症兒童教育的重點，倘若能改善自閉症兒童的語言溝通能力，增進其語言理解及語言表達的能力，則亦會有助於改善人際關係及減少問題行為、固著性行為發生的頻率，所以，語言溝通訓練策略對於增進自閉症兒童的語言溝通能力，是非常必要而且重要。

自閉症並不會自動停止於孩童期，反之，這是個一輩子的發展疾患，會隨著孩子的成長而在症狀上有所改變，但基本的三大核心缺損症狀則不易消失。自閉症開始於三歲以前，需要父母家人的早期發現，以及醫療、復健、教育體系的通盤合作，進行早期療育。能夠及時進行語言溝通訓練，方能使自閉症兒童得到最大的助益。

# 參考書目

李甯（1999）。功能溝通訓練對促進無口語自閉症兒童溝通行為成效之研究。
頁 1-12。台灣師大特殊教育學系碩士論文。

林寶貴（1994）。語言障礙與矯治。頁 387-425。台北：五南。

唐詠雯（2002）。自閉症個案的溝通能力之探討。載於國立嘉義大學九十一年
度特殊教育學術研討會論文集。頁 13-28。嘉義：嘉義大學特教中心。

黃金源（2001）。自閉症的語言變異及促進語言發展。載於特殊教育論文集＜
特殊教育叢書 9001 ＞，頁 89-110。台中：台中師院特教中心。

自閉症基金會會訊 107-121 期。台北：中華民國自閉症基金會。

# 第八章

## 腦性麻痺與溝通輔具

鍾鳳枝

## 壹、何謂腦性麻痺（曾進興，1999）

腦性麻痺（cerebral palsy）是非進行性的神經肌肉疾患，原因是還未發育成熟的腦部高級中樞受損所致，使得肌肉控制方面發生障礙，所以腦性麻痺病人一般來說會有肌肉無力感或是僵硬的情形發生。一般認為腦部到了十六歲才會發育成熟（Batshaw & Perret, 1981），十六歲之後的腦傷病人大致上歸為中風病人。

英文字 cerebral 意思是「腦」，而 palsy 是指「肌肉失去控制」。腦性麻痺一詞最早是整形外科醫師菲爾浦（Phelps, 1950）倡議使用的名詞，為了能和另一種當時極為流行的「小兒麻痺症」區別開來才使用這個名詞，用以描述另一群不同的症狀，這個症候群是「非進行性」的，亦即病情不會愈來愈惡化。腦性麻痺患者的肌肉通常不是完全癱瘓，但其傷害可能會影響動作以外的其他腦部區域，因此使腦性麻痺兒童可能同時有視覺、聽覺、語言或學習上的障礙，是屬於多重障礙類別。

通常討論腦性麻痺的一般性議題以及患者所面臨的各種問題，包括：病因、發生率與預後、傳統的分類系統、醫療、社會、溝通及教育方面的措施，以及有關的資源，但是在這裡我們將偏重在溝通方面的問題，及溝通輔具的介紹。

## 貳、形成原因（曾進興，1999）

造成腦性麻痺的原因有三大類：產前、產中、產後，也就是還在發育中大腦其中控制動作的某些腦細胞受到傷害。這種時間上的分法是黑曼（Hayman）於一九三八年所提出而流行至今（Courville, 1954）。有很大比例（約 40%）的腦性麻痺原因不明。已知原因包括：懷孕初期的傷害——輻射暴露、子宮內感染、攝入致畸藥物、染色體異常；懷孕後期有——胎盤早期剝離；生產過程的困難；新生兒併發症——早產、窒息、敗血病等，這些受到傷害的部分會放出一些不正常的訊息，以致使肌肉控制時造成障礙。

## 參、發生率（曾進興，1999）

腦性麻痺的發生率在不同的報告中有極大的差異，原因是不同的研究使用的調查方法及探討的對象互不相同。早期的研究指出美國每一千次的活產當中有將近六個嬰兒患有小兒麻痺（Mecham, Berko, & Berko, 1960）。隨著近代產前及生產醫護、診斷程序的改進，腦性麻痺的發生率在近年來可能有遞減的趨勢（Wellesley, Hockey, Montgomery, & Stanley, 1992）。

發生率研究不一致的因素之一是調查取樣的受試者年齡。一項流行病學研究針對一群出生體重極輕的孩子在一歲、二歲，以及五歲等三個時間點上進行追蹤（Atsbury, Orgill, Bajuk, & Yu, 1990）。存活的嬰兒中有 55% 在五歲之前有某種致殘的缺陷，只有 7% 在一歲時發現有缺陷，17% 則在二歲時發現。這項研究意味年齡愈輕，潛在的缺陷愈不易發現。

魏斯曼等人（Weissmam, Jakobi, Blazer, Avrahami, & Zimmer, 1989）以及懷特等人（Whyte et al., 1993），發現早產的程度和殘障的嚴重程度及出現率有關，早產愈是提前，殘障發生率愈高，也愈加嚴重。

# 肆、分類

## 一、依照肌肉張力可分成幾種症狀

### (一)痙攣型

痙攣型的病患主要是由於受到傷害的腦部傳出不正常的訊息到肌肉，使肌肉呈現高張力，導致肌肉僵硬而呈現緊縮的狀態，且肌肉保持在不正常的姿勢，因而動作較為遲緩與笨拙，此種病人很難有大幅度的運動，因此常有畸形或痙攣的產生，這個類型約占 50%-75%。

### (二)徐動型

占 12%-15%，此種病人的肌肉張力不斷地在改變，因此他們身上的肌肉拉（四肢、臉部）長或有不自主的顫動或緩慢的扭動，同時也由於不自主的肌肉張力變化，他們無法維持在一個固定的姿勢，這樣的病人有時會從僵硬的不正常姿勢忽然變成軟趴趴的。

### (三)協調不良型

占 1%-13%，這種病人無法穩定地控制他們的肌肉，因此他們的動作往往較不穩定，當要他們去做些較為精細的動作便會產生，例如當一個協調不良的人試著拿起一枝筆時，他也許就較不容易對準筆，將筆拿起來。

### (四)混合型

就是一位病人表現出不只一種的上述症狀。

## 二、依照受到影響的身體部位可分成幾種症狀

### ㈠半身麻痺

即半邊身體、上肢或下肢受到影響。

### ㈡雙邊麻痺

四肢都有受到影響，不過一般來說下肢受到的影響較為明顯。

### ㈢四肢麻痺

全身都受到影響，連臉部也受到影響，一般來說上半身受到的影響較大。

## 三、另外常見的其他幾種症狀

### ㈠智力障礙

一般人都誤解腦性病患都是智能不足，但事實上並非所有的腦性麻痺病患都會有智能不足的症狀，在所有的腦性麻痺病患之中，約有 75%的人會有智能不足的症狀，換句話說有四分之一的人智力正常，甚至有些還比一般人高。

### ㈡語言障礙

大約有 70%-75%的腦性麻痺病患會有語言障礙，主要原因是腦傷使得口部肌肉的控制產生問題，而說話是依賴嘴唇、舌頭與喉嚨肌肉的控制，因此口部肌肉控制有問題，說話當然也就有問題了。

### ㈢癲癇

大約有 40%的腦性麻痺病人會有癲癇症狀的產生，若是沒有將癲癇控制好，癲癇會對腦部造成再次的傷害，影響以後的學習。因此癲癇的控制十分重要，應該遵照醫師指示服用抗癲癇藥物，以控制癲癇。

### ㈣視力缺損

約有 25%的腦性麻痺病人會有斜視的症狀，不過隨著小孩子長大，此現象會漸漸消失。但當孩子大於六個月時仍有此症狀，則應找眼科醫師加以矯正，以免小孩習慣以一隻眼看東西，造成另一隻眼弱視。

### ㈤聽力障礙

約有 20%的腦性麻痺病人會有聽覺障礙，聽覺障礙會影響病人的語言學習。

### ㈥發育障礙

造成發育不良的原因則是有些腦性麻痺病人有進食困難的問題，因此營養吸收不足，發育較差；另外，腦性麻痺病人可能動的較少，因而肌肉較少使用，因而較不發達。

### ㈦情緒障礙

一般來說，痙攣型的小孩較為內向、畏縮與緊張；徐動型的小孩較為外向，情緒是以爆發的方式發洩出來。

# 伍、預後情形

通常腦性麻痺對每個孩童的影響程度不一樣，輕微的腦性麻痺兒童可以學習走路，只是走路的姿勢或平衡的穩定度比較差一些；較嚴重的孩子也許連坐、站都有問題。不過所有的腦性麻痺兒童皆可以經由早期教育或早期治療得到幫忙。雖然這些教育或是治療本身無法讓這些孩童完全治癒，但卻可幫忙減少他們的功能障礙，使他們的潛能發揮到最高。至於治療效果的好壞，主要決定於孩童何時開始接受治療以及孩童腦部傷害的程度如何。

# 陸、腦性麻痺的治療

　　腦性麻痺的治療需要醫療團隊的合作，其中包括了醫師、物理治療師、職能治療師、語言治療師與特殊教育老師等等。針對每個孩童的問題進行評估，並給予適當的運動治療、功能及語言的訓練，並視其需要提供適當的輔具建議或心理諮詢等，務必使孩童達到最好的功能，並引導他們面對殘障、享受人生。

# 柒、溝通問題

　　見過說起話來搖頭晃腦，聲音模糊不清的孩子嗎？他們大多是因為懷孕、生產或出生後，因腦部受傷造成非進行性的腦傷，也成為「腦性麻痺」的孩子說話時的特徵。腦部是主宰人類動作控制、感官協調、認知學習的中樞。動作控制與感官協調，會影響言語與吞嚥功能，認知學習會影響語言發展能力。因控制語言、言語發展與吞嚥功能的神經肌肉中樞在腦部，所以腦部受損時，這些功能就不能如預期的發展成熟。以下簡述腦性麻痺兒常見的語言、吞嚥問題。

　　一、因早期口腔感覺動作發展遲緩或困難，會造成患童吞嚥障礙，如流涎、食物外吐、無法下嚥，以及口語發展後的構音不清等問題。

　　二、因神經肌肉控制障礙，造成呼吸型態、發聲品質之異常，而影響到語音之清晰度。神經肌肉控制障礙，也可能會影響到進食的順暢性，而出現食物逆流、誤入呼吸道、容易嗆咳等問題。同時神經肌肉控制障礙也會造成肢體活動的困難，如無法自由行走、玩具操作困難，而影響到學習經驗的缺乏，若因此而過度保護或棄之不顧，會造成認知發展受限。

　　三、因腦傷而造成認知能力差，也就是一般說的智力差，或因動作障礙造成學習經驗不足、認知學習欠缺，這些都會影響到語言發展的時程。

　　總括來說，腦性麻痺孩子的語言溝通與吞嚥上常見的問題有：口腔動作發展障礙、吞嚥障礙、運動言語障礙或語言發展障礙。

　　腦性麻痺患者經常由於聽知覺或感音型的聽覺損失而造成聽理解上的缺

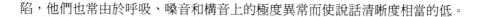

陷，他們也常由於呼吸、嗓音和構音上的極度異常而使說話清晰度相當的低。

## 捌、一般的溝通特質（曾進興，1999）

文獻上對腦性麻痺患者的一般說話特質描述為：慢、不順、不規則、吃力或費力、清晰度不佳。即使是腦性麻痺型態相同的人，他們的溝通能力差異也很大，因此我們沒辦法只根據腦性麻痺的型態就區分出他們的「吶吃」（即神經疾病所引起的說話困難）特徵。俄溫（Irwin, 1972）發現徐動型患者的構音障礙比痙攣型患者來得嚴重，雙下肢腦性麻痺患者的口語通常比偏癱或四肢麻痺患者來得好，俄溫也發現輕度腦麻患者與中度腦麻患者沒什麼差別，但重度腦麻患者的口語卻遠遜於輕中度患者（Irwin, 1972）。因為說話清晰度極易受到說話機制的缺損所干擾，清晰度的測量顯然是「吶吃」患者溝通缺陷最佳的指標。

## 玖、特殊的聽力及口語問題（曾進興，1999）

腦性麻痺患者容易有與溝通效能有關之特殊缺陷，包括：造成溝通困難的周圍感覺運動缺陷、中樞神經系統缺陷、語言缺損與吶吃。

### 一、周圍的感覺運動缺陷

㈠呼吸方面：常見的問題是胸骨兩側第九到第十二對肋骨位置處的肋廓外突。

㈡發聲方面：喉嚨的位置、大小、形狀不對（太高或太低）、受到肌肉對甲狀軟骨的不正常牽拉造成喉結特別突出、硬顎特別高。

㈢構音方面：舌頭或下頜肌肉攣縮、咬合不正、牙齒琺瑯質有缺點。

㈣許多研究發現，腦性麻痺重度聽力損失（法定的聾）的比例介於6%-16%之間（Easton & Halpern, 1981）。特別是黃膽病患身上有極高比例的重度聽力損失。

## 二、中樞神經系統問題

　　腦性麻痺就是指腦部作用的損壞，腦性麻痺的神經病理幾乎完全導源於中間神經元傷害所致。腦幹以至於皮質的任何一個層次只要發生了神經病變，溝通的神經肌肉動作都會受到影響。

## 三、語言障礙

　　由於腦性麻痺主要是運動上的障礙，毀損最厲害的層級應該是音韻的表達。多數腦麻兒有多重障礙、運動不協調問題，大大限制了探索環境的經驗，認知發展也因而受到不利影響，也可能因中樞神經系統的認知成分受到破壞而形成智能障礙。認知有缺陷的孩童其高層次的語言功能有較大的問題；運動與經驗之間，經驗、認知與語言之間，都有緊密的關係。

## 四、吶吃

　　腦麻兒說的話不易被人理解，因為音韻表達所需的運動控制，在程度上或變化上都受到限制。也就是在音調、重音或音的連結等方面出了問題。徐動兒的困難最大，其中40%都是不知所云；而痙攣型患童稍好，但也有30%被評為部分或全部不知所云。韻律上的困難是由於說話過程中原始反射無法受到抑制才造成的，腦麻兒常有口吃或類似口吃的症狀。

# 拾、溝通輔具概述

　　能協助患童完成生活中各種活動的輔助用具，稱為輔具。輔具可以幫助一些毫無口語或口語能力有限的人獲得更有效學習、主動雙向溝通、從事休閒活動工作、參與日常的生活等。無論是取自現成的商品、改良的商品或是經過特殊設計，輔具主要的功能在增加、改善或維持身心障礙者的功能（美國殘障輔助科技法案，1988）。藉由生活中長時間的使用，輔具可代償個案缺損或喪失的功能。正確而成功地選用輔具將幫助個案語言表達，完成生活自理，具備移

動的能力，參與學校活動，甚至具備求職能力，讓個案在家庭生活與社會生活中獲得獨立、滿足與自尊。

輔具口語或非口語溝通所需的工具，通常可以利用圖形、文字、聲音、符號或電子儀器等作為表達、溝通的工具。常見的輔具有盲用電腦、溝通板、字母板、調頻助聽器及各類電子溝通器、電話輔助器、視覺呼叫器、中繼線、社會福祉電話、人工電子耳、溝通輔助器、傳真機、電話聽筒抓握輔助器等。

如何選擇適合而經濟的輔具？建議由專業醫師、治療師，如：復健科醫師、物理治療師、職能治療師，或語言治療師評估後，再做最有效而經濟的選擇。治療師必須先針對個案環境和能力，如：動作功能、感覺功能、認知、心理與社會能力等做深入的評估後再決定選用何種輔具，其目的乃是希望使用者與科技產品作最佳之適配，此外，訓練個案使用輔具與定期評估亦是治療師應有的職責。

# 拾壹、輔助溝通系統

在楊國屏（1996）輔助溝通系統一文中，有詳細的介紹。輔助溝通系統（Augmentative and Alternative Communication, AAC），如果以英文直譯應該譯成擴大性和替代性溝通，依其涵義我們採用了輔助溝通系統作為此一領域的代名詞。輔助溝通系統簡單來說是包括了任何能幫助說話和寫作能力的溝通方式。就其歷史來說，輔助溝通系統是一個很年輕的領域，它從一九七〇年代才開始出現，在醫療和教育上有很多臨床的應用與效果。在輔助溝通系統運用的硬體中（如微電腦溝通板或直接用個人電腦作為輔助溝通系統），受到一九七〇年代以來個人電腦中央處理機 CPU 和微電腦 IC 晶片的革命性發展，促進了輔助溝通系統硬體功能的卓越表現。也由於輔助溝通系統是一個跨科際領域，需要經由專業團隊的合作來進行評估、建議、檢核的工作，在工作觀念上也是一大突破。雖然輔助溝通系統已經發展了二十年，很多問題才剛開始發現，對於這些問題必須建立起一致性的研究，將輔助溝通系統建立在一個科學知識的基礎上，散播此一領域的資訊，倡導並教育溝通障礙者、家人、專業人士和社會大眾，此一領域才能不斷發展。

輔助溝通系統，指使用任何達到溝通的方式，如手語、姿勢、眼神、圖

形、溝通輔具等，來協助嚴重語言及肢體障礙者順利地表達自己以達到溝通的目的。而圖形溝通系統更是行之有年，能夠有效幫助許多溝通和學習障礙者。在美國，圖形庫已發展使用二十餘年，其中最著名的就是由 Mayer-Johnson 公司發展的圖形溝通符號（Picture Communication Symbols, PCS）。他們的系統經過幾年的發展，已蒐集了三千多個圖形字彙。目前已證實圖形溝通系統可以對自閉症、唐氏症、語言發展遲緩、智能障礙、腦性麻痺、失語症、腦傷，以及中風等在語言或文字溝通上有困難的人具有相當大的幫助。

## 一、科技輔具與法律

　　世界各國憲法中，大多有保障人民言論自由的法條，在世界各國都把言論自由視為人類基本人權來保護時，對於先天或後天失去溝通能力的人們，幫助他們使用輔助溝通系統，其意義就是倡導與維護人類的基本人權，美國政府鑑於溝通輔具和其他科技輔具對殘障人士身心發展的潛在功能，特別於一九八八年由國會通過 100-407 殘障輔助科技法案，強制特殊教育便利醫療界使用科技輔具，其法律精神就是運用科技輔具來幫助殘障人士的身心作最大的發展，對未來的環境能有更多的適應能力。而輔助溝通系統正是科技輔具中重要的一環，基於輔助科技法案的精神，如何將輔助溝通系統落實地運用在殘障者的日常生活之中，是未來輔助溝通系統的最大課題。

## 二、輔助溝通系統中的溝通形式與方法

　　傳統上我們談到溝通，大多數人想到的是語言，但是仔細分析一下，很多的方法都可以達到與他人溝通的目的，一般來說可以分為身體的溝通和輔具溝通兩大形式。每種形式下又可細分出很多不同的方法：身體溝通形式包括了目光、臉部表情、身體姿勢、手語、言語等方法；輔具溝通形式則包括了溝通圖片、圖板、象形符號系統、列字表、目光對話框、電腦溝通系統等。

　　輔助溝通系統在使用時要依照環境狀況和個人的現有能力來決定。使用一種、兩種或多種溝通形式，並沒有一定的限制，也沒有強制要求使用電腦溝通板作為唯一的溝通形式。其目的是透過各種不同的溝通形式，來幫助使用者表達心中所要講的話。下面依照身體溝通形式和輔具溝通形式，由簡單到複雜分

別介紹，並列出各項方法及輔具的特色。

## (一)身體溝通形式

1.目光：傳統上我們常有眼神、眉目傳情的說法，和孟子所說的「觀其眸子、人焉廋哉、人焉廋哉！」或是我們常說憤怒的眼神、關懷的眼神，都說明了眼神可以表達出心中的話語，很多殘障的家長由其子女的目光中能很快地發覺他們身體及心理的需要。

2.臉部表情：人們常說喜、怒、哀、樂形於色，就是經由臉部肌肉動作和表情可以讓別人也能很容易了解他們的心情，其他如眉飛色舞、面貌慈祥、點頭表示同意、搖頭表示反對，都說明了面部可以提供更多身體、心理需要的線索與資訊。

3.身體姿勢：運用身體更多的部位來表達心中的想法，例如以手指示方向，或指出自己想要的物品，也常有手腳並用，運用整個身體的動作來表達意思，身體姿勢加強了臉部表情的溝通，讓周遭環境的人更容易了解他們心中的意思。

4.語言：語言是最傳統最普遍被接受的一種溝通方法，即使很多溝通障礙者雖然沒有直接表達語言的能力，也經常可發出部分聲音要求幫助，引起注意和表達心中的想法。

5.手語：手語是用各種不同的手勢及動作來表達心中意思的溝通方式，對於一些具有良好手部動作和智力的語言障礙者而言，是一種非常有效的溝通方法。

6.文字：限於語言的溝通障礙，而使用手語，他人又不容易了解時，可以用書寫文字與他人進行溝通，因為文字是人類智慧的結晶，在傳統上已有上千年的歷史，透過手寫的文字書信，較不容易誤會所要表達的觀念。

## (二)輔具溝通形式

1.溝通圖片板和圖書：這些溝通圖片主要是為障礙人士設計的，所以圖片的主要目的是用圖畫來幫助溝通，有一句成語：「一千個文字，不如用一張圖片來表達。」因為圖片很容易表達一些情境。另外圖片也被廣泛地用來幫助智障者、學習障礙者的學習，一般可用單張的圖片來溝通，教學也可將日常生活

中極需溝通的內容放在一個溝通板上，或是將所有溝通圖片依性質種類編列成書，提供教師、使用者相關的圖形資料庫，用複印剪貼的方式選取自己所需要的圖形。

2.列字表、列字冊：對於有關溝通能力的溝通障礙人士，臨時書寫溝通時間太長，可以將相關的文字、字母、注音符號併放在一張表上或使用溝通的筆記簿內，按照使用者的需要及慣用語句來安排設計，指出相關的文字作為溝通的橋樑。

3.目光對話框：目光對話框可由塑膠或木材等原料製成一個框架，框架上可採黏貼、印製或雙面黏的方式，將要溝通的圖形文字放在框架上，使用時對話框置於使用者的中間，運用對話框的上、中、下，和左、中、右的視線來分配圖形的位置，達到互相溝通的目的。

4.微電腦、電晶體溝通板：由於一九七〇年代以後電晶體和微電腦中央處理器的快速發展，很多相關的溝通輔具也應運而生，其中可分為兩大類：一是運用語音合成器來表達聲音；一是運用數位化語音IC來存放聲音訊息，並以一個溝通板的外型展現，將圖形和聲音交互應用，對於輔助溝通系統的發展有很大的助益，目前相關產品有數十種之多，在特殊教育界和醫療界的實際運用非常普遍，已形成了一個新的領域，並且因為相關科技不斷進步，微電腦溝通板的功能不斷增強，成本正不斷地降低。

5.電腦輔助溝通系統：由於一九八〇年代以後個人電腦的普遍運用，很多輔助溝通系統的軟體、硬體迅速發展，使得個人電腦本身就成了一個輔助溝通器，加上攜帶型、筆記型電腦的發展、語音合成器、數位化錄音、多媒體和觸摸式螢幕的整合運用，以個人電腦作為輔助溝通系統成為一個重要的趨勢，由於電腦科技的日新月異，我們可以肯定在電腦輔助溝通系統的軟硬體發展上都將會有更多突破性的發展。

## 三、哪些人需要輔助溝通系統的幫助？

就時間來看，不論人們年齡的大小，暫時或是永久的失去溝通能力，輔助溝通系統都可以幫助人們完成他們溝通的需要。就臨床上的實驗發現，嬰兒只要有六個月的智力和一個穩定姿勢及肌肉活動，就可以經由特殊開關來操作電

腦和溝通板，進行因果關係和選擇關係的溝通教學活動；而高齡人口的比例增加，也愈需要輔助溝通系統來幫助他們作日常生活上的溝通。

　　就身心功能來看，不論是在認知、神經學、感官、身體、情緒上的障礙，輔助溝通系統都可以幫助改善這些障礙情況。一般來說這些障礙種類包含了腦性麻痺、智障、自閉症、聽障、視障、語言能力發展遲緩等症狀，這些障礙都需要輔助溝通系統來幫助改善溝通的障礙。後天的溝通障礙則包括了腦傷、脊髓損傷、中風、喉頭切除、反覆性緊張等症狀，有些短暫的溝通障礙，例如手術後、受傷或燙傷情況下不能有效的溝通也都需要借助輔助溝通系統來完成溝通。

## 四、使用者與互動者的關係

　　欲使輔助溝通系統能達最有效的運用，尚需仰賴專業團隊的評估及建議。專業團隊包括家庭成員、各領域的專家及對輔助溝通系統的服務操作具有實務經驗者，像是語言治療師、特教老師、職能治療師。其他領域的專業人士則包含了醫療人員、物理治療師、心理治療師、復健工程師、電腦科技人員、社工人員、職業復健人員等。專業團隊的組成人員是相當具有彈性的，可依年齡、殘障情形等需求來做調整，而殘障者本人及其家人則是整個團隊的關鍵人物，必須全盤參與需要性評估、目標設定、系統選擇發展計畫和成效評核，以確保在輔助溝通系統的運用上能完全符合溝通障礙者的需要，以期達到增強溝通能力及參與社會的成效。

　　此外在使用者家庭、專業服務提供者、研究者、生產廠商及福利基金單位之間，要保持什麼樣的關係才能讓輔助溝通系統達到最佳的效果呢？為了發揮溝通系統潛在能力，建立一永續性的服務目標，團體中所有成員應具備下列條件：

　　㈠提供產品的資訊，以便於選擇和決定。例如價格、相容性、使用性、相關功能、特徵等資料。

　　㈡提供服務的資訊包括了評量、補助、訓練、持續性的服務。

　　㈢如何獲得輔助溝通系統專家的支持，以利教學評估和持續性的發揮功能。

㈣如有需要，如何取得補助福利基金。

㈤如何加入支持計畫和機構，倡導消費者選擇導向。

以上是依據美國教育部國立特教康復研究中心一九九二年發表的「輔助溝通系統在醫療及教育上之運用白皮書」中提及美國在這方面的規劃及推動情形，對於在這方面正要開始起步的我國而言，十分值得借鏡。

## 五、理想輔助溝通系統所應具備的功能

一些研究報告指出，溝通障礙者在發展表達和接受語言技巧的過程中，語音科技扮演極重要的角色。傳統上溝通輔助系統是用來作表達性的溝通，也就是作替代性或擴大性的表達方式，但事實上研究報告也指出在使用輔助溝通系統之後，由於增加了說話的數量，不論對先天性或後天性的溝通障礙者而言，都改進了其說話的能力。換言之，一套具有模擬人類語音的輔助溝通系統，不僅僅是溝通的工具，還兼具治療及教學的積極功能，能增進溝通障礙者的說話能力。就一般的情形而言，一個具有語音功能的輔助溝通系統將會是最有成效的系統，因此我們嘗試提出此種輔助溝通系統所應具備的理想功能：

㈠操作方便，簡單易學。

㈡操作介面應具彈性。例如為了因應各類肢體障礙，可依其需求使用不同的特殊開關操作。

㈢具有可引起高度使用動機的指示。

㈣音質清晰，類似人聲而非電腦合成音。

㈤聲音資訊應具有彈性，可因應不同場合的基本需求。

㈥兼具教學功能。

㈦能讓使用者了解口語的結構性。

㈧省電，使用成本低。

㈨攜帶方便。

㈩韌性夠，不易損毀。

(十一)價格成本不宜過高。

## 六、輔助溝通系統對殘障者及社會的效益

輔助溝通系統可以幫助殘障者的溝通，在各方面改善他們的生活品質，簡單地說有下列效益：

㈠改進人際生活關係：輔助溝通系統幫助溝通障礙者去進行基本的人際接觸，告訴其他人我在想什麼？我想做什麼？我希望他們做什麼事？為什麼我要這樣做？經過溝通可以有效減少誤會，改善人際關係。

㈡促進安全健康的醫療照顧：急性和週期性的病患若失去了溝通能力，運用輔助溝通系統能和醫療人員溝通，可以減少挫折感，避免窒息等意外事件的發生，並可讓病人表示對醫療過程的看法和期望。

㈢對現在和未來環境有更多的決定獨立自主能力：使用輔助溝通系統的人們對自己的生活有更多的控制能力，傳統上障礙者被看成一個無助的嬰兒，所有的選擇決定權都被剝奪，經由輔助溝通系統可以表明自己對生活環境的需要，發出社交和政治的聲音，決定自己未來的人生方向，過著獨立的生活。

㈣參與教育環境的活動：溝通活動是教育學習的一個重要部分，使用輔助溝通系統可以增加接受教育的機會，閱讀和書寫是現行社會和教育系統下的必備技巧，輔助溝通系統增加了閱讀和書寫的機會和掌握讀寫能力的技巧。

㈤參與家庭生活：使用輔助溝通系統後，因為容易被家人了解，可以減少個人在家庭中的挫折感，及攻擊、自我損傷的行為，促進家庭氣氛的和諧，並可逐漸地發展出生活自理的技巧。

㈥參與社會活動：經由輔助溝通系統的幫助，可以參與社區的活動，並可參與社區會議，由過去的被照顧者成為對社區提供服務的貢獻者。

㈦增加就業機會：溝通上的障礙會造成就業上的困難，就業可以建立殘障者的個人地位和獨立性，輔助溝通系統可以排除溝通上的障礙，並將輔助溝通系統推廣到工作場所。

## 七、國內輔助溝通系統的發展

### ——緣起

林寶貴（1994）教授在《語言障礙與矯治》一書提及：

㈠一九七六年台北榮民總醫院復健醫學部與耳鼻喉科調查台北市三十所國小一年級 3,247 名學童語言障礙的發生率，結果發現國小階段的兒童語言障礙率高達 9.6%。

㈡林寶貴教授於一九八二年至一九八四年調查台灣區 12,850 名四歲至十五歲學生發現語言障礙率為 2.64%。

㈢美國傳統的估計報導語言障礙兒童的出現率占學童總數的 5%，一九七六年「全美聽語調查」研究報告，也發現 4.7%的語言障礙比例。

台灣現有約三百四十萬名學齡兒童，若以林寶貴教授統計之 2.64%來推算，語言障礙學齡兒童人數約有八至九萬人；若以榮總統計之 9.6%來推算，約有三十萬人；若以美國傳統估計報導統計之 9.6%來推算，約有十七萬人。郭為藩教授在《特殊兒童心理與教育》亦提及，溝通障礙兒童在特殊教育對象中是出現率最高的一群，而美國四千一百萬的在學學童中有 6%-10%，約兩百萬名學童具有語言溝通障礙，日本也有一百萬名兒童有語言障礙。

在先進國家中，輔助溝通系統形成了新的領域，微電腦溝通板對特殊兒童、教師，和相關專業人員而言，早已成為必備的輔具，而國內始終只在展示宣傳中心才能看到，僅有少數家長、特教中心由國外進口幾部，但維修及軟體本土化也都是問題，少數家長即使購買了也很少使用。也有少數特教機構和學術單位從事研發，多年來仍停留在理論模型階段無法推廣。為了突破十餘年來始終滯留在理論、宣傳展示的階段，特地在科技輔具廣大的領域中，選擇以溝通輔具作為一個切入點，因為經過評估後發現溝通輔具服務的殘障類別最多，使用人數最多，建立本土化的相關專業環境支持系統的時間也較短，有可能在五年內逐步完成。

化育文教基金會在一九九四年進行評估性分析，並和國外學術單位、科技輔具實驗室、生產廠商聯絡參觀，並交換資訊。一九九五年和教育部及成功大

學電機工程研究所共同研發，一九九六年和台灣省教育廳、南投縣政府教育局進行實驗教學，預計一九九七年先完成自行設計打模的微電腦溝通板及相關的圖形庫、教學單元活動。其目的在讓使用者、家長、特教老師及相關專業人士能很容易使用及取得輔助溝通系統，並減少成本昂貴、維修困難、溝通圖形不合國情、教學單元活動與生活功能不配合、專業評量範圍沒有規範等障礙。而確實感受到輔助溝通系統能促進使用者身心的發展，願意將輔助溝通系統落實運用在家庭、學校、社區的生活中。

本系統因其高度的彈性，故可應用的範圍十分廣泛。茲就一些應用例子提出說明：

一、在一般的應用而言，可將最常用的語句錄入。例如最常用的句子可能是「我餓了」、「我渴了」、「我想睡覺」、「我要上廁所」之類的日常生活用語；如欲外出購物，則可事先錄入「太貴了」、「多少錢」、「我不喜歡」、「謝謝你」之類的對話，若輔以相應的按鍵圖案（可由完整的相關圖形資料庫提供），相信在一般的生活對話範圍內均可運用自如。

二、對於學齡兒童或學習障礙者而言，亦可發揮認知教學的功能。例如可在任一鍵錄進「蘋果」、「香蕉」等發音，再更換相同的按鍵圖案，則兒童在看到「蘋果」的圖案，一按之下，便可聽到「蘋果」的發音，如此可加強學習障礙者對實體圖形與語言間的了解，若配合教學單元活動，其效果必然更佳。

三、在溝通障礙兒童的學習場所（如特殊教育學校），同學間可利用本系統自行錄入一些對話，一人「問」，另一人「答」，建立一溝通模式，來學習口語的運作情形，加強彼此的溝通自信，並增進說話能力。

其實如果溝通障礙者能找到有效的溝通方式，或是有適合的輔助系統介入，對於這群無聲者而言，障礙或許就不會存在了。輔助溝通系統（augmentative and alternative communication, AAC）是一種擴大或取代口語的溝通方式，利用多重管道的溝通策略協助重度語言障礙個案，增強或幫助說話及寫作的能力，輔助溝通系統包括了：(1)溝通輔具：無聲溝通板、溝通簿、凝視架、簡單指針掃描板、微電腦語音溝通板、出現聲字及視覺訊號設計的電子電腦儀器；(2)溝通符號：手勢、表情、動作、手語、實物、照片、圖片、布列斯符號、文字；(3)操作方法：直接選擇法、指針或燈光掃描法、編碼法；(4)溝通策略：教導語障個案如何實際去運用適當的溝通輔具，在日常生活中與人互動，彌補語

言上的缺陷。

　　微電腦語音溝通板（以下簡稱溝通板），也是屬於AAC其中一種，對於有語言障礙的學生有程度上的助益。此溝通板為數據化錄音，可隨洗隨錄，可錄製五層，可錄時間總長度為四分鐘，有兩組外接輸出，可控制電池玩具，兼具教學功能；另外可配合四組特殊開關使用，以適應肢體障礙人士使用。軟體部分包括本土化溝通圖形庫、彩色溝通圖形貼紙，以下就溝通板的使用心得做一概略說明。

　　溝通板硬體本身的操作相當容易，只有數個按鍵與插孔，一般人只需要實際操作幾遍就可以學會版面之間的轉換與其他功能的運用；溝通板的重點在於軟體部分，也就是版面內容設計的部分，版面內容是由溝通語彙所組成。

　　溝通符號可分為兩大類，一類不需輔具就可表達，如：手語、表情、手勢、動作，另一類需借助其他不同輔具的溝通板才能表達，有：(1)直接符號：實物、模型、照片；(2)象徵符號：圖片、線條畫、布列斯符號；(3)文字符號；(4)聲音符號；(5)抽象符號。溝通語彙是溝通符號所代表的內容，也是個案溝通的內容，溝通板所附的本土化溝通圖形庫，共收錄一千兩百多個常用的語彙，共分為七大類，大部分的常用語彙都已包括在裡面，並繪成簡單的線條畫圖形。

　　㈠名詞：身體部位和私人用品、衛浴、廚房、傢俱、家電、文具、交通、休閒娛樂、動物、大自然。

　　㈡名詞：人物、稱謂、職業、故事主角。

　　㈢名詞：食物、主餐、蔬菜、水果、點心、飲料、佐料。

　　㈣動詞：清潔、衛浴、飲食、休閒。

　　㈤形容詞：身體感覺、比較詞。

　　㈥社交：社交用語、情緒、社交活動、節慶、宗教。

　　㈦雜項：時間、方位、顏色、形狀、數字、上課課程、工作場所。

　　溝通板符號與語彙的選擇與設計，是一門很大的學問，因為它代表使用者想說的話及溝通的目的，會直接影響溝通效度，榮總語言治療師李淑娥老師則建議在選擇符號與語彙方面，大概需考量下列因素：

## ㈠使用場合與目的

在家庭與在學校，在工作場所與休閒場所，所用到的語彙一定也會有所不同；為了學習與為了購物，不同目的也是要選擇不同的語彙。

## ㈡認知和語言理解能力

如果個案在認知和語言理解方面的能力都不是很好的話，所選擇的語彙性質只需是最常用，且與日常生活關係密切的，語彙量不需要太多；反之，能力高者，則可選擇多量且包含抽象語彙在內。

## ㈢口語表達能力

可以用口語表達的語彙就不要放進溝通板內。

## ㈣適合年齡和性別

不同年齡層、不同性別的人，所扮演的社會角色不同，其生活經驗、思想和需求也不同，語彙的選擇亦應不同。

## ㈤適合個別需要、能激發主動學習興趣者優先

溝通板的版面設計儘量讓使用者共同參與，除了生理需要、社交需求、知覺感受以外，也需要注重個別需要，如最喜歡的人、事、物，這樣才能增強溝通動機，增加主動溝通的機會。

## ㈥能主動溝通或問問題

溝通板的用途不應該只是用來回應回答的工具，它必須具有主動的性質，所以在選擇語彙上，不要只選擇被動回答問題的語彙，還要增加能使使用者主動表達意見或詢問問題的語彙。

## ㈦語彙、片語、句子都可以使用

語彙可用來做組成句子的語法訓練，而句子可立即表達完整的意思，語彙、短語或句子，可視溝通板的語彙量，和使用目的及使用者的能力程度，而

搭配使用。

## (八)列入不同想法的語彙

例如：我不懂、再說一次、不在溝通板上。

## (九)家人、老師、治療師、朋友等有關人員共同參與

個案周遭的相關人員都能參與語彙的選擇，才能從各個角度進行評估與思考，並且了解溝通板與使用者的關係，樂於運用與個案溝通。

## (十)時時評估、時時更換

語彙的選擇需隨使用者的能力進展而不斷更新，去除不適當的語彙，加入新需要的語彙，如此才能滿足使用者的溝通需求。

而版面的編排則關係著使用上的方便性、表達的速度以及溝通互動能否發揮最大效果，李老師則建議考量以下的因素：

### 1.主要溝通圖面與輔助溝通圖面

先編排一個常用、一般性語彙的主要溝通圖面，再依不同場合或活動需要，另編排數個輔助溝通圖面。

### 2.依主題編排或語法順序編排

語彙少或語言能力較差的個案，語彙的選擇依主題的編排較適當，如餐飲場合的版面，只列入可以吃喝的物品供選擇；當語彙多或個案能力較好時，可以加入主詞、副詞或是形容詞，依「主詞＋動詞＋受詞」的語法順序排列。

### 3.預留空白、保留間隔

不要在一開始就將整個版面全部填滿，應該預留空白以便加入新的語彙。

### 4.語彙量多寡視認知、語言能力、使用場合而定

### 5.圖形大小

依肢體動作和視力而定，肢體動作佳，溝通圖面範圍較大，圖形也可以較大；視力不良個案要考慮符號大小適當與易於辨認。

### 6.語彙位置

常用的語彙要放在容易取得的位置。

### 7.不同版面設計

### 8.圖片的保管

除了以上關於語彙選擇與版面設計的考量之外，另外再補充幾點以供參考：

㈠溝通板所附的圖型庫是方便使用者選取，而不是限定使用，所以也是參考性質，如果真的找不到適用的圖形，可以自己設計或從其他來源獲得。

㈡根據使用者的能力範圍錄製適當的句子或片語

雖然圖形庫將各種詞類以不同顏色區分，但在選擇語彙時或製作版面時，還是應該依照版面整體內容再來決定詞性；而每一個圖形所能錄製的語句不一定限定在圖形本身的意義，可以加以衍生出其他片語或是句子，甚至是表達一個完整的意思，例如：「杯子」——喝開水—我要喝開水—我用杯子喝水—這是杯子—這是我的杯子……。

㈢依照使用者的能力選擇不同符號系統

語言發展有它一定的先後順序，所能理解的視覺意象也有一定的順序，從實物—模型—實物照片—實物圖片—複雜線條畫—簡單線條畫—抽象符號—文字，所以溝通板上的溝通符號需依照使用者的年齡、認知程度及發展階段來決定。

㈣隨時修改版面與語彙的編排

當完成一個版面後，最好有一個實驗期，讓使用者能親自使用，並隨時做修正，不論是語彙，或是位置，或是所代表的語意，都必須一而再、再而三的反覆修正，以最快速、方便使用來達到溝通的目的。

㈤評估使用者整個生態環境後，再來決定版面設計的內容與溝通目的。

AAC是一種跨科際領域，需要團隊合作的產品，最終目的是使個案更有效從事多種互動，達成溝通需要、訊息傳遞、親密社會人際關係及社交禮儀四大目的，而AAC團隊必須包括使用者及其家庭成員、專業人員及其相關人士，家庭成員在日常生活中扮演指導者，專業人員負責認知評量、符號系統的選擇設計、決定姿勢擺位和特殊輔具的介入，其他相關人士則提供練習的機會，各方面的配合才能完全發揮AAC的功能。

# 拾貳、溝通輔具介紹

## 一、溝通輔具（圖形庫、軟體、含特殊開關溝通板等）

### (一)輔助電話器材（以下圖片取自聯興儀器公司輔具網站）

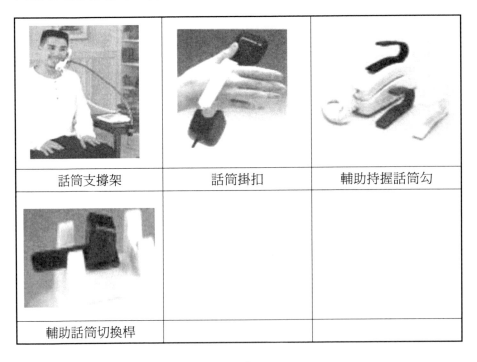

| | | |
|---|---|---|
| 話筒支撐架 | 話筒掛扣 | 輔助持握話筒勾 |
| 輔助話筒切換桿 | | |

### (二)說話錄音機（Talker Recorder Sets）

功能：口語溝通困難者的溝通輔具。

說明：對於任何一個需要協助記憶日常生活用具或是與他人溝通的人來說，這是一個必需的工具，它大小如口袋一般，裝有電池在兩分鐘內可以錄下五個訊息，它的錄音過程非常容易，只要按「Record」（錄音）和一個訊息鍵，然後說出訊息即可完成。說話功能（Talker）的使用有三層可插入輔助圖卡貼紙（PicturePrompt Stickers），它透明的封套可以讓使用者清楚每個訊息的

表示，也能幫助旁人的查詢。

　　適用對象：腦性麻痺，智能不足，自閉症，中樞神經系統受損口語表達障礙者。

(三)可錄式語音溝通板（以下圖片均由朋笛國際有限公司提供）

| <br><br> | Speaking Dynamically Pro<br>多媒體語音溝通及認知回饋訓練系統<br>—與 BoardMaker 同一程式介面，製圖共用；另可結合其他繪圖、掃圖軟體複製貼取。<br>—中文繪圖和錄（放）音，或選男女合成語音。<br>—每頁自由設框、背景色塊或圖案，並設定關聯頁、提示圖框；設計溝通板或認知訓練教材。<br>—每框可任意自訂大小、形狀、底色、貼圖、文字、框線、關聯功能、錄（放）音等。<br>—每框可自訂條件式智慧動作，設計回饋訓練教材。<br>—各區同類圖框動作可複製，設計更便利。<br>—選框：滑鼠／鍵盤指定鍵／掃描式按鍵／觸控／搖桿。<br>—掃描選框多樣設定：自動時間／單（多重）鍵方向／框位提示（可設反差／反白／反黑／放大倍率／框格顏色及粗細）。<br>—每框可聯結影片動畫（全頁或框內播放）或應用程式，可設計成多媒體式訓練教材。<br>—Pop-up 關聯提示圖框、自動放大（視障可用）。<br>—圖框或文字造句發聲。 |

| | |
|---|---|
|  | Boardmaker 中文溝通圖文軟體<br>—黑白、彩色圖及照片檔各 3,000 以上，一圖可多詞定義。<br>—與 Speaking Dynamically 結合，使設計圖呈多媒體動作。<br>—版面自由縮放、背景換色、全（局）部拷貝、儲存、列印。<br>—圖檔搜尋：可依不同語言、以關鍵字同步檢示四十九圖。<br>—文字可自訂版本、字型，並選擇無文字／單語／雙語式組合。<br>—每框可自訂大小、形狀、底色、貼圖、文字、框線。<br>—可結合其他繪圖、掃圖軟體，擴增圖文資料檔。 |
|  | GoTalk 4 × 9 格超薄耐震式溝通板<br>—電池操作，音質佳，可同步調整音量。<br>—塑鋼耐震機身最輕（440g），最薄（2.3cm）。<br>—耐震隱藏麥克風重錄即覆蓋前音，方便快速。<br>—錄音總時間：每層 56 秒，計 224 秒。<br>—四層九格框板,隨時可按鍵切換層數。<br>—啟動方式：直接按鍵。<br>—超薄尺寸：30（長）× 23（寬）× 2.3（厚）cm，並附提環，攜帶輕便。 |
|  | —五層五格框板，隨時可按鍵切換層數。<br>—2 × AA 電池操作，音質佳，同步調整音量。<br>—錄音：每格 12 秒，第五層亦可選單鍵 60 秒，總計 300 秒（25 句）。<br>—啟動方式：直接按鍵、單鍵掃瞄選鍵。<br>—尺寸：14（長）× 7.6（寬）× 2.5（厚）cm。<br>—輕塑鋼耐震機身僅 450 g。 |

| | |
|---|---|
| 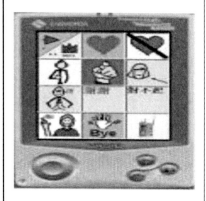 | **IconSpeak 掌上型電腦式觸控溝通板**<br>—系統於 PC 螢幕每頁可設 1-24 框（直 1-6，橫 1-4），自由設定無限關聯頁；設計成快速連頁溝通板或多媒體式認知訓練教材，傳輸至彩色掌上型電腦，即可使用觸控螢幕選鍵。<br>—自設圖庫、語音庫同步線上顯示，隨拉隨用。<br>—啟動方式：直接按鍵、單鍵聲訊掃瞄選鍵。<br>—每框可中文繪圖和錄（放）音。<br>—電腦中文視窗相容作業系統，立即貼取多種圖檔，另可結合其他繪圖、掃圖軟體直接複製貼取。<br>—每框自訂底色、文字、功能、Click/2-Click 放音（連頁）等。 |
|  | **Chatbox 智慧組鍵 4 × 16 格隨身溝通板**<br>—1-2 鍵 Minspeak 組合式智慧錄音，重錄即覆蓋刪除前音，方便快速。<br>—錄音總時間：10 分鐘，單層可組 256 語句。 |
|  | **CardMaster 語言學習機**<br>（雙頻＋雙記憶重播）<br>—全功能：AC/DC 電源、內建麥克風／喇叭、錄／放音、記憶重播、雙麥克風／耳機插孔。<br>—常速／慢速兩段速度切換，可使錄放音時間加倍。 |

## ㈣中文溝通圖文軟體
（以下圖片選自特教輔助科際網）

中文系統，黑白彩色及照片檔各3,000張
使用方法：數據化錄音，可隨洗隨錄

## ㈤微電腦語音溝通板

適用對象：具溝通障礙者

## ㈥四句話可錄式溝通板（以下圖片選自行政院國科會跨越社會殘障的鴻溝推
動辦公室網站）

可錄式溝通板

擴大式按鍵溝通板

電子數位溝通板

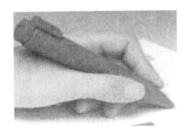

粗柄握筆

自動翻書機

軌跡球

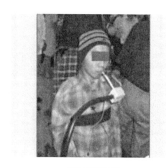

嘴控滑鼠

## ㈦語言機（以下圖片選自德譽儀器有限公司輔具網站）

| | |
|---|---|
| | 中文名稱：腰包語言機<br>功　　能：協助大人或小孩溝通的工具。<br>規　　格：四個加大按鍵，可重複預錄四段訊息（每段五秒），含音量調整。 |
| | 中文名稱：簡易語言溝通器<br>功　　能：協助進行簡單表達的溝通輔具。協助語言學習之輔具。<br>規　　格：5×5公分加大且超輕的方形按鍵，上有透明護片可配合錄音內容插放文字或圖形卡（不含）。可重複變更預錄內容，每鍵五秒的訊息，含音量調整。底部附有吸盤固定。 |

## 二、電腦輔具／溝通系統（無障礙介面、軟體、頭手口杖等）

### 無障礙電腦輔具系列

輔具類別（Category）：電腦訊息輸入輔具（Computer Input Dev）

㈠輔具名稱：Overlay Maker-　　　㈡輔具名稱：Speaking Dynamic-
　　for PC　　　　　　　　　　　　　　ally (version 1.2 for Mac)

（以下圖片由行政院國科會跨越社會殘障的鴻溝推動辦公室提供）
輔具影像：

輔具主要功能：增進溝通能力／增進物品操作能力

㈢**輔具名稱**：Tracker 2000　　　㈣**輔具名稱：聲音回饋筆**

輔具影像：

輔具適用對象：發展或學習障礙者／語障者

輔具主要功能：增進溝通能力／增進物品操作能力

㈤**其他溝通輔具**（以下圖片選自朋笛國際有限公司輔具網站）

| 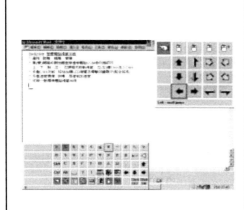　　Sensory Software Int Ltd., U.K. | WordWall 語音螢幕鍵盤及滑鼠系統<br>＊WIN95 視窗驅動軟體，微控鍵連接電腦串列埠即可。<br>＊選鍵方式：滑鼠、掃描式單／雙按鍵（附音聲提示）、游標停選（自動 Click）式。<br>＊自由設定螢幕鍵盤圖案、顏色、大小及位置。<br>＊功能調整設定：<br>　—按鍵反應延宕及嗶聲回饋，Word Prediction。<br>　—鍵盤可錄音或合成音提示回饋。<br>　—游標停選時間選擇及嗶聲回饋。<br>　—滑鼠操控：上、下、45 度斜移、左、右、左（右）鍵 Click 及 2-Click、按住左鍵拖曳、速度。 |

| | |
|---|---|
| <br>Adaptivation, Inc., U.S.A. | R.A.T. 智慧電腦滑鼠<br>＊操作簡易，直接插入電腦滑鼠埠即可驅動。<br>＊可外接五種單開關微控鍵（或大型五合一鍵），上、下、左、右、45 度斜移、左鍵 Click。<br>＊多重 Click 功能：按住左鍵 LED 視覺及嗶聲回饋顯示（配合拖曳）、右鍵 Click 外接單開關式微控鍵。<br>＊多重速度選擇：快慢、等速或加速度。 |
| <br><br>Sensory Software Int Ltd., U.K. | SwitchMe 掃瞄式電腦螢幕滑鼠系統<br>＊單（雙）開關微控鍵直接連接電腦 COM 串列埠即可上、下、45 度斜移、左、右、左（右）鍵Click 及 2-Click、按住左鍵拖曳。<br>＊選鍵方式：掃描式單／雙按。<br>＊自由設定螢幕圖案大小、顏色及位置。<br>＊可與一般標準電腦滑鼠共用。<br>＊功能調整設定：<br>　—掃描式單／雙按鍵反應延宕。<br>　—滑鼠移動速度可設定快慢。 |
| 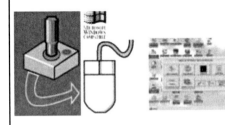<br>Innovation Management Group, Inc., U.S.A. | Joystick-To-Mouse 電腦搖桿即控滑鼠軟體（市售任何品牌搖桿均可相容）<br>＊啟動自動校正。<br>＊自行調整設定：<br>　—游標停選時間選擇及嗶聲回饋。<br>　—滑鼠操控：Click、2-Click、拖曳。<br>　—滑鼠移動快慢、反應時間。<br>　—自動返回螢幕所設定點。<br>＊搭配螢幕鍵盤功能可快速操控鍵盤文書輸入。 |

| | |
|---|---|
| <br>IntelliTools Inc., U.S.A. | Intellikeys 智慧電腦鍵盤及滑鼠組（附贈中文注音鍵輸入佈圖）<br>＊操作簡易，直接插入電腦鍵盤插座即可操控鍵盤及滑鼠。<br>＊八種大型鍵盤佈圖，與電腦連線亦可自製多種佈圖。<br>＊功能調整設定：<br>—鍵盤／滑鼠操控切換選擇。<br>—按鍵反應時間及嗶聲回饋選擇。<br>—Shift 鍵鎖定及 Repeat 功能反應快慢／開關選擇。<br>—與一般電腦鍵盤共用選擇。 |
| 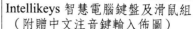<br><br>Tash Company. Canada | USBMINI 小型智慧電腦模擬鍵盤<br>＊大型佈圖薄膜平面鍵盤。<br>＊不需軟體，插入USB插座即可操控鍵盤及滑鼠。<br>＊鍵盤功能可自行調整設定：<br>—鍵盤／滑鼠操控切換選擇。<br>—按鍵反應時間及嗶聲回饋選擇。<br>—Shift 鍵鎖定及 Repeat 功能反應快慢／開關選擇。<br>—滑鼠多重速度快慢選擇。<br>—上、下、左、右移動滑鼠、左／右鍵 Click、按住左鍵 LED 視覺及嗶聲回饋顯示（配合拖曳）。<br>＊尺寸：181（L）× 113（W）× 25（D）mm。<br>＊重量：565g。 |
| <br>Tash Company. Canada | USBKING 大型智慧電腦模擬鍵盤<br>＊大型佈圖薄膜平面鍵盤。<br>＊不需驅動軟體，插入電腦USB插座即可操控鍵盤及滑鼠。<br>＊鍵盤功能可自行調整設定：<br>—鍵盤／滑鼠操控切換選擇。<br>—按鍵反應時間及嗶聲回饋選擇。<br>—Shift 鍵鎖定及 Repeat 功能反應快慢／開關 選擇。<br>—滑鼠多重速度快慢選擇。<br>—上、下、左、右移動滑鼠、左／右鍵 Click、按住左鍵 LED 視覺及嗶聲回饋顯示（配合拖曳）。<br>＊尺寸：540（L）× 278（W）× 63（D）mm。<br>＊重量：2.5 kg。 |

| | |
|---|---|
| 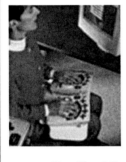<br>DataHand Systems, USA | DataHand 微控指動鍵盤滑鼠組<br>＊減輕電腦鍵盤所造成的運動傷害：Repetitive Stress Injury（RSI）Relief 連續性壓傷；Carpal Tunnel Syndrome（CTS）Relief 腕隧道症候群。<br>＊不需支援軟體，直接插入電腦鍵盤埠即可（5 V/145 mA）。<br>＊Key Actuation Distances 88%減少88%手指移動距離。<br>＊Key Actuation Forces 50% 減少50%手指按壓重力。<br>＊標準電腦鍵盤鍵位排列（含右側10 數字鍵）。<br>＊左右鍵位可依手掌大小自由（水平＋垂直）調整舒適度及速度。<br>＊可調傾斜度：0 度至 10 度。<br>＊Small and Large Size Palm Pads Available 大／小手掌軟墊各一。<br>＊尺寸：24.4（L）× 45.7（W）× 6.7（H）cm。 |
| <br><br>Sensory Software Int Ltd., U.K | Smart-Nav 紅外線無線頭控滑鼠組<br>＊不需電源，直接插入USB 槽即可以反光貼片無線操控滑鼠。<br>＊與 WordWall 螢幕鍵盤軟體，可自訂不同尺寸及位置的鍵盤圖案進行游標停選式無線遙控輸入。<br>＊WordWall 螢幕鍵盤功能可自行調整設定：<br>—鍵盤可錄音或合成音提示回饋。<br>—Word Prediction。<br>—游標停選時間選擇及嗶聲回饋。<br>—滑鼠操控：Click、2-Click、拖曳。<br>—外接單開關鍵操控：Click、2-Click。<br>＊超小尺寸：5cm(L)× 4cm(W)。 |
|  | Electricjoy 搖桿式智慧滑鼠<br>＊操作簡易，直接插入電腦滑鼠埠即可驅動。<br>＊搖桿直接上、下、左、右移動滑鼠，吹／吸鍵分別啟動左／右 click。 |

| | |
|---|---|
| <br>Prentke Romich Company, U.S.A. | HeadMaster Plus 頭控滑鼠組<br>＊Compatible with IBM PS/2 mouse or 2 or 3-button serial mouse.<br>＊Mouse clicks can be made by activating an external switch or by dwelling in software such as WiVik. |
| <br>CameraMouse, Inc., U.S.A. | CameraMouse 頭動（指動）滑鼠組<br>＊網路攝影機隨插即用，經濟實用。<br>＊附網路攝影機（PC USB cameras）。<br>＊螢幕頂端顯示左（右）鍵Click及2-Click、拖曳選鍵。<br>＊可與一般標準電腦滑鼠共用。<br>＊功能調整設定：<br>　—click 按鍵反應延宕（0.5 度 3 秒）。<br>　—滑鼠（水平／垂直）移動或拖曳速度快慢。<br>　—滑鼠移動範圍縮小。<br>　—選鍵嗶聲回饋。 |
| <br>Brain Activate, Inc., U.S.A. | Cyberlink 腦控滑鼠組<br>＊頭帶感應器操控滑鼠。<br>＊軟體：Cyberlink Actuated Tracker（C.A.T.）。<br>＊啟動閾（Brainfinger）設定：<br>　—Brain Alpha or Beta.<br>　—Muscle Signal.<br>　—Lateral Eye Movement. |

（以下圖片選自屏東勝利之家輔具公司）

| | |
|---|---|
|  | **嘴控滑鼠**<br>可替代一般滑鼠，作為電腦輸入之工具。使用時，以嘴巴的動作控制上、下、左、右，以吹、吸方式代替左右按鍵。 |
|  | **確定鍵改良式滑鼠**<br>對於手指精細動作不佳，操作滑鼠之確定鍵有困難者，可以手掌近腕部動作取代手指動作來操作滑鼠之確定鍵。 |
|  | **WIN95 專用搖桿滑鼠**<br>如 08-02-002VH 所述，本輔具乃是將鍵盤滑鼠之訊號以搖桿代替，適合手部協調動作差者。適用對象：腦性麻痺、腦傷、脊髓損傷、手部截肢等。 |
|  | **搖桿式滑鼠**<br>適用手部精細動作較差者，其中央搖桿可用來控制游標上下左右移動，可控制游標移動速度以配合殘障者能力，取消鍵及確定鍵均為加大按鈕式。 |
| 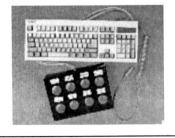 | **中文視窗 95（Windows 95）鍵盤滑鼠**<br>中文視窗 95 的控制台中有一項「協助工具」，其中的滑鼠選項可協助不方便使用滑鼠的使用者以鍵盤上的數字鍵台，來控制滑鼠指標，本輔具即是將原鍵盤上的數字鍵台放大，以方便使用者操作。共有上、下、左、右、左按鍵、右按鍵、拖曳以及解除拖曳等八個功能。 |

**臂壓式五鍵滑鼠**
適用無法使用一般滑鼠者，手部精細協調動作差者或手部截肢者，均可以使用。可用手掌或手肘按壓即可操作電腦功能。適用對象：腦性麻痺，手部截肢，手部外傷，腦傷，脊髓損傷等。

**眼控電腦系統**
以僅存的眼睛動作，替代滑鼠功能，作為操作電腦的方式。使用時，使用者需先練習定位，待通過測試後即可使用，以眼睛注視電腦螢幕任一處，以眨眼時間長短表示確定及左右鍵。適用對象：極重度四肢癱瘓患者，僅於頭部動作，如頸髓第四節受傷或Lock-in-Syndrome 患者。

**智慧鍵盤**
包括一個鍵盤斜立架及七張簡易彩色輸入功能卡，功能卡插入鍵盤架內，即可輸入，便於手功能有困難及智能較差者使用。功能卡有箭頭式、文字式、數字式等多種形式，可依個人需要選擇，其中設定卡（setup）可改變反應速度、重複功能等設定。

**大鍵盤**
此鍵盤上的每一個按鍵比一般標準鍵盤的按鍵大約四倍，對一些視力或協調性較差，無法使用一般按鍵者是另一種選擇。特色：1.附有鍵盤導引護框（keyguide），避免使用者誤觸其他按鍵。2.大按鍵的設計，使用者可以雙手握住棍棒等輔助物品，來敲擊按鍵，方便雙手力量不夠的人使用。3.鍵盤上的Ctrl鍵、Shift鍵及Alt鍵等與其他鍵同時使用的按鍵，在此鍵盤上均可分別按壓。

| | |
|---|---|
|  | 洞洞板<br>使用鍵盤對手部協調性動作不佳者是一個挑戰，他們在使用鍵盤時往往容易誤觸到其他按鍵。洞洞板是一塊覆蓋在鍵盤上的板子，鍵盤的每一個按鍵都有對應的洞，當使用者在使用鍵盤時，就比較不會誤觸到其他鍵。 |
| 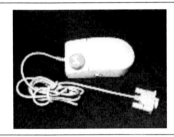 | 確定鍵突起式滑鼠<br>適合小孩子或手指按鍵力量較差或心智功能障礙者，只需將適當之突起物（如橡皮擦）黏在滑鼠之按鍵上即可。 |
| 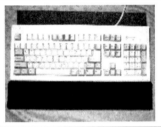 | 彈性膠護腕墊<br>將鍵盤置放於護腕墊上，手腕輕放於支撐墊上，即可對腕部提供支撐及保護，適合長期使用電腦鍵盤或腕部功能不足者。 |
|  | 我能文書輸入程式<br>特別針對腦性麻痺患者或是肢體協調困難者所開發的文書處理軟體。軟體特色：1.全部操作可在四個方向鍵以及執行鍵（Enter）五個按鍵完成，若使用鍵盤最右方的數字以及方向專用九格鍵，則可縮小手掌移動範圍，方便手部力氣小的人使用。2.支援滑鼠。3.所輸入的資料以一般文字檔案格式儲存，方便轉換或攜帶列印，並以磁碟片儲存檔案，方便多人使用。4.可外接特殊鍵盤，例如腳踏鍵盤，滿足各種特殊需要。5.內建常用詞庫，可自行擴充以符合自我需要，提升輸入速度。6.按鍵速度可十五段調整以因應使用者肢體移動的快慢。7.螢幕字體加大，方便弱視者觀看。8.離開即自動存檔。 |

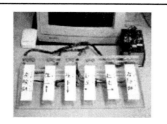

中文視窗 3.1（Windows 3.1）鍵盤滑鼠
大按鍵式設計，協助無法使用軌跡球滑鼠的
人也可以操作滑鼠。包括了一個有上、下、
左、右、左按鍵、右按鍵共六個按鍵的鍵盤
及一個可調整游標行進速度的控制盒，只適
合支援 DOS 作業系統的軟體。

持聽筒輔助器
適於用在手部抓握功能不足者，只要將輔助
器固定在電話聽筒上，使用者以虎口就之即
可使用。

輔助書寫器
對於手部無法正常握筆者，只需將筆固定在
副木進虎口端的洞裡，將副木適當固定在手
掌上，以腕部控制即可使用。

聽筒擴音器
只需將擴音器掛在電話聽筒上即可將聲音放
大。即可書寫。

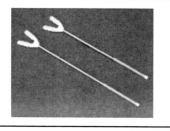

可彎型之口部控制棒
此重量輕的口部控制棒，其桿為鋁製，末端
為熱塑性的塑膠材質，加熱後即可任意彎曲
到所需要的角度，另附口咬部的保護套。

| | |
|---|---|
|  | 助聽器<br>包括了一副耳機、聲音擴大器及收音延長線。聲音擴大器可裝在口袋中，將耳機接在擴大器上即可。當聲源不在近距離導致擴音不良時，可加上收音延長線，將延長線擺在音源附近即可。 |
|  | 加重式原子筆<br>是為幫助手部會顫抖或不協調的人而設計，筆桿內加鐵塊增加重量，讓抓握更容易且更穩定。使用標準式筆心，可更換。 |

| 類別 | 產品名稱（廠商）（以下選自內政部資訊科技輔具資源推廣中心） |
|---|---|
| 溝通輔具 | 凝視架（第一輔具中心） |
| 溝通輔具 | 十六句迷你型溝通器（第一輔具中心） |
| 溝通輔具 | 九句單鍵掃瞄型溝通器（第一輔具中心） |
| 溝通輔具 | 五句、八句錄放型溝通器（第一輔具中心） |
| 溝通輔具 | 單句話溝通器（第一輔具中心） |
| 溝通輔具 | CardMaster 語言學習機（雙頻＋雙記憶重播）（朋笛國際有限公司） |
| 溝通輔具 | Chatbox 智慧組鍵 4 × 16 格隨身溝通板（朋笛國際有限公司） |
| 溝通輔具 | IconSpeak 掌上型電腦式觸控溝通板（朋笛國際有限公司） |
| 溝通輔具 | Pocket GoTalk 口袋型五鍵（朋笛國際有限公司） |
| 溝通輔具 | GoTalk 4 × 9 格超薄耐震式溝通板（朋笛國際有限公司） |
| 溝通輔具 | WinSpeak 電腦多媒體溝通訓練及環控系統（朋笛國際有限公司） |
| 溝通輔具 | Boardmaker 中文溝通圖文軟體系統（朋笛國際有限公司） |
| 溝通輔具 | Speaking Dynamically Pro 多媒體語音溝通及認知回饋訓練系統（朋笛國際有公司） |
| 溝通輔具 | 微電腦語音溝通板基本型（科技輔具文教基金會） |
| 溝通輔具 | 微電腦語音溝通板基本型二代（科技輔具文教基金會） |

| | |
|---|---|
| 溝通輔具 | 微電腦語音溝通板攜帶型－Blue bird（科技輔具文教基金會） |
| 溝通輔具 | 微電腦語音溝通板－掃瞄型 AAC SA-I（科技輔具文教基金會） |
| 溝通輔具 | 微電腦語音溝通板－掌上型紅雀（科技輔具文教基金會） |
| 溝通輔具 | 溝通版面設計家 AAC Editor（科技輔具文教基金會） |
| 溝通輔具 | 電腦溝通系統 U-AAC（科技輔具文教基金會） |
| 溝通輔具 | 大鵬 TPC-AAC（平板式電腦溝通系統）（科技輔具文教基金會） |
| 溝通輔具 | 神鷗 HPC-AAC（10.4 吋手持式電腦溝通系統）（科技輔具文教基金會） |
| 溝通輔具 | 小鷹 PPC-AAC（掌上型電腦溝通系統）（科技輔具文教基金會） |
| 溝通輔具 | 雙鍵式溝通器 iTalk2 Communicator（元鼎國際開發有限公司） |
| 溝通輔具 | 八格溝通器 Tech/Talk（元鼎國際開發有限公司） |
| 溝通輔具 | 四格溝通器 Partner Four-Standard（元鼎國際開發有限公司） |
| 溝通輔具 | 大按鍵溝通器 BIGmackR Communication Aid（元鼎國際開發有限公司） |
| 溝通輔具 | 單鍵溝通器 One-Step Communicator（元鼎國際開發有限公司） |
| 溝通輔具 | 腕帶式兩層溝通器 TalkTrac Plus（元鼎國際開發有限公司） |

## 拾參、結論　科技輔具──身心障礙者的好幫手

　　科技輔具源於人性的關懷。利用輔助科技（assistive technology）協助身心障礙者在就醫、就學、就業、就養方面克服障礙的影響，獲得公平的機會，減輕照護者負擔，提高生活自主性，提升生活品質，已是目前先進國家一致的作法。一九八八年在美國聯邦政府通過的殘障科技法案（The Technology-Related Assistance for Individuals with Disabilities Act, PL100-407）中明訂，政府應提供身心障礙者需要的輔助性科技與服務；一九九一年修訂的特殊教育法（PL101-476）中更明訂，將科技輔具服務列入學生的個別化教育方案中。其中對於科技輔具的定義乃是：任何產品、零件、設施無論是商業化、改造，或特殊設計下之產物，其目的在提升、維持或增強身心障礙功能者（王華沛，民86）。其法案英文全文如下：Assistive technology devices 。近半世紀來科技的使用日漸普及，隨著科技的發展，科技輔具的應用已顯著的改善身心障礙者在

就學就業及生活上的不方便，大大提升了身心障礙者的生活品質、獨立生活與社會適應的能力。透過科技輔具不但可以補償身心障礙者失去的能力，更可以大幅提升他們殘存或較為不足的能力，進而落實教育均等、充分就學與平等就業的理想。

　　上帝在身心障礙者的身上關了一扇窗，拜現代科技所賜，溝通輔具幫他們開了更多道門。他們常被視為是社會的負擔，但在輔助性的資訊科技幫助下，這些「社會負擔」總有一天會變成「社會資源」，全世界都將會享受到這些人帶來的利益。

# 參考資料

林寶貴（1994）。語言障礙與矯治。台北：五南。

李淑娥（1997）。溝通語彙的選擇與設計——輔助溝通系統最基本也最重要的軟體。輔具之友，四期，3-9頁。

曾進興譯（1999）。M. J. Mecharm 原著。腦性麻痺與溝通障礙。台北：心理。

楊國屏（1997）。輔助溝通系統，科學月刊 1996.11 發行，期號 0323 聽與說專欄（下）。

王明雯等合譯（2002）。Jan C.Galvin、Marcia J. Scherer 著。特教科技的評估與選用。

溝通是人類生活中的基本要素 http://www.cymrs.cy.edu.tw/dep_web/d500/therapy/therapy03.htm

東元輔具中心溝通輔具 http://www.tyrac.com.tw/php/education_035.php

特教輔助科技網 http://sptech.ntctc.edu.tw/溝通輔具/中文溝通圖文軟體.htm

屏東勝利之家輔具資料庫 http://www.vhome.org.tw/resource/equipdata/resindex.htm

朋笛國際有限公司可錄式語音溝通板 http://ronamac.freeservers.com/cboard.html

德譽儀器有限公司溝通輔具 http://rehab.com.tw/

聯興儀器公司溝通輔具 http://www.epii.com.tw/html/b054e.htm

行政院國科會跨越社會殘障的鴻溝推動辦公室 http://www.nsc.gov.tw/y2k/indes.

html

Atsbury, J., Orgill, A. A., Bajuk, B., & Yu, V. Y.（1990）. Neurodevelopmental outcome, growth and health of extremely lowbirthweight survivors: How soon can we tell? *Developmental Medicine and Child Neurology, 32* (7), 582-589.

Batshaw, M. L., & Perret, Y. M.（1981）. *Children with handicaps: A medical primer*. Baltimore: Brookes.

Courville, C. B.（1954）. *Cerebral palsy*. Los Angeles: San Lucas Press.

Easton, J. K. M., & Halpern, D.（1981）. Cerebral palsy. In W. C. Stolov & M. R. Clowers（Eds.）, *Handbook of severe disability*. Washington, DC: Government Printing Office.

Irwin, O. C.（1972）. *Communication variables of cerebral palsied and mentally retarded children*. Springfield, IL: Thomas.

Mecham, M. J., Berko, M. J., & Berko, F. G.（1960）. *Speech therapy in cerebral palsy*. Springfield, IL: Thomas.

Phelps, W. M.（1950）. Etiology and diagnostic classification of cerebral palsy. In M. Abbott（Ed.）, *Proceedings of the Cerebral Palsy Institute*（pp. 1-19）. New York: Association for Aid of Crippled Children.

Whyte, H. E., Fitzhardinge, P. M., Shennan, A. T., Lennox, K., Smith, L., & Lacy, J.（1993）. Extreme immaturity: Outcome of 568 pregnancies of 23-26 weeks' gestation. *Obstetrics and Gynecology, 82* (1), 1-7.

Weissman, A., Jakobi, P., Blazer, S., Avrahami, R., & Zimmer, E. C.（1989）. Survival and long-term outcome of infants delivered at 24 to 28 weeks gestation, by method of delivery and fetal presentation. *Journal of Perinatology, 9*, 372-375.

Wellesley, D. G., Hockey, K. A., Montgomery, P. D., & Stanley, F. J.（1992）. Prevalence of intellectual handicap in western Australia: A community study. *Medical Journal of Australia, 156* (2), 94-96, 100, 102.

# 語言障礙學生個案 評量報告㈠

游靖喻

## 壹、個案基本資料

一、姓名：李○○（以下稱弟弟）

二、性別：男

三、出生年月日：一九九七年五月十八日

四、年齡（足歲）：五歲七個月

五、就讀學校：宜蘭市立幼稚園○○所大班

六、常用語言：國語

七、其他：智力正常，無特殊疾病

## 貳、測驗相關資料

一、測驗名稱

㈠學前兒童語言障礙評量表

㈡國語正音檢核表

二、施測地點：宜蘭市立幼稚園○○所大班教室

三、施測時間：二○○二年十二月二十日㈤ 15:00-17:00

# 參、測驗目的

　　本次測驗的個案（弟弟）現就讀於宜蘭市立幼稚園大班二，由傅老師帶班。弟弟平常在學校的反應不錯，和同學的互動也良好，但傅老師卻發現弟弟在說話時可明顯聽出與其他小朋友不同，有時聽者會因為聽不清楚而要弟弟再說一次才行。恰巧這次施測者正在找個案作語言測驗，剛好向傅老師（傅老師是施測者的阿姨）提及此事，便決定以弟弟為個案進行施測。語言可以用來溝通思想、表達情感、學習經驗和適應社會，是學習的中介。此次測驗的目的是為了要了解弟弟是否有語言上的障礙，又其障礙類型為何。如真有語言發展障礙，則可及早進行轉介，由語言治療師、學校老師及家長，多管齊下配合治療，才不會造成其學習及生活上的困擾。

# 肆、測驗方式

　　本次測驗採用「學前兒童語言障礙評量表」及「國語正音檢核表」，以一對一個別測驗方式進行，一份測驗施測時間約二十至三十分鐘左右。

# 伍、施測前人事物的分析

## 一、地點

　　宜蘭市立幼稚園○○所一樓大班二教室

## 二、場所分析

　　㈠設備：教室位於一樓，與隔壁大班一的教室，可用一活動門做區隔。教室內約有二十張課桌椅（排成兩長排、小朋友面對面坐）、一台電視機（固定在牆上）、一張老師辦公桌、上課用大白板、洗手台，教室後方並附有洗手間，採光良好。

⼝施測情境：此次施測時間為弟弟剛午睡起床後不久，且老師並未事先與弟弟說明要施測，故施測者先和所有小朋友一起吃完下午點心，再請傅老師與弟弟進行說明後（傅老師對弟弟說，大姊姊要幫弟弟做一個測驗，看弟弟會不會回答，並請弟弟配合施測者進行測驗）。傅老師便將其他同學帶至三樓舞蹈教室練習耶誕節舞蹈，而弟弟則和施測者於一樓進行施測。施測者為了和弟弟拉近距離，採面對面的座位安排，位置圖如下：

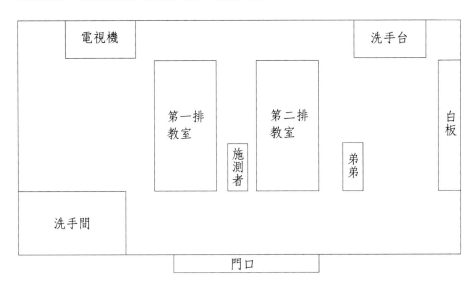

**大班二教室配置圖**

⼝外在刺激：此次施測的場所十分安靜，因一樓只有弟弟及施測者兩人而已。唯傅老師有時會走下來看看施測的情況（約兩次）。當傅老師進入教室時，弟弟回答問題會受到傅老師的影響，答題前有時會看看傅老師。另外，在進行第二項測驗「國語正音檢核表」時，最後的一題尚未問結束，但其他小朋友已經下樓在教室外等候、觀望，弟弟可能也因為受到影響，所以最後的答題有點快快結束。但就整體測驗來說，前幾十分鐘的施測環境算是相當良好！

## 三、施測時間

施測者約為當日下午兩點半到達幼稚園，但因當時弟弟剛睡午覺起來，若

馬上施測精神可能會不集中，再加上施測者與弟弟是第一次見面，為了與弟弟建立良好的關係，施測者便先和所有大班的小朋友一起吃點心、聊天，以和弟弟拉近距離，建立信賴關係，約過半小時之後才開始施測。本次施測因時間配合之緣故，故當日前後做兩種測驗，但中間有休息時間。

　　㈠學前兒童語言障礙評量表 15:00-15:25，約二十五分鐘。

　　㈡國語正音檢核表 15:30-15:50，約二十分鐘。

## 四、受試者情緒分析

　　㈠受試前：弟弟剛午睡起來，看起來精神還不錯。和其他同學有說有笑，且一直往施測者方向看，也許是對教室內突然出現的大姊姊感到疑惑。到了點心時間，施測者進入教室和弟弟及其他小朋友一起用點心，弟弟也都還不知道他等會兒要做測驗，所以還是跟平常一樣吃著點心。後來，傅老師將弟弟叫來，跟弟弟介紹施測者，並向弟弟說明今天要為弟弟進行測驗，請弟弟要配合施測者。弟弟也許是因為傅老師的緣故，對施測者並不怕生，整體情緒來說相當平和。

　　㈡受試中：弟弟在整個受試的過程中，表現的相當配合，幾乎可以說是知道的都儘量回答，但有一題要請弟弟說故事時，弟弟則露出為難的神情，因為他說他沒有聽過故事（事後問傅老師，老師說在學校裡並沒有說故事時間，但有看卡通的時間），所以他不會說，故施測者請弟弟說說他最喜歡的卡通劇情（弟弟最喜歡的卡通為「戰鬥陀螺」）。另外，那段時間幼稚園有許多小朋友感冒，弟弟也是其中之一，故在回答時弟弟的聲音有點沙啞，且不時有咳嗽。

　　㈢受試後：整個測驗結束時間大約在四點左右，大班的小朋友也都回到教室收拾書包準備下課。許多小朋友都好奇地問弟弟他剛剛在做什麼，弟弟則很高興地向其他同學說：「姊姊在幫我考試、看圖片還有說故事。」（可能是因為其他大部分的問題都會答，所以很高興）。之後，施測者送受試者糖果玩具，受試者感到很高興，趕緊收進書包。而施測者也請全班小朋友吃糖果，所有的小朋友對施測者都非常友善。

# 陸、測驗結果與分析

## 一、學前兒童語言障礙評量表

㈠語暢部分：正常。說話並無口吃或迅吃等現象發生。

㈡語調部分：正常。說話有正常的高、低、抑、揚、頓、挫。

㈢聲音部分：正常。皆能配合施測者回答題目，聲音聽起來有點沙啞，但事後詢問老師的結果，弟弟平常說話的聲音聽起來很正常，與一般小朋友無異，沙啞乃因感冒所致。

㈣聲調部分：正常。國語注音四聲的發音皆正常。

㈤語言理解部分：此階段的題目，不必用口語回答，只需用手指出答案即可。弟弟對於問題都相當有反應，且能正確回答。在這個部分總共有三十題，弟弟總共獲得 27 分，答對率高達 90%（其中三題並非無反應，而是回答錯誤）。且經對照各年齡組的語言理解平均分數後，發現弟弟的語言理解能力已高於七歲組的 26.11 分，由此可看出，弟弟的語言理解能力很不錯，語法應用能力也很好，與傅老師先前和施測者所說的情況相符（傅老師曾跟施測者說過弟弟的上課反應很好）。

㈥口語表達部分：此階段開始需要弟弟用口語回答，弟弟的表現仍相當配合，也答得相當不錯。這個分測驗共分為兩部分，第一部分有三題，從弟弟的回答中可以聽出弟弟在語言流暢度及聲音的狀態與一般小朋友並無很大差異。而第二部分的問題計分的共有三十題，弟弟答對二十九題，僅一題回答錯誤，得分 29 分，在語言表達的部分，弟弟已有八歲的程度（八歲組的平均數為 28.5 分）。

㈦語言發展方面：加總語言理解與口語表達兩部分的原始得分後，總分合計為 56 分，可知弟弟的語言發展較七歲組的平均得分（54.08 分）來得高；另將其原始得分對照五歲半組之常模後，得百分等級為 79。由以上所述，我們可以看出弟弟的語言發展相當不錯，甚至有較同年齡組更好的表現。

㈧構音方面：一般來說，構音異常有幾種類型：

1.省略音（如將西瓜「ㄒㄧㄍㄨㄚ」唸為「ㄧㄍㄨㄚ」）。

2.替代音（如將晚安「ㄨㄢㄢ」唸為「ㄨㄤㄢ」）。

3.添加音（如將老師「ㄌㄠㄕ」唸為「ㄌㄠㄕㄨ」）。

4.歪曲音（即語音很接近正確的發音，但聽起來不完全正確）。

5.聲調錯誤（如國語的四聲運用錯誤）。

6.整體性的語音不清（如聽障、腦性麻痺等兒童的咬字不清）。

而從弟弟在此部分的答題中，其音調正常，但共出現六個錯誤音，可明顯聽出其說話有非常明顯的替代音出現。茲以原題目整理其錯誤構音如下表：

| 語詞 | 正確發音 | 錯誤發音 | 錯誤發音 | 錯誤類型 |
|---|---|---|---|---|
| 香蕉 | ㄒㄧㄤ ㄐㄧㄠ | ㄐㄧㄤ ㄐㄧㄠ | ㄒ→ㄐ | 皆為替代音 |
| 報紙 | ㄅㄠ ㄓ | ㄅㄠ ㄗ | ㄓ→ㄗ | |
| 肥皂 | ㄈㄟ ㄗㄠ | ㄅㄟ ㄗㄠ | ㄈ→ㄅ | |
| 雨傘 | ㄩ ㄙㄢ | ㄩ ㄗㄢ | ㄙ→ㄗ | |
| 卡車 | ㄎㄚ ㄔㄜ | ㄎㄚ ㄎㄜ | ㄔ→ㄎ | |
| 手套 | ㄕㄡ ㄊㄠ | ㄅㄡ ㄊㄠ | ㄕ→ㄅ | |

## 二、國語正音檢核表

㈠構音診斷紀錄：在此部分由施測者翻圖片，讓弟弟將圖片中的東西說出來。共有四十五個詞語，弟弟共有十六個詞語出現替代音、一個詞語出現省略音、一個詞語出現歪曲音（除此之外，其中尚有「打針」、「輪胎」、「螃蟹」、「星星」出現替代音；「軍人」除了有替代音亦有省略音的現象，但因不屬於該題所欲發的構音錯誤，故不計入，但仍列於下表中）。茲整理如下表：

| 語詞 | 正確發音 | 錯誤發音 | 錯誤發音 | 錯誤類型 |
|---|---|---|---|---|
| 毛巾 | ㄇㄠˊ ㄐㄧㄣ | ㄇㄠˊ ㄐㄧ | ㄣ | 省略 |
| 飛機 | ㄈㄟ ㄐㄧ | ㄅㄟ ㄐㄧ | ㄈ→ㄅ | 替代 |
| 白鵝 | ㄅㄞˊ ㄜˊ | ㄅㄚˊ ㄜˊ | ㄞ→ㄚ | |
| 筷子 | ㄎㄨㄞˋ ㄗ˙ | ㄎㄨㄚˋ ㄗ˙ | ㄞ→ㄚ | |
| 軍人 | ㄐㄩㄣ ㄖㄣˊ | ㄐㄩㄣ ㄌㄣˊ | ㄖ→ㄌ | |
| 桌椅 | ㄓㄨㄛ ㄧˇ | ㄗㄨㄛ ㄧˇ | ㄓ→ㄗ | |
| 吃飯 | ㄔ ㄈㄢˋ | ㄘ ㄈㄢˋ | ㄔ→ㄘ | |
| 西瓜 | ㄒㄧ ㄍㄨㄚ | ㄐㄧ ㄍㄨㄚ | ㄒ→ㄐ | |
| 書包 | ㄕㄨ ㄅㄠ | ㄙㄨ ㄅㄠ | ㄕ→ㄗ | |
| 掃地 | ㄙㄠˇ ㄉㄧˋ | ㄕㄠˇ ㄉㄧˋ | ㄙ→ㄗ | |
| 日曆 | ㄖˋ ㄌㄧˋ | ㄌˋ ㄌㄧˋ | ㄖ→ㄌ | |
| 長針 | ㄔㄤˊ ㄓㄣ | ㄔㄤˊ ㄗㄣ | ㄓ→ㄗ | |
| 學校 | ㄒㄩㄝˊ ㄒㄧㄠˋ | ㄐㄩㄝˊ ㄐㄧㄠˋ | ㄒ→ㄐ | |
| 雨傘 | ㄩˇ ㄙㄢˇ | ㄩˇ ㄗㄢˇ | ㄙ→ㄗ | |
| 板擦 | ㄅㄢˇ ㄘㄚ | ㄅㄤˇ ㄘㄚ | ㄢ→ㄤ | |
| 碗盤 | ㄨㄢˇ ㄆㄢˊ | ㄨㄤˇ ㄆㄢˊ | ㄢ→ㄤ | |
| 彩虹 | ㄘㄞˇ ㄏㄨㄥˊ | ㄘㄚˇ ㄏㄨㄥˊ | ㄞ→ㄚ | |
| 刷牙 | ㄕㄨㄚ ㄧㄚˊ | ㄗㄨㄚ ㄧㄚˊ | ㄕ→ㄗ | |
| 游泳 | ㄧㄡˊ ㄩㄥˇ | ㄩㄥˊ ㄩㄥˇ | | 歪曲 |
| 軍人 | ㄐㄩㄣ ㄖㄣˊ | ㄐㄩㄣ ㄖㄣˊ | ㄣ | 省略 |
| 打針 | ㄉㄚˇ ㄓㄣ | ㄉㄚˇ ㄗㄣ | ㄓ→ㄗ | 替代 |
| 輪胎 | ㄌㄨㄣˊ ㄊㄞ | ㄌㄨㄣˊ ㄊㄚ | ㄞ→ㄚ | |
| 螃蟹 | ㄆㄤˊ ㄒㄧㄝˋ | ㄆㄤˊ ㄐㄧㄝˋ | ㄒ→ㄐ | |
| 星星 | ㄒㄧㄥ ㄒㄧㄥ | ㄐㄧㄥ ㄐㄧㄥ | ㄒ→ㄐ | |

(二)聲音部分：音量、音調及音質皆與一般小朋友無異，正常。

(三)韻律部分：亦無結巴、口吃或迅吃情況出現。

# 柒、綜合分析

由「語言障礙評量表」及「國語正音檢核表」這兩項測驗的結果來看，我們可以得出以下幾項結果：

## 一、語言發展不錯

弟弟不論在語言理解或語言表達方面，與一九九二年修訂的語言障礙評量表中所顯示的數據相較，皆有高於其同年齡層的表現，且高出一至二歲的程度。推估其原因也許與現代資訊接受較方便、學習管道較多有關，但不可否認地，弟弟在語言發展這方面，的確有不錯的表現。

## 二、聲音正常

雖然在這次測驗時，弟弟剛好感冒，聲音有些許沙啞，但此為特例。且請教傅老師的結果，弟弟平常說話時並不會有這樣的現象，且音調、音量皆與其他小朋友無太大差異，亦無嚴重鼻音或鼻音不足的情況，故可推定弟弟的聲音屬正常的範疇。

## 三、語暢正常

在本次施測過程中，弟弟回答十分流暢，施測者並無觀察到弟弟有所謂「口吃」或「迅吃」的情況出現。且弟弟和施測者面對面坐著進行測驗時，十分配合，情緒也蠻平穩的，沒有因為避免談話不流暢而產生皺眉、掙扎等動作或逃避的行為。

## 四、構音部分

從弟弟的口語表達中，我們明顯聽出其在構音方面有問題，遂將其錯誤類型歸類如下：

㈠替代音：此部分為弟弟出現最多的類型，茲以發音方法及部位將之區分如下表：

| 錯誤 | 依發音方法分 | 依發音部位分 | 錯誤情形 | 說明 |
|---|---|---|---|---|
| ㄈ | 子音（聲母）／擦音 | 唇齒音 | 前ㄈ→ㄅ | 1. 腦性麻痺學生最常以ㄅ音替代ㄈ音，原因是其唇部肌肉較難控制之故。<br>2. ㄅ音為替代「前ㄈ音」中，次數出現最多者。 |
| ㄒ | 子音／擦音 | 舌面前音 | 前ㄒ→ㄐ<br>後ㄒ→ㄐ | 1. ㄐ音為替代「前ㄒ音」及「後ㄒ音」中，次數出現最多者。 |
| ㄓ | 子音／塞擦音 | （舌尖後音）翹舌音 | 前ㄓ→ㄗ<br>後ㄓ→ㄗ | 1. ㄗ音為替代「前ㄓ音」及「後ㄓ音」中，次數出現最多者。 |
| ㄔ | 子音／塞擦音 | （舌尖後音）翹舌音 | 前ㄔ→ㄘ（吃飯）<br>後ㄔ→ㄎ（卡車） | 1. 弟弟在發前ㄔ音時，以ㄘ音替代；而發後ㄔ音時，則以ㄎ音替代。但以ㄎ音替代ㄔ音並不常見，推測有可能是因為該詞語為「卡車」，第一個字的發音為ㄎㄚˇ，故弟弟順著口型將第二個字唸為ㄎㄜ。 |
| ㄕ | 子音／擦音 | （舌尖後音）翹舌音 | 前ㄕ→ㄗ、ㄅ | 1. 弟弟在發前ㄕ音時，分別出現兩種替代音ㄗ、ㄅ。 |
| ㄖ | 子音／擦音 | （舌尖後音）翹舌音 | 後ㄖ→ㄌ<br>單ㄖ→ㄌ | 1. 弟弟在發ㄖ音時，會以ㄌ音替代之。 |
| ㄙ | 子音／擦音 | （舌尖前音）平舌音 | 前ㄙ→ㄗ<br>後ㄙ→ㄗ | 1. ㄗ音為替代「前ㄙ音」及「後ㄙ音」中，次數出現最多者。 |
| ㄞ | 母音（韻母）／複韻母 | | ㄞ→ㄚ<br>ㄨㄞ→ㄨㄚ | 1. 在母音的部分，弟弟易將ㄞ音用ㄚ來替代。但此情形在一般語障學生中較不常見。 |
| ㄢ | 母音／聲隨韻母 | | ㄢ→ㄤ<br>ㄨㄢ→ㄨㄤ | 1. 一般較易錯誤的韻母為與ㄨ結合的結合韻母，ㄨㄢ便是其中之一。<br>2. 另外，弟弟亦出現ㄢ→ㄤ混淆之情形。 |

　　故我們從上表整理可得知弟弟有明顯的替代音問題，且以唇齒音（ㄈ）、翹舌音（ㄓ、ㄔ、ㄕ、ㄖ）、舌前面音（ㄒ）、平舌音（ㄙ）及韻母中ㄢ、ㄞ的發音最為明顯。但從外觀來看弟弟的說話器官，並無發覺其構造有異於他人之處，但也許弟弟的內部構造，例如：舌頭大小、牙齒咬合有異於平常人也不一定，故建議需要進一步的醫療檢查及安排弟弟進行語言矯治。

　　㈡省略音：從兩份測驗中，我們發現，若ㄣ音與其他母音結合成結合母音例如：ㄅ或ㄇ後，弟弟便會將「ㄣ」音省略（弟弟將毛巾說成「ㄇㄠ　ㄐㄧ」；「軍人」說為「ㄐㄩ　ㄖㄣˊ」）。但若是單獨的ㄣ音與其他子音結合，弟弟則可以發出ㄣ的音，故其並非不會發ㄣ音，有可能是因為在學習注音符號的拼音時，不太了解該如何正確地將注音符號組合發音，建議可從注音符號教學加強。

　　㈢歪曲音：弟弟在說「游泳」時，出現歪曲音的情形（其將游泳唸成「ㄡˊ　ㄩˇ」），雖然其語音接近正確的發音，不過聽起來並不完全正確。但是參照上述替代音及省略音的部分，弟弟在發「ㄧ」及「ㄡ」音時並沒有明顯的困難，故有可能是因為游（ㄡˊ）與泳（ㄩˇ）唸起來口型有點像，再加上唸比較快的話，便有可能使聽者聽起來有混淆的感覺。建議老師可請弟弟分別唸「游」及「泳」兩字，看看弟弟兩個字的發音正確與否，再做進一步的判斷弟弟是否有歪曲音的現象。

# 捌、建議

　　根據兩項的測驗結果，我們可以推測弟弟在聲音、語暢方面與一般小朋友無異，在語言發展方面更有較同年齡層小朋友更佳的表現，唯在構音方面有明顯的問題出現，故施測者就己所學給予一些建議：

## 一、加強注音符號教學

　　國語注音的教學在幼稚園來說算是重點項目之一，故施測者在測驗額外亦請弟弟把注音符號唸一遍，發現弟弟最基本的注音符號還唸得不是非常標準，尤其是上述所歸納出來的音更為嚴重。故建議學校老師應加強弟弟的注音符號發音，尤其在唸的時候，可以給弟弟看著正確的嘴型發音；另外，針對弟弟在

拼音時會將部分音省略，老師在進行教學時應更加注意。

## 二、聽辨力的訓練

敏銳的聽力是學習正確發音的基礎，當孩子出現替代音的情形，有可能是因為他們將兩個音弄混淆所以才會出現替代的現象。故老師在平常可多朗讀一些相似的語音，例如：「兔子」及「肚子」，讓弟弟習慣辨別各種發音的不同處，進而了解每個字的發音。

## 三、讓弟弟模仿正確的口型發音

老師在進行教學時，應由老師本身先對著鏡子揣摩每個音的正確口型，了解每個音的發音技巧、部位、送氣與不送氣之區別，之後再讓弟弟模仿自己正確的口型來發音。

## 四、構音器官的運動訓練

構音要正確，必須靠舌頭、嘴唇等器官的靈活配合。弟弟會出現替代音的情形，可能在於他的舌頭、嘴唇等器官不夠靈活，故要多訓練弟弟的構音器官，可配合一些遊戲來增加趣味性，提高弟弟學習的興趣。例如：多帶弟弟玩一些吹氣遊戲、舌頭運動及口腔運動等。

## 五、利用多元化的方式來進行矯正

弟弟的錯誤發音情形多為替代音類型，因此，當我們已經觀察出其發音錯誤的地方後，可運用多元的教法來教導孩子，最好多利用孩子的個別能力及興趣指導，不要永遠都用一樣的方法。

## 六、持之以恆地練習

構音訓練並非短時間即可成功，必須持之以恆才能見到成效。故每天要持續訓練的活動，但時間不宜過久，以免讓弟弟覺得乏味。且除了老師在學校的

訓練外，平日在家中父母也可多和弟弟講話，並讓弟弟在不同情境中與不同人交談，如此弟弟慢慢會在非矯正環境中說出正確的發音。

## 七、適時給予鼓勵

雖然我們可以明顯地察覺弟弟發音與其他人有異，但在與其交談時，應針對其說話的內容回答，而非針對其說話的方式回答。也就是說當弟弟講錯時，不要很嚴厲立即打斷其說話，指正其錯誤發音，因為這樣反而會讓弟弟更覺得緊張；最好的是要當弟弟的發音正確時，便馬上給予他適當的鼓勵，增強其信心。

## 八、接受適當的醫學檢查及治療，及就學安置與輔導

以上七項乃施測者就所習得的知識給予的建議，但仍建議家長帶弟弟去接受進一步的醫學檢查，以更加確定其出現語言障礙的原因，並及早讓弟弟接受語言矯治，才不會妨礙其將來入學後的學習、人際關係及心理調適。另外，弟弟將於明年進入小學就讀，但因弟弟的發音對目前的生活來說，尚不至於造成太大的困擾，故建議可將弟弟安置於普通班，必要時再到語障資源班接受正確的構音矯治。

# 玖、施測心得

對於這次要找的語言測驗個案，可以說是一波三折。原本我要找的對象是弟弟的同班同學，也就是傅老師的女兒（以下稱妹妹），是我們家帶過的小朋友，約在我們家住了三年半。當時妹妹還在我們家住的時候，便覺得妹妹的發音有點怪異，傅老師自己也這麼覺得。但這次回去找妹妹要施測時，卻發現妹妹的發音還蠻好的，一些翹舌音、平舌音都可以唸得非常正確，問過傅老師之後才知道，原來自從妹妹開始上幼稚園後，傅老師便每天指導她的發音。這讓我想到我們家現在還有一個前不久才滿三歲的小弟弟（就是傅老師的小兒子），他的語言發展能力可說是非常地好，甚至可以用國台語雙聲道與人交談（例如：當他在與阿媽交談時，會自動改成台語發音）。不過，他在唸有些音

時，也會有跟妹妹未上幼稚園時一樣的情形。故我想，後天的學習對一個人的語言發展也是有相當的影響，除了我剛剛說的妹妹的例子外，台大教授傅佩榮老師小時候也是患有口吃，但他每天不斷的練習，尋求上台說話的機會，現在也是個侃侃而談的著名演講者。

幸好，這次在傅老師的幫忙下，找到弟弟讓我進行施測。不過，在施測開始前我觀察到，當老師叫弟弟的名字請弟弟過來時，會有同學以怪異的聲音唸著弟弟的名字「李○○、李○○」，可能有些同學也覺得弟弟發音有些奇怪，而藉此嘲笑他吧！這時，如果我是他們的老師，我想我會馬上去了解為什麼同學會出現這樣奇怪的反應，並適時給予其價值澄清，教導他們不可以嘲笑他人。

另外，在此次做完測驗後，幼稚園裡也有其他老師反應說，他們覺得園裡還有小朋友可能有語言發展的障礙（例如：幼稚園裡有一個小朋友不喜歡講話，老師問他也不回答，非得要用強迫的手段他才肯說話），希望我能再回到幼稚園去幫他們施測，但我覺得自己在語言障礙這方面的知識不足，僅有這學期所修的課程而已，所以也不敢隨意答應。不過，有機會的話，我也希望能再回到幼稚園裡幫那些小朋友測驗看看，也許可以及早發現更多個案，讓他們儘快接受適當矯治，並在將來的就學獲得適當的安置。

# 第十章

# 語言障礙學生個案評量報告(二)

蘇靜如

## 壹、個案資料

一、姓名：黃〇〇

二、性別：男

三、出生年月日：一九八九年八月七日

四、年齡：十三歲六個月

五、障礙類型：唐氏症

六、就讀學校：台北市〇〇國中二年級十班（特殊班）

七、家中成員：父親、母親、姊姊和他

八、家中排行：老么

九、個案分析：

個案是個反應還不錯的孩子，老師說的話都還聽得懂，只是說話方面有些問題。對於他所喜愛的老師或人，他都會跟他們說：「我愛你」。根據老師的說法，個案的情況比起小時候有愈來愈進步的趨勢。

# 貳、診斷評量工具

## 一、共使用兩種評量工具

| 評量工具名稱 | 內容 |
|---|---|
| 語言障礙評量表 | 指導手冊一本、語言障礙評量表畫冊一本、記錄紙、另外可使用錄音帶將學生的回答錄下來。 |
| 國語正音檢核表 | 使用手冊一本、畫冊一本、記錄紙。 |

## 二、使用原因

　　這兩項評量都可用來診斷語言發展的問題，此外，由於受試者屬於學齡孩童，故選擇這兩項評量工具進行診斷。

# 參、測驗方式

　　此次診斷評量所採用的是語言障礙評量表及國語正音檢核表，這兩項評量並無時間上的限制。雖然每一項評量的時間都很短，但因為擔心受試者會因為評量時間過長而失去耐心，所以共分兩次去螢橋國中進行診斷。

　　評量時皆以一對一個別方式進行，實施步驟則依照指導手冊上的指示進行。地點是在螢橋國中特教班教室（利用班上無人在上課時使用）。受試者和我分別坐在桌子的兩邊，面對面進行診斷。此外，為了減少干擾，特別要受試者面朝教室坐好，以免被窗戶外的人、事、物所吸引。

# 肆、測驗分析

　　以下分別說明語言障礙評量表、國語正音檢核表診斷結果。

# 一、語言障礙評量表

## ㈠測驗相關資料

1.名稱：語言障礙評量表
2.測試對象：黃○○
3.受試年齡：十三歲五個月
4.障礙類型：唐氏症
5.就讀班級及類型：台北市○○國中二年級十班（特殊班）
6.測試地點：○○國中特教班教室
7.施測日期：二○○二年十二月三十日

## ㈡測試目的

做此測驗主要目的在於了解學生的語言理解與語言表達能力，並了解學生的語言流暢度與構音、聲音狀態是否正常。

## ㈢測驗人事物分析、情況

由於受試者和我已經認識一段時間，也曾在他們班級實習過，所以對他來說，我並不是一位陌生人。因此，我不用再花時間與其建立關係，而受試者也很快就進入狀況，配合度很高，也很認真地回答我的問題。另外，因為測驗時間不長，整個測驗情形良好。只是測驗進行中，因為剛好遇到下課，有學生回到教室中，對測驗之進行稍有影響。不過，經由主試者的勸阻後，學生就趕緊離開教室，因此未造成太大的影響。

## ㈣測驗結果與分析

### 1.分測驗一：語言理解

（共三十題，目的在了解學生的語言理解與語法功能）

| 評量項目 | | 理解 | 評量項目 | | 理解 |
|---|---|---|---|---|---|
| 1-2 題 | | | 23-26 題 | 圖卡3 | |
| | 第 1 題 | 1 分 | | 第 23 題 | 0 分 |
| | 第 2 題 | 0 分 | | 第 24 題 | 0 分 |
| 3-13 題 | 圖卡1 | | | 第 25 題 | 1 分 |
| | 第 3 題 | 1 分 | | 第 26 題 | 1 分 |
| | 第 4 題 | 0 分 | 27-29 題 | 句子 | |
| | 第 5 題 | 0 分 | | 第 27 題 | NR |
| | 第 6 題 | 0 分 | | 第 28 題 | NR |
| | 第 7 題 | 0 分 | | 第 29 題 | 0 分 |
| | 第 8 題 | 0 分 | 30 題 | 小故事 | |
| | 第 9 題 | 1 分 | | 第 30-1 題 | 0 分 |
| | 第 10 題 | 0 分 | | 第 30-2 題 | NR |
| | 第 11 題 | 1 分 | | 第 30-3 題 | 0 分 |
| | 第 12 題 | 1 分 | 共計 32 分 | | |
| | 第 13 題 | 0 分 | 評量結果得：7 分 | | |
| 14-22 題 | 圖卡2 | | | | |
| | 第 14 題 | 0 分 | | | |
| | 第 15 題 | 0 分 | | | |
| | 第 16 題 | 0 分 | | | |
| | 第 17 題 | 0 分 | | | |
| | 第 18 題 | 0 分 | | | |
| | 第 19 題 | 0 分 | | | |
| | 第 20 題 | 0 分 | | | |
| | 第 21 題 | 0 分 | | | |
| | 第 22 題 | 0 分 | | | |

結果分析：

(1)分數說明：七題得 1 分，二十二題得 0 分，三題未反應；所以 32 分共得 7 分。

(2)第 2 題的部分：受試者在聽到指令後，是先閉眼睛然後轉頭，順序錯誤，且動作是轉頭非點頭。

(3)做測驗時，受試者對於名詞都能有所反應，也都能依照指令做出動作，

即使有錯誤。然而，到了 27、28、29、30 這幾題時，受試者不是反應錯誤就是未做反應，可能和其他智力上的問題有關（受試者是唐氏症寶寶），因此，這部分的語言理解他並不是很了解。

⑷常模對照：受試者雖為十三歲的學童，但因其為身心障礙者，心智年齡較同年齡低，而語言發展又和智力成正比，因此語言發展較同年齡孩童遲緩，若對照相同年齡孩子的常模，則無法有相呼應的百分等級。

### 2.分測驗二：語言表達

（共三十題，目的在了解學生的語言流暢度、構音、聲音狀態、口語表達能力是否正常）

| 評量項目 | 語暢 | 聲音 |
|---|---|---|
| 第 1 題 | 流暢 | |
| 第 2 題 | 不流暢 | |
| 第 3 題 | 不流暢 | 正常 |
| 第 4 題 | 流暢 | |
| 第 5 題 | 不流暢 | |
| 評量結果：異常 | | |

結果分析：

　　此部分主要是在建立和受試者間的關係，因為受試者已經認識，所以這部分進行得很順利。只是受試者在回答問題時，都只能回答短句，且通常只說了幾個字或一句話就停下來，因此必須誘導受試者說話，以做更正確的判斷。

　　在聲音方面，音質、音量、音調、共鳴並無異常，但語暢方面則可再訓練。

| 評量項目 | | 言語表達 | 錯誤構音 | 評量項目 | 語言表達 | |
|---|---|---|---|---|---|---|
| 圖卡1 | 第 6 題 | 1 分 | ㄅ、ㄍ | 第 19 題 | NR | |
| | 第 7 題 | 1 分 | ㄒ | 第 20 題 | NR | |
| | 第 8 題 | 1 分 | ㄋ | 第 21 題 | 0 分 | |
| | 第 9 題 | 1 分 | ㄕ | 第 22 題 | 0 分 | |
| | 第 10 題 | 1 分 | | 第 23 題 | 0 分 | |

（續表）

| | | | | | | |
|---|---|---|---|---|---|---|
| | 第 11 題 | 1 分 | | 第 24 題 | 0 分 | |
| | 第 12 題 | 1 分 | | 第 25 題 | NR | |
| | 第 13 題 | 0 分 | | 第 26 題 | NR | |
| | 第 14 題 | 1 分 | ㄙ | 第 27 題 | 0 分 | |
| | 第 15 題 | 0 分 | | 第 28 題 | 0 分 | |
| | 第 16 題 | 1 分 | | 第 29 題-1 | 1 分 | |
| | 第 17 題 | 1 分 | | 第 29 題-2 | 0 分 | |
| | 第 18 題 | 1 分 | ㄋ | 第 29 題-3 | 0 分 | |
| 錯誤音共 7 個 | | | | 第 29 題-4 | 0 分 | |
| | | | | 第 30 題-1 | 1 分 | |
| | | | | 第 30 題-2 | 0 分 | |
| | | | | 第 30 題-3 | 0 分 | |
| | | | | 第 30 題-4 | 0 分 | |
| 共計 36 分，評量結果得：15 分 | | | | | | |

結果分析：

(1)受試者有些部分回答錯誤，無法聽出其構音方面的問題。因此，我會先唸一遍給受試者聽，請她跟著我唸，以聽出其構音方面的問題。

(2)第 15 題中，當受試者回答「耳朵」時，「ㄦ」的音並無省略，也不是用其他音取代，但聽起來與標準音有所不同，判斷為歪曲的構音問題。

(3)19 題以後，受試者必須先理解題意才會回答。受試者因為是身心障礙孩子，智力程度較低，並不十分了解題目的意思，因此他不是沒做滿反應，不然就是回答錯誤。受試者在這部分的自發性語言比較少。

(4)常模對照：同分測驗一，受試者雖為十三歲的學童，但因其為身心障礙者，年齡較同年齡低，而語言發展又和智力成正比，語言發展較同年齡孩童遲緩，若對照相同年齡孩子的常模，則無法有相呼應的百分等級。

補充說明：

由於受試者有身心障礙，因此另外又做了學前的測驗，以做比較。在報告中呈現此評量結果，是想更了解受試者在構音方面的問題。

## 二、國語正音檢核表

### ㈠測驗相關資料

1.名稱：國語正音檢核表

2.測試對象：黃○○

3.受試年齡：十三歲五個月

4.障礙類型：唐氏症

5.就讀班級及類型：台北市○○國中二年級十班（特殊班）

6.測試地點：○○國中特教班教室

7.施測日期：二○○二年十二月三十一日

### ㈡測驗目的

藉由此測驗，更加了解受試者在構音方面的問題。另外，也在測驗其聲音及節律方面是否正常。經由這項測驗，以作更仔細的分析，可作為訓練時的參考根據。

### ㈢測驗人事物分析、情況

測驗當天的天氣有點冷，我和受試者面對面坐在教室內。為了避免受試者受到干擾，因此請受試者面朝教室內部。測驗進行得十分順利，並未受到太多的干擾，受試者的配合度也很高。

## ㈣測驗人事物分析、情況

### 1.構音診斷紀錄

| 替代音 | 省略音 | 贅加音 | 歪曲音 |
|---|---|---|---|
| 第 2 題：ㄅ<br>第 7 題：ㄉ<br>第 11 題：ㄅ<br>第 14 題：一<br>第 17 題：ㄅ<br>第 18 題：ㄐ<br>第 19 題：ㄓ<br>第 20 題：ㄗ<br>第 22 題：ㄇ、一<br>第 24 題：ㄅ<br>第 26 題：ㄐ<br>第 29 題：ㄅ<br>第 30 題：ㄓ<br>第 32 題：一<br><br>第 34 題：ㄅ<br>第 35 題：ㄅ<br>第 37 題：ㄅ<br>第 38 題：ㄐ<br>第 39 題：ㄐ<br>第 45 題：ㄙ | 第 1 題：ㄑ<br>第 5 題：一<br>第 8 題：ㄋ<br>第 13 題：ㄏ<br>第 33 題：ㄇ<br>第 40 題：ㄋ<br>第 42 題：ㄘ<br>第 45 題：ㄨ | 第 36 題：ㄅ | 第 4 題<br>第 11 題<br>第 12 題<br>第 16 題<br>第 23 題<br>第 25 題<br>第 27 題<br>第 31 題<br>第 41 題 |
| 共 8 個音<br>分別為ㄅ、ㄉ、一、ㄐ、ㄓ、ㄗ、ㄇ、ㄙ | 共 7 個音<br>分別為ㄑ、一、ㄋ、ㄏ、ㄇ、ㄘ、ㄨ | 共 1 個音<br>為ㄅ | 共 9 個歪曲音 |

結果分析：

　　⑴詳細的發音紀錄請見上表。

　　⑵受試者的舌尖音、舌根音等發起來有點怪怪的，聽起來不太標準，很容易用其他音替代，另外捲舌音發得比較不好。

　　舉例來說：受試者的ㄒ會唸成ㄐ，例如：39 題ㄒㄧㄠˇ狗會唸成ㄐㄧㄠˇ狗；受試者的ㄊ會唸成ㄅ，例如：37 題ㄊㄞˊ陽會唸成ㄅㄞˊ陽。

⑶受試者的「ㄋ」常會省略，例如：第 8 題：ㄋㄞˇ奶會唸成ㄞˇ奶；40 題：ㄋㄧㄡˇ扣會唸成ㄧㄡˇ扣。

⑷受試者在構音方面有較多的問題，應針對此方面進行訓練。推估和其智能障礙（非器質性因素）或器官構造（器質性因素）等有關係。

**2.聲音與節律紀錄卡**

| 聲音部分 | 節律部分 |
|---|---|
| 音量正常<br>音調正常<br>音質正常 | 經常重複、延長某一<br>個相同的字、音、詞 |
| 無聲音異常現象 | 有節律異常現象 |

結果分析：

此部分的問題比較少。由於受試者會說的句子還不是很多，因此在節律部分其實並不容易判斷。但基本上只要他說話的時候，節律上除了會重複、延長某個相同音、字、詞外，其他並沒有太大問題。另外，受試者的聲音也沒有異常現象，都很正常。

# 伍、綜合分析

一、根據語言障礙類型來判斷，此受試者有語言障礙，包括：構音異常、語暢異常及語言發展遲緩。

二、觀察受試者的生理狀況，並未有器官上的問題，因此建議，可以直接進行語言治療。

三、構音異常：由此兩項測驗可以發現，受試者有構音方面的障礙。在構音上，他有省略、替代、添加、歪曲等情形出現，而替代音的情況最多。推估和其有智能障礙（非器質因素）等有關。

四、語暢異常：說話的時候經常重複、延長某一個相同的字、音、詞。問受試者問題時，有時候他會將同一個答案重複說了好幾次。

五、語言發展遲緩：對照語言障礙評量表常模可以看出，受試者語言發展落後同年齡的孩子，在語言運用、語言理解、語言表達方面較為落後，這和其

智力上的障礙有關，因為智力和語言發展成正比。但或許還有受到其他因素影響，如環境周圍重要他人等。

六、舌頭靈活度（利用壓舌板）：受試者在發舌尖音、舌根音……上的問題較嚴重，例如：將ㄍㄡ狗唸成ㄉㄡ狗。另外，受試者的捲舌音也發得不正確，有歪曲的情形出現。因此，建議可以多做舌頭方面的訓練，以改善這種問題。

七、聲音：聲音並無異常現象，無論是音質、音量、音調或共鳴都沒有問題。

綜上所述，受試者有三方面的語言障礙，分別為構音異常、語暢異常和語言發展遲緩。受試者最無問題的部分就是聲音，他的音調、音量或音質都很正常。因此，在構音、語暢發展方面有必要進行治療與訓練。

# 陸、建議

## 一、溝通訓練原則

㈠多重感官途徑：由於受試者為身心障礙兒童，因此，建議可以用多重感官途徑來訓練，例如：利用 VAKT 法，即利用視、聽、觸、動等多重感官來訓練。並利用各種教材、教具、輔具來訓練。

㈡以功能性語言為主：因為受試者是唐寶寶，對於太艱澀的詞語可能無法理解。因此，所教導的語言最好是實用性高、與生活最密切相關的為優先。

㈢親職教育配合：語言訓練的工作不該只是教師的工作，家長也是一個重要的環節。回到家中，父母若能幫助受試者語言訓練，那麼效果會更好。

㈣認知和知動訓練並進。

㈤寓教於樂：從遊戲中訓練。

㈥給予適當的刺激、增強和回饋。

## 二、溝通訓練方法

㈠自然法：採用隨機教學的方式，多說幾次給受試者聽，讓他多聽、多說、注意聽說話者。

㈡分析法：由於受試者為唐氏症兒童，認識的詞語、語句比同年齡的孩子少，因此，可以採用「分析法」，由淺入深，從語詞開始，而後語句、對話……漸進。

㈢情境教學法：盡量採用「情境教學法」，隨時隨地教導受試者發音的方式。可設計情境讓它學習，例如：賣水果，經由角色來學習一些詞彙，以拓展其句型、語彙。也可結合日常生活，多帶他到外面走走，將所學類化到日常生活中，例如：帶領受試者至菜市場，然後隨機進行教學，教師示範後請他仿說，提供他說話的機會，使其反覆練習。另外，也要與每一科的課程結合。總之，只要有機會，就應讓受試者練習與發音。

## 三、構音異常

㈠器官的運動訓練：因為受試者在舌頭音方面較有問題，因此，可利用遊戲的方式，例如：吹吸氣的遊戲、舌頭運動的遊戲和口腔運動的遊戲，讓受試者有機會動動他的嘴巴、舌頭，從中學會發音的方式。也可使用各種教材、教具、輔具，例如：壓舌板、語言學習機、鏡子、錄音機等來訓練孩子的發音。

㈡辨音訓練：利用錄音機錄音，讓受試者分辨正確音、錯誤音，而後再進行發音訓練。

㈢發音、說話訓練：利用各種教材來訓練其說話的能力，蒐集日常生活中的詞彙，可自行設計教材，提供受試者多元的學習。

㈣類化訓練：最後要能將所學應用到日常生活中，因此，可多訓練功能性語言。因為對於身心障礙的他來說，能類化到日常生活中對他更有幫助。

## 四、語言發展遲緩

受試者的語言發展方面較為遲緩，因此，可以培養他表達的動機，讓他有機會練習說話。另外，也應拓展他的生活經驗，提供他更多的學習機會，漸漸地拓展他的詞彙、語彙等。

語言的訓練不是一天兩天即可完成，需要持之以恆，不斷地進行。在進行訓練前，可先做一些身體放鬆訓練，而後再進行訓練。除了接受教師的訓練外，家長也應配合，給予適當的協助，讓孩子時時刻刻都有練習的機會。當

然，最重要的就是要將所學的運用到日常生活中。

# 柒、心得

　　在生活中，常可以聽到有些人發音不標準，或者是說起話來怪怪的。過去，對於身邊有人發音不準時，例如：「ㄤ」發成「ㄢ」，大家總是會開他玩笑。而自己有時也會因為說錯而成為笑柄，對於這樣的情形，通常都不是很在意，可能是因為情況不嚴重吧！然而，對於某些從小就有語言障礙的人而言，這樣的嘲笑對他們來說可能會造成傷害。

　　接觸到這門課，發覺自己真的懂得很少。但在老師一學期來的教導，讓我對於語言障礙有了更深入的了解，這對未來的教學生涯有很大的幫助。畢竟未來在學校教書時，一定會遇到有類似問題的學生，當遇到時，就知道該如何給予適當的協助了。

　　或許是對於語障的了解還不夠，因此做完測驗在分析時，即使曾經有過分析測驗的經驗，仍會擔心漏掉一些小細節或分析錯誤。然而，在經過仔細的研讀測驗結果，還是將受試者的情形分析出來，並且提供了一點建議。從中，我也獲益良多，因為我會去參考這方面的資料，這對我來說也是另一種學習。相信只要多做練習，將來自己也能像老師所說的，以特教老師的身分來幫助孩子的語言溝通能力。

# 第十一章

# 語言障礙學生個案
# 評量報告㈢

黃郁斯

## 壹、個案基本資料

一、姓名：陳○○

二、學校：台北市立○○國中二年三班

三、生日：一九八七年八月六日

四、障礙類別：重度聽覺障礙（右耳：93分貝；左耳102分貝），屬神經性聽覺障礙。

五、障礙原因：不明，父母皆正常。

六、發現障礙日期：一九九○年即發現聽障，並領有殘障手冊。

七、家庭情況：小康，母親為主要照顧者，父親為銀行工作者，其妹妹亦有聽覺障礙。

八、相關障礙：語言障礙

九、曾經做過之測驗：

㈠學習適應量表：一九九九年十一月五日，45%

㈡讀話測驗：二○○○年九月二十日，相當於國小四年級程度

十、學習史：個案在學前教育方面，由於無任何資料顯示有接受學前教育，無法判斷學前教育情形。小學時就讀○○國小啟聰資源班，目前就讀○○國中普通班，部分時間抽離至資源班接受特殊輔導。

# 貳、轉介原因

筆者本學期因修習特教輔聽障組教材教法課程需找一名個案進行輔導，所以到母校——請求協助，與楊老師接洽，得而認識個案作為輔導對象，而輔導內容以語文訓練為主。

# 參、診斷原因與目的

為了解個案的聽覺障礙與語言障礙對其發展和學習上的影響，故需要藉由診斷測驗結果來進行個別化教育，但是較特別之處，在於個案的基本資料無詳細的診斷內容，只有「讀話測驗」、「適應行為量表」，以及去醫院做的聽力圖和診斷報告，其他評量全部是老師的觀察評量，無標準化之測驗，故為了後來之教學設計，需先施以診斷評量，了解個案因其障礙對語文、表達方面所造成之影響。

# 肆、診斷計畫

| 施測時間 | 施測目的 | 施測工具 | 備註 |
| --- | --- | --- | --- |
| 2002.09.04 | 老師建議輔導內容與蒐集個案相關資料 | 晤談（老師） | AM10:00-10:30 |
| 2002.09.05 | 與個案第一次實際接觸，建立關係 | 晤談、觀察（個案） | AM9:25-10:10 |
| 2002.09.26 | 進行施測（師大測驗室近日才開放） | 中文閱讀理解測驗修訂畢保德圖畫詞彙測驗 | AM9:25-9:50 及 AM11:15-11:45 |
| 2002.12.19 | 進行施測 | 學齡兒童語言障礙評量表 | AM11:25-12:00 |
| 2002.09.05-2003.01.08 | 個案輔導 | 隨堂測驗與觀察 | ○○國中資源教室 |
| 2003.01.08 | 結案 | 將輔導過程書面資料交予特教組老師 | ○○國中特教組辦公室 |

# 伍、診斷

## 一、非標準化測驗

### ㈠與老師晤談

1.地點：○○國中特教組辦公室

2.時間：二○○二年九月四日

3.目的：了解個案基本情況與輔導內容

4.過程：

楊老師先讓筆者了解輔導對象，然後就其障礙情形與目前學習、生活概況作一分析和說明。之後筆者再參考個案之 IEP，了解個案較詳細的學習情形和診斷資料。

### ㈡與個案晤談、觀察

1.地點：○○國中資源教室

2.時間：二○○二年九月五日

3.目的：了解個案實際的溝通能力狀況

4.過程：以下即與個案晤談的內容。採口語和筆談的方式同時進行。

郁：你好，我叫黃郁斯（寫下來），我是一位實習老師，以後每個禮拜四第二、四節會幫你做溝通訓練，記得以後要準時到教室上課喔！

陳：嗯。

郁：你家有哪些人？

陳：爸爸、媽媽、妹妹和我。

郁：你的國文老師是誰？

陳：楊○○老師。

郁：你讀哪一班？

陳：二年三班。

郁：你的生日是哪一天？

陳：76 年 8 月 6 日，獅子座！你呢？

郁：70 年 2 月 23 日，雙魚座，年紀比你大。

郁：你住哪裡？

陳：台北縣永和市○○路○巷○樓○號。

郁：那你是怎麼上學的？

陳：媽媽騎摩托車載我上學。

郁：你會不會坐公車？想不想學坐公車？

陳：不會；不想。

郁：你喜歡做什麼事情？

陳：看電視、玩電腦遊戲。

郁：明天颱風可能就會來了，可能就不要上課了，要注意自己的安全唷！

陳：明天不要上課了！（並畫一張颱風侵襲台灣的圖）

5.結論

(1)個案對於自己的基本資料都能夠輕易回答，但是在表達方面有些句子仍不甚清晰，需借助筆談才能了解。

(2)個案的口語表達明顯低落，許多音發得都不甚清楚。尤其屬於較高頻的語音，幾乎聽不懂，個案表達也很不清楚。

# 二、標準化測驗

◎測驗工具與結果

㈠中文閱讀理解測驗（林寶貴、錡寶香，2000）

1.測驗過程

(1)施測者：黃郁斯

(2)測驗工具：中文閱讀理解測驗

(3)地點：○○國中資源教室

(4)時間：二○○二年九月二十六日

(5)進行方式：在進行指導語和例題演練後即開始作答。

2.行為觀察

受測者在做測驗過程中，十分配合，並無明顯的異狀發生。整個過程就是安靜的作答，作答速度方面顯得很快。

3.測驗結果

(1)答對題數：27

(2)百分等級：相當於國小二年級的 31%。

4.測驗分數意義

測驗常模雖只建立到國小六年級，但因受試者語文程度較一般學童低落，只相當於小二的常模百分等級 31 而已，故推測其閱讀理解能力約只有小一至小二的程度而已。

5.閱讀理解次能力

| 項目 | 音韻處理能力 | 語意能力 | 語法能力 | 理解文章基本事實 | 比較分析 | 抽取文章大意 | 推論 |
|---|---|---|---|---|---|---|---|
| 得分 | 5 | 5 | 2 | 7 | 2 | 2 | 4 |
| 總題數 | 12 | 13 | 12 | 23 | 12 | 12 | 15 |
| 答對率（%） | 42 | 38 | 17 | 30 | 17 | 17 | 27 |

(二)學齡兒童語言障礙評量表（林寶貴等，1992）

1.測驗過程

(1)施測者：黃郁斯、劉怡君

(2)測驗工具：學齡兒童語言障礙評量表

(3)地點：○○國中資源教室

(4)時間：二○○二年十二月十九日

(5)進行方式：先從分測驗二 1 題先作答，再跳至分測驗一開始進行。由施測者依題意逐一進行測驗，紀錄者觀察並記錄。

2.行為觀察

由於個案有嚴重的聽覺障礙，對聲音的接收情形較差，十分依賴視覺線索。但因其讀話能力有限，無法有效掌握題意，所以，雖然題目已經唸了三遍，卻仍然無法了解題意。

3.測驗結果

(1)語暢：正常

(2)聲音：正常

(3)構音：錯誤音五個

語言發展：

(4)語言理解：8 分（異常）

(5)語言表達、12 分（異常）

(6)常模對照：個案的各項分測驗分數都很低，無常模可對照，只能推估低於六歲兒童的語言程度。

◎測驗結果分析

(一)中文閱讀理解測驗

個案在此閱讀理解測驗的結果普遍說來其閱讀理解能力低下，相較於一般學童而言約只有小一、小二之程度，再細分其內在能力，依列表的結果，我們可以知其在音韻處理上表現較佳，顯示其在注音方面的認知不差。此外，在語法、比較分析，以及抽取文章大意上表現較不佳，可為加強之重點。

(二)語言障礙評量測驗

1.語暢

主要測試語暢方面的分測驗二的前五題，多屬於個案建立關係之問題，由於個案較為熟悉，所以，多半能侃侃而談，語暢方面沒有異常，無口吃及迅吃等現象發生，整體的測驗中，個案之語暢皆無明顯之問題。

2.聲音

聲音方面，個案屬正常之範圍。

3.構音

在測驗中，個案的構音錯誤音為「ㄥ、ㄒ、ㄋ、ㄙ、ㄇ」，而個案通常都是以省略這些音為主，很少會有替代音出現。此外，個案除了上述的發音有問題之外，也常常會省略母音。其造成之原因應該是由於其聽力損失造成影響。

4.語言發展

(1)語文理解能力方面：因為受限於聽力損失嚴重，無法完全了解施測者所表達之內容，僅能就部分關鍵字或猜測語意來進行回答，若遇到題目較長或有複合關鍵字句就會答錯，甚至以聽不懂來反應。

(2)語言表達方面：看圖回答單一的圖片方面較無問題，例如會回答蝴蝶、老虎等圖片，但是如果圖案內容較複雜，涉及到動作或具有故事和連續性，則

無法表達圖片之內容。此外，若是遇到需先理解才表達的問題，則個案表現就十分的不好，同樣的，開放式問題對於個案來說，也較不容易表達。

5.總結

總結以上之情形，可知個案在語言障礙方面，應屬構音障礙與語言發展遲緩兩種語言障礙之類型。

# 陸、結語與建議

由以上的測驗，我們可以得知個案在語言方面有明顯的障礙，尤其表現在語言發展和說話方面。其主要原因是由於聽覺障礙所引起。個案應屬於先天性聽覺障礙，三歲時即領有殘障手冊，但在其個別教育計畫方案中，無顯示有接受學前特殊教育，錯失接受矯治的黃金時期，其後上小學後至今，一直接受啟聰資源班的輔導。但是個案在聽知覺、說話能力、語言發展上，仍出現顯著的低落情形，不利於與他人進行口語方面的溝通，且現在個案已經國中了，故建議以下數點：

㈠加強其他溝通方式：個案因口語溝通方面有顯著的障礙，為強化其溝通能力，可以訓練其非口語溝通方式，例如：讀唇、手語、筆談等其他溝通管道。

㈡加強基礎語言能力訓練：主要是偏重於實用語文方面的理解和應用，以助於未來獨立生活的準備。

㈢電腦能力的增強：未來教學時，若能增加使用電腦的機會，則對於視覺線索的刺激會有所幫助。此外，若能增加個案對電腦的操作能力，也有利於對未來生活上的適應。

# 第十二章

# 語言障礙學生個案
# 評量報告㈣

李俊德

## 壹、測驗目的

　　此項測驗主要是藉由語言障礙評量表及國語正音檢核（輔助），來評量學生在語言溝通，及表達的表現，並藉由測驗分析及結果建議來輔助教師在 IEP 的設計，幫助學生獲得更好的學習。並且在評估學生語言溝通上的障礙後，可針對學生較弱勢能力加強，或教導學生一個替代的溝通方案，使學生能有更好的溝通方式；而針對學生較優勢的部分，可以加強培養，俾能更有好的表現。

## 貳、測驗相關資料

一、測驗名稱：語言障礙評量表
二、受試資料：
　　　姓名：沈○○
　　　性別：男
　　　出生：一九八六年六月二十一日
　　　就讀：○○國中二年一班（啟智班）
　　　實足年齡：十五歲六月
　　　障礙類型：輕度智能障礙

三、施測地點：○○國中資源班教室

四、施測時間：二○○三年一月六日上午 10:00-10:20

五、主試者：李俊德

# 參、訪談學生導師

## 一、學生（個案）與教師的溝通

　　訪談教師與學生平日的溝通情形，老師說：「因長期與學生相處，故學生所要表達的意思，雖然有時會聽不清楚，但絕大部分都能了解。」而教師若不懂學生表達的意思時，都會要求學生再說一遍，或把速度放慢，一個字一個字講清楚。除此之外，生活上的溝通大致都沒有問題。

　　學生在小六時曾接受過語言障礙的矯治，但因家長並沒有配合矯治工作（日常生活沒有常配合孩子練習），因此效果不彰。我推測可能是因為學生家長與學生溝通還算不錯（彼此都知道雙方的意思），而致使家長認為無須矯治，因此沒有配合矯治工作。而教師透露，因平常學生已培養出固定的溝通模式，因此從國一開始，就不再做語言矯治了。

## 二、學生與同學間的溝通

　　教師透露，學生與同學間的溝通並沒有太大的問題，因此，該生的溝通表達，同學都能了解，而若同學們遇有溝通上的困難時（例如：聽不懂，或該生說話速度太快），則都會要求該生再說一遍，或放慢速度。且該生的智力，在班上算是能力較佳的學生，因此，學生在班上也較少有溝通上的困難情況發生。

# 肆、施測時的觀察

## 一、施測環境對受試學生的影響

　　此項測驗的施測地點是○○國中資源班教室，教室是平日上課經常使用到的地方，因此，學生對於教室環境並不會感到陌生，教室環境對於施測也無大的干擾。而施測時間剛好為快下課時間（下課前二十分鐘），因此，施測過程相當寧靜，但受試者每做完七至八題後就會有分心的情形，但分心時間不長，並無影響施測結果。

## 二、受試學生與主試的互動情形

　　學生開始會因初次見面有點生疏，但經過測驗前的寒喧後，與主試者的互動性還算不錯，對於主試者的指示及施測都能配合，且還能主動陳述家庭狀況、自己喜歡看的電視節目、喜歡打的球等。但有時因受試者說話速度過快，使得主試者無法聽懂學生所欲表達的意思，只有點頭回應，進一步要求學生慢說。

## 三、受試測試的結果

　　受試學生在施測時，一開始有些緊張、不知所措，聲音音量較微小，而在主試者的鼓勵下，音量漸大，能夠十分清晰的聽到受試者聲音。受試學生在施測時，有些題目都沒待主試者唸完即作答，經主試者提醒不可如此後，情況則不再發生。

## 四、結果分析

### ㈠整體分析

| 分測驗 | 語言理解 | 語言表達 | 語暢評量 | 聲音評量 | 構音評量 |
|---|---|---|---|---|---|
| 題數 | 30 | 25 | 5 | 5 | 27 |
| 總分 | 32 | 31 | 5 | 5 | 27 |
| 百分比 | 100% | 100% | 100% | 100% | 100% |
| 得分 | 20 | 27 | 5 | 5 | 10 |
| 得分百分比 | 62.5% | 87% | 100% | 100% | 37% |

　　整體而言，學生在語暢與聲音評量上表現較佳，說話流暢，並無長時間停頓，且語句長度適中。而聲音方面，發聲的情況良好（沒有沙啞或尖銳的聲音），並沒有器質性聲音異常，因此，學生在聲音方面（音質、音調、音量）並沒有障礙。

　　而學生在構音評量與語言理解的表現較差。尤其在構音方面，答對率僅有37%，發現學生在說話時，有部分音有替代音（以舌根音代替舌尖音），影響語言溝通效果。而語言理解方面，個案較容易去指一開始就聽到的名詞，或最後聽到的名詞，而對於較長的句子，則是隨機指出受試所講出的某個事物，可見個案可能並不明白句子的內容。語言表達上，除了少數物品名稱跟形容詞間的搭配不清楚外，大致表現都不錯，但因學生說話速度會慢慢地加快，加上學生有替代音的現象，因此許多的語句意思，施測者無法完全的聽清楚。

### ㈡個別分析

　　1.**語言理解**：在此分測驗上，學生對於語句的先後次序，圖形間的位置關係方面表現得較不佳，尤其在語句順序關係上，往往個案都會只指第一個出現的詞句，或指向最後出現的詞句，此項測驗學生的作答速度很快，並沒有長時間的思考，因此，學生在語言理解上的表現是比較差的。而對於較簡短的陳述句，比較能夠理解其陳述的意思，並做出正確的反應。對於詞句的主動與被動

方面（他被窗戶打破了，他把窗戶打破了），學生反應是說「玻璃」，可能是學生無法了解題意，亦有可能是學生不會分辨主動詞與被動詞間的關係，但因無其他題目驗證因此無從判別，可能須再利用其他測驗來進一步驗證。

2.**語言表達**：學生在語言的表達上，表現得不錯，除了少數的性質相似或相反（例如：香蕉和蘋果有什麼相同的地方，高興的相反是什麼？胖和瘦，粗和什麼相反？）表現較差外，其他圖片名詞的表達能力都很好。學生即使遇有不會的題目，也都會跟主試者說不知道，並沒有不願意表達或害怕表達的現象。而圖形故事的描述上，學生也都將圖片上每一位小朋友做的事情說出，沒有遺漏任何一個小朋友，表達得很詳盡，獨獨無法表達出溺水的情況，可能是個案不了解溺水的情況，而將溺水當成釣到魚回家的一個過程。

3.**語暢評量**：就學生在語言表達的順暢度而言，學生在語言表達上很順暢，偶有說話速度過快，無法了解其陳述的意義。表達期間並無長時間停頓或口吃的現象出現，因此學生在語暢的表現上是正常的。

4.**聲音評量**：學生的音量方面，音量大小正常，並且學生本身能夠控制音量大小，在談高興的情境時會提高音量，而害羞時會降低音量。音調方面，音調正常，與一般女性學生的音調相異不大。音質方面沒有沙啞、粗嘎、鼻音缺乏或鼻音過重的現象，因此，個案在聲音的評量上是正常的。

5.**構音評量**：個案在構音方面，有很明顯的構音異常現象，對於舌尖後音（ㄓ、ㄔ、ㄕ、ㄖ）的發音，與舌尖前音（ㄐ、ㄑ、ㄒ）有明顯的替代音出現，學生是利用舌根音（ㄍ、ㄎ、ㄏ）來替代較難發音的舌尖後音與舌尖前音。在此評量中因構音部分題目較少，因此，又利用國語正音檢核表中，構音診斷紀錄來輔助分析學生在構音上的問題，發現學生在構音方面，的確有明顯的替代音出現，分析學生替代音情形，與語障評量表狀況符合。例如：鉛ㄑㄧㄢ筆會唸成ㄎㄢ筆，飛機唸成飛ㄍ，星星唸成ㄒㄧㄥ ㄒㄧㄥ，長針會唸成ㄓㄣ ㄍㄣ等明顯的替代音現象。

# 伍、建議

綜觀學生的表現給予建議如下：

## 一、構音問題建議

受試學生在語言的溝通上，較嚴重的問題是構音問題，但因學生目前的實足年齡為十五歲六個月，因此建議對於學生構音異常的部分，可以加上訓練學生將說話的速度放慢，儘量咬字清楚，給被溝通者有機會猜測語意，達到溝通效果。抑或可以建議學生平日攜帶小紙卡，如遇無法透過語言溝通者，可利用紙卡作為溝通工具，協助溝通。

## 二、增進詞彙認知

因受試學生屬輕度智能障礙之學生，因此，在語言理解方面得分較低，建議可多利用生活會話，幫助學生理解更多的語意，並且可以教學生認識生活中常用之詞彙，增進學生在口語理解上的能力。

## 三、序列性句型的訓練

語言理解上，在對於學生表現較差的「順序句型」，教師可利用平日做工作分配時，給予學生順序性的指示，來加強學生在「序列性句型」的理解能力。例如：可以請學生先掃完地，再拖地；先擦黑板，再打板擦；先寫完作業，再出去玩……等等的順序動作。

## 四、被動語句的訓練

語言理解方面的「被動語句」方面，可以藉由生活中常接觸的被動句來建立學生在被動句的概念，例如：我騎腳踏車→腳踏車被我騎；我吃飯，飯被我吃；我打蚊子，蚊子被我打……等等生活用句，幫助學生在被動句上的認知，並且可以類化到其他生活上較為少見的情境中。

## 五、增進相反詞彙的認知

　　對於同質性詞句或異質性的詞彙方面，學生在「哥哥是男生」、「姊姊是女生」方面，反應很快，所以可見得學生在生活中很常見這類性別差異的詞彙。而對於胖和瘦，粗和細是什麼？這類的性質相反的詞句則表現較差，因此，建議拿生活中性質相對立的東西來幫助學生認知，例如：可以教他長袖的衣服，短袖的衣服；高的大樓，矮的小花；胖的技安，瘦的大雄；粗的繩子，細的筆心……等等相對稱的詞彙。幫助學生在此方面的詞彙能有深入的了解。

## 第十三章

# 語言障礙學生個案
# 評量報告㈤

林家楠

學生之基本資料

學生姓名：陳○○　　性別：<u>男</u>　　排行序：<u>老大</u>
施測日期：<u>2003</u> 年 <u>1</u> 月 <u>5</u> 日
出生年月日：<u>1994</u> 年 <u>1</u> 月 <u>18</u> 日
實足年齡：<u>8</u> 歲 <u>11</u> 月
就讀學校：<u>三重市</u>　<u>三重</u>□學前　☑國小　□國中
　　　　　<u>2</u> 年級 <u>9</u> 班
家庭主要使用語言：☑國語　□閩南語　□客語　□其他：＿＿語
伴隨其他障礙：□無（以下免填）
　　　　　　　☑有：□智能障礙　　□聽覺障礙　☑腦性麻痺
　　　　　　　　　　□自閉症　　　□學習障礙　□唇顎裂
　　　　　　　　　　□視覺障礙　　□其他：＿＿＿＿障礙

學童之評量結果

```
1. 構　　音：□正常 ☑異常（錯誤音 11 個）
2. 聲　　音：□正常 ☑異常
3. 語　　暢：☑正常 □異常
4. 語言發展：□正常 ☑異常
　　　理解：□正常 ☑異常（24 分）百分等級：11%
　　　表達：□正常 ☑異常（28 分）百分等級：41%
　　　合計：____52____ 分　　　　百分等級：18%
總評：□正常 ☑異常（以上四種語言障礙類型，只要一種異常即為語言障礙）

建議事項：
☑ 1. 宜進一步接受治療（☑醫學、□聽力、□智力、□其他：_____）檢查
☑ 2. 宜接受（☑構音異常、☑聲音異常、□語暢異常、☑語言發展遲緩）矯治
　　　或訓練
☑ 3. 宜就讀普通班
□ 4. 宜就讀特殊班（□啟智、□啟聰、□語障、□資源、□其他：_____）
□ 5. 宜就讀特殊學校（□啟智、□啟聰、□啟仁、□啟明、□其他：_____）

　　　　　　　　　　　　　　　　　　　　主試者：邱筱姍、林家楠
```

# 壹、評量結果分析及個案研究

## 一、分測驗一：語言理解

語言理解結果分析

| 語言理解分析 | 相關題目 | 備註 |
|---|---|---|
| 對事物名稱的認知情況良好 | 答對題：「請你指一指報紙」、「把水果通通指出來」、「哪一個是工程」、「如果這裡有猴子，你就指蘋果」、「哪一個是寵物？」 | 唯一錯的是「哪一個是儲蓄？」（答案為一個豬公存錢筒），我認為是學生的經驗不足所導致。 |
| 對於抽象概念較不足 | 答錯題：「指一指蘋果下面的東西」、「從你的方向看，老虎左邊的東西是哪一個？」、「指一指中間的東西」 | 對於上下左右的觀念較缺乏，唯一對的是「從你的方向看，牛奶右下方的東西是哪一個？」推論可能是猜測結果。 |

（續表）

| | | |
|---|---|---|
| 次序性的問題答題能力較弱 | 答錯題：「在你指草莓以前，先指肥皂」、「重述數字『7-4-6-9-8-3-2』」 | |
| 句子分析的能力有待觀察 | 答錯題：「注意聽，下面哪一句話聽起來比較通順？『他被窗戶打破了』、『他把窗戶打破了』」 | 答對題：「『火車馬上就要開了』這句話的意思是『火車已經開了』，對不對？」兩題類似，不過答錯題是要求受測者將句子指出來，而答對題只要求受測者回答對不對，所以答對題可能是猜測的結果，需再做進一步的確認。 |

## 二、分測驗二：語言表達

### 構音問題

| 評量項目 | 構音檢查 | | 構音異常 |
|---|---|---|---|
| 「這是什麼？」（蘋果） | ㄆ／ㄥ | ⓖ（ㄍ） | ㄍ的音發成「ㄅ」 |
| 「這是什麼？」（香蕉） | Ⓣ（ㄒ）／ㄤ | Ⓙ（ㄐ） | ㄒ的音發成「ㄏ」<br>ㄐ的音發成「ㄅ」 |
| 「這是什麼？」（手套） | ㄕ | ㄊ | ㄕ的音發成「ㄛ」 |
| 「這是什麼？」（老虎） | Ⓛ（ㄌ） | | ㄌ的音發成「ㄋ」 |
| 「這是什麼？」（肥皂） | ㄈ | Ⓩ（ㄗ） | ㄗ的音發成「ㄅ」 |
| 「這是什麼？」（機器人） | Ⓠ（ㄑ） | ㄖ／ㄣ | ㄑ的音沒發出來 |
| 「這是什麼？」（草莓） | Ⓒ（ㄘ） | ㄇ | ㄘ的音沒發出來 |
| 「這是什麼？」（耳朵） | Ⓡ（ㄦ） | | ㄦ的音沒發出來 |
| 「這是什麼？」（卡車） | ㄎ | Ⓒ（ㄔ） | ㄔ的音發成「ㄊ」 |

### 語言表達能力結果分析

| 測驗題目 | 回答內容 | 評估 |
|---|---|---|
| 「請你按照次序告訴我這些圖在說些什麼？愈詳細愈好。」<br>評量標準：<br>內容是否切題？<br>內容是否有順序性？<br>是否至少有一個句子是完整的？<br>故事是否有情節、內容？ | 1.受測者有接著圖片敘述，不過由於構音異常的原因，不是聽得很清楚。<br>2.有聽到「船沉了」、「爸爸和哥哥……」等字樣。 | 受測者可能在文章的表達沒有問題，理解能力也能夠知道圖片所給予的訊息，不過因為構音異常的問題，很難聽出受測者說出的內容，導致評分的困難。 |
| 「請你說一說三隻小豬的故事。」<br>評量標準：<br>內容是否切題？<br>內容是否有順序性？<br>是否至少有一個句子是完整的？<br>故事是否有情節、內容？ | 1.題本的「烏龜和兔子賽跑的故事」受測者不知道，所以改用「三隻小豬」的故事。<br>2.敘述不是很完整。 | 評估困難的原因同上。 |

# 貳、與家長晤談內容摘要

## ◎重點摘要

### Q1：個案一開始只會說 ma ma 的音，那他有做其他的復健治療嗎？

　　六歲的時候有語言治療，在這之前只能發出 ma ma 的音，之前個案的媽媽有找過語言治療師，但是都教導不出音來。而博愛兒童發展中心的老師建議他，找語言治療師，但是沒有用，老師就決定自己教導，結果就導出來了。

　　現在媽媽幫忙陪讀，都會在他旁邊陪他學習，並糾正他。如果個案嘴型沒有出來的話，媽媽會再叫他重說一次，而且在普通班上課，會跟其他人交談，語言也會模仿他人，語言發展愈來愈好。

最近學校教國語、台語、英語，媽媽擔心這麼多語言會使個案錯亂，不過老師說沒關係，因為台語中有很多音是國語沒有的，可以教個案說台語，慢慢發就會將台語說出來。

個案之前在博愛的時候，是每天留在學校。以前個案舌頭不能伸出嘴巴外，也不能用舌頭碰下嘴唇，後來訓練他的方法是用麥芽糖放在牙齒外面，讓舌頭愈來愈靈敏。

## Q2：怎麼發現個案是腦性麻痺的？

個案是早產兒，媽媽在個案一歲的時候才知道他是個腦性麻痺，媽媽就在一九九五年一月十八日，持續在幫他做復健。媽媽之前在醫院做復健，不過老師的更換率太高，所以就轉到私人的復健醫院。

## Q3：個案的人際關係？

與同學的互動不好，媽媽就像是吸引朋友來的工具，但是個案想要跟別人互動，而且他也會主動舉手上台回答問題，自從上小學的時候就開始了！老師也會鼓勵他，下課經常會有小朋友在他旁邊，媽媽只站在後面。不過，小朋友很天真，沒有什麼心機，同學下課的時候都會找個案玩。

## Q4：個案在課業上有無困難？

個案在課業上跟不上，九年一貫很多東西都要實際操作，像尺，個案就沒有辦法操作。而且個案的眼睛是外斜視，眼睛的問題影響到學習。他唸書相當慢，媽媽擔心未來課本沒有注音符號的話，個案沒有辦法讀書。個案有時候是靠注音才會讀的。不過通常個案唸完後面就會忘記前面；但如果用聽的話，他都會記得，他的記憶力非常好。

媽媽想要讓個案上英文補習班，不過因為要能接受個案這種小孩的補習班少，所以現在還在積極尋找中。

個案很會分心，常常會因為其他的聲音分心，個案是左撇子，媽媽常常是在坐他的對面，帶著他的手寫字。

個案上課的時候好像昏昏沉沉的，不過老師上課他都有在聽。

# 參、結語

在測驗個案後，發現個案對於ㄗ、ㄘ、ㄙ或是ㄕ、ㄥ的音較發不出來，由於個案是腦性麻痺，臉部肌肉比較緊繃，對於需要利用到唇部功能的音如上述等，都難發出來。還有ㄊ會唸成ㄅ，ㄑ會唸成ㄐ，亦或是ㄌ唸成ㄋ等，這些都是構音上比較有問題的地方。而其主要構音異常的特徵為：省略音、替代音居多，並有整體語音不清的情況。

而在語暢的部分，個案較無問題，只不過氣比較短，但尚無大礙。

語言理解部分，個案對於上下左右區分的能力較為不足，在常模對照表下個案的語言理解為11%，而語言表達在41%，整體為18%，屬於語言發展遲緩的個案。經過和家長的訪談發現，個案在六歲以前，幾乎只會發ma ma的音，錯過語言發展的重要時機，不過事後經過老師的導音後，效果漸漸提升，而且家長也提到，讓個案上普通學校，會讓個案有接受普通話的刺激，進而個案可以去模仿別人說話的模式、聲音，幫助他學習更快。

現在個案較需要的是做嘴部功能的訓練，讓個案試著在說話的時候，善用自己的嘴唇，該拉長的拉長，該ㄨ起來的就ㄨ起來，或許經過幾番知動訓練後，個案的嘴能夠活用自如，說話也能夠更清楚。

在認知上面的建議就是，能教給個案多一點抽象的概念，例如：上下左右等。

最後要強調的是，如果個案能在構音上做補救或加強的話，不僅能夠改善人際關係，對於學習上也是一個很大的助益。並且可以與語言治療師、溝通訓練教師合作，藉由專業訓練人員，為個案做口語上的加強。

# 第十四章

# 語言障礙學生個案
# 評量報告㈥

邱筱珊

## 壹、個案資料

### 一、個案基本資料

1.姓名：陳○○
2.性別：男
3.出生年月日：一九九四年一月 十八日
4.實足年齡：八歲十一個月
5.就讀學校：○○國小普通班二年級

### 二、障礙類別與程度

個案為腦性麻痺的孩子，程度為重度。

個案是早產兒，一直到滿一歲時才經由復健科醫治腦性麻痺，立即接受物理治療即感覺統合等訓練。行動能力不便，無法行走，精細動作無法做，生活自理需家人協助，眼睛因外斜視開刀三次，咀嚼速度慢，食物需剪小塊入口，但也喜歡吃些較硬的食物，例如：小黃瓜，喝東西用吸管，液體吞嚥順利。

### 三、個案語言矯治過程

　　個案未滿一歲時，會彈舌頭發出一些聲音，結果被媽媽罵，之後就不敢發了，後來在「○○兒童發展中心」接受訓練，老師才說這是很重要的表示他的舌頭有在動。

　　個案一直到五歲左右，僅會發出「ㄇ、ㄅ」的音，其他的音都不會發，媽媽四處尋求語言矯治師的治療都說找不出原因，「博愛」的老師認為個案應該是能夠發音的，於是就在個案要上小學的前一年（約五歲多）才進行「導音」的訓練，也頗有成效，慢慢的就導出一些音，從一個字兩個字到現在他可以說出完整的句子，先前仿說的成分多，後來他也能夠自發性的說出語言，表達想法。

　　個案以前在發展中心比較注重肢體和認知上的訓練，語言反而少，直到近三年才固定進行每星期一次的導音訓練，老師會著重口腔的運動，利用麥芽糖放在個案嘴唇部位，要個案用舌頭去舔，但媽媽平時並沒有特別為個案做口腔運動的訓練。

　　媽媽對個案語言上的表達很嚴格，雖然已經聽懂他說的話，但個案若說得不清楚，仍會要求他再說一遍，或假裝聽不懂，並且糾正不對的音，重複地練習，要求個案說話要慢，個案也很樂意配合，不會因被糾正而不敢說。家裡照顧他的印傭國語很好，也會做適時的糾正和引導。

　　個案目前沒有進行語言矯治的訓練，只有進行每星期一次的導音訓練，由於之前的經驗，因此覺得在醫院進行語言矯治沒有用。

### 四、個案語言能力分析

　　個案因為是腦性麻痺的孩子，嘴部張力低，除非常跟他相處，不然他儘管只是說一個字或詞，也很難聽得清楚，且會說得太快，不注意咬字。例如：捲舌音他無法發得很標準，但在說報紙的「紙」時，發現他「ㄓ」的音掌握得比其他捲舌音好。

　　個案能夠說出完整的句子，音調上初次聽不清楚，但經過改正音調上可以掌握得很恰當。聲音上感覺細細軟軟的，個案要全身施力才能發出較大的說話

聲音。

　　個案個性活潑，說話的主動性很高，喜歡和人對話，認知功能上沒有問題，聽力也正常。

　　個案在仿說的語言中還會加入新詞，例如：當我們在訪問的過程時，個案想幫我開吸管，他媽媽要他先問，就教他說：「我可不可以幫你開吸管？」後來他問另一位同學時，就改說：「我可不可以幫忙你開吸管？」加了一個字，媽媽說他常會自己加些新詞，適時運用類似「竟然」、「難道」這些詞。

## 五、家庭環境

　　家庭組成成員有：爺爺、奶奶、爸爸、媽媽、姑姑、妹妹、印傭，皆沒有特殊的障礙。家裡一樓是皮鞋工廠，二樓以上為居家空間，因此，受工廠影響有點吵（但測驗當天家屬安排一安靜的環境）。媽媽早上陪同個案到學校上課，下午回家後由印傭照顧，家人和印傭對個案的呵護備至，但說話的要求上也算嚴格，適時的給予糾正和要求重述，妹妹正讀幼稚園中班，很活潑愛講話，喜歡搶哥哥的話。

## 六、在校學習情況

　　個案在學校由母親陪讀，課業基本上都是跟不上的，尤其是數學，以及因為眼睛的不便，難以進行持續的閱讀。手部功能不好，多由母親代寫，他則著重在「認」的能力。

　　個案喜歡英文，課堂上老師會鼓勵學生上台說話，個案也非常踴躍參與，喜歡舉手回答問題。

　　和同學的互動方面，個案因口語能力差，常需藉由母親作為溝通的管道。下課總會有些小朋友會圍到個案身邊想跟他玩，媽媽發現，退到個案後面去，讓個案自行去跟同學講話，他會試圖說清楚些。媽媽也發現，個案受小朋友影響很大，常會模仿同學的語言。

# 貳、診斷結果與分析

## 一、語暢──正常

## 二、聲音──異常

㈠個案雖沒有聲音沙啞的現象，但是屬於低張力型，發聲時喉肌無力，音量小。

㈡個案在音調上顯得單調無變化，缺乏抑揚頓挫。

## 三、構音──錯誤音十一個

㈠個案替代音的現象明顯，例如：蘋「果」讀「ㄉㄨ」、香「蕉」讀「ㄉㄠ」、肥「皂」讀「ㄉㄠ」、「老」虎讀「ㄉㄠ」。

㈡省略音也很多，發現個案不容易發出捲舌音「ㄔ、ㄕ、ㄖ」，以及「ㄐ、ㄑ、ㄒ、ㄗ、ㄘ、ㄙ」。

㈢整體含糊不清。

## 四、語言發展

理解──24（6%）──異常
表達──28（32%）──異常
合計──52 分（13%）

個案學前的語言發展是遲緩的，但其認知發展還不錯，所以簡單的表達和理解都還可以掌握，雖然個案在語言理解的分數上略低，但我覺得，可能是因為個案不熟悉測驗的語言並且作答太急。在語言表達測驗的最後說故事部分，個案雖然有說出，彷彿有聽到句子的使用，但大部分內容我都聽不清楚，因此唯有在情節內容部分不給分。

# 參、輔導目標

因為時間不足，無法實施輔導的過程，不過針對個案的測驗結果，我分析出他的問題，並設計以下的訓練目標。

一、因為對象為腦性麻痺者，所以輔導的第一原則就是「醫療優先」，這點個案已經有做物理治療，我所要建議的就是配合語言治療師的矯治，家長可學習到一些訓練技巧在家實行，以達雙倍練習效果。

二、由於個案最大的問題在於構音，捲舌音「ㄔ、ㄕ、ㄖ」，以及「ㄐ、ㄑ、ㄒ、ㄗ、ㄘ、ㄙ」幾乎發不出來，應該和口腔的控制力和舌頭的靈活度有關，因此，每次輔導前都應先進行知動訓練的部分。其著重點如下：

㈠口腔開闔

㈡舌頭體操（給他舔冰湯匙或麥芽糖）

㈢臉頰按摩

㈣表情動作（獅子和包子的遊戲，獅子是將臉撐到最大，包子是將臉縮到最小）

㈤刷刷牙（拿牙刷刷個案的牙，訓練他上下兩排牙齒要緊閉、張開，臉頰要用力）

㈥呼吸訓練——吹羽毛，發現個案對這個活動非常感興趣。

三、辨音訓練——

因為個案已學過注音符號，所以測驗個案是否能夠分辨一些音相近的注音如ㄒ、ㄙ，或是捲舌和不捲舌音如ㄘ、ㄔ。假若個案能夠分辨，表示個案替代音或省略音的現象是來自於生理因素，而非認知。

利用玩遊戲集點數的方法，聽到老師讀對的音就舉手，答對一題得一分，集滿十點可得哈姆太郎貼紙一張（此為個案最有效之增強物，可讓他專心參與）。

四、辨音訓練二：分辨自己錯誤的音

用錄音的方式，將他錯誤的音錄下來，給他自己聽聽看，再錄下老師正確的音，比較之，他若能分辨，就要求他模仿發音。

測驗完後，我將他一些構音錯誤的單字重新教他唸一次，發現儘管個案很

努力的一次次專心注意的聽了、練習了，仍然無法達到完全正確，他發不出來的一些音，短時間內是無法經由仿說而達到的。

五、發音訓練

㈠會先注重在單音的練習上，看看是否能導出一些音來，尤其在舌尖前音（ㄗ、ㄘ、ㄙ）、舌面前音（ㄐ、ㄑ、ㄒ）以及捲舌音上，針對這些音，去蒐集含有這些音的單字，集結成題本。然後進入到單字，可看圖卡來說出名稱，類似（老虎）、（大腦）兩個詞排在一起讀（個案「ㄋㄠ」會讀成「ㄌㄠ」），或（肥皂）、（人行道）排一起（個案「ㄗㄠ」會讀成「ㄉㄠ」），接著再進入到句子。

㈡四聲的練習，可以利用手的指揮來感覺四聲的不同（類似像教聽障兒的方法），個案大動作還可以，每學一個字，要重複練習四聲變化。

六、語速的控制

由於個案容易說話太快，所以要強調他語速的控制，這樣的訓練要類化到生活中，只要當他一有囫圇吞棗的情況發生，要立即請他慢慢地再說一次，養成習慣。

七、說話訓練

㈠可以說些簡短的故事給他聽，問一些重點性問題，然後就他吸收到的內容再重述出來。

㈡看他喜歡的卡通節目，看完後請他說出今天演的內容。

㈢在說話訓練中會強調他音調的變化，例如：說問問題，句尾語調要上揚。

# 肆、建議

## 一、宜接受語言治療

個案年紀還小，一些構音上的問題多來自嘴部肌肉無法順利掌控，因此，若能在幼時定期做語言治療，家長可多學些訓練他的方法，可每天例行性的做口腔體操，相信幫助會更大。

## 二、多鼓勵他與同儕接觸

　　個案就讀於普通班，是很適合他的安置方式，個案喜歡小朋友，在與他們的相處中，他很容易吸收模仿同年齡同學的語話，加上個案認知功能也不錯，雖然它的語言起步較他人晚，但多給他刺激、多跟他聊聊天，並鼓勵他說，不要怕別人聽不懂，語言發展的進步會更迅速。

## 三、隨時給予個案練習說話的機會，有不適當的地方立即糾正

　　由於個案的個性是不會因常被糾正而退縮，反而會更加注意，身邊的人必須盡到隨時注意他發音的角色，尤其是個案說話太快，口腔肌肉沒使力，說不清楚皆是因為他忘記或是懶得去注意，和他相處久的人比較容易聽懂他的話，然而不熟的人卻聽不懂，所以，這是家人應多注意的地方，對個案的要求要適時而適當。

# 第十五章

# 語言障礙學生個案
# 評量報告㈦

張丹品

## 壹、個案基本資料與語言能力分析

（教師填寫　評量日期 91/10/18）

| | |
|---|---|
| 學生姓名 | 小偉 |
| 性別 | 男 |
| 出生日期 | 一九九九年三月 |
| 年齡 | 三歲八個月 |
| 醫學診斷 | 腦性麻痺 |
| 體重 | 現在十一公斤 |
| 疾病史 | 曾開刀（腳步肌肉張力過大，開刀改善膝蓋肌肉張力） |
| 目前健康狀況 | 良好 |
| 家庭參與度 | 積極配合 |
| 兄弟姊妹 | 無 |
| 主要照顧者 | 僱用照顧阿姨（台灣人，五十歲） |
| 教育史 | 現在接受機構的訓練 |
| 教育階段 | 學前 |

（續表）

| 教育安置 | 機構 |
|---|---|
| 在校行為表現 | 喜歡音樂或唱遊 |
| 人際互動 | 喜歡音樂或唱遊課 |
| 人際互動 | 只和特定的小朋友玩 |
| 教師對語言溝通問題之困擾與期望 | 小偉目前已具有口語能力，但說話較為含糊，且較不流暢，認知方面能力中等，在表達時的邏輯較不完整，期望能學習表達完整的句子。 |

附註：目前小偉週一到週五住在受僱照顧的阿姨家，週六日才會回家。受僱的阿姨有一女兒，二十歲，唸大學。

# 貳、語言能力評量結果

## 一、感覺知覺

㈠視覺

1.視力：正常。

2.視覺警覺度：反應良好。

㈡觸覺：對碰觸反應較遲鈍。

## 二、語言理解

㈠對自己的名字有反應。

㈡對熟悉的音樂有反應。

㈢理解環境中的聲音。

㈣在熟悉情境下可聽懂簡單指令。

㈤在手勢暗示下可遵守，懂簡單指令。

㈥可回應簡單疑問句。

㈦可理解常見物品功能。

㈧可指認常見物品及身體部位。

(九)聽不懂被動句。

(十)聽覺理解較遲鈍，需重複或多種提示。

(土)還不會認字，故閱讀理解困難。

(共)只能理解較容易的抽象詞彙。

(生)聽不懂故事。

## 三、語言表達

(一)口語能力：1.可以延宕仿說語彙，會使用二十至五十個功能性語彙，偶有語意錯誤，會說抽象語彙；2.不能立即仿說複雜句，常有詞序錯誤的情形，偶爾不符合情境；3.在敘述能力，能簡單敘述自己的生活經驗，但情節並不完整。

(二)說話清晰度：有構音問題：1.錯誤的聲調：三聲；2.錯誤的聲母：ㄅ、ㄊ、ㄋ、ㄌ、ㄐ、ㄖ、ㄘ、ㄙ；3.韻母大致正確。

(三)說話流暢度較不佳，偶有重複語音的語暢問題。

(四)嗓音特質：拉緊聲的音質，音量較小，音調適中，較缺乏鼻音。

## 四、溝通方式與效度

(一)溝通方式：使用口語。

(二)溝通意願：表達需求、情緒、社交互動及傳遞訊息。

(三)溝通意圖：主動溝通。

(四)互動能力：只跟特定人互動（較熟識者）。

(五)溝通效度：表達需求可完全被理解；但主動敘述自己的生活經驗時，較不容易被理解。

## 五、口腔動作與功能

(一)雙唇：連續發ㄧㄨ；使用吸管，有抿嘴的動作。

(二)舌頭：可以左右移動及前後伸縮，但舔上下唇較困難，轉動較不靈活。

(三)下顎：能正確咀嚼。

㈣口水控制：偶爾流口水，流量僅從嘴角滲出。

㈤進食狀況：可進食任何食物，但需要切成較小塊。

㈥進食姿勢：使用站立架。

## 六、無使用溝通輔具

附註：做「學前兒童語言障礙評量」的結果。

㈠語言理解部分（總分30分）：共得10分。對於複雜的句子會理解錯誤，且對空間觀念不清楚（不知左、右，旁邊的意思）。

㈡口語表達（總分30分）：共得10分。其中構音問題較嚴重：聲母會犯替代的錯誤，舌尖音較發不清楚而以舌根音代替。例如：「手套」說成「ㄕ又ㄍ又」，且在敘述上，無法說出完整的句子，且表達順序性的能力較差，對情節、內容也無法連貫說出。

# 參、語言溝通評估結果與建議

| | 評估結果 | 訓練目標（六個月） | 建議策略或活動 |
|---|---|---|---|
| 語言理解 | 1. 對熟悉的詞彙較有反應，對複雜的語句較難理解。<br>2. 能理解功能性的詞彙。<br>3. 無法完成兩個步驟的指令。 | 1. 能聽懂句子順序的關聯，對「先 …… 後 ……」做適當反應。<br>2. 能聽懂左邊、右邊。 | 1. 以遊戲「老師說……」將指令先後的觀念帶入，例如：老師說，先摸頭再站起來。<br>2. 利用學生左右手功能不同的使用，來認識左右邊的不同，例如：握筆的手是右手。 |
| 語言表達 | 1. 口語能力大致良好，但不能說較複雜的句子。<br>2. 說話構音方面，有替代的情形（舌尖音以舌根音代替）。<br>3. 說話音量較小，缺乏鼻音。<br>4. 肺活量較小，間隔幾個字就須換氣。 | 1. 錯誤語音的知覺：當學生發生言語時，指明哪些語彙他說的不正確，但不需過度矯正。<br>2. 練習舌尖音。<br>3. 練習鼻音。<br>4. 訓練肺活量，至少要能「Ａ……」維持四秒以上。 | 1. 利用遊戲的方式，準備多種圖卡，讓學生講出圖卡上的物品，若有構音不正確處，以正增強及鼓勵的方式讓學生多練習。 |

（續表）

| | | | |
|---|---|---|---|
| 溝通方式與效度 | 敘述故事情節時，較不完整，在表達內容較長時，常只說出關鍵字。 | 學會看圖說故事。 | 1. 以故事接龍的方式讓學生表達自己創作的故事。<br>2. 請學生每天早上簡單敘述在家裡發生的事或早上上學途中有沒有看到什麼。 |
| 口腔動作與功能 | 1. 咀嚼速度較慢，不能吃太大塊的食物。<br>2. 舌頭活動較不靈敏，對舔上下唇動作只能勉強做到。<br>3. 口腔的張合肌肉較緊。 | 1. 能用茶杯喝水。<br>2. 會靈活咀嚼。<br>3. 會將舌頭伸出並做舔上下嘴唇動作。<br>4. 開合動作靈活。 | 1. 以普通茶杯取代吸管的使用。<br>2. 餵食較有固狀感的食物，例如軟糖。<br>3. 在學生嘴唇上塗果醬，讓學生以舔果醬的過程練習將舌頭儘量伸出。<br>4. 在學生吃飯或發生之前，先以按摩棒鬆弛口腔的肌肉。 |
| 溝通工具 | 目前沒有溝通工具。 | 個案不需要溝通工具。 | 省略 |
| 其他 | 個案為腦性麻痺，除了肢體動作較不良外，認知能力為中等。照顧的阿姨配合度良好，但個案缺乏安全感，在身後沒人的情況下會不安，常以哭表達情緒。 | 1. 發展學生認知功能，會聽故事。<br>2. 在情緒不安時，能冷靜表達需求。<br>3. 與同學多接觸，減少對長輩的依賴。 | 1. 經常說故事給學生聽，在說完故事後可以反問學生問題，鼓勵學生回答，藉此了解學生懂不懂該故事之情節。<br>2. 說故事時以生動的表情或一些誇張的肢體動作，讓學生能以視覺管道增強方式，幫助學生理解。<br>3. 學生情緒不安時，引導學生說出為何不安，若無反應，則以不明白回應或不做回應，不要在這時猜測學生的意思，讓學生學會主動說明。 |

（續表）

| | | |
|---|---|---|
| | | 4. 減少會干擾學生情緒的刺激，避免學生經常在精神緊張不安的情況下反應哭鬧的情緒。<br>5. 在學生座位附近安排較活潑的同學，讓活潑的同學引導個案能多接觸他們，並時常詢問個案關於某某同學的問題，加強個案對其他同學的印象與好奇。 |

# 第十六章

# 語言障礙學生個案
# 評量報告⑧

黃婉茹

## 壹、學生基本資料

一、學生姓名：楊○○（Jerry）

二、性別：男

三、出生日期：一九九四年九月二十六日

四、教育階段：○○國小

五、班級：二年二班

六、教育安置：資源班

七、醫學診斷：聽力障礙——右耳：輕度25-39分貝；左耳：重度60-89分貝（高頻受損）（配戴助聽器）、發展遲緩。

八、是否領有殘障手冊：有

九、發展史：

　　母親懷孕狀況：良好

　　母親生產狀況：自然產

　　目前健康狀況：因肌握力不佳，目前正在接受物理治療

　　二歲開始有語言，曾得過中耳炎，五歲配戴助聽器

十、兄弟姊妹：

| 稱謂 | 年齡 | 教育程度 |
|------|------|----------|
| 兄 | 十五歲 | 國中 |
| 弟 | 九歲 | 國小 |

十一、主要照顧者：父母親

十二、教育史：曾就讀一般幼稚園或托兒所，亦曾接受語言治療。目前則在台大醫院接受語言治療。

十三、情緒表現及人際互動（訪問教師）：因為口語表達差，與同儕間互動少，單獨活動。情緒不穩、固執，曾出現自傷行為，喜歡老師的鼓勵及擁抱。

十四、曾施測的測驗：魏氏智力量表，操作型智商 70，其他不明顯。國小入學，瑞文氏（CPM）原始分數 15，百分等級 3。

# 貳、診斷測驗

## 測驗名稱：語言障礙評量表

㈠施測日期：二○○二年十二月十六日

㈡施測地點：教室

㈢主試者：黃婉茹

㈣實足年齡：八歲二個月

㈤作答情況：該生測驗時都很合作，會的題目能很快的將答案指出來。該生不會的問題並不會馬上反應，會停頓一下，並表現疑惑的表情，然後思考主試者的問題，再作答。

㈥評量結果：語暢：正常

　　　　　　聲音：正常

　　　　　　構音：錯誤音五個

㈦語言發展：原始分數：35 分────────────百分等級 1↓

　　　　　　理解：原始分數：17 分────────百分等級 2

　　　　　　表達：原始分數：18 分────────百分等級 2

㈧結果分析

1.分測驗一：語言理解

該生在知動能力無顯著障礙，評量項目中的1、2項均能正確的達成。在語言認知上，簡單的問句均可以理解，例如：「請你指一指報紙」、「哪一個是黃色？」等都能正確答出。但是在有關「方向」的認知，則較差，例如：「指一指中間的東西」、「從你的方向來看，牛奶的右下方是哪一個？」、「指一指耳朵上面的東西」、「從你的方向看，老虎的左邊是哪一個？」。這三題有關位置，該生有回應，但是方向相反了，因此，該生需再加強方向認知。

除此，在第19題「7-4-6-9-8-3-2」沒有唸「4」；在第30題，僅能回答出台南，其他問題則是無反應。此情況可能是因為該生的聽覺記憶較差，所以對連續且較長的內容敘述，無法記憶，然後回答；或是對較長的敘述句，無法有效的處理並理解，且又如第21、22題，有兩句並且需完成兩個以上動作的指示句，第21題是沒有反應；第22題則是指錯了，所以該生在語言理解上較慢，需一句一個動作，才能理解。

第23~26題，該生均無答對。究其原因，該生對「抽象名詞」的認知理解較差，例如：「工程」、「寵物」、「儲蓄」、「悲劇」，不能將這些名詞與實物連結。

2.分測驗二：語言表達

測驗開始前1題的自我介紹，主試者問的問題都能正確的答出，例如：「家裡有誰？」、「你唸幾年級？」、「哥哥唸哪裡？」等。但是第2題：「你喜歡看什麼電視節目？」、「為什麼？」及「說說早上到現在做過的事？」該生均無法自我表達，需主試者以問句的方式，該生才會回答，例如：「你今天有沒有上課？」、「上什麼課？」等。由此可見，該生在自我表達的能力上，仍須加強。

6-18題的圖卡，都能正確的將答案說出來，可見該生在認知能力並無障礙，此部分可見最明顯的障礙，就是該生的「構音問題」，該生因為唇齒構造的關係，出現歪曲音：「ㄒㄧㄠ」，「ㄒ」音替代為「ㄐ」，「ㄍㄓ」，「ㄅ」音歪曲，「ㄈㄨ」，「ㄈ」替代音「ㄅ」，「ㄕㄠ」，「ㄕ」的替代音為「ㄗ」，「ㄙㄨㄥ」，「ㄙ」替代音為「ㄗ」，出現五個錯誤音。

第19、23、26、27題除答非所問之外，就是重複主試者問的問題，例如：「我用牙刷刷牙，你用什麼寫字？」，該生回答「刷牙」。第25題，該生不會

作答；主事者利用問句，問受試者「是不是都是水果？」，該生才會回答。而第29題，該生只回答出圖中所陳列的事物，例如：「船」、「釣魚」等單詞，並無組織出完整的故事或是句子。至於第30題，該生直接搖頭說不會。

(九)語言溝通評估結果與建議

| | 評估結果 | 訓練目標 | 建議策略或活動 |
|---|---|---|---|
| 語言理解 | 1.該生能完成簡單的「指令句」。<br>2.該生在「方向」的認知上，表現出困難。<br>3.該生無法有效處理兩句且包含兩個動作以上（也就是較長的句子）的句子。<br>4.該生在聽覺理解及聽覺記憶表現較差。與該生注意力不容易集中有關。 | 1.要能分辨左右。<br>2.要能理解兩個動作的句子。<br>3.聽覺記憶的增強。 | 1.在該生手上貼上「左」、「右」的貼紙，並教該生拿筷子吃飯的手是右邊，之後將貼紙拿下。<br>2.用簡單的句子，要求該生完成句中兩個動作，例如「你先拿紅色的三角形再拿藍色的圓形」之後漸漸增加句子長度。<br>3.可以利用簡短的兒歌，訓練該生聽覺記憶。聽完兒歌，詢問該生兒歌的內容。 |
| 語言表達 | 1.該生在口語的自我表達上，有顯著的困難，需以「問句」來回答問題。<br>2.該生的構音受限於唇齒構造，有替代及歪曲音。<br>3.無法正確的組織故事並表達出來。 | 1.要能說出「我要——」，取代以問句的方式來溝通。<br>2.構音部分的矯治。 | 1.減少問句，了解該生意思，儘量製造情境，讓該生說出「我要——」或「我不要——」。要說出來，才滿足其需要。<br>2.簡單發音訓練：利用羽毛放在桌上：<br>「ㄅ」不送氣——羽毛不會飛。<br>「ㄆ」送氣——羽毛會 |
| 溝通方式與效度 | 1.會回答簡單問題。<br>2.不會的問題，可以從其困惑的表情看出。<br>3.不會口語的自我表達，需使用「問句」，「要不要」、「是不是」，才知道其意思。 | 要會使用口語「我要——」的簡單句表達自己的意思。 | 利用該生喜歡的物品，訓練該生的口語表達，及引起該生說話的動機。 |

（表標）

| 口腔動作與功能 | 1.唇齒問題：下顎突出，導致發音不清楚。<br>雙唇音：「ㄅ」、「ㄈ」<br>舌尖後音：「ㄕ」<br>舌面前音：「ㄐ」、「ㄙ」<br>2.吞嚥正常。 | 此部分該生已接受語言治療，而其口腔器官的矯治，則需等到該生年齡足夠，由家長帶往醫院檢查矯治。 | 唇齒需要矯治外無多大的問題。 |
|---|---|---|---|
| 溝通輔具 | 已經配戴助聽器。 | | |

**測驗名稱：國語文正音檢核表**

(1)檢查日期：二〇〇二年十二月二十七日

(2)地點：教室

(3)檢查者：黃婉茹

(4)實足年齡：八歲二個月

(5)作答情況：該生本不願意作答，讓該生在午休之後，精神較佳，並給予增強物（棒棒糖），該生願意作答。作答時，很配合的說出所指的物品，並無認知困難。

(6)檢核結果

甲、構音診斷——該生明顯構音錯誤如下：

①「ㄆ」ㄧˊ、ㄑㄧㄡˊ：歪曲（有發但不清楚）

②ㄔㄨㄤ、「ㄏ」ㄨㄟˋ：省略

③「ㄏ」ㄨㄟˊ、ㄅㄧㄝˊ：省略

④「ㄌ」ㄨㄣˊ、ㄊㄞˊ：省略

⑤ㄔ、「ㄈ」ㄢˋ：替代音「ㄅ」

⑥「ㄈ」ㄥ、ㄓㄥ：替代音「ㄅ」

⑦「ㄒ」ㄧ、ㄍㄨㄚ：替代音「ㄐ」

⑧「ㄒ」ㄩㄝˋ、「ㄒ」ㄧㄠˋ：替代音「ㄐ」

⑨ㄆㄤˊ、「ㄒ」ㄧㄝˋ：替代音「ㄐ」

⑩「ㄒ」ㄧㄤ、ㄐㄧㄠ：替代音「ㄐ」

⑪「ㄒ」一ㄠˇ、ㄍㄡˇ：替代音「ㄐ」

⑫「ㄒ」一ㄥ、「ㄒ」一ㄥ：替代音「ㄐ」

⑬「ㄕ」ㄨ、ㄅㄠ：替代音「ㄓ」

⑭「ㄕ」ㄨㄚˋ、一ㄚˊ：替代音「ㄓ」

⑮「ㄙ」ㄠˇ、ㄅㄧˋ：替代音「ㄗ」

⑯「ㄙ」ㄢˇ：替代音「ㄗ」

　　乙、聲音與節律：此部分該生並不會看圖說故事，也就是無法有組織的表達圖畫內容，由施測者先對該生講述一遍，然後要求該生說一遍。該生只會說簡短的句子，例如：「蘋果掉了」、「小熊和小豬在一起」，再藉此判斷該生的聲音和節律。

　　①聲音部分：音量、音調、音質皆正常。

　　②節律部分：正常

　　㈩正音檢核結果與建議：該生最主要是構音上的問題，尤其表現在「ㄅ」、「ㄈ」不分，「ㄙ」、「ㄕ」不分，「ㄒ」、「ㄐ」不分，「ㄕ」、「ㄓ」不分，而出現替代音。該生在唇齒構造上，下顎較長，除此有聽覺障礙，所以可能影響學習發音。「ㄅ」、「ㄆ」、「ㄈ」為雙唇音，該生下顎較長，下唇與下唇無法配合，正確發音。除此在舌面前音「ㄒ」、「ㄐ」的發音和舌尖前音「ㄙ」、「ㄗ」，舌尖後音「ㄓ」、「ㄕ」，該生不會分辨「ㄙ」、「ㄕ」、「ㄒ」和「ㄗ」、「ㄓ」、「ㄐ」，舌頭的「塞擦音」與「擦音」之分別，也就是舌頭的位置與上顎是該「塞擦」還是只要「擦」，此項可以作為構音上的教學重點。而雙唇音之矯治，除了該生需要齒列矯正外，也可以練習簡單的發聲練習。

　　**兒童口語理解測驗**

　　⑴施測日期：二○○二年十二月三十日

　　⑵施測地點：教室

　　⑶主試者：黃婉茹

　　⑷實足年齡：八歲二個月

　　⑸作答情況：該生剛開始不願接受施測，後來給予增強物之後，則願意配合。測驗時都很合作，會的題目能很快的將答案指出來。該生不會的問題並不會馬上反應，會停頓一下，並表現疑惑的表情，然後再指出要的答案。在分測

驗二、三，該生不用口語說出答案，於是由施測者唸題目，然後再唸兩個選項，問該生第一句還是第二句話，該生會用手指比「1、2」回答。

(6)評量結果

| 全測驗 | 原始分數 33 分 |
| --- | --- |
| | 百分等級 7.3 |
| | T 分數 35 |

分測驗一：聽覺記憶 6 分

分測驗二：語法理解 16 分

分測驗三：語意判斷 11 分

分測驗四：短文理解 0 分

(7)結果分析

①分測驗一（聽覺記憶）：主要是使用「上、下、左、右、中間、靠近、最右邊、最上面、左邊算來」等方位詞，以及「最大、最小、最長、最短」等比較關係詞，用以評量學童在遵循口語指示時，將語言訊息暫存於短期記憶中，及使用工作記憶處理語言訊息之能力。

該生在此多個訊息句子的記憶上，表現出顯著的困難。例如：「請指左邊算來第三個杯子和右邊算來最後一個杯子」，此句牽涉到聽覺記憶的能力，即該生要能完整的複述該句，則需要依賴與語意－語法，特別是語意的線索，再則是方向詞彙的辨別。由此該生在聽覺記憶能力上，除了複雜方向詞彙（左上、右下、從左邊算起、右邊算起）的辨別困難，在語意理解上也比較差，無法處理多訊息的句子，因而無法複述。例如：「請指上面那排的紅色圈圈左邊的蝴蝶」，給予的訊息過多，該生無法作有效處理。

簡單的直述句子，「請指左邊的房子」，對該生就不會太困難。

②測驗二（語法理解）：該生在理解「假設」的句子上（如果、要不是、早知道），仍待加強。例如：「美國的漢堡已經降價十五元了，台灣的漢堡如果也一樣就太好了」、「早知道，我們就應該買十二個蘋果」、「要不是我們家的車子壞了，我們早就已經去台南了」，這些句子，該生無法理解此種語法結構。

③分測驗三（語意判斷）：此部分評量兒童是否能知覺錯誤之詞彙及句

子。施測者，採用選擇題的方式，由該生選擇「1、2」然後作答。該生在此部分答對的題數不到一半，尤其是「意義接近但用法不正確」之詞彙，和「用詞形式接近但用法不當」之詞彙。例如：看誰個子比較高，該生選擇詞彙是數一數、爸爸拿出水果＿客人，該生選擇對付。

　　④分測驗四（短文理解）：該生在前面的聽覺記憶上，表現出顯著的困難。在練習例題時，該生努力思索答案，不是沒有反應，就是答非所問，其答案就是重複施測者所唸過的詞彙。該生語言處理的歷程上：聽覺記憶、後設語言覺知、口語篇章表徵的理解上都表現出明顯的困難。

　　⑻語言理解評估結果與建議：該生在語文理解能力上，較同年齡的孩子表現出顯著的困難。從該生在施測過程中可見，該生會表現出疑惑的表情和停頓，一聽到自己所認知的詞彙，就把答案指出來。不會去判斷處理句子的語法及語意，因而影響聽覺記憶的處理，所以建議教學上：

　　①先讓該生能辨別方向的詞彙或是增加該生詞彙。

　　②該生會簡單的句子，可以讓該生練習兩個以上訊息的造句，以讓其了解語法和語意的使用。

　　③應多鼓勵該生多開口說話，或是與他人對話。

# 參、在校行為及表現

## 一、智能不足兒童（普通生）語言能力評量表

　　㈠評量者：該生資源班導師

　　㈡評量日期：二○○三年一月六日

　　㈢評量項目：程度：5-4-3-2-1-0

　　1.打招呼：老師跟同學和他打招呼，會回答：「早！」、「再見！」。

　　2.回答：有人問：「你喜歡＿＿嗎？」或是「這是＿＿嗎？」時，會回答：「喜歡」、「是」、「是的」。

　　3.指示：別的老師向全班說「換衣服！」時也會照做。

　　4.要求：會說「給我那個！」，或「我想要——」。

5.發問：會問級任老師：「這是什麼嗎？」、「為什麼？」等問題。

6.傳話：會向學校的級任老師傳話。

7.畫冊：看到畫冊，被問：「這是什麼？」時，會列舉畫中的東西名稱。

8.童話：會片段的敘述幾個出現的場面。

9.電視：三十分鐘左右的節目，可以從頭看到尾。

10.電話：接到級任老師或媽媽的電話時，會回答：「嗯」、「是」、「對」。

11.戲劇性活動：跟大夥在一起，可以附和著說些台詞。

12.經驗發表：會把經過的事，說出「何時」、「在何處」、「做了什麼」。

13.談話：有時候會自己先開口。

14.說話遊戲：會撿撲克牌或是紙牌。

㈣結果分析及訪談

該生在打招呼或是發問上，該生的主動性不高。普通班導師曾說，在普通班，想和別人玩，不會用口語表達，曾出現打人行為。可見該生的詞彙少，影響到他語言的表達能力。該生情緒較不穩，且較為固執，所以在人際關係上是相當不利的。但資源班老師認為，該生的優點是很有禮貌、性情溫和，所以其質疑該生在普通班打人的個性。

該生上課容易分心，聽覺記憶雖然較差，但是可以背誦。在普通班的成績，一年級時，國語一上 86；一下 86.5，不是很理想。但是該生在英語（一上 94、一下 84）及母語（台語：一上 92、一下 92）的語文能力上，表現不錯。因為該生對這兩種語言有興趣，而母親也注重該生的英語學習，並且在外面有補習英語。

# 肆、綜合分析

該生雖然為聽障，但是對其語言發展並非全是因為聽障所引起，該生五歲配戴助聽器之後，情形更為改善，且平常該生不配戴助聽器，仍可以聽得見。而影響該生語言發展的因素是該生本身在各項能力上的發展都較為遲緩，不只在語言、其他肢體動作的協調性等發展，也都較為緩慢。在語言障礙類型中是屬於語言發展遲緩，而其成因包含非器質性，表現在身心成熟速度緩慢、聽覺

記憶、聽覺的聯想障礙及缺乏學習動機。除此，該生自幼體弱多病也影響該生的語言學習。

# 一、語言理解

(一)對自己的名字有反應、能理解環境中的聲音及對熟悉的音樂有反應。

(二)可以聽得懂簡單的指令，可以指認物品及其功能，也可回應簡單的疑問句。

(三)語言問題影響邏輯推理思考，語言的理解推論能力顯著困難。

(四)後設語言能力有缺陷，難以理解抽象語詞。

(五)在閱讀理解有明顯障礙，牽涉到邏輯推理思考。

(六)聽覺記憶中，對語意－語法能力的掌握差。

(七)篇章層次的語言理解困難，此因為短期記憶、聽覺記憶差，無法理解兩個指令以上的句子。

# 二、語言表達

(一)會使用的功能性詞彙很少，約二百個。

(二)有時會出現語意錯誤的句子。

(三)可以立即模仿說，也可以自己說簡單句，但是只有少數固定的句子。

(四)有時也會產生詞序錯誤，或說出不符合情境的話語。

(五)無法完整的說故事、適切的說明或是描述。

(六)敘述能力上，只會使用簡單句子，敘述句。

# 三、說話清晰度

雖構音異常，但不會聽不懂，影響溝通。

(一)音量、音質、音調、共鳴皆正常。

(二)構音上：「ㄅ」、「ㄈ」不分，「ㄙ」、「ㄕ」不分，「ㄒ」、「ㄐ」不分，「ㄕ」、「ㄓ」不分，而出現替代音。該生在唇齒構造上，下顎較長，除此有聽覺障礙，所以可能影響學習發音。「ㄅ」、「ㄆ」、「ㄈ」為雙唇

音，該生下顎較長，下唇與下唇無法配合，正確發音。除此，在舌面前音「ㄒ」、「ㄐ」的發音和舌尖前音「ㄙ」、「ㄗ」，舌尖後音「ㄕ」、「ㄓ」，該生不會分辨「ㄙ」、「ㄗ」、「ㄒ」和「ㄕ」、「ㄓ」、「ㄐ」，舌頭的「塞擦音」與「擦音」之分別，也就是舌頭的位置與上顎是該「塞擦」還是只要「擦」不會區分。

## 四、溝通方式與效度

(一)主要溝通方式是口語，或是使用表情、聲音。但是若不被理解會有自傷行為產生。

(二)該生溝通功能在於表達需求、情緒。

(三)互動能力較差，偶爾才出現互動行為。

(四)在溝通效度上，只有部分會被理解。

## 五、口腔動作與功能

(一)雙唇閉合不好，影響發音。

(二)舌頭較不靈活，影響發音。

(三)可以進食任何食物。

# 伍、綜合建議

針對該生目前最需要加強的部分有三點。口語表達、語言理解及聽覺記憶、序列做建議。而該生的構音障礙，在該生口齒完成矯正後，會比較有效果。

## 一、口語表達

主要引起該生說話動機。

(一)利用情境教學法，給予該生有興趣的增強物，引起該生說話的動機。

1.在自然情境中提供溝通的機會，例如該生喜歡糖果，或造型可愛的棒棒

糖。

　　2.當該生接近或是有興趣時，教師立刻主動建立溝通機會，例如：問「你要什麼？」

　　3.該生不回答，教師再擴展問題並示範希望引出來的行為。例如：問：「是不是要棒棒糖？」

　　4.當該生做出適當的回應之後，並要求該生講一遍「我要棒棒糖」，再給予增強。該生本來就會有「點頭」的反應，但是要訓練該生說出完整的句子，才給增強。

　　㈡利用平行談話：該生已經具有仿說的能力，但無法利用完整的句子表達，除了利用增強物吸引起該生說話動機之外，該生的詞彙過少及語法的使用，語意的掌握都不佳。所以建議採平行談話的教學技巧，當該專注的焦點或正在做的活動，描述其正在做的事或是注意的事；如此他可以聽到正確的語言輸入。例如：當該生在吃飯的時候，老師可以說：「○○正在吃飯，○○的便當裡面有飯、菜，還有一隻雞腿。」老師可以再問問該生：「便當盒裡還有什麼？」

　　㈢教學時，最好有同儕參與，可以成為互動對象。

　　㈣因為該生注意力不集中，所以要時時注意該生，在教學時，選擇符合該生興趣的內容。

## 二、語言理解

　　對該生來說，語言理解上，需要語意能力及語法能力的提升，才能有助於該生的聽覺記憶。所以在語意教學內容上，可以使用猜謎語，引領學童去注意語言所指的內容，並整合前後句所表達出來的概念，形成假設獲得結論。在語法教學內容上，最常使用造句，也可以訓練該生的語法判斷。再來就是語句結合的訓練，例如：「媽媽去超市」、「媽媽去買汽水」，要該生合併為「媽媽去超市買汽水」，可以依該生程度，增減句子的長度及句數。

## 三、聽覺序列的句數

　　訓練該生的聽覺序列、記憶，教師可以利用圖片，然後說故事，要求該生

將故事內容利用圖片依序排列，然後要求該生再重複一遍。

# 第十七章

# 多重障礙溝通訓練教學活動設計㈠

王瑋璘

| 單元名稱 | 「你要去哪裡？」——買火車票篇 | 班級 | 高二義（B組） | 人數 | 3人 |
|---|---|---|---|---|---|
| 教材來源 | 自編 | 指導教師 | 林寶貴教授 | 時間 | 45分鐘（10:20-11:05） |
| 教材來源 | 本課屬於社會適應領域課程。透過買票技巧，讓學生能應用於日常生活的行動中，一方面能夠獨立自主，另一方面表達他們的需要，增加與人的互動。 | | | | |
| 學生學習條件之分析 | 學生三人<br>　1.甲生：學習意願高，些微CP。<br>　2.乙生：為自閉症，在溝通方面缺乏主動性，但會寫簡字，需以注音輔助。<br>　3.丙生：學習主動性高，但能用少數口語複誦表達，會讀唇、有潛力。<br>　　三人的溝通皆以手語為主，並均能用手語或寫字，以單字或短句的情形，表達出老師教的上課內容。 | | | | |
| 教學方法 | 講述教學法為主，並透過工作分析、模擬情境教學達到充分練習。 | | 實習學生 | | 王瑋璘 |
| 教學資源 | 黑板、粉筆、圖片、字卡、票、學習單、增強表、殘障手冊。 | | | | |

（續表）

| 單元目標 | | 具體目標 |
|---|---|---|
| 教學目標 | 一、認知方面：<br>1.知道購買地點。<br>2.學得買票所要具備的要素。<br><br>3.了解買火車票的過程。<br>4.能分辨不同動作的圖片，並和相關字卡做配對學習。<br><br>二、技能方面：<br>1.能正確做出各種動作。<br>三、情意方面：<br>1.透過買票加強溝通與社會互動的能力。<br>2.能夠遵守買票之道。 | 1-1 能正確指出售票處<br>1-2 能寫出學習單上所列的項目：起訖站地點名稱、乘車日期、時刻、車種、訂票張數、其他。<br>1-3 能排出買票順序。<br>1-4 能以對應的方式，正確的排出配對的圖片與字卡。<br><br><br><br>2-1 能在老師視覺提示下，做出完整的買票動作。<br><br>3-1 能有禮貌地用肢體語言或口語表達出需求，以增進溝通技巧。<br>3-2 能做出買票時要排隊等禮貌行為。 |

| 時間分配 | 節次 | 月 | 日 | 教學重點 | | |
|---|---|---|---|---|---|---|
| | 3 | 4 | 9 | 延續以「交通」為主的一貫主題。讓學生了解如何買火車票。並藉由買票，達到自立與和人互動之溝通訓練，且使學生能充分熟悉，希望日後能運用到日常生活情境中。 | | |

| 學習目標 | 教學活動 | 教具 | 時間 | 評鑑 | 備註 |
|---|---|---|---|---|---|
| 點名讓學生準備進入狀況，也讓自閉症學生知道你我的概念 | 一、準備活動<br>1.老師自我介紹。<br>2.介紹增強表。<br>3.點名。<br>4.老師演出一小短劇：複習上堂課的地名與交通工具，帶出買票的主題。 | 先寫板書增強表 | 5分鐘 | | 注意學生的反應 |

（續表）

| | | | | | |
|---|---|---|---|---|---|
| 演戲複習前一節內容引起動機 | 劇本：<br>我：你看起來好高興，你要去哪裡呀！<br>學生：我要去玩呀！<br>我：去哪裡玩呢？<br>學生：高雄。<br>我：那你坐飛機去嗎？<br>學生：不是，我搭火車。<br>我：幾點的車呀？<br>學生：中午12點。<br>我：那你買票了嗎？<br>學生：買票？什麼是買票？<br>我：你沒有票，不能坐火車到高雄耶！ | | | 回答者給予獎勵<br><br>寫出答案 | |
| | 學生：（焦急狀）啊，老師沒有教過買票耶，那怎麼辦！ | 票、字卡、圖片 | 5分鐘 | 請他們比出如「時間」在哪的，給我看 | 要CHECK有沒有問題 |
| | 5.詢問有沒有看過火車票，並簡單教一下票面上寫的東西〔地點、日期、時間、車種、車次、票價、座位、其他（來回、殘障）。〕 | | | 能上台將圖片與字卡正確配合 | |
| 引入主題 | 6.詢問是否有人買過火車票？<br>二、展開活動<br>㈠介紹買票前的準備工作<br>1.帶殘障手冊。<br>2.帶足夠的錢。 | | | | |

（續表）

| | | | | | |
|---|---|---|---|---|---|
| | 3.準備好紙條：要寫上欲搭乘之起訖站地點名稱、乘車日期、時刻、車種、訂票張數、其他（單程、來回、殘障）。 | 殘障手冊、錢、紙、筆 | 5分鐘 | | |
| | 4.解釋專有名詞。 | | | | |
| 1-2 能寫出學習單上所列的項目 | (二)發學習單請學生填寫<br>例句：<br>您好：<br>我想要買 2 月 10 日 7 點 22 分，從高雄到台北的自強號火車，來回車票 1 張。謝謝！ | 學習單、車票 | 5分鐘 | | 巡視學生的作答狀況 |
| 1-4 能以對應的方式，排出正確的圖片與字卡 | (三)介紹買票圖片和買票順序<br>a.買票圖片：<br>拿出預先準備好的圖卡與字卡藉由圖片與文字的配合教學生認識。 | 圖卡字卡 | 5分鐘 | 能上台將圖片與字卡正確配合 | 注意學生的反應 |
| 1-1 能正確指出售票處。 | b.買票順序<br>1.找到售票處。<br>2.排隊。<br>3.給紙條、殘障手冊。<br>4.給錢。<br>5.拿票。<br>6.核對是否正確。 | | 10分鐘 | 有圖卡，請學生上台 | |
| 3-1 能有禮貌地用肢體語言或口語表達出需求，以增進溝通技巧。 | 7.離開。<br>加入禮貌：<br>1.點頭微笑、示意問好。<br>2.謝謝。 | | | 學生能做出正確反應 | |
| 1-3 能排出買票順序 | (四)複習買票步驟，並請他們出來排序。 | | 5分鐘 | | |

（續表）

| 2-1 能在視覺提示下，做出完整的買票動作<br><br>3-2 能做出買票時要排隊等禮貌行為 | 三、總結活動<br>實際演示買票狀況：<br>請學生扮演售票員，<br>3 位學生一起出來，<br>向他買票。 | 錢、票、<br>學習單、<br>殘障手冊 | 5 分鐘 | | 老師從旁協助<br><br>增強表需一直運用 |
|---|---|---|---|---|---|

**備案：**

告訴學生：

1.看火車時刻表決定搭哪一班車回家。

2.直接購買最近的一班車次。

3.近距離可以用投幣機買票。

4.直接詢問。

# 第十八章

# 多重障礙溝通訓練教學活動設計㈡

廖子瑩、王聖婷、劉祥筠

<table>
<tr><td>單元名稱</td><td>認識交通工具</td><td>班級</td><td colspan="2">高二義（B組）</td><td>人數</td><td>3人</td></tr>
<tr><td>教材來源</td><td>自編</td><td>指導教師</td><td colspan="2">林寶貴</td><td>時間</td><td>三堂課</td></tr>
<tr><td>教材研究</td><td colspan="6">幫助學生認識一些基本的交通工具和號誌，尤其是日常生活中最常運用的公車和捷運，也同時希望學生能盡力學習相關的語言知識，運用於日常生活中。</td></tr>
<tr><td>學生學習條件之分析</td><td colspan="6">1.主要語言為手語，有少許口語能力。<br>2.一名學生為自閉症；一名學生為腦性麻痺，但學習態度佳；另一名學生樂於主動學習。</td></tr>
<tr><td>教學方法</td><td colspan="2">講述、板書、問答、示範</td><td>實習學生</td><td colspan="3">廖子瑩、王聖婷、劉祥筠</td></tr>
<tr><td>教學資源</td><td colspan="6">板書、教具、圖卡、字卡、增強表、學習單</td></tr>
<tr><td colspan="3">單元目標</td><td colspan="4">具體目標</td></tr>
<tr><td rowspan="2">教學目標</td><td colspan="2">一、認知方面：<br>1.認識各種交通工具。<br>2.認識交通號誌、基本交通規則。<br>3.了解車廂張貼標誌之意義。</td><td colspan="4">1-1 能指出各圖卡代表之交通工具<br>2-1 能指出各號誌的意義<br>2-2 能演練過馬路<br>3-1 能指出各標識的意義</td></tr>
<tr><td colspan="2">二、技能方面：<br>1.能夠自己搭大眾交通工具。<br>2.能夠自己過馬路。<br>3.不闖紅燈，不違反規則。</td><td colspan="4">1-1 能演練出搭計程車、捷運、公車的行為<br>2-1 能指出何時可以過馬路<br>3-1 能指出基本的違規</td></tr>
</table>

（續表）

| 教學目標 | 三、情意方面：<br>1.了解應遵守交通規則。<br>2.了解交通工具的便利。<br>3.自動遵守座車禮儀。 | | | 1-1 能指出不可違反交通規則<br>2-1 自己能運用某些大眾運輸工具<br>3-1 會分辨對和不對的事 |
|---|---|---|---|---|
| 時間分配 | 節次 | 月 | 日 | 教學重點 |
| | 一 | 4 | 23 | 能認識交通工具，了解基本的交通常識 |
| | 二 | 4 | 23 | 能了解、熟悉搭乘捷運相關知識 |
| | 三 | 4 | 23 | 能了解、熟悉搭乘公車相關知識 |

# 第一堂課

| 教學目標 | 教學活動 | 教學 | 時間 | 評鑑 | 備註 |
|---|---|---|---|---|---|
| 1-1<br>藉由詢問學生的親身體驗，做為上課前的引導 | 一、準備活動<br>1.自我介紹。<br>2.從自我介紹中，詢問同學平常上下學的情形。<br>3.從此點切入，開始正式課程。 | 板書 | 5分鐘 | | |
| 2-1<br>1.用心發表自己的看法和經驗。<br>2.認識交通工具。 | 二、展開活動<br>(一)<br>1.問同學知道哪些交通工具，並請他們上台寫。<br>2.告訴同學還有那些交通工具，並讓他們指認。 | 板書<br>圖卡、玩具 | 10分鐘 | 回答者予以獎勵 | 運用增強板 |
| 2-2<br>1.了解號誌代表的意義。<br>2.能辨識號誌。 | (二)<br>1.拿出交通號誌，問學生是否明白其代表的意義。<br>2.為學生說明號誌的意義。<br>3.讓學生指認圖卡。 | 圖卡 | 10分鐘 | 請學生指認圖卡 | |
| 2-3<br>1.能學會在何時能過馬路。<br>2.不違反交通規則。 | (三)<br>1.說明過馬路時的交通規則。<br>2.演練過馬路的情形。 | | 5分鐘 | 參予教學活動 | 必要時予以協助 |
| 2-4<br>1.認識計程車的性質。<br>2.知道如何搭計程車。 | (四)<br>1.介紹計程車。<br>2.介紹計程車計費的規則。<br>3.演練搭乘計程車。<br><br>三、總結活動<br>重點複習本節課程，並提醒學生交通安全之重要性。 | 教具、板書 | 10分鐘 | 參予教學活動 | |

# 第二堂課

| 教學目標 | 教學活動 | 教具 | 時間 | 評鑑 | 備註 |
|---|---|---|---|---|---|
| 1-1<br>引導學生複習舊經驗，引出教學主題 | 一、準備活動<br>1.自我介紹。<br>2.詢問問題：<br>　（上禮拜林老師教你們什麼？）<br>　（複習上禮拜教過的轉乘及新加入轉乘站是哪幾個。） | 板書、海報 | 10分鐘 | 回答者給予增強 | |
| 2-1<br>辨別各式卡片 | 二、展開活動<br>㈠<br>1.拿出現有各式儲值卡：公車卡、捷運儲值卡、悠遊卡、單程票，教學生辨別。<br>2.學生個別練習辨別。 | 各式儲值卡、板書 | 5分鐘 | 可以正確辨別。答對者給予增強 | |
| 2-2<br>購買單程票 | ㈡<br>1.讓學生練習辨認單程票票價。<br>2.用圓山站的單程票票價表練習。 | 圓山站票價表<br>海報、板書、字卡。 | 8分鐘 | 可以正確辨別。答對者給予增強 | |
| 2-3<br>購買悠遊卡、悠遊卡加值 | ㈢<br>1.告知悠遊卡要向服務處購買。<br>2.讓學生排列購買順序的字卡。<br>3.悠遊卡加值方式：<br>　（詢問有無人使用加值卡，如有，與同學分享加值經驗，如無自行教學。） | | 10分鐘 | | |
| 2-3<br>學習搭乘捷運禮儀 | ㈣<br>1.上車時，要排隊照順序。<br>2.進入車廂前，要讓車內乘客先行下車，再進入車廂。 | 板書 | 5分鐘 | | |
| 3-1<br>記住搭乘捷運的基本技能 | 3.在車內若看到老人、孕婦、抱小孩者，或行動不便者，要讓座。<br>三、總結活動<br>複習今日課程內所教之內容。 | | 7分鐘 | | |

# 第三堂課

| 教學目標 | 教學活動 | 教具 | 時間 | 評鑑 | 備註 |
|---|---|---|---|---|---|
| 1-1<br>藉由詢問之前的學習經驗及學生的親身體驗，作為上課前的引導 | 一、準備活動<br>1.自我介紹。<br>2.問同學之前的學習經驗（用猜謎語的方式）。<br>3.說明自己搭車經驗，詢問同學平常上下學的情形。 | 板書 | 10分鐘 | 鼓勵每位同學發言 | 運用增強板 |
| 2-1<br>認識標語<br>2-2<br>造句練習<br>2-3<br>公車禮儀<br>3-1<br>提高自己搭公車之意願 | 二、展開活動<br>1.貼出各種標語，讓大家分辨各種標語的意義。<br>2.利用標語，讓大家練習造句。<br>3.遇到各種情況的應變禮貌。<br>三、總結活動<br>1.複習本節教學重點，鼓勵大家自己去搭公車。<br>2.結算計分板。 | 板書、圖卡<br><br>字卡<br><br>字卡<br><br>小獎勵 | 15分鐘<br><br>10分鐘<br><br>5分鐘<br><br>5分鐘 | 發一張學習單發言或書寫讓學生回答 | 運用增強板 |

國家圖書館出版品預行編目（CIP）資料

溝通障礙：理論與實務／林寶貴策畫主編.
--初版.-- 臺北市：心理, 2004（民 93）
面； 公分.--（溝通障礙系列；65003）
ISBN 978-957-702-683-5（平裝）

1. 特殊教育—論文，講詞等 2. 語言障礙—
教育—論文，講詞等

529.607 93009126

溝通障礙系列 65003

# 溝通障礙：理論與實務

策畫主編：林寶貴

執行編輯：陳文玲

總 編 輯：林敬堯

發 行 人：洪有義

出 版 者：心理出版社股份有限公司

地　　址：231026 新北市新店區光明街 288 號 7 樓

電　　話：(02) 29150566

傳　　真：(02) 29152928

郵撥帳號：19293172　心理出版社股份有限公司

網　　址：https://www.psy.com.tw

電子信箱：psychoco@ms15.hinet.net

排 版 者：辰皓國際出版製作有限公司

印 刷 者：辰皓國際出版製作有限公司

初版一刷：2004 年 6 月

初版七刷：2022 年 11 月

I S B N：978-957-702-683-5

定　　價：新台幣 600 元